U0717193

宋元學案補遺

五

〔清〕王梓材 馮雲濠 編撰

沈芝盈 梁運華 點校

中華書局

宋元學案補遺卷五十目録

宋元學案補遺卷五十

南軒學案補遺

後學 鄞 王梓材 慈谿馮雲濠 同輯

五峯門人

補 宣公張南軒先生栻

雲濠謹案。先生景定二年從祀。封華陽伯。元皇慶二年復祀。又案。南嶽倡酬集朱子詩題中有張湖南之稱。蓋南軒當時官于衡湘閒。故有此稱也。

梓材謹案。先生卒于淳熙七年二月甲申。見朱子所作神道碑。

南軒答問

爲學不可全恃明快。要當量㊀到遲鈍處。問。如何是遲鈍。曰。一向從明快中出。豈不有失。須是反覆致思。于遲鈍中下工夫。然後能有諸己。

㊀「量」上脱「思」。

南軒語要

本然之常性。人皆均有。故好是懿德。以其秉彝故也。而不知好者。是必有以亂其常故爾。秦漢以來學者失其傳。雖或有志于力行。而其知不明。莫適所依。以卒背于中庸。河南程子始以窮理居敬之方教人。又于致知力行有所循守。近歲學者皆失其指。汲汲求所謂知。而于躬行則忽焉。此特未知二者互相發之故也。

格之爲言。感通至到也。書曰。格于上帝。蓋君心之非。不可以氣力勝。必也感通至到。而俾之自消靡焉。所謂格也。蓋積其誠意。一動一靜。一語一默。無非格之之道也。若心非未格。雖易其人才。更其政事。幸其見聽而肯改易。他日之所用所行。亦未必是也。何也。其本源不正。不可勝救也。心非既格。則人才政事將日日新矣。然而格君之業。非大人則不能。若在己之非。猶有未之能克者。而將何以盡夫感通之道哉。後世論治者。不過及于人才政事而止矣。孰知其本在于君心。而又孰知格君之本乃在于吾身乎。惟大人爲能格君心之非。孟子此言。眞萬世不可得而易者也。

學者潛心孔孟。必得其門而入。莫先于義利之辨。非特名位貨殖之慕而後爲利。凡處君臣父子夫婦以至朋友鄉黨之閒。起居話言之際。意之所向。一涉于徇己自私。是皆利也。其事雖善。而內交要譽或萌于中。是亦利而已矣。

比干諫而死。箕子疑亦可死也而佯狂以避。蓋以父師之義死之則爲傷勇故也。

讀經書。須平心易氣。涵泳其間。若意思稍過當。亦白㊀礙卻正理。切要處乃在持敬。若專一工夫積累多。自然體察有力。只靠言語上苦思。未是也。

廷對須是直言。蓋士人初見君父。此是第一步。此時可欺。則是無往而非欺。須是立得腳交㊁是當。

反躬之義深矣。反躬而求之。則夫生而靜者卓然可見。而萬理可得而窮矣。平日致知力行。無非反躬之功也。

治獄所以不得其平者。蓋有數說。貪吏受賄。枉法用刑。其罪無論。卽或矜智巧以爲聰明。持姑息以容奸慝。上則視大臣之趨向而重輕其手。下則惑胥吏之浮言而二三其心。不盡其情而以威怵之。不原其初而以法繩之。由是不得其平者多矣。無是數者之患。而深存哀矜勿喜之意。其庶幾乎。

南軒經說

凡井田封建。取士建官。禮樂刑政。雖起于上世。莫備于周。是皆周公心思之所輕緯。本諸

㊀「白」當爲「自」。

㊁「交」當爲「教」。

三代而達之者也。周公之心。孟子發明之。至矣。

孟子謂。域民不以封疆之界。固國不以山谿之險。而掌固司險之職列于周官者。蓋先王之治。體用兼備。本末具舉。有以一天下之心。卽有以周天下之慮。所以常久而安固。孟子之言。則以當時皆重末而忘其本耳。以上周禮。

忽之不昏于齊。未爲失也。而詩人追恨其失大國之助者。蓋見忽之弱爲甚。追念其資於大國或有以自立。蓋忽者。先君之世子。其立也正。故國人見其逐而憐其無助。詩有女同車。

南軒文集

天理難窮。資質難恃。工于論列者察己常闊疏。狃于訐直者發言多弊病。答鄭自明書。

孔子曰。學而不思則罔。思而不學則殆。歷考聖賢之意。蓋欲使學者于此二端兼致其力。始則據其所知而行之。行之力則知愈進。知之深則行愈達。是知嘗在先。而行未嘗不隨之也。知有精麤。必由麤以至精。行有始終。必自始以及終。內外交正。本末不遺。條理如此。而後可以言無弊。論語解自序。

學者當立志以爲先。持敬以爲本。而精察于動靜之閒。毫釐之差。審其爲霄壤之判。則有以用吾力矣。學然後知不足。平時未覺吾私欲之多也。燭然有見于義利之辨。將日救過不暇。由是而不舍。則趣益深。理益明。而不可以已也。孟子講義序。

道莫重乎人倫。教莫先乎禮。禮行則彝倫敘而人道立。先王本天理。因人心。而爲之節文。其大體固根乎性命之際。而至于毫釐曲折之閒。莫不各有精義存焉。當是時。人由于其中涵泳服習。敦龐淳固。蓋有不期而然者。自先王之制日以缺壞。情文之不稱。本末之失序。節乖而目疏。甚至于雜以異端之說。淪胥而入于夷。風俗之所以不厚。人才之所以不振。職是故歟。跋三家昏喪祭禮。

蓋君子于天下之事無所不當究。況于兵者。世之興廢。生民之大本存焉。其可忽而不講哉。夫兵政之本。在于仁義。其爲教根乎三綱。然至于法度紀律。機謀權變。其條不可棄。其端爲無窮。非素攷索。烏能極其用。一有所未極。則于酬酢之際。其失將有閒不容髮者。可不畏哉。跋孫子。

中庸一書。聖賢之淵源也。體用隱顯。成己成物。備矣。雖然。學者欲從事于此。必知所從入。而後可以馴致焉。其所從入奈何。子思以不睹不聞之訓著于篇首。又于篇中發明尚絅之義。且曰。君子之所以不可及者。其惟人之所不見乎。而推極夫篤恭之效。其示來世。可謂深切著明矣。學者于此亦知所用其力哉。石子重中庸集解跋。

主一箴

伊川先生曰。主一之謂敬。又曰。無適之謂一。嗟乎。求仁之方。孰要乎此。因爲箴書于坐右。且以諗同志。

人稟天性。其生也直。克順厥彝。則靡有忒。事物之感。紛綸朝夕。動而無節。生道或息。惟學有要。持敬勿失。驗厥操舍。乃知出入。曷爲其敬。妙在主一。曷爲其一。惟以無適。居無越思。事靡它及。涵泳于中。匪忘匪亟。斯須造次。是保是積。既久而精。乃會于極。勉哉勿倦。聖賢可則。

四益箴

先君晚歲嘗大書四言以詔杓弟。曰。無益之言勿聽。無益之事勿爲。無益之文勿觀。無益之友勿親。杓受而藏之惟謹。先君既没之九年。則以請于某曰。伏自惟念大懼。無以承先君之意。既以四益名堂。願兄追述其義。將列之坐右。朝夕儆戒。以庶幾乎萬一。某奉書而泣。退而爲箴以告之。

若古有訓。聽德惟聰。聞過以改。聞善以從。匪是之聞。則爲無益。諂言溺心。姦言敗德。嗟哉勿忘。敬其朝夕。卓爾有定。聽斯不惑。

朝夕之閒。何莫非事。事所當事。是爲君子。惟欲之動。則亂于爲。營營何益。擾擾孰知。止之有道。當收放心。曷喻其工。履薄臨深。

異説害道。我則弗邇。浮文妨實。我則弗貴。而況末俗。猷論任辭。當絶于前。勿亂于思。

潛心聖賢。博攻載籍。聞見之多。于以蓄德。

大倫惟五。友居其一。我觀昔人。敬戒無斁。以狎而比。以順而同。德惟日喪。友亦曷終。必端爾心。忠信是親。神之聽之。終和且平。

敬齋銘爲劉建安作。

天生斯人。良心則存。聖愚曷異。敬肆是分。事有萬變。統乎心君。一頽其綱。泯焉絲棼。自昔先民。修己以敬。克折其心。順保常性。敬匪有加。惟主乎是。履薄臨深。不昧厥理。事至理形。其應若響。而實卓然。不與俱往。動靜不違。體用無忒。惟敬之功。協乎天德。嗟爾君子。敬之敬之。用力之久。其惟自知。勿憚其艱。而或怠遑。亦勿迫切。而以不常。毋忽事物。必精吾思。察其所發。以會于微。忿慾之萌。則杜其源。有過斯改。見善則遷。是則天命。不遏于躬。魚躍鳶飛。仁在其中。于焉有得。學則不窮。知至而至。知終而終。嗟爾君子。勉哉敬止。成己成物。匪曰二致。任重道遠。其端伊邇。毫釐有差。繆則千里。惟建安公。自力古義。我作銘詩。以諗同志。

熊勿軒敬齋銘箴跋曰。南軒敬齋銘。專以敬爲宅心之要。蓋心存則衆理具。而萬事之綱舉矣。非心存之外。别有所謂敬也。朱子之箴。不過發其未盡之蘊。程子曰。制于外所以養其中。吾未見外貌之肆而中心之存者。故所貴乎動靜弗違。表裏交正也。後之學者。見箴不見銘。但有矜持拘迫。而無從容涵養之功。甚者以擎跽曲拳爲敬。看得敬字多死而不活。嗟夫。聖賢之學。不講人心。失其所爲主。理乖事繆。世道隨之。豈小故哉。南軒集中。敬齋記有曰。萬事具萬理。萬理在萬事。而其妙著于人心。一物不體則一理息。一理息則一事廢。敬者。貫萬事。統萬理。而爲萬物之主宰者也。致知所以明是心也。敬者所以存是心而勿失也。又曰。心生生不窮者。道也。敬則生矣。生則惡可已也。怠焉則放。放則死矣。此千古聖賢傳授心法之妙。學者深體而屢省之哉。

讀書樓銘

洪惟元聖。研幾極深。出言爲經。以達天心。天心煌煌。聖語洋洋。有赫其傳。惠我無疆。嗟哉學子。生乎千載。孰謂聖遠。遺經猶在。孰不讀書。而昧厥旨。章句是鑿。文采是事。矧其所懷。惟以祿利。茫乎四馳。其曷予暨。嗟哉學子。當知讀書。匪有所爲。惟求厥初。厥初維何。爾所固然。因書而發。爾知則全。維誦維歌。維究維復。維以泳游。勿肆勿梏。維平乃心。以會其理。切乎乃躬。以察以體。積功既深。有燁其明。迥然意表。大體斯呈。聖豈予欺。實發予機。俾予自知。以永于爲。若火始然。若泉始達。推之自玆。進孰予遏。若登泰山。益高益崇。維理無形。維經無窮。嗟哉學子。曷敬念玆。以是讀書。則或庶幾。

王魯齋曰。此篇駿健通達。足以起千載之沈固。

自新銘

齒本白。一朝不漱。其污已積。面本白。一旦不類。其垢已黑。體本白。一日不浴。其形已墨。齒雖污。漱之則即無。面雖垢。其頮則即否。體雖墨。其形浴之則瑩然如玉潔且清。是知齒本無污。其污也實自吾。面本無垢。其垢也實自取。體本潔且清。其形之墨也實自成。齒本白而我自污。誰之辜。面本白而我自垢。誰之咎。體本白而我自墨。誰之慝。幸而一朝漱其齒。白者復爾。一旦頮其面。白者復見。一日潔其體而浴。白者復如玉。盍曰白也吾身。白者已塵。今焉澡雪。舊染維新。而今而後。殆不可復。士子守己當如女子。文人治身當如武人。女子居室。必無一毫點污。介然自守如此。是謂守己如女。武人殺敵。必須直前不顧。勇于自治如此。是謂治身如武。女不女。易所謂不有躬也。武不武。傳所謂我非夫者。身之白者渾全而未壞。貴常以不女之女爲戒。身之白者既壞而求全。謹無若不武之武人然。

主一齋銘爲成都范文叔作。

人之心。抑何危。紛百慮。走千歧。惟君子。克自持。正衣冠。攝威儀。瞻以整。儼若思。主于一。復何之。事物來。審其機。應以專。匪可移。理在我。寧彼隨。積之久。昭厥微。靜不偏。動靡違。嗟勉哉。自邇卑。惟勿替。日在玆。

蔡軒石銘

正爾衣冠。無惰爾容。謹爾視聽。無越爾躬。爾之話言。式循爾衷。爾之起居。式蹈爾庸。敬爾所動。無窒其通。貞爾所存。無失其宗。外之云肅。攸保于中。中之克固。外斯率從。天命可畏。戒懼難終。勒銘于石。用儆爾慵。

風雩亭辭

嶽麓書院之南有曾邱焉。于登覽爲曠。建安劉公命作亭其上。以爲青衿遊息之地。廣漢張栻名以風雩。又繫以辭。

眷麓之回隩。有弦誦之一宫。鬱青林兮對起。背絶壑之穹窿。獨樵牧之往來。委榛莽其蒙茸。設芰夷而卻□㊀。翕衆境之來宗。擢連娟之修行。森偃蹇之喬松。山靡靡以旁圍。谷幽幽而潛通。翩兩翼兮前張。擁干旄兮後從。帶湘江兮浮綠。矗遠岫兮横空。何地靈之久閟。昉經始乎今公。悦棟宇之宏開。列闌楯之周重。撫勝概以獨出。信兹山之有逢。予揆名而諏義。爰遠取于舞雩之風。昔洙泗之諸子。侍函丈以從容。因聖師之有問。各跽陳其所衷。獨點也之操志。與二三子兮

㊀「□」當作「視」。

不同。方舍瑟而鏗然。諒其樂之素充。味所陳之紆餘。夫何有于事功。蓋不忘而不助。亦何始而何終。于鳶飛而魚躍。實天理之中庸。覺唐虞之遺烈。儼洋洋乎目中。惟夫子之所與。豈虛言之是崇。嗟學子兮念此。遡千載以希蹤。希蹤兮奈何。盍務勉乎敬恭。審操舍兮斯須。凜戒懼兮冥濛。防物變之外誘。遏氣習之内訌。寢私意之脱落。目[一]本心之昭融。斯昔人之妙言。可實得于予躬。循點也之所造。極顔氏之深工。登斯亭而有感。斯[二]用力于無窮。

靜江勸農詩

熙熙陽春。既發既舒。翼翼南畝。是展是圖。
嗟爾農夫。各敬乃事。往利爾器。誡爾婦子。
惟生在勤。勤則及時。惟時之趨。時不爾違。
淅淅甘雨。膏我下土。習習其風。利澤乃普。
往卽爾耕。惟力之深。往蒔爾苗。勿倦其耘。
于日于夕。自遂自達。爾自勿忘。彼生孰遏。

[一]「目」當爲「自」。
[二]「斯」當爲「期」。

惟天之心。矜我下民。民不違天。使爾有成。
既穟既實。既堅既好。爾穫既同。先養爾老。
保爾家室。撫爾幼稺。既迄有年。復思嗣歲。
嗟爾父老。其訓其誠。俾務于本。惟土物愛。
不念其本。則越其思。所思既越。害斯百罹。
嗟爾父老。其告其喻。爾之有生。君實覆汝。
尊君親上。其篤勿忘。小心畏忌。率于憲章。
嗟爾父老。敬之孝弟。孰無父母。與其同氣。
反于爾躬。孰無愛敬。卽是而推。焉往不順。
嗟爾父老。勿替諄諄。其未率從。警厲其身。
告以禍患。使其知懼。無俾蹉跌。以陷罪罟。
惟國之法。燁燁其垂。使爾知避。豈欲爾施。
爾或自蹈。予疚予恫。曷使予懷。寘于爾衷。
於赫聖主。敷德流澤。布宣弗廑。時予之責。
嗟爾父老。助予念玆。豈予之助。報國是宜。
粤以今日。勸相于郊。乃作此詩。以懋爾勞。

咨爾父老。尚演厥義。其諷其歌。于鄉于里。俾一其心。服我訓言。擊鼓坎坎。自古有年。

附録

作希顔録。蚤夜觀省。以自警策。所造深遠。而猶未敢自以爲足。又取友四方。務求其學之所未至。蓋玩索講評。踐行體驗。反覆不置者十有餘年。平生所著書。唯論語説最後。而洙泗言仁諸葛忠武侯傳爲成書。其他如書詩孟子太極圖説經世編年之屬。則猶欲稍更定焉而未及也。然其提綱挈領。所以開悟後學。使不迷于所鄉。其功則已多矣。

因經世之曆。攷自堯甲辰。至乾道改元之歲。凡三千五百二十二年。列爲六圖。曰經世紀年。玉海。

南軒先生赴靜江。至羊樓橋市。方食。吏執名紙立于庭下。食畢。先生呼吏見客。曰。已留名刺去矣。曰。吾無語而輒遣之。速請來。市僅數家。一呼皆至。衣冠鄙陋。舉止周章。先生歷問其讀何書。各勉以學而退。宇文正甫曰。此輩不請見亦何害。先生曰。吾親卻不知某意。荒凉小市。有此三兩人已自難得。彼以儒名于一市。見一官員不得。將揶揄于市人矣。誘而進之。亦勸之之道。老學叢談。

王雙溪上先生書曰。先生之學。其傳之也得其宗。其行也力。其守也篤。其自信也堅。此今世學者之指南也。

又到城南瞻南軒先生遺像詩曰。入門荷香淨。步屧柳陰濕。欲寫情鬱陶。翻引興蕭瑟。瞻望堂中人。玉逸而山立。六學妙經綸。未試百之一。身存天下望。身殁海内惜。此道付誰傳。丹青但陳迹。樓邊好山近。竹底涼風入。兩鶴韻亦高。導我轉湖側。獨游何太清。滯念亦可釋。門闕莫返鎖。願言得散策。

呂東萊哭之曰。某昔以郡文學事公于嚴陵。聲同氣合。莫逆無間。自是以來。一紀之閒。而講書謂區區一得之慮。有時自以爲過公矣。及聞公之論。綱舉領挈。明白嚴正。無繳繞回互激發偏倚之病。然後釋然心悦。爽然自失。邈然始知其不可及。此某所以願終身事公而不去者也。某天姿澀訥。交際酧酢。心所欲言。口或不能發明。得與公合堂同席之際。傾倒肝肺。無所留藏。意所未安。辭氣勁切。反類世之强直者。亦不自知其所以然。夫豈士爲知己。益自應爾歟。

又曰。蓋公孳孳求益。敦篤懇惻。有以發其冥頑。勇于改過。奮勵明決。有以起其緩縱。而不立異。不黨同。胸臆坦然。無復隔閡。雖平生退縮固滯之態。亦不掃而自除也。

又曰。公在三之義。上通于天。養其志。承其業。油油翼翼。左右彌縫。不以存殁爲二者。公之事親也。念大恩之莫報。咎誠意之未孚。雖身在外。心靡不在王室。鞠躬盡瘁。唯力是竭。不以遠近爲閒者。公之事君也。義理之大。一識所歸。永矢靡他。至于參觀徧考。公而且博。未嘗如世俗學士。先生之言行。暖暖姝姝。不復廣求。其進學之力。不以在亡爲勤惰者。公之事師也。公之此心。蓋未嘗死。我雖病廢。猶有尊足㊀存。亦安知不能追申徒而謝子產耶。

朱子祭之曰。嗟惟我之與兄。胷志同而心契。或面講而未窮。又書傳而不置。蓋有我之所是而兄以爲非。亦有兄之所然而我之所議。又有始所共向而終悟其偏。亦有蚤所同嚌而晚得其味。蓋紛紛往返者幾十餘年。末乃同歸而一致。

又贊其畫像曰。擴仁義之端至于可以彌六合。謹善利之判至于可以析秋毫。拳拳乎其致主之功。汲汲乎其幹父之勞。仡仡乎其任道之勇。卓卓乎其立心之高。知之者識其春風沂水之樂。不知者以爲湖海一世之豪。彼其揚休山立之姿既與。其不可傳者死矣。觀于此者。尚有以卜其見伊呂而失蕭曹也耶。

又序其文曰。敬夫天姿甚高。聞道甚蚤。其學之所就。既足以名于一世。然察其心。蓋未嘗一日以是而自足也。比年以來。方且窮經會友。日反諸心。而驗諸行事之實。蓋有所謂不知年數之不足者。是以其學日新而無窮。其見于言語文字之間。始皆極其高遠。而卒反就于平實。此其淺深疏密之際。後之君子。其必有以處之矣。

又曰。敬夫最不可得。聽人説便肯改。

㊀「足」下脱「者」。

又曰。敬夫見識高卻不耐事。伯恭耐事卻有病。

又答王晉輔書曰。南軒之書。多未斷手。而不幸卽世。而或者不察。一例流傳。使人不能無遺恨。所以前此爲之刊削。別爲定本。蓋推本其遺意。非敢以私見輒有去取也。

又語類曰。敬夫高明。他將謂人都似他。纔一說時。便更不問人曉會與否。且要說盡他箇。故他門人。敏底祇學得他說話。若資質不逮。依舊無著摸。

又曰。南軒從善之亟。先生嘗與閒坐立。所見什物之類放得不是所在并不齊整處。先生謾言之。雖夜後。亦卽時令人移正之。

周益公祭之曰。嗚呼。天生烝民。受中惟一。或哲或愚。則繫其習。嗟嗟敬夫。氣稟則直。能擴而充。又學之力。發揮伊洛。排斥老釋。有德有言。後來所式。

吳竹洲祭先生文曰。嗚呼先生。忠孝之節。世有家法。淵源之學。心契聖傳。今其已矣。嗚呼蒼天。某生不肖。爲世所棄。先生誤知。見謂忠義。相期許國。志同生死。嗚呼蒼天。負我知己。豈惟知己。一世所慟。士失範模。國喪梁棟。嗚呼蒼天。窈冥玄默。呼之而莫予聞。撫之而莫予測。惟聖賢之生世。幾相逢而或失。顧所施之不究。匪斯今其自昔。嗚呼先生。其又何慼慼。

陸象山曰。元晦似伊川。敬夫似明道。伊川蔽固深。明道卻通疏。

葉紹翁曰。南軒書說解酒誥曰。酒之爲物。本以奉祭祀。供賓客。此卽天之降命也。而人以酒之故。至于失德喪身。卽天之降威也。釋氏本惡天之降威者。乃併天之降命者去之。吾儒則不然。去其降威者而已。降威者去。而天之降命者自在。如飲食而至于暴殄天物。釋氏惡之。而必欲食蔬茹果。吾儒則不至于暴殄而已。衣服而至于窮極奢侈。釋氏惡之。必欲衣壞色之衣。吾儒則去其奢侈而已。至于惡淫慝而絶夫婦。吾儒則去其淫慝而已。釋氏本惡人欲。併與天理之公者而去之。吾儒去人欲。所謂天理者昭然矣。譬如水焉。釋氏惡其泥沙之濁。而窒之以土。不知土既窒則無水可飲矣。吾儒不然。澄其泥沙。而水之清者可酌。此儒釋之分也。考亭先生謂。是解千百年儒者所不及。

眞西山跋先生永州雙鳳亭記曰。先生是時年二十有二。此記今不在集中。豈以爲少作而削之耶。然其言曰。古之所謂文者。將以治其身。使合于禮。在内者粹然。而在外彬彬焉。其本不出于修身。其極可施之天下。此之謂至文。嗚呼。斯言也。其可以少作目之哉。

劉聲伯贊張宣公曰。玉質金相。卓爾良貴。有鑑在心。明利與義。大原斯闡。維世之模。表裏不貳。皇皇聖途。

王魯齋爲宣公贊曰。歷堠勇進。欲蛻理融。濂溪霽月。沂水春風。先立乎大。未見其止。志義偉然。死而後已。

黄東發曰。南軒先生講學專主涵養持敬。謀國專主致君讎敵。居官專主恤民練軍。乾淳諸儒議論與晦翁相表裏者。先生一人而已。晦翁之言。精到開拓。足集諸儒之大成。先生之文。和平含蓄。庶幾程氏之遺風。晦翁精究聖賢之傳。排闢異説。所力任者。在萬世之道統。先生將命君父之閒。晢諸讎虜。所力任者。在萬世之綱常。元氣胥會。二儒並出。其更相切磨。友誼卓然。又足使千百世興起。嗚呼。此其所以爲乾淳之盛歟。

又讀先生語録曰。讀南軒議論。當觀其天性忠孝。以義理發爲政事處。

方桐江南軒集鈔序曰。南軒以魏國忠獻公爲之父。以胡文定五峯爲之師。以晦庵東萊爲之友。而又取諸古人。其修身也。期以顏子爲準的。著希顏録。其治世也。欲以孔明爲準的。著諸葛武侯傳。上下古今。内外體用。學□㊀得其要以守之。其親切可概見者蓋如此。

虞道園記南軒書院藏書閣曰。張子以丞相魏公之元子。天資粹美。異于常人。自其弱冠。已知求學聖人之道。及得所傳。遠有端緒。察乎幾微萌動之端。以博極乎求仁之道。玩心神明。不舍晝夜。極講明問辨之功。從容以和而不激。極舒遲温厚之意。端嚴以正而不阿。朝進暮繹。同歸一致。任重道遠。死而後已。及夫蟬蛻人欲之私。春容天理之妙。其所至盛矣哉。以之事上涖民。以之立言垂教。百世之下。學者可考焉。

宋濳溪記九賢遺像曰。南軒張子。姿貌俊偉。眉目聳秀。白而潤豐。下少須。神采煜然。柳冠紗巾。道服青。皁緣。繫以縚。履白。坦蕩明白。使人望而敬之。

雲濠謹案。四庫書目著録南軒易説三卷。提要云。此本乃嘉興曹溶從至元壬辰贛州路儒學學正胡順父刊本傳寫。僅始于

㊀「□」當作「莫不」。

繫辭天一地二一章。卷端題曰繫辭上卷下。而順父序稱。魯人東泉王公分司廉訪章貢等路。公餘講論。嘗誦伊川易傳。特闕繫辭。留心訪求。因得南軒解説易繫辭。藏寫於家。儻合以並傳。斯爲完書。乃出示知事吴將。刊之學宫。以補遺缺。使與周易程氏傳大字舊本同傳于世云云。是初刊此書。僅託始于繫辭。溶的傳寫。僅佚其上卷之上耳。又癸巳論語解十卷。提要云。考朱子大全集中。備載與南軒商訂此書之語。抉摘瑕疵。多至一百一十八條。又訂其誤字二條。以今所行本校之。從朱子改正者僅二十三條。餘則悉仍舊稿。似乎斷斷不合。然父在觀其志一章。朱子謂舊有兩説。當從前説爲順。後作論語集註。乃用何晏集解所引孔安國義。仍與南軒説相同。蓋講學之家。于一字一句之異同。務必極言辨難。斷不肯附和依違。中閒筆舌相攻。或不免于激而求勝。迨學問漸粹。意氣漸平。乃是是非非。坦然共白。不復回護其前説。此造詣之淺深。月異而歲不同者也。然則此一百一十八條者。特一時各抒所見。共相商榷之言。未可以是爲南軒病。且二十三條之外。南軒不復改。朱子亦不復爭。當必有渙然冰釋。始異終同者矣。又癸巳孟子説七卷。提要云。是書于王霸之辨。義利之分。言之最明。蓋其由左司員外郎出知嚴州。退而居家時作也。南軒之出也。以諫除張説爲執政。故是編于臧倉阻孟子及王驩爲輔行兩章。皆徵有寄託于時事。至于解交鄰章云。所謂畏天者。亦豈但事大國而無所爲也。蓋未嘗委于命而已。故修德行政。光啓王業者。太王也。養民訓兵。卒殄寇讎者。句踐也。末及周平王惟不怒驪山之事。故東周卒以不振。其辭感憤。亦爲南渡而發。然皆推闡經義之所有。與胡氏春秋傳務于借事抒義。而多失筆削之旨者。固有殊焉。

南軒講友

忠公呂大愚先生祖儉詳見東萊學案。

文達陸復齋先生九齡詳梭山復齋學案。

説書王先生師愈詳見龜山學案。

賈先生林

賈先生森合傳。

賈林字仲山。其先自眞定徙鄭。自鄭徙郢。靖康之亂。奔馳江湖閒。南軒居湘中。先生與兄森並與南軒游。南軒讀書城南。先生適亦葺其居。日相過也。嘗官宜黄主簿。邵州推官。所至以能稱。調知龍陽縣事。未上而卒。年五十三。南軒稱先生兄弟友睦愉愉如也。森爲零陵守。南軒文集。

員先生興宗

員興宗字顯道。仁壽人。召試。擢著作郎。中讒奉祠。著有采石戰勝録與九華集。集中多與張南軒陸象山往復書簡。蓋亦講學之家。所上奏議。毅然抗論。指陳時弊。多引繩批根之言。李心傳謂。歸附既留而垂遺。觱御因逐而旋召。均輸久廢而驟復。此三事皆朝廷所必行。而先生矢筆盡言。斥逐不悔。則其經濟氣節均有實事。非徒侈空談者。又著雜家辨言。四庫書目提要。

提刑祝先生櫰別見晦翁學案補遺。

程翠林先生樗別見滄洲諸儒學案補遺。

史先生堯弼

史堯弼字唐英。眉州人。少以古樂府洪範等論往見張紫巖。紫巖誦其文大類東坡。留館于潭。

與紫巖子南軒遊。每開以正大之學。紹興閒。偕其弟堯文登第。四庫書目提要。

梓材謹案。先生紹興二十七年進士。未授官卒。著有蓮峯集。

蓮峯文集

易之爲數詳。洪範之爲數略。詳者顯而略者晦。是以或者之有所不見也。且彼不知夫九疇之數。聖人不足之爲十而止于九。皇極之大。不加之于初一次二之閒而反列于次五。是二者。其故必有說也。竊嘗推之。洪範之數。蓋與河圖合。河圖則施于天。洪範則施于人者也。河圖之數本于九。獨五取其中而爲之用。其所謂五者。卽易之天五。其餘八位。則五之所統也。意夫聖人之初見天下之大。事物之衆。變故之多。而不可以尋常治也。是以觀天之所爲神者。攬其要以制其治。皇極之次五而處于九疇之中者。蓋取夫五之爲用。而疇之所以有九者。蓋本夫河圖之數。加之不可爲十。損之不可爲八。而天地事物之理。無所不在是也。夫然後聖人處其中。建皇極以統治之。使其彝倫不至于斁以及于亂。此洪範之爲作。而天之所以畀禹也。洪範論上。

皇極雖均爲一疇。然以道觀之。其他八疇皆不過入于形器事物之閒。而皇極蓋居其虛位。而無所不治者也。茍王道行而極之建。則五行之用于物者必得其常。五事之見于人者必得其和。八政之布于治者必得其理。五紀之施于天者必得其敘。三德本于中則不悖。稽疑定于正則不妄。于是庶徵無所致其咎。六極無所措其極。而五福得以均被天下矣。極之不建則反是。如是而後洪範之用乃可議矣。洪範論下。

昔之以位遜人者非一矣。堯之于舜。舜之于禹。以天下遜者也。伯夷之于孤竹。子臧之于曹。季札之于吴。以一國遜者也。其事之大小不同。故其效之深淺亦異。今泰伯之遜。不過區區之郊。七十里之國而已。而孔子乃以天下遜歸之。此與伯夷子臧季札遜一國者何異。而乃加以堯舜遜天下之名。何哉。嘗聞之孟子曰。以天下與人易。爲天下得人難。君子之不以天下輕授人如此。故堯之遜。爲天下得舜也。舜之遜。爲天下得禹也。今泰伯之遜。是爲天下得文王也。此其用心。豈非堯舜爲天下之心歟。堯于此使舜之道及于天下。舜于此使禹之道及于天下。而泰伯于此亦能使文王之道及于天下。此其所收之效。豈非堯舜及天下之功歟。遜行于蕞爾之國。而其道大被于天下。雖謂之天下遜。其誰曰不然。是以伯夷之遜。人不過稱其清。子臧之遜。人不過稱其節。季札之遜。人不過稱其義。而泰伯之德。至于民無得而稱。豈非其道之在天下。有不得而名之者歟。雖然。泰伯所用之心。所收之功。與堯舜同。而其所遭之事。則與堯舜又大相遠者。堯舜之遜也。當德業之已成。天下之全盛。而舜禹又皆有已試之功。故堯舜之德可得而見也。今泰伯之遜也。當德業之未著。天下之未一。而文王之方幼。又無已行之驗。故泰伯之德不可得而見也。孔子之定書。于堯舜之遜。止直著其事。而未嘗論其所以然。豈非以其顯而易見也歟。至于泰伯則不然。必斷然表而出之曰至德。以明示天下後世。嗚呼。泰伯之心。非吾聖人。其誰明之。泰伯可謂至德論。

趙先生棠詳見五峯學案。

孫先生蒙正詳見元城學案。

南軒同調

忠文李先生彥穎

李彥穎字秀叔。德清人。少端重强記。紹興十八年。擢進士第。主餘杭簿。累改國子博士。權吏部郎中。以父喪去。免喪。復爲吏部兼皇子恭王府直講。權右史兼兵部侍郎。經筵張敬夫栻講葛覃。言先王正家之道。因及時事。語激切。上意不懌。先生曰。人臣事君。豈不能阿諛取容。栻所以敢直言。正爲聖明在上。得盡愛君之誠耳。書曰。有言逆于汝心。必求諸道。使臣下皆若栻。人主應無過。上意遽解。立皇太子。兼左諭德。皇太子尹臨安。兼判官兼中書舍人。未幾。權禮部侍郎兼侍講。因言士習委靡。不然則矯激。宜擇篤實鯁亮者用之。升詹事。兼吏部侍郎。權尚書兼侍讀。除吏部尚書。端明殿學士。簽書樞密院事。參知政事。墜馬在告。求去。以資政殿學士知紹興府。勤約有惠政。復參政事。病羸。艱拜起。力辭。上曰。老者不以筋力爲禮。孟享禮繁。特免卿。諫官論其子。奉祠鐫秩。起知婺州。復知紹興府。進觀文殿學士。紹熙元年。致仕。家居凡十載。自奉澹約。室無姬媵。蕭然永日。與州縣了不相聞。卒。年八十一。贈少保。謚忠文。宋史。

晞顔師承

補孫牧齋先生松壽

孫松壽字巖老。號牧齋。郫人。紹興進士。守漢嘉。甚有惠愛。范文穆成大薦于朝。召用不起。趙文定雄在樞府言其賢。詔轉一官。趙忠定汝愚復奏先生掛冠勇退。内行素飭。終始不渝。除直秘閣。不就。四川通志。

南軒家學

補直閣張拙齋先生忠恕

附録

爲湖州治勢家門卒之暴民者。逮復湖學以振士風。

張先生焕

張先生炳合傳。

張焕。張炳。南軒之再從子也。扶持母喪西還。求言以自警。南軒作序以返之。南軒文集。

吏員張先生默詳見武夷學案。

縣令張先生勳

張勳字希聖。丞相魏國公之姪孫。南軒先生其叔父也。紹熙二年。爲東莞令。誠心愛民。每憂旱。虔禱甘澍輒應。邑舊有東嶽行祠。圮壞。曰。神與令均受民寄。而祠不稱。令之咎也。遂重建之。廣東黄志。

南軒門人

龍圖項平庵先生安世詳見晦翁學案。

提舉潘先生友文詳見槐堂諸儒學案。

宋先生天則别見麗澤諸儒學案補遺。

胡先生大壯别見五峯學案補遺。

劉先生孟容詳見滄洲諸儒學案。

文清劉漫塘先生宰詳見嶽麓諸儒學案。

李先生竟庭

李竟庭。

顏子堅□別見槐堂諸儒學案補遺。

南軒私淑

補郡守趙中川先生昱

附録

汎掃一室。左圖右書。盡晝夜積日月不舍。終身弗改。程史。

邵先生囦

邵囦字萬宗。蘭溪人。淳熙八年進士。授郴州教授。改潭州。朱子薦其學行。有文學自將誨誘不倦之語。晚由楚州倅奉祠。家居。名其堂曰今是。後以子貴。累官通奉大夫以卒。所著有曲禮王制樂記大學中庸解五篇。及讀易管見。今是堂遺稿等書。金華志。

梓材謹案。吳禮部正傳跋先生今是堂稿云。邵卽朱子集中所稱長沙博士。以張宣公三家禮範及公釋奠儀式刻之學宮者也。

禮記説

日月告君以示不失時。齊戒告鬼神以示不敢專。召鄉黨僚友以示同其慶。如是而男女之别厚。

卜筮之事。忽之者以爲不足信。泥之者以爲不可不信。記禮者。慮人之泥之也。則曰不過三。不相襲。又慮人之忽之也。則曰信時日。敬鬼神。畏法令。是又戒其忽也。以上曲禮。

論其罪雖未至于可殺。究其實則蠱民心甚矣。故不聽而殺之。聖人防微之心也。王制。

感物而動。性始有欲。欲非情欲逸欲之欲。性而無欲。則槁木死灰耳。率性之謂道。從何出哉。

禮樂雖因天地而形。天地亦因禮樂而著。大始氣也。成物形也。大始本有是氣。樂則著而明之。成物本有是形。禮則居而辨之。故著而運行不息則爲天。著而一定不易則爲地。著而爲一動一靜。則在動非動。在靜非靜。乃天地之閒。而機緘之妙也。聖人于此窮其所自。而歸之于禮樂。故曰禮樂云。又以見天地造化亦無不待于禮樂也。

情動于中故形于聲。憂者不可以爲樂。和者不可以爲乖。豈非情不可變乎。上天下澤。先王以之制禮。尊者不可使卑。親者不可使疏。豈非理不可易乎。惟情不可變。故樂之爲教。能統天下之同。而不使之睽。蓋天下同此情故也。惟理不可易。故禮之爲教。能辨天下之異。而不使之無別。蓋天下同此理故也。有以辨之。則同者以異而分。有以統之。則異者以同而合。

禮有以節乎人情。故聖人制禮之初則主其減。減則便于行。樂有以樂乎人情。故聖人作樂之初則主其盈。盈則滿其欲。禮因主于減矣。然必增而進之。如經禮三百。曲禮三千。所謂進也。故以進者爲文。樂固主于盈矣。然必有以約而反之。如清廟之瑟。朱絃而疏越。一唱而三歎。所謂反也。故以反者爲文。禮有報。資于樂。樂有反。資于禮。此禮樂皆得。以上樂記。

附録

初。朱子病州釋奠之禮。吏多不習。民無所瞻仰。在南康言于朝。頒政和新儀。復自臨漳列上釋奠數事。移書禮官討究。得請施行。而主者徙他官。格不下。及守長沙。少卿詹體仁始取往年所被敕命。下之本郡。而朱子召還奏事。因以附州案。俾移學官。符屬縣且關帥司。並下巡内諸州。明年。先生刻之學宫。以書報朱子曰。以公之拳拳于此也。謹已鋟木而廣其傳矣。

文忠眞西山先生德秀詳西山眞氏學案。

清隱宋先生正父

宋正父。□□人。南軒送定叟赴廣西任詩十三章眞蹟藏其家。眞西山跋之云。余觀正夫㊀與愿謙二弟詩。皆睠焉有前修風味。所謂亦允蹈之者耶。眞西山集。

㊀「夫」當爲「父」。

附録

眞西山跋宋正甫詩集曰。清隱之詩。南城包顯道評之當矣。予尤愛其贈陸儀徵曰。老去教令心膽健。後來留得姓名香。寄御史曰。陰陽消長風聞際。堂陛尊嚴山立時。送愿父弟曰。江湖多少盟鷗地。莫近平津閣畔行。此皆有益之言。又送謙父弟曰。日用功夫在細微。行逢礙處便須疑。高言怕被虛空笑。闊步先防墮落時。和人云。三聖傳心惟主一。六經載道不言眞。是又近理之言。非嘗從事于學者不能道也。

又題湖山清隱詩曰。西湖南山和靖廬。西山東湖清隱居。皇天從來具老眼。勝地不肯栖凡夫。眼中四時風月景。胸次萬古皇王書。夫君定是終隱者。要學川雲時卷舒。

曹無妄先生建詳見滄洲諸儒學案。

忠肅吴先生昌裔詳見勉齋學案。

別先生湜

別湜字景甫。郢州人。徙于襄。幼孤。依兄以立。甫入黌庠。習射于圃。升降揖遜。發必中鵠。年二十。發憤力學。專以河洛諸儒及近世朱張二先生經説爲宗。時陸象山守郡。見而異之。特恩對策多忤。第居末等。會試射六發五中。畀上州文學。又遇郊。賞監邛州茶場。子之傑亦舉進士第。主應山簿以歸。先生家食未上。引避茶馬使。親俾代者往。自是不復再調。後就養德安以卒。魏鶴山集。

孔先生從龍

孔從龍。衢梁人。先聖之裔也。南軒嘗輯言仁一篇。發揮其義。使學者知所以爲仁。先生又輯其言學者四十餘章。章爲之釋。使學者知所以學云。眞西山集。

通判吴先生垕別見晦翁學案補遺。

李氏家學

李先生浹

李浹字謙善。德清人。丞相彦潁子。以胄監授承務郎。監淮西惠民局。復鎖廳試禮部。詞致瓌特。有司異之曰。此執政子也。嫌弗敢上。親友交唁之。先生曰。吾既仕矣。學有大于此者。科目何爲。遂不復求試。博覽羣書。尤好左氏。著有廣誨蒙。曰。衆實所藏也。獵而有之。在我矣。寧宗朝。歷提舉浙東常平。至太府少卿。建言忤韓侂胄。出爲福建運判。二年召還。卒。鄭元慶説。

李沐附見慶元黨案。

孫氏門人

提刑張先生釣詳見二江諸儒學案。

張學續傳

補宗丞木先生天駿

雲濠謹案。萬姓統譜載先生教授永州。發明南軒學。以授諸生。講課嚴整。士論允愜。

陸先生鵬升

陸鵬升字□□。臨川人。登淳祐七年進士第。調全州教授。累除國子録。遷太學博士。以疾丐外。添差通判潭州。尋丐祠。主管仙都觀以卒。其在全州。創立小學。增闢湖湘書院。講切義理。無虛日。有講貫集行湖湘閒。其在朝。六館交賀得明師。其奉祠而歸。能訓其里以孝弟忠信。户外之屨常滿。平生著述甚富。存者惟大學中庸春秋講義。寶祐閒。丁子萬當國。有司不敢問天下事。先生獨昌言之云。東發文集。

附録

黄東發祭之曰。頃試臨汝之郡。獲登先生之門。聞其記誦之習熟。如懸流而瀉瀑。聽其議論之精切。如條析而縷分。此求之古人中猶罕見。而何今人之擬倫。

尹虛心先生謙孫附弟復孫。

尹謙孫字希吕。茶陵人。一字虛心。事親以孝聞。與其弟復孫自爲師友。肆力聖學。武昌鐵峯張山翁稱其文類西漢長沙。王夢應言其以朱張心胸行韓柳筆法。姓譜。

附録

宋末。先生以禮記魁鄉薦。屬國事不競。歎曰。揖讓之言尚污許由之耳。篡弑之粟豈飽伯夷之口哉。乃歸隱築室以老。湖南通志。

教授余先生文起

余文起。□□人。主泮湘潭。嘗宿嶽麓書院。夢見朱晦翁與張南軒同在郡庠。作意主盟道學。忽伊川横渠先生從外來云。政不須如此。這道理常使得。何恤乎人言。須臾聞東廊有人誦中庸大學二篇。覺來雞唱。遙想二公衛道如此之切。螢雪叢説。

蔡先生節別見晦翁學案補遺。

少保楊平舟先生棟別見濂溪學案補遺。

姚先生隆別見紫微學案補遺。

尚書王厚齋先生應麟詳深寧學案。

永政劉象環先生淵大父濱。父蕃卿。

劉淵字學海。眉陽人。其先本漢中山靖王裔。後入蜀。家于隨。大父濱字謙叔。號中山。由丹稜遷眉之全流鎮。中開禧丁卯潼川轉運司解。有文集。號雞肋。傳于蜀。父蕃卿字子才。號默齋。登淳祐丁未第。教授邛州。攝州倅。蜀被兵。出蜀之荆南。卒焉。先生三領鄉解。嘗以春秋冠全蜀。元初避地嶺南。之桂。尋之象。還寓衡陽。署號象環。卓行篤學。爲士模楷。事母至孝。耆年修子職尤謹。用薦爲永州路學正。既卒。門人私謚曰永政先生。著有讀易記。易學須知。春秋例義。春秋續傳記。左氏記事本末。周正釋經。古今要略等書。多其子彭壽所校讎增附云。歐陽圭齋集。

張氏續傳

補朝奉張先生唐

附録

先生被執。元行省參政崔斌欲降之。先生罵曰。紹興至今百五十年。乃我祖魏公收拾櫰拓者。

今日降而死。何以見魏公于地下。遂遇害。督府忠義傳。

張先生義倫

張義倫。潭州人。咸淳七年。詔訪求先儒張栻後。湖南轉運使以聞。詔補將仕郎。宋史。

木氏家學

太學木先生元思

木元思。瑞安人。天駿子。在太學。衆推其文行不墜先業云。姓譜。

劉氏家學

劉眉陽先生彭壽附子侶。

劉彭壽字壽翁。永政先生子。幼穎悟。侍父瘴海。不廢家學。弱冠。辟衡山縣教諭。父子授徒。從學雲委。久之。樂衡山士習之美。遂留居焉。再調武岡路儒學正。秩滿。會科舉行。延祐甲寅。以春秋貢湖廣。乙卯登第。授將仕郎。桂陽路平陽縣丞。轉岳州路行用庫使。陞建德路淳安縣尹。交代還。踰年卒。年六十有四。子侶。舉湖廣鄉貢進士。調衡州路儒學正。先一年卒。先生爲蜀名家。世明春秋之學。自曾祖濱至子侶。五世一經相傳。其爲書有四書提要。春秋繹存。春秋正經句釋。易經說。未脱稿。教學者必以五經四書爲本。爲文必先理趣而後詞章。迨其爲政。

勤于治民。而疏于奉上。故當時惟賢者知之。翰林編修和達言其幅巾深衣。每月初吉陞坐講書。淳安士庶聽講無倦。致邑中風俗丕變云。歐陽圭齋集。

張學之餘

補隱君方明軒先生敏中

梓材謹案。湖廣通志載先生潛心理學。嘗書所居室曰自明。學案本傳作明軒。恐是自明軒也。

唐先生元

唐元字長儒。歙縣人。筮仕平江路儒學録。調分水縣儒學教諭。南軒書院山長。以徽州路儒學教授致仕。杜清碧集。

梓材謹案。先生著有易傳義大意十卷。經義考云佚。

附録

以教授致仕。猶訓迪生徒。侃侃講説無怠。爲文紆徐典雅。有汴宋前輩風。詩則含蓄雋永。不作近代人語。

山長汪先生士遜附子安甫。孫衮。

汪士遜字宗禮。休寧人。至元閒。授南軒書院山長。性温良。不尚華侈。尤勤教育。嘗謂人曰。凡讀書以踐履致用爲本。立身以孝弟爲先。苟不由此。非聖賢之道。化洽鄉里。人多悦服。子安甫。爲黟縣直學。孫衮。爲國子學録。咸守成訓不失。姓譜。

陳先生宏磬

陳宏磬字則善。瑞安人。性至孝。事父母事諸父母若一。動静端謹。年十七。獨樓居。讀書其上。非有故不下。衣冠常儼若。就寢始脱。一日得龜山南軒二先生語録。玩味日久。豁然若有所見。志于力行。自著惺惺稿。大抵言體道觀化之趣。至正戊子。忽得疾。父母視之。見其衣冠肅整。不知其有疾也。歌朱子感興詩崑崙大無外一章。□□□□□㊀三。兩浙名賢録。

貞文吴淵潁先生萊詳見龍川學案。

壽翁門人

何先生克明

何克明。衡山人。延祐丁巳。中湖廣鄉試第一。與武昌邱堂同試雲夢賦。文辭贍麗。時稱邱何。先生廷試復第一。所著作爲世傳誦。楚紀。

梓材謹案。先生爲劉壽翁門人。嘗官衡州路推官。壽翁卒。爲請銘于歐陽圭齋。圭齋述其言曰。衡山爲邑。自武夷胡氏

㊀「□□□□□」當作「溘然而逝年二十」。

廣漢張氏寓居是邦。學者宗之。凜然一趨于正。後是百餘年。眉陽劉公父子實來。使告邑人子弟私淑胡張。二先生之訓。久而彌章。則其薰陶啓迪之功居多云云。是可見二劉先生之淵源矣。

江先生雲端

劉先生延儁合傳。附門人劉圭。

江雲端。劉延儁。並劉壽翁門人。壽翁疾革。先生輩咸在。將屬纊。語延儁曰。生順死安。無遺憾也。第母老不得終養。孫圭幼未之學。子教之而才。吾受子賜。言訖乃瞑。歐陽圭齋集。

□先生彙

□彙。壽翁門人。壽翁平生所著文集。先生編之。歐陽圭齋集。

宋元學案補遺卷五十一目録

宋元學案補遺卷五十一

後學 鄞 王梓材 慈谿馮雲濠 同輯

東萊學案補遺

林汪門人

補 成公呂東萊先生祖謙

雲濠謹案。先生嘉熙三年改謚忠亮。景定二年從祀。改封開封伯。

東萊語要

當於事事物物試驗學力。若有窒礙齟齬處。卽深求病源所在而鋤去之。

凡事有齟齬。必在我者有所未盡。此其形而彼其影也。于此觀省。最爲親切。

申韓之害。流毒後世。雖明君賢臣。皆陷溺而不能出。何也。其令行禁止。奔走天下。樂其一時之快。而不暇顧他日之害。此其說所以盛行於世也。

治言而不治氣。雖有三[一]禮大義。反爲怨怒所敗。不足以解紛。而失和氣。豈不甚□□[二]哉。周公制禮。立于一時。而萬世不易。自非聖人議禮。則未有久而不變。故貞觀之禮不可行于顯慶。顯慶之禮不可行于開元。

東萊學規

凡預此集者。以孝弟忠信爲本。其不順于父母。不友于兄弟。不睦于宗族。不誠于朋友。言行相反。文過遂非者。不在此位。既預集而或犯。同志者規之。規之不可。責之。責之不可。告于衆而共勉之。終不悛者除其籍。

凡預此集者。聞善相告。聞過相警。患難相恤。游居必以齒相呼。不以丈。不以爵。不以爾汝。

會講之容端而肅。羣居之容和而莊。

舊所從師。歲時往來。道路相遇。無廢舊禮。

毋得品藻長上優劣。訾毀外人文字。

[一]「三」當爲「正」。

[二]「□□」當作「可惜」。

郡邑政事。鄉閭人物。稱善不稱惡。

毋得干謁投獻請託。

毋得互相品題。高自標置。妄分清濁。

語毋褻毋諛毋妄毋雜。

毋狎非類。

毋親鄙事。以上乾道四年規約。

凡與此學者。以講求經旨明理躬行爲本。

肄業當有常。日記所習于簿。多寡隨意。如遇有幹輟業。亦書于簿。一歲無過百日。過百日者。同志共擯之。

凡有所疑。專置册記録。同志異時相會。各出所習及所疑。互相商榷。仍手書名于册後。

怠惰苟且。雖漫應課呈。而全疏略無敘者。同志共擯之。不修士檢。鄉論不齒者。同志共擯之。

同志遷居。移書相報。以上乾道五年規約。

親在别居。

親没不葬。

因喪婚娶。

宗族訟財。

侵擾公私。

諠譟場屋。

游蕩不檢。

並除籍。關報諸州在籍人。

諸齋私録講説之類甚並多訛舛。不可傳習。以上乾道六年規約。

魏鶴山跋朱呂學規曰。白鹿之規五。温温乎先民之微言也。麗澤之規三。廩廩乎後學之大戒也。學者誠能唯是之依。五者以事其心。三者以範其體。則猶稻粱之養正。藥石之伐邪。凡皆足以康濟吾身。不容一闕者。夫二規亦異訓而同旨。異調而同功矣。

東萊書説

東遷之初。大讎未報。王略未復。正君臣坐薪嘗膽之時也。奔忙之餘。僅得苟安。乃釋然遽自以爲足。曰歸視爾師。寧爾邦。兵已罷矣。日用賚爾秬鬯彤弓。功已報矣。曰柔遠能邇。惠康小民。教之以平世之政。軍旅不復講矣。曰簡恤爾都。用成爾顯德。勉之以本邦之治。王室無復事矣。嗚呼。周其終于東乎。

易動而輕發者常敗事。故必有忍。然後能濟。忍固可以有濟。然猶有堅制力蓄之意焉。至于有容。則宏裕寬綽。恢恢乎有餘地矣。德之所以大也。忍言事。容言德。淺深固有閒。進乎此者。亦有序也。

五刑者。天所以左右斯民。而司刑者代天行罰。作配在下。奈何其不敬哉。中者。呂刑之綱領也。苗民罔是中者也。皐陶明是中者也。穆王之告司政典獄。勉是中者也。

東萊周禮説

周禮一書。不見三公之職。自冢宰以下。各領其職。所謂作而行之。三公朝夕納誨。格人主之非心。論道經邦。便是燮理陰陽處。大抵人主一心。萬化之原。使人主識本原。則上而日月星辰無不順。下而山川草木無不寧。便是三公之職。至三孤則宏大三公之化。燮理寅亮。特有淺深顯微之別耳。總論。

六卿者。萬事之綱也。爲天下始于立綱紀。故一曰邦治。綱紀既立。首教以人道之大。故二曰邦教。人道立。則必有節文之者。故三曰邦禮。教立禮行。而猶有干紀亂常者。則討伐行焉。故四曰邦政。大罪陳之原野。降此則有司之法在。故五曰邦刑。至體國經野。興事造業。以基五官之職事。則六曰邦事終焉。六卿分職。各率其屬。以倡九牧。阜成兆民。上下相統。内外交應。天下雖廣。無一處不相聯絡。而五官之職並統于冢宰。猶八卦並列六子。而實統于乾坤也。

古者建國立宗。其事相須。詩君之宗之。言公劉整率其民。上則皆屬于君。下則各統于宗。

其相維如此。春秋之末。晉執蠻子以畀楚。楚司馬制邑立宗焉。以誘其遺民。而盡俘以歸。當典刑廢壞之時。暫爲詐僞之計。猶必立宗。則前此可知。

受歲會聽致事。大計羣吏之治者。冢宰也。而小司徒先自考其屬。正其要。會而致事。小司寇命其屬入會而致事。下至宮正。則會其行事。醫師微。亦于歲終稽其醫事。又設司會以執其總以鉤考之。而詔王及冢宰廢置。可見成周之法。各考于一職之長。而後考于一官之長。考于一官之長。始盡考于司會。而後達于冢宰。蓋各考其屬于下則詳而難欺。提其綱于上則簡而易見。而又俱考于司會。則參互而徧察。無所容其抵冒矣。

古者執戈戟以宿衛王宮。皆士大夫職之。無事而奉燕私。則從容養德。有承弼之益。有事而司禦侮。則堅明守義。無腹心之虞。下至秦漢。陛楯執戟。尚餘一二。此制既廢。人主接士大夫者。僅有視朝數刻。而周廬陛梐或環以椎。埋闒悍之徒。有志于復古者。當深繹也。以上天官。

三代時。士惟進德修業。上之人自求之。故待之甚重。而攷之甚詳。後世乃士多縻於爵禄。故上之人待之甚輕。而攷之甚略。

非實有孝德于己。犯上陵節之事。必有習而不察者。故云以知逆惡。此條原缺。

古者耕三餘一。以三十年之通制。國用但論米穀。未嘗及藏鏹。蓋農桑衣食財貨之本。泉布流行。不過權一時之宜而已。必先有米穀。泉布之權方有所施。若無其本。雖積鏹何補。所以三代之前。用錢幣爲賦者甚少。俸禄亦是頒田制禄。漢初尚有古意。王公至佐史。所謂萬石千石。

亦是以穀粟制禄。至武帝有事四夷。立告緡之法。以括責天下。自是而錢幣始重。古意漸失矣。

政令刑禁。施舍言和。謂不改經法而就中斟酌也。禮俗喪紀祭祀所頒。雖有一定之禮。其他細微又必從其俗。且如大司徒以祀禮教敬。又須土均。就祀禮中斟酌。凡事莫不如此。以上地官。

延有道德者。使之教國子也。既設掌樂之官。却不專教。又資之他人。以此見古聖規模廣大處。

動容周旋。無非至理所寓。先王以舞教學士屈伸綴兆。所謂四體不言而喻。理至精也。以上春官。

周公戒成王。以虎賁與任人牧人準人並言。蓋侍衛僕御。朝夕親比。必得正人漸移默化。故愼虎賁綴衣之選。乃養成君德詳密處。

案王制選于鄉曰秀士。升于司徒曰選士。升于學曰俊士。升諸司馬曰造士。論定然後官之。任官然後爵之。位定然後禄之。一人之身。凡經考校者七。然後得禄。其愼也如此。漢唐以後。大抵自重而漸輕。自緩而漸速。失三代愼重遺意。以上夏官。

周公作酒誥。恐人沈湎以傷德也。降而漢文帝爲酒酺。景帝以歲旱禁人酤酒。已非酒誥本意。然而猶有重本抑末之心焉。至桑宏羊建榷酒之説。則公家日專其利。古者惟恐人飲酒。後世惟恐人不飲酒。可慨甚矣。

巡守之禮。此乃維持政治。攝服人心之道。大抵人心久則易散。政治久則必缺。一次巡守又提攝整頓一次。此新新不已之意。以上秋官。

東萊禮記説

人多謂孟母能示子以信。不知買肉以實其信。所以爲誑也。母當直以前言爲誑而語之。乃買肉以成其誑。本是一誑。卽成兩誑。大抵所以陷于小人者。多因要實前言。蓋實前言三字。最是入小人之徑路。

五年方可博習。未至此。則非聖人之書不敢觀。前此非不從師。至此方能親師。七年見得約當。方可議論是非。決擇賢否。

考之武成曰。太王肇基王迹。王季其勤王家。我文考文王克成厥勳。誕膺天命。蓋三王皆肇基之主。所以追王之也。

婦人尊卑。本無定位。隨其夫之尊卑爾。故所主者在名。

東萊儀禮説

左傳定八年。公會晉師于瓦。范獻子執羔。中行文子趙簡子皆執鴈。魯于是始尚羔。周禮在魯。而卿大夫羔鴈之制且因晉方知。見當時之禮散在列國者。不能備也。士相見禮。

東萊史説

上闕㊀。之徒。記傳之體常不絶。至于編年之體。無有能續之者。温公作通鑑。正欲續左氏之傳。終云。智伯貪而愎。故韓魏反而喪之。左氏終于此。故通鑑始于此。然編年與紀傳互有得失。要之皆不可廢。韓魏之事。温公論之詳矣。今當論看通鑑之法。昔陳瑩中嘗謂。通鑑如藥山。隨取隨得。然雖有是藥山。又須會採。若不能採。則不過博聞强記而已。壺邱子問于列子曰。子好遊乎。列子曰。人之所遊。觀其所見。我之所遊。觀其所變。此可取以爲看史之法。大抵看史見治則以爲治。見亂則以爲亂。見一事則止知一事。何取。觀史如身在其中。見事之利害。時之禍患。必掩卷自思。我遇此等事當作何處之。如此觀史。學問亦可以進。智識亦可以高。方爲有益。

東萊雜説

常以晝驗之妻子。以觀其行之篤與否也。夜考之夢寐。以卜其志之定與未也。須于此等處常常體察。惟此最可驗學力。

梓材謹案。此首四語本之龜山。沈端憲晝觀諸妻子。夜卜諸夢寐。亦本諸此。定川與先生兄弟極辨古今。閎覽博考。宜

㊀「上闕」當作「如班范陳壽」。

其學之符合如此。

做事須是著實做。暴戾者必用力于和順。吝鄙者必用力于寬裕。而後可以言學。

或問。人爲學多爲事廢。奈何。曰。正當幹事時。占時節本不多。只爲事未到時心先忙。事已過後心不定。所以占時節多。

今人須是就治家上理會。這裏不治。如何是爲學。堯稱舜。讓以天下。如何止説刑于二女。四岳舉舜。不及其他。止言克諧以孝。若是今人。須説舜有經綸大業。濟世安民之事。欽哉兩字最要看。看得這個。便見得天命易。

觀書不可徒玩文采。要當如藥方酒法。求其君臣佐使互相剋制。有以益吾身可也。

處家之道。導之以禮義。示之以禮法。養之以恩意。雝肅遜悌之風。可以維持百年而不息。苟或未然。則聚族既衆。羣居終日。當慮者豈止一事哉。

南軒曰。心在焉則謂之敬。且如方對賓客談論。而他有所思。雖思之善。亦不敬也。纔有間斷。便是不敬。

或問。教小兒以何爲先。曰。先教以恭謹。不輕忽。不躐等。讀書乃餘事。今之有姿質者。父兄便教以科舉之文。不容不躐等。皆緣父兄無識見。至有以得一第便爲成材者。

大抵人臣多顧一分之害。壞國家十分之利。

仕宦須脱小規模。一仰羡官職。二隨人説是非。三乘空接響。揣量測度。四謂求知等事爲當爲之事。

凡世俗所謂不妨有例。不見得未必知衆人都如此也。是常事之類。皆不可聽。許多苟且之事俱由此起。

士大夫喜言風俗不好。風俗是誰做來。身便是風俗。不是去做。如何得會。好講風俗。能就自己身上講起。便有許多不肯苟且之意。

凡聽訟。不可先有所主。以此心而聽訟。必有所蔽。若平心去看。便不偏于一。曲直自見。

凡人有所干求。可不可須便説。不可含糊。

凡使人。須度其可行。然後使之。若度其不可而强使之。後雖有可行者。人亦不信。且如立限。令三日可辦。却只限一日。定是違限。其勢不得不展。自此以後。雖一日可到之事。亦不信矣。

與人交際。須是通情。若直以言語牢籠人。情豈能感人。須是如與家人婦子説話。則情自通。居官臨民。尤宜體此。

兩人不是。自處其閒。甲必來説乙不是。乙亦來説甲不是。若都不應和。人將以我爲深。或以爲黨。在應和之語。須是如與甲同坐。對乙面前也説得方可。

聽人説話。或有不中節者。亦無都不應答之理。説十句中。豈無一句略可取。將此一句推説應之。亦與此人有益。略其所短。取其所長。既不失己。亦不失人。推之卽大舜隱惡揚善也。

東萊遺説

武公在位五十五年。國語又稱武公年九十有五猶箴儆于國。計其初即位。其齒已四十餘矣。使果弑共伯而篡立。則共伯見弑之時。其齒又加長于武公。安得謂之蚤死乎。髦者。子事父母之飾。諸侯既小斂則脱之。史記謂釐侯已葬。而共伯自殺。則是時已脱髦矣。詩安得猶謂之髧彼兩髦乎。是共伯未嘗有見弑之事。武公未嘗有篡弑之惡也。

梓材謹案。此説王氏困學紀聞采之。

上天下澤。履。此易之言禮也。雷出地奮。豫。此易之言樂也。

王伯厚曰。説本漢書上天下澤。春雷奮作。先王觀象。爰制禮樂。

漢經學興廢。不以理之是非。而以時之好惡。

東萊遺集

靜多于動。踐履多于發用。涵養多于講説。讀經多于讀史。然後能可久可大。操存則血氣循軌而不亂。收斂則精神内守而不浮。以上與朱侍講。

文王蓋嘗有慙矣。非徒爲湯之慙。而且慙于爲湯也。使武王而復慙焉。是視天下之無王也。故武王任無君之非。而伯夷有無君之責。使今日有得君之利。而後世無從亂之虞。嗟乎。武王之意亦深矣。武王論。

大事記解題

通鑑書燕人叛。燕之于齊非叛也。遂人殺齊戍。春秋書曰。齊人殲于遂。不謂之叛也。孟子非作史。其曰燕人叛。特因用齊人之語耳。

東萊官箴

覓舉。

求權要書保庇。

容尼媼之類入家。

刑責過數。

接伎術人及薦導往他處。

薦人于管下買物。茶墨筆之類。

親知雇船脚用官錢。或令吏人暗備。須令自出錢。但催促令速。足矣。

遇事不可從。不當時明説。誤人指擬。以致生怨。

受所部送饋及赴會□㊀。如送饋果食之類則受。仍當廳對衆開合子。置簿鈔上。隨即答之。餘物不可受。

凡治事有涉權貴。須平心看理之所在。若其有理。固不可避嫌。故使之無理。直須平心看去。若有一毫畏禍自恕之心。則五分有理。便看作十分有理矣。若其無理。亦不可畏禍。曲使之有理。政使見得無理。只須作尋常公事看斷。過後不須拈出説。尋常犯權貴取禍者。多是張大其事。邀不畏强禦之名。所以彼不能平。若處得平穩妥貼。彼雖不樂。視前則有間矣。然所以不欲拈出者。本非以避禍。蓋乃職分之常。若特然看做一件事。則發處已自不是矣。

大學策問

問憲虞夏商周之典而建學。合朔越楚蜀之士而羣居。上非特爲飾治之具。下非借爲干澤之地也。所以講實理。育實材。而求實用也。蓋嘗論立心不實。爲學者百病之源。操管而試。負牆而問。布席而議。學則宗孔孟。治則主堯舜。論入德則曰致知格物。論保民則曰發政施仁。論律身則曰孝弟忠信。論範防則曰禮義廉恥。筆于紙。發于口。非不郁郁乎可觀矣。迫而索之。則或冥

㊀「□」衍。

然而味也。叩而窮之。則或枵然而虚也。意者騖于言而未嘗從事所□[一]言者耶。洙泗諸子。親見聖人出語。豈不知所擇。然問答之閒。受責受哂者相望。反自不若後世學者之無疵。古之人其爲己不爲人如此。今日所與諸君共訂者。將各發身之所實然者。以求實理之所在。夫豈角詞章博誦説[二]無用之文哉。孰不言王道之當修也。孰不言聖學之當明也。其各指實見。志何所期。力何所用。毋徒襲先儒之遺言。孰不言王道之當修也。其各條實事。何者爲綱。何者爲目。毋徒作書生之陳語。佛老亂眞者也。勿徒曰清虚寂滅。盍的言其亂眞者疇深疇淺。申韓害正者也。勿徒曰刑名術數。盍確論其害正者疇亡疇存。辟𠻳愚魯。人人異質。不可勝舉。剛柔緩急。色色異宜。不可勝陳。至於爲學者之通病。論治者之通弊。安得不同去而共察之耶。孟子告子不動心。自今觀之。固異也。使未聞所以異之答。能辯其異乎。禹稷顔子之事業。自今觀之。固同也。使未聞易地皆然之語。能識其同乎。苟況揚雄王通韓愈皆嘗言學矣。試實剖其是非。賈誼董仲舒崔寔仲長統皆嘗言治矣。試實評其中否。凡此數端。具以質言。實相講磨。以仰稱明天子講養之實德。乃若意尚奇而不求其安。辯尚勝而不求其是。論尚新而不求其常。辭尚異而不求其達。則非有司之所敢聞。

[一]「□」當作「以」。

[二]「説」下脱「事」。

附録

先生爲曾茶山外孫。茶山贈以詩曰。昔别溪南寺。奇龐總角兒。傳聞不好弄。賸喜更能詩。經術眞吾道。躬行是汝師。掖垣家學在。何以徧參爲。

調宗學教授。丁内艱。居明招山。四方之士多歸之。其學以閩洛爲宗。而旁稽載籍。不見涯涘。心氣和平。不立崖異。一世英偉卓犖之士皆歸心焉。

晚年會友之地曰麗澤書院。在金華城中。既殁。郡人卽而祠之。

雲濠謹案。四庫全書著録麗澤論説集録十卷。提要云。東萊門人雜録其師之説也。凡易説二卷。詩説拾遺一卷。周禮説一卷。禮記説一卷。論語説一卷。孟子説一卷。史説一卷。雜説二卷。皆冠以門人集録字。明非東萊所手著也。東萊初與朱子相得。後以爭論毛詩不合。遂深相排斥。黎靖德所編語類。論東萊者凡三十一條。惟病中論論語一條稍稱其善。其餘如云。東萊博學多識則有之矣。守約恐未也。又云。伯恭之弊。盡在于巧。又云。伯恭説義理太多傷巧。未免杜撰。又云。伯恭教人看文字也粗。又云。東萊聰明。看文理却不子細。緣他先讀史多。所以多粗著眼。又云。伯恭要無不包羅。只是怕過多不精。可謂抵隙攻瑕。不遺餘力。元人修宋史。因置東萊儒林傳中。使不得列于道學。東萊從子喬年題記。亦稱講説所及。而門人記録之者。東萊無恙時。嘗以其多舛。戒無傳習。殆亦陰解朱子之説。欲歸其失于門人也。然當其投契之時。則引之同定近思録。使預聞道統之傳。當其牴牾以後。則字字譏彈。身無完膚。毋亦負氣相攻。有激而然歟。又言道學之譏儒林也。曰不聞道。儒林之譏道學也。曰不稽古。斷斷相持。至今未已。夫儒者窮研經義。始可斷理之是非。亦必博覽史書。

始可明事之得失。古云博學反約。不云未博而先約。朱氏之學精矣。吕氏之學亦何可盡廢耶。

晦翁致書曰。承諭整頓收斂則入于著力。從容游泳又墮于悠悠。此正學者之通患。然程子嘗曰。亦須且自此去。到德盛後。自然左右逢其原。今亦當且整頓收斂處著力。但不可用意安排。等候卽成病耳。

再書曰。杜門進學。所造想日深。所謂凝聚收斂是大題目。此不易之論。乃工夫根本。

又答先生書曰。來教謂吾道無對。不當與較勝負。此説美則美矣。而非鄙意之所安也。夫道固無對者也。然其中却著不得許多異端侈説。直須一一剔撥出後。方曉然見得箇精明純粹底無對之道。若和泥合水。便只著箇無對包了。竊恐此無對中。却多藏得病痛也。孟子言。楊墨之道不熄。孔子之道不著。而大易于君子小人之際。其較量勝負尤爲詳密。豈其未知無對之道耶。蓋無對之中。有陰則有陽。有善則有惡。陽消則陰長。君子進則小人退。循環無窮。而初不害其爲無對也。況某前説已自云。非欲較兩家已往之勝負。乃欲審學者今日趨向之邪正。此意尤分明也。

又答先生書曰。伯恭天姿温厚。故其論平恕委曲之意多。而某之質失之暴悍。故凡所論皆有奮發直前之氣。竊以天理揆之。二者恐皆非中道。但某之發足以自撓而傷物。而伯恭似亦不可專以所偏爲至當也。

又曰。伯恭嘗言。道理無窮。學者先要不得有自足心。此至論也。

又曰。伯恭大事記甚精密。古今蓋未有此書。

又曰。伯恭天姿温厚。故其論平恕委曲之意多。

又贊其畫像曰。以一身而備四氣之和。以一心而涵千古之秘。推其有足以尊主而庇民。出其餘足以範俗而垂世。然而狀貌不踰于中人。衣冠不詭于流俗。迎之而不見其來。隨之而莫睹其蹈。矧是丹青。孰形心曲。惟嘗見之者。于此而得見之焉。則不但遺編之可讀而已也。

又序先生讀詩記曰。今觀吕氏家塾之書。兼總衆説。巨細不遺。挈領持綱。首尾兼貫。既足以息夫異同之爭。而其述作之體。則雖融會通徹。渾然若出于一家之言。而一字之訓。一事之義。亦未嘗不謹其説之所自。及其斷以己意。雖或超然出于前人意慮之表。而謙讓退託。未嘗敢有輕議前人之心也。嗚呼。如伯恭父者。眞可謂有意乎温柔敦厚之教矣。學者以是讀之。則于可羣可怨之旨。其庶幾乎。

又語類曰。某嘗謂人之讀書。寧失之拙。不可失之巧。寧失之低。不可失之高。伯恭之弊。盡在于巧。

又曰。人言何休爲公穀忠臣。某嘗戲伯恭爲毛鄭之佞臣。

又曰。南軒伯恭之學皆疏略。南軒疏略從高處去。伯恭疏略從卑處去。伯恭説道理與作爲自是兩件事。如云仁義道德與度數刑政介然爲兩途。不可相通。他在時。不曾見與某説。他死後。諸門人弟子此等議論方漸出來。乃云皆原于伯恭也。

或問。東萊謂。變化氣質。方可言學。朱子曰。此意甚善。但如鄙意。則以爲學乃能變化氣質耳。若不讀書窮理。主敬存心。而徒切切計數于昨非今是之閒。恐亦勞而無補也。

又問東萊象山之學。朱子曰。伯恭失之多。子靜失之寡。

陸象山祭之曰。惟公之生。度越流輩。前修見之。靡不異待。外樸如愚。中敏鮮儷。顔曾其學。伊吕其志。久而益專。窮而益厲。約博持平。棄疵養粹。

周益公曰。伯恭河嶽之英。公卿之裔。躬蹈五常。心潛六藝。學富而醇。文敏而麗。通今不流。博古不泥。高明之識。力去其蔽。卓絶之行。亦矜其細。他人有一。自足名世。惟君兼之。夫孰能儷。

又跋先生日記曰。黄太史晚謫宣州。自崇寧四年歲旦。凡風雨寒暑。親舊往復。以至日用飲食之類。皆繫日書之。名曰乙酉家乘。止八月晦。九月則易簀矣。吕太史抱病東陽。亦有日記。起淳熙庚子春。盡辛丑七月壬寅。其明年遂卒。蓋絶筆也。方病時。出入起居雖不逮山谷。而編大事首周敬王。修讀詩記自唐無衣。孜孜課程。所謂造次顛沛必于是者。兩賢相去七十餘載。何其相似也。意長日月短。悲夫。

韓南澗贊曰。噫嘻伯恭。不可見矣。尚懷師生。彷像于此。澹然其容。淵乎其止。有風扶搖。何九萬里。

梓材謹案。此文則東萊之壻于南澗固以舅甥而爲師生者矣。

樓攻媿序先生辨志録曰。伯恭甫與鑰爲同年生而又齊年。聞道甚蚤。心實師之。博學篤志。

深造自得。規模宏大。而克勤小物。其所著書。如大事記近思録閫範之類。不一而足。又雜取子史傳記。下逮醫書。精要而切于日用者。以爲此編。易知易行。中人皆可企及。擴而充之。則可以入聖人之道。用雖委曲。而體則正大。事若淺易。而理實精微。凡處己待人臨事之方。詳盡縝密。而大要以忠信篤敬爲本。將令學者循循然如履平地。步步就實。其用意切矣。

又記東萊祠堂曰。嘗爲之歎息曰。少爲國器。長爲人師。使居大位。則必稱物平施。庶幾直道之行也。世間萬物。自書之外。無一可動其心者。推明道德性命之説而不流于迂。盡排佛老之論而不至于甚。愛惜士友。如待子姓。而持論不阿。別白是非。如持水鏡。而不事于察。著書立言。粹然一出于正。而克勤小物。雖使之仕于州縣亦甘心焉。蓋其造詣精神。本末具舉。用志不分。必欲至于聖賢閫域。沛乎不見其止也。其教人則以孝弟忠信爲先。以窮經躬行爲務。故登其門者。隨其性質。咸有得焉。

大愚叟書東萊書説後曰。先之秦誓費誓者。欲其自流而上泝于唐之際也。辭旨所發。不能不敷暢詳至者。欲學者易于覽習而有以舍其舊也。訖于洛誥。而遂以絶筆者。以夫精義無窮。今姑欲以是而廢夫世之筆録。蓋非所以言夫經也。

梓材謹案。四庫全書著録先生書説三十五卷。係内府藏本。提要云。是編文獻通考作十卷。趙希弁讀書附志作六卷。悉與此本不合。蓋彼乃東萊原書。未經編次。傳鈔者隨意分卷。故二家互異。此本則其門人時瀾所增修也。王氏玉海云。林少穎書説至洛誥而終。吕成公書説自洛誥而始。蓋林氏受學于吕居仁。東萊又受學于林氏。本以終始其師説爲一家之學。而瀾之所續。則又終始東萊一人之説也。

魏鶴山序讀詩記後曰。予昔東游。聞諸友朋曰。東萊吕公嘗讀書至躬自厚而薄責于人。若凝然以思。由是雖于僮僕閒亦未嘗有厲聲疾呼。是知前輩講學大要。惟在切己省察以克其偏。非以資口耳也。蓋不寧唯是。今觀其所編讀詩説。于其處人道之常者。固有以得其性情之正。其言天下之事。美盛德之形容。則又不待言而知。至于處乎人之不幸者。其言發于憂思哀怨之中。則必有以考其性情。參總衆説。凡以厚于美化者。尤切切致意焉。

徐元杰贊曰。蒐經微妙。發聖精華。文脈兩漢。氣蓋百家。東萊擷英。南澗供藻。玉映冰清。千古不老。

陳直齋書録解題曰。吕氏讀書記博采諸家。存其名氏。先列訓詁。後陳文義。翦裁貫穿。如出一手。己意有所發明。則别出之。詩學之詳正。未有逾于此書者也。然自公劉以後。編纂已備。而條例未竟。學者惜之。

梓材謹案。書録解題與宋史藝文志皆著録吕氏家塾讀詩記三十二卷。前明吾鄞陸氏釴序重刊讀詩記云。得宋本于友人豐存叔。又云。吕氏書凡二十二卷。乃公劉以後。編纂未就。其門人續成之。其説與直齋異。四庫書目提要云。或因戴溪有續讀詩記三卷。遂誤以後十卷當之歟。又案。黄東發自序讀詩一得又云。南渡後。李迂仲集諸家爲之辨而去取之。南軒東萊止集諸家可取者。視李氏爲徑。而東萊之詩記獨行。岷隱戴氏遂爲續詩記。建昌段氏又用詩紀之法爲集解。華谷嚴氏又用其法爲詩緝。諸家之要者多在焉。據此則戴段嚴三家皆私淑東萊者矣。

王滹南著述辨惑曰。吕東萊自謂左氏博議乃少年場屋所作。淺狹偏暗。皆不中理。力戒後學誦習。而終身刻意者。讀詩記大事記二書而已。以予觀之。博議雖多浮辭。而其所發明。往往出人意表。實有補于世教。讀詩記乃反平常。無甚高論。大事記非不簡古。然不作亦可也。

劉聲伯贊成公曰。探微極深。經緯萬象。不顯其傑。沈潛直養。體立用著。惟和且平。甘雨潤澤。古井淵渟。

王魯齋爲成公讚曰。片言妙義。氣質盡磨。人世文獻。一身中和。手織雲漢。心衡今古。鼎峙東南。乾淳鄒魯。

王深寧困學紀聞曰。春秋之法。韓文公謹嚴二字盡之。學春秋之法。吕成公切近二字盡之。又曰。孝皇獨運萬機。頗以近習察大臣。中庸或問敬大臣之說。大事記大臣從臣之說。皆以寓箴諷之意。文鑑所取。如徐鼎臣羣臣論。文潞公鼂錯論。蘇明允任相論。秦少游石慶論之類。皆諫書也。

謝山箋曰。文鑑所以可貴在此。

黄東發讀先生文集曰。與南軒晦庵講義理者極可玩味。而與晦庵者尤多。其于南軒多自反之說。與晦庵多相規之說。其它論理説經處。往往多質難之辭。愚按先生于南軒嚴陵同寅朝列。同巷平居。最相得。于晦庵則彼此往來。以求真是。晦庵以千載道統爲己任。排斥異説。毫髮不恕。禍福是非。一切以之。有泰山巖巖氣象。先生并包融會。以和爲主。故常規警晦庵。然道不直不見。啓一時紛紛之辨者晦翁也。垂萬世昭昭之訓者亦晦翁也。顧後學於諸老自當參觀耳。

又曰。東萊大事記始于周敬王三十九年。首書魯人獲麟。孔子作春秋。又别爲大事記之解題。首載伊川春秋傳序。蓋記以上續春秋。解題以上續左氏傳。而載伊川傳序。所以明春秋之義。而寓所以繼之之心也。

又曰。東萊吕氏作大事記。大要括類史記漢書之事。凡散見表志而不載本紀及其餘記博涉秦漢事者。總爲大事記。及參訂諸書異同。使之歸一。或與易置其先後。及考究地理制度名物纖悉者。别爲解題。又始于書序詩序及論語孟子及時事者。與太史公自序。胡五峯假陸賈對。而終之以董仲舒策。再爲通釋。其書凡三。其用工甚至。其考訂甚詳。晦庵嘗見其書于身後。答君㈠于其子弟而稱之。他日答沈叔晦書。亦言東萊文惟大事記有益。

又曰。靖安張知縣書曰。如南渡後三先生道號爲顯著。近世始多慕用之。然南軒先生但稱廣漢張某。未嘗稱南軒也。晦庵先生但稱新安朱某。未嘗稱晦庵也。東萊則又追用上世衣冠鼎盛不可復見之舊地。哀惻之念所寄焉者也。

方桐江東萊集鈔序曰。惟儒學之盛莫盛于乾淳。而象山之學曰覺。晦庵以其務在頓悟而規之。陳亮同父談王伯崇漢唐。晦庵以其游學爲事功不可取也。先生處其閒。亦不明闢其非。身與晦庵南軒鼎立爲三。以淑海内學者。而異趣之徒自然和諧。無所容其排擊。此宰相善用人之宏度密謨

㈠「君」當爲「書」。

也。而天不假年。悲夫。

又禘祫及感生帝説曰。東萊編家範。其一曰宗法。首取大傳第一章。削鄭康成謬注。而取趙子春秋纂例所斷。謂此皆宗廟之事。不得謂之祭天。其説然矣。予詳味之。禮不王不禘之句。乃綱領也。其下乃别爲三。曰王者則禘其祖之所自出。而以其祖配之也。此謂惟王乃禘也。曰諸侯及其太祖。此謂不王不禘也。曰大夫士則有大事省于其君者。可以干祫而及其高祖也。此又以明夫不王則不禘也。禘之爲禮。天子立始祖廟矣。又推其始祖之所自出。于始祖廟祭之。不立所自出者之廟。遠以始祖配。而羣廟之主不與。不敢褻也。或每年。或數年。則未可知。祫之爲禮。則三年一合羣廟之主。以始祖正東向之位。左昭右穆以祭之也。有祫而又有禘。天子有天下。其根源所從來遠也。諸侯有五廟。太祖百世不遷。魯周公齊太公之廟百世不遷。餘則四廟遞遷迭毁。今傳不言祫者。四時常祭則不言也。大夫士則必有功于國。爲其君之省記而不忘者。特許祫祭而及其高祖。則曾祖之父通計四世而已。意者非祫則所祭如廟之數不得踰也。干之訓爲逆。亦推而上之之意也。東萊所編家範。可謂有功後學。其禘説之詳。引祭法及趙子所釋可以自檢。予于此敷衍之。是亦學者格物之一端也。

黄文獻送曹順甫序曰。蓋婺之學。陳氏先事功。唐氏尚經制。吕氏善性理。三家者。惟吕氏爲得其宗而獨傳。至于人自爲書。角立競起。吕氏終莫能挈而合之也。其在温。則王道甫之慷慨名義嘗合于陸氏矣。而其言無傳焉。陳君舉本薛士隆上下古今而和齊斟酌之。以綜世變爲説。不皆與唐氏合。其廛存者亦莫之傳也。葉正則推鄭景望周恭叔以達于程氏。若與吕氏同所自出。至其根柢六經。折衷諸子。剖析秦漢。訖于五季。凡所論述。無一合于吕氏。其傳之久且不廢者。直文而已。學固勿與焉。

宋潛溪記九賢像曰。東萊吕子。形貌豐偉。顔色温粹。眉厚而秀。髭淺而直。衣道服皁緣。冠幅巾。躡皁履。望之似嚴毅。就之如入春風中。

又思孅人辭序曰。吾鄉吕成公。實接中原文獻之傳。公殁始餘百年。而其學殆絶。濂竊痛之。然公之所學。弗畔于孔子之道者也。欲學孔子。當必自公始。此生乎公之鄉者所宜深省也。嗟夫。公骨雖朽。公所著之書猶存。古之君子有曠百世而相感者。況與公相去又如此之甚近乎。聞而知之。蓋必有其人矣。

又凝道記曰。金華之學何如。曰。中原文獻之傳。卒賴此不絶耳。蓋粹然一出于正。稽經以該物理。訂史以參事情。古之善學者亦如是爾。其所以尊古傳而不敢輕于變易。亦有一定之見。未易輕訾也。當是時。得濂洛之正學者。鼎立而爲三。金華也。廣漢也。武夷也。雖其所見時有不同。其道則一而已。蓋武夷主于知行並進。廣漢則欲嚴于義利之辨。金華則欲下學上達。雖教人入道之門或殊。而三者不可廢。一也。

王忠文記思孅人辭後曰。吕氏自正獻公踐修相業。其子滎陽公實受業程子之門。奕世載德。是生成公。本諸家庭文獻之淵源。博諸四方師友之講習。其學以孝弟忠信爲本。收斂持養爲要。

□㊀諸理以成身。推諸己以成物。凡天地之運化。萬物之糾紛。世故之推移。人事之始終。悉加尋繹。夙夜靡遑。其著書立言。皆以羽翼六經。而尤長于史。無非明民至理。經世大法。推而廣之。足以尊主而芘民。引而逮之。足以立教而垂世。蓋稟之既厚。而養之者復深。取之既博。而成之者復備。究其所至。蓋庶幾經綸天下之大經。立天下之大本。建諸天地而不悖。質諸鬼神而無疑。百世以俟聖人而不惑者。故其與朱張二氏同功一體。均爲道學所宗師。

顧起元序吕氏學㊁塾讀詩記曰。余閒嘗反覆研味。參諸往志。得其説與文公異者凡有四焉。文公取夾漈鄭氏詆諆小序之説。多斥毛鄭而以己意爲之序。成公則尊用小序。且謂毛氏率與經傳合。爲獨得其眞。其異一也。文公釋思無邪。謂勸善懲惡。究乃歸正。非作詩之人皆無邪。成公則直謂詩人以無邪之思作之云耳。其異二也。文公以桑中溱洧卽是鄭衛。二雅乃名爲雅。成公則謂二詩並是雅聲。彼桑閒濮上。聖人固已放之。其異三也。文公以二南房中之樂。正大小雅朝廷之樂。商頌周頌宗廟之樂。桑中溱洧之倫。不可以薦鬼神。御賓客。成公則謂凡詩皆雅樂也。祭祀聘享皆用之。惟桑濮鄭衛之音。乃世俗所用。元不列于三百篇數。其異四也。余又嘗因此攷之。而覺成公之説長。讀文公集傳者。于成公所記。惡可忽諸。

㊀「□」當作「會」。
㊁「學」當爲「家」。

馬平泉曰。嗟乎。忿懥之爲害也甚矣哉。明道云。七情惟怒難制。又云。人義理與客氣率相勝。人苟無變化氣質之功。則客氣日勝。至于悍然無復忌憚。敗好啓戎。潰親成逖。忠亮少褊急。及讀論語。轉歸平易。斯眞能變化氣質者哉。嗚呼。祗此誼也。亦足以爲法于天下。而傳于後世矣。

梓材謹案。宋史藝文志載先生春秋集解三十卷。又左傳類編六卷。左氏博議二十卷。左氏說一卷。四庫全書提要于春秋左氏傳說云。是編持論與博議略同。而推闡更爲詳盡。朱子語録稱其極爲詳博。然遣詞命意頗傷于巧。考東萊所作大事記。朱子亦謂有纖巧處。而稱其指公孫宏張湯姦狡處。皆說得羞愧殺人云云。然則朱子所謂巧者。乃指其筆鋒穎利。凡所指摘。皆刻露不留餘地耳。非謂巧于馳辨。至或顛倒是非也。于春秋左氏傳續說云。是編繼左氏傳說而作。以補所未及。故謂之續說。又言其中兩條以博議所云爲非。是則是書當成于晚年。又于東萊左氏博議云。相傳東萊新娶。于一月之内成是書。今考自序。稱屛處東陽之武川。居半歲。里中稍稍披蓬藋從予遊。談餘語隙。波及課試之文。乃取左氏書理亂得失之跡。疏其說于下。旬儲月積。浸就篇帙。又考東萊年譜。其初娶韓元吉女。乃紹興二十七年在信州。不在東陽。後乾道三年五月持母喪。居明招山。學者有來講習者。四年已成左氏博議。五年二月除母服。五月乃繼娶韓氏女弟。則是書之成。實在喪制之中。安有新娶之事。流俗所傳誤也。

梓材又案。四庫本永樂大典著録先生少儀外傳二卷。提要云。其書爲訓課幼學而設。故取禮記少儀爲名。然中間雜引前哲之懿行嘉言。兼及于立身行己應世居官之道。所該繁富。不專于灑掃進退之末節。故命之曰外傳。猶韓嬰引事說詩。自題曰外傳云爾。

梓材又案。四庫書目著録先生古周易一卷。提要云。凡分上經。下經。彖上傳。彖下傳。象上傳。象下傳。繫辭上傳。繫辭下傳。文言傳。説卦傳。序卦傳。雜卦傳十二篇。宋志作一卷。書録解題作十二卷。蓋以一篇爲一卷。其實一也。朱子嘗爲之跋。後作本義。卽用此本。又存目周易繫辭精義二卷。東萊易説二卷。一則陳振孫已謂託名。一則提要以爲僞作云。

東萊講友

文達陸復齋先生九齡詳梭山復齋學案。

文安陸象山先生九淵詳象山學案。

説書王先生師愈詳見龜山學案。

知州吴先生松年詳見周許諸儒學案。

縣令張先生杰詳見玉山學案。

提刑祝先生褱別見晦翁學案補遺。

文肅吴竹洲先生儆詳見嶽麓諸儒學案。

喬先生拱

喬拱字德瞻。東陽人。質甚茂。貌甚和。志鄉甚正。從前輩游。深繹默味。蓋非易其言者。乾道九年卒。年二十九。東萊志其墓曰。其事親油油然若不足也。其奉兄惓惓然左右之不欲違也。

其處宗族鄉黨惕惕然恐恩義之或不孚也。其講習將求盡乎此。其踐行亦既深知其難矣。方用力于是也。東萊遺集。

端憲沈先生煥詳廣平定川學案。

宋先生去非

宋去非。遂安人。主簿大發五世祖也。嘗領鄉舉。與東萊先生相友善。方桐江集。

東萊同調

周先生汝能

樓先生鍔合傳。

周汝能字堯夫。會稽人。樓鍔字景山。鄮山人。東萊舊所藏程氏易傳。本出尹和靖家。標注皆和靖親筆。復得朱元晦所訂。讎校精甚。遂合尹氏朱氏書。與一二同志手自參定其同異。又從小學家是正其文字。二先生方職教東陽。迺取刊諸學宮。東萊遺書。

梓材謹案。二先生之爲婺州教授也。嘗跋李彦平周易義海撮要。時乾道六年。彦平以御史守婺州。其書始鋟于木云。

朱先生有聞

朱有聞字子益。浦江人。幼孤。長能刻苦爲學。夏不避蚊。冬不擁爐。久之悉通諸家書。作文尚質。實有理致。視富貴無所屈。縣令丞而下。欲見之不能得。東萊知其有守而多聞。訪之逆旅中。再以書速。竟不行。東萊愈重焉。淳熙十六年卒。金華府志。

郭氏學侶

湯先生致

湯致。麗水人。淳熙五年進士。遊學西園最久。後請爲西園師。其別郭伯清序云。乾道元年。予寓東陽郭氏之塾。與伯清周旋書册閒。終歲而歸。三歲。伯清至括蒼。見予于家。數日卽去。又自東陽東。又復過辭去。石洞遺芳。

東萊家學

補 忠公呂大愚先生祖儉

梓材謹案。王忠文跋先生帖云。忠公受學于成公。而用其父倉部澤補官。中銓試授修職郎。又云。安置韶州。改遷吉州。明年移筠州。越四年。卒于筠之大愚僧舍。金華府志云。量移筠州。寓居大愚寺。自號大愚叟。

呂子約說

時習之義。程子云。習。重習。時復思繹。浹洽于中則說。此恐是學原于思之意。凡所當事者。皆學也。不致其思繹以通之。則無自而進。苟苦思力索。則淺迫無味。亦失所謂說矣。惟學焉而時復思繹。勿忘勿助。積累停蓄。浹洽涵養。杜元凱所謂如江海之浸。如膏澤之潤。涣然冰釋。怡然理順。然後爲得。此卽時習而説之注釋也。

朱子答曰。此説甚佳。

巧言令色。鮮矣仁。論章旨則尹氏之説爲完。若旁通其義。如辭欲巧之類。是迺修省細密功夫。其發原自别。然修辭之功亦易得入于安排計較。而不自知其所發之偏者。亦爲鮮矣之仁也。

朱子答曰。發原自别之説甚好。修辭之功固易入于安排計較。然亦只得就發原處謹之耳。若捨此而别生疑慮。則又轉見繳繞。不得剖決也。

近看得忠恕只是體用。其體則純亦不已。其用則塞乎天地。其體則實然不易。其用則擴然大通。然體用一源而不可析也。故程子謂看忠恕自見相爲用處。而夫子曰。吾道一以貫之。

朱子曰。此説甚善。

惻隱羞惡辭讓是非四端之著也。操存久則發見多。忿懥憂患好樂恐懼不得其正也。放舍甚則日滋長。

附録

在謫所讀書窮理。賣藥以自給。每出必草屨徒步。爲踰嶺之備。嘗言。因世變有所摧折。失其素履者。固不足言矣。因世變而意氣有所加者。亦私心也。

朱子答子約書曰。目下放過了合做底親切工夫。虛度了難得少壯底日子。

又答書曰。大抵學問只有兩途。致知力行而已。在人須是先依次第。十分著力。節次見效了。而後又看甚處欠闕。卽便于此更加工夫。乃是正理。今却不肯如此。見人説著自家見處未是。却不肯服。便云。且待我涵養本原。勉强實履。此如小兒迷藏之戲。你東邊來。我卽西邊去閃。你西邊來。我又東邊去避。如此出次。何時是了耶。

又答鞏仲至書曰。子約子弟近得書云。歲前明招大火。其柩幾不免。幸而獲全。却不知其厚葬之説。但得汪時發書。似頗有所不快意。不知曲折如何也。

又答儲行之曰。張鄭黄鄧相繼物故。吕子約前月亦不起疾。殊可傷悼。是亦氣運使然。豈可專咎章子厚耶。

袁絜齋題先生帖曰。禮部既卒。子約獨當門户之責。益自奮勵。卒以觸權要獲罪謫死。彭忠肅之攻韓也。子約以爲已甚。既而自攻之。友人石應之問其故。子約曰。彼從臣。可以從容獻納。我小官。幸而獲對。敢不急盡忠乎。

樓攻媿題先生書曰。嘗評其人。楊秉三不惑之外。視軒冕又如浮雲。非勉强然也。見其進未見其止。觀人多矣。未有表裏如一如子約者。所謂蓋有之矣。我未之見也。

眞西山跋吕子約帖曰。大愚吕公。清風直節。爲一世偉人。某不及見之矣。而獲見所與彭君仲誠講學數帖。其論讀明道行狀可以觀聖賢氣象。讀書以論語爲主。履踐以毋自欺爲本。富哉言乎。豈惟仲誠父當終身服膺。善學者皆當寫一通寘諸座側。

又東萊大愚二先生祠記曰。成公所傳。中原之文獻也。其所闡繹。河洛之微言也。扶持絕學。有千載之功。教育英才。有數世之澤。及慶元初。孽臣始竊大柄。大愚以一太府丞抗疏。顯斥其奸。孤忠凜然。之死不悔。迨其晚年。義精仁熟。有成公之風焉。

王忠文跋先生帖曰。公此帖遺其友汪時法。乃在台時所遺。其在台州。通歲大祲。用常平使者委。廣行勸分。躬履郡境。靡所不歷。民受惠全活者甚衆。使者言于朝。因命徧行浙東。視諸郡賑事。其盡心一如在台時。帖中所謂既食其食則思任其責。一任其責則民命在我。慄慄乎可畏者。諒哉。仁義之言矣。

大愚講友

王先生鉛

梓材謹案。先生字季和。爲大愚之友。嘗爲四明船場。朱子文集答先生書二。第二書謂。孔門之教。不過孝弟忠信持守誦習之閒云。

石先生宗昭詳見槐堂諸儒學案。

汪先生大度詳見麗澤諸儒學案。

姜先生柄缺。

東萊門人

文定葉水心先生適詳水心學案。

文肅黄勉齋先生榦詳勉齋學案。

直閣詹先生體仁

萬先生人傑並詳滄洲諸儒學案。

方先生璪

方先生琚

方先生璘

縣令郭先生浩並見滄洲諸儒學案補遺。

林先生居實别見止齋學案補遺。

孫先生應時詳見槐堂諸儒學案。

承奉李先生充庭别見槐堂諸儒學案補遺。

張先生垓詳見水心學案。

東萊私淑

補常博李先生大有

附録

主太常簿謙仲習于禮。顧籩豆簠簋登俎尊罍位置失次。脊脅臂臑肫肩亦多闕。黼黻白黑。禮以熬薦。時用生形。鹽傳謂象虎。時散鹽。黍稷稻粱而概用秔。五齊三酒而概清酤。瘗燎徒具文。樂歌不卒章。乃按三禮。條具其儀法。請釐正之。遷太常博士。

在平江。正歲鄉之大夫士屬于序。謙仲爲正齒位。放古飲酒禮。且取前賢鄉約鄉儀鋟梓以風示之。士習用勸。

謙仲頌覲嚴重。廉直不受請寄。昧旦衣冠。率諸子誦語孟若詩。參以先儒傳釋。精誦熟講。日有常則。

爲鄉邑營社倉。用朱文公及建安吴氏舊法。

幼與弟大同親師力學。早孤。遣大同受學于朱文公。而躬任家事。不以遺母勞。

戴岷隱先生溪詳見止齋學案。

監承孫東白先生德之別見説齋學案補遺。

樓先生鑰詳見邱劉諸儒學案。

侍郎黄先生師雍詳見勉齋學案。

大愚門人

朱先生在詳見晦翁學案。

阮先生泰發父元白。缺。

袁先生㰏缺。

東萊續傳

知州吕先生中

吕中字時可。晉江人。淳祐中登進士。遷國子監丞。兼崇政殿説書。奏乞晚輪二員説書。夜輪講官直宿。以備顧問。又言。進講經史。乞依正文進讀。不宜節貼避忌。不惟可察古今治亂。亦以革臣下諂諛之習。當路忌其直。徙汀州。在汀朞年。演易爲十圖。姓譜。

梓材謹案。先生所著。又有論語講義。皇朝大事記。治迹要略。

附録

除國史實録院檢閲。上疏言。當去小人之根。革贓吏之弊。

兼崇政殿説書。言人能正心則事不足爲。人君能正心則事不足治。

嚴先生粲

嚴粲字明卿。一字坦叔。邵武人。精于詩。著有詩緝。林希逸謂其鉤貫根葉。疏析條緒。或會其旨于數章。或發其微于一字。辭錯而理。意曲而通。逆求情性于數千載之上。若見其人而得之。以發温柔敦厚之意。詩于是盡之矣。經義考。

梓材謹案。袁蒙齋集有贈嚴坦叔序。稱其抱負才業。有志當世。

嚴氏詩説

麟之趾。指麟言也。于嗟麟兮。指公子言也。猶楚狂接輿稱孔子爲鳳兮也。

説于桑田。是文公能務農重本。以蓄育其人也。非特人也。文公操心。塞實淵淵。故能致國富强。至于騋牝三千。

有女同車。突挾宋之援以逐忽。故國人惜忽之失援而作此詩。

男子葛屨履霜祁寒奔走而不休。未嫁女出爲人縫裳而利其傭資。皆急于趨利也。

聖人致嚴于名分之際。陳成子之事至沐浴而請討。無衣之詩不删者。所以著世變之窮。而傷周之衰也。武公之事。國人所不與。序言美之者。特其大夫之意耳。

配命謂王者與天爲配。天之賦予萬物謂之命。王者宰制天下亦謂之命。

人心之善。作之則興。凡自暴自棄。習俗益流于下者。由上之人無以興起之耳。故孟子曰。待文王而興者。凡民也。蓋人同此心。心同此理。非外立一道。以强其所無。特作而興之。使之不能自已。不知所以然。如樂則生矣。生則惡可已。不知手之舞之。足之蹈之也。

附録

袁蒙齋曰。坦叔于黍離中谷有蓷葛藟不用舊説。獨能探得詩人優柔之意。其他一章一句。時出新意。大抵宛轉有旨趣。可與言詩也已矣。

梓材謹案。四庫全書著録先生詩緝三十六卷。提要云。是書以吕氏讀詩記爲主。而雜采諸説以發明之。舊説有未安者。則斷以己意。如論大小雅之别。特以其體不同。較詩序政有大小之説。于理爲近。又如邶之柏舟。舊謂賢人自比。嚴氏則以柏舟爲喻國。以汎汎爲喻無維持之人。干旄之良馬四之。良馬五之。舊以爲良馬之數。嚴氏則以乘良馬者四五輩。見好善之多。中谷有蓷。舊以蓷之暵乾喻夫婦相棄。嚴氏則以水旱草枯。由此而致離散。凡若此類。皆深得詩人本意。至于音訓疑似。名物異同。考證尤爲精核。宋代説詩之家。與東萊書並稱善本。其餘莫得而鼎立。良不誣矣。

雲濠謹案。阮亭居易録嚴坦叔華谷詩集一卷。氣格卑弱。類晚唐之靡靡者。華谷作詩緝。林希逸以爲在歐蘇王劉東萊諸鉅儒之上。今盛傳其書。

彭先生元亨

彭元亨字文昌。安福人。父病篤。禱于神。乞損己壽以益親年。父尋愈。嘗服膺吕東萊辨志。早夜力行不怠。君子謂其見善如力耕云。吉安府志。

雲濠謹案。周益公誌先生墓。述左司員外郎李兼之言曰。淳熙乙巳。某尉安福。彭君樂易信于鄉里。會歲大祲。郡督勸分。君產中食。首發廪爲倡。乃克有濟。某以是嘉其人。授以著作吕君祖謙辨志一篇。蓋自灑掃應對推以應物。細行之矜達于全德。凡前言往行。次第畢載。彭君受而服膺焉。傳之副墨。求名儒達官敷繹之。早夜力行。不敢怠慢。向善如力耕。避惡如遠臭。嗇于自奉。豐于周急。年六十三以没。其身動無過舉。願有以表其竁。即志乘所本。

忠肅陳抑齋先生韡詳見水心學案。

段先生昌武

段昌武字子武。廬陵人。以詩經而兩魁秋貢。以累舉而擢第春官。官朝奉。印山羅使君瀛嘗遣其子姪從學。先生以毛詩口講指畫。筆以成編。本之東萊詩説。參以晦庵詩傳。以至近世諸儒一語一言。苟足發明。率以録焉。名曰叢桂毛詩集解。其從子維清請給授狀。經義考。

梓材謹案。四庫全書著録先生毛詩集解二十五卷。提要言其書舊本題叢桂毛詩集解。蓋以所居之堂名之。書首爲學詩總説。分作詩之理。寓詩之樂。讀詩之法三則。次爲論詩總説。分詩之世。詩之次。詩之序。詩之體。詩之派五則。餘皆依章疏解。大致仿吕氏讀詩記。而詞義較爲淺顯。阮亭居易録則謂大旨本之東萊詩記。參以晦庵云。

劉先生克附子坦。

劉克。信安人。所著詩說十二卷。每篇條列諸家解。而繫己意于後。其所纂輯家數。視東萊詩記加詳。亦互有去取。子坦。郴州州學教授。經義考。

章先生叔平

章叔平。臨川人。予祠東歸。東萊讀詩時。嘗雜記諸儒之舊說。未及成書。學者以其與朱晦庵之説異。而與舊傳之諸説同也。或莫適從。先生因兩家之異。參諸説之詳。斷以己見。名以私記。東發稱其無一語隨人之後云。黄東發文集。

文清湯東澗先生漢詳見存齋晦靜息庵學案。

文潔黄於越先生震詳東發學案。

嚴氏門人

陳先生鳳別見槐堂諸儒學案補遺。

吴先生士亨祖景立。附師傅維清。

吴士亨。金溪人。祖藤州僉判景立。友于琴山傅子雲。先生受詩學于嚴粲傅維清。虞道園集古録。

吕學之餘

方虛谷回別見西山眞氏學案補遺。

單先生庚金別見二江諸儒學案補遺。

修撰潘介巖先生墀詳見北山四先生學案。

司獄潘先生弼附門人林定老。

潘弼字良輔。麗水人。氣邁年盛。袁清容掌麗澤祠。先生來金華。握手曰。大潘君死。吾與子眞交承矣。後游京師。授贛州教授。中丞崔公奏授廣東廉訪司管句架閣兼照磨。大德十年。復爲贛州教授。以昔之治廣者爲準。闢田築宮。訓士嚴飭。力請于官而復其役。皇慶二年。授龍興路司獄。不卑其職。悉疏宜行者以盡心焉。先生幼孤。母項氏招師教授俾植立。所爲文號宜山集若干卷。讀易管見四卷。詩一卷。藏于家。延祐某年卒。年五十有八。奉化州同林定老。其壻也。爲清容言。婦翁嘗從先人。先人卒。定老生未周。矻矻撫字。終以女妻之云。清容居士集。

文清袁清容先生桷詳見深寧學案。

文正吳草廬先生澄詳草廬學案。

李先生公凱

李公凱字仲容。宜春人。著有毛詩句解二十卷。其書專取吕氏讀詩記而檃括之。黄虞稷千頃堂書目。

梓材謹案。經義考云。毛詩句解。存。又載先生纂集柯山尚書句解三卷。存。謂仲容于詩取東萊吕氏。于書則舍吕氏而從夏氏。蓋不偏主一家者。

蘇滋溪先生天爵詳見靜修學案。

蔣先生大同別見北山四先生學案補遺。

宋氏續傳

主簿宋先生大發

宋大發字□□。世傳麗澤舊聞。先生守其説。專以犯而不校爲褆身取友臨事待物之方。和易寛博。務爲長厚事。山泉陳公蒙守三衢。器其能。奏授進武校尉。權江山縣主簿。漕江東。又拉以裨僉幕。忽不樂棄去。歸老山中。陶然自適。衛叔寶所謂情恕理遣者。非惟以自勵。且以訓飭其子若孫。鄉黨家族稱焉。方桐江集。

吴氏家學

吴先生德溥別見雙峯學案補遺。

宋元學案補遺卷五十二目録

宋元學案補遺卷五十二

後學 鄞 王梓材 慈谿馮雲濠 同輯

艮齋學案補遺

袁氏門人

補 文憲薛艮齋先生季宣

雲濠謹案。先生以乾道九年卒。其爲春秋經解指要十四卷。年甫二十。温州舊志云。謚文憲。

艮齋禮説

四郊之賦以待稍秣。四郊百里卽禹貢百里。賦納總之意。

山澤之賦以待喪紀。若委人喪紀共薪蒸木材。澤虞共蒲葦之事。稍人共葦事。掌荼共荼。皆山澤之所出。

幣餘之賦以待賜予。卽職幣所謂餘財詔之小用賜予者。以上天官。

凡懸鐘磬。半爲堵。全爲肆。鄭氏謂。諸侯之卿大夫半。天子之卿大夫士亦半。天子之士懸磬而已。不知有磬無鐘。何以和樂。疑天子之士鐘磬各十六枚爲一肆。諸侯之士鐘磬各八枚爲一肆。

四夷之樂。或以其服色名。或以其聲音名。服色。韎是也。聲音。侏離是也。

世本之巫咸作簭。殷有巫咸。後有神巫季咸。皆祖其名。以上春官。

戴記羅氏致鹿與女以戒諸侯曰。好田好女者亡其國。非眞以鹿致也。蓋作羅以示之。非眞以女致也。作襦以示之。

先鄭以青州之淮或爲睢。沭或爲洙。直謂宋有次睢。魯有洙泗。曾不謂青之包徐也。

冀兗青徐揚荆豫梁雍。禹貢之九州也。冀豫雍幽并揚兗荆徐。爾雅之九州也。揚荆豫青兗雍冀幽并。職方之九州也。郭璞以爾雅所稱爲商制。是商有幽營而無禹貢之梁青。周有幽并而無禹貢之徐梁。

九州之内。土高者宜黍稷。下者宜稻麥。山氣多男。澤氣多女。東南多絲纊。西北多織皮。先王于民。因其東西南北之殊方。山谷川浸之異宜。男女之異數。馬牛犬豕之異產。黍稷稻粱之異種。丹漆絲枲之異利。爲之修其教而不易其俗。齊其政而不易其宜。然後五方之民各安其性。樂其業而臻一道。同風之治矣。以上夏官。

以十寸之尺起度則爲丈爲引。以八寸之尺起度則爲尋爲常。故同謂之度尺。考工記。

天子待五等諸侯禮數。諸侯初入竟。上公則五積。侯伯則四積。子男則三積。皆用牢。出入同等。上公三問。侯伯再問。子男一問。皆用脯脩。若大國之孤。天子待之。出入亦三積。不問一勞。自卿以下。卿出入二積。大夫出入一積。據從君爲介之禮也。若特來聘。問待之禮亦同。

觀禮。

皇極解

大中所謂命。中立而百順脩矣。各正性命。民之受中以生也。率性之謂道。中非自外至也。于時保之。莫非爾極也。洪範曰。皇建其有極。斂時五福。用敷錫厥庶民。惟時厥庶民于汝極。錫汝保極。人之過也。各于其黨之人。人能宏道。非道之宏人也。是故立之斯立。道之斯行。綏之斯來。動之斯和。無入而不自得者。惟不害者能之。天理之滅。人欲害之也。反身而誠。至誠則無他事矣。百爲事守。造次必于是。顚沛必于是。而後可以弗畔。執中之道無它。拳拳服膺而已矣。洪範曰。凡厥庶民。無有淫朋。人無有比德。惟皇作極。凡厥庶民。有猷有爲有守。女則念之。子言之。可與共學。未可與適道。可與適道。未可與立。可與立。未可與權。君子之于天下也。無適也。無莫也。義之與比。孟軻有言。所謂大人者。言不必信。行不必果。惟義所在。執中無權。猶執一也。是故識輕重之爲貴。識輕重則知權矣。君子之時中。時中爲權。君子之所過者化。所存者神。上下與天地同流。夫大受者不可以小知也。洪範曰。協于極不罹于咎。皇則受之。語中德之盛也。性無有不善。心無有不正。存心養性。所以事天也。爲仁由己。而由人乎哉。復之見天地之心。不遠復。無祗悔。一日克己復禮。而天下歸仁焉。一言善而千里之外從之。是集義所生也。洪範曰。而康而色。曰予攸好德。女則錫之福。時人斯其惟皇之極。道不遠人。

在推其所爲而已。有一言而可以終身行之者乎。其恕乎。己所不欲。勿施於人。我不欲人之加諸我也。吾亦欲無加諸人。夫子之一以貫之。非多學而識之也。所貴乎坐進此道。詩不云乎。人亦有言。柔則茹之。剛則吐之。惟仲山甫柔亦不茹。剛亦不吐。不侮鰥寡。不畏彊禦。故大人正己而物正。修身而天下平。洪範曰。無虐煢獨。而畏高明。人之有能有爲。使羞其行。而邦其昌。富有之謂大業。充實之謂美。淵泉溥博而時出之。有本者如是也。古之欲明明德于天下者。必先修其身。欲修其身。必先正其心。欲正其心。必先誠其意。意誠而后心正。心正而后身修。身修而后家齊。家齊而后國治。内外正。天地之大義也。正一家而國定矣。舜刑于二女。文王刑于寡妻。至于兄弟。以御于家邦。身不行道。不行于妻子。洪範曰。凡厥正人。既富方穀。女弗能使有好于而家。時人斯其辜。有諸中必形諸外。是故誠之爲貴。誠之不息則著。著則通乎則。放乎四方上下而準。不誠未有能動者也。故曰不誠無物。洪範曰。于其無好德。女雖錫之福。其作女用咎。子言之。道其難行矣乎。智者過之。愚者不及也。賢者過之。不肖者不及也。中庸至矣乎。民鮮能久矣。舜執其兩端。而用其中于民。兩端非執一也。其爲物也不貳。則其動罔不中。在舜之命禹曰。人心惟危。道心惟微。惟精惟一。允執厥中。人各有心。知微知顯。則本心物見。而中一見之矣。洪範曰。無偏無頗。遵王之義。讀如俄。無有作好。遵王之道。無有作惡。遵王之路。無偏無黨。王道蕩蕩。無黨無偏。王道平平。無反無側。王道正直。會其有極。歸其有極。天不言而四時行。百物生。以行與事示之而已。聖人代天理物。修辭以盡意。知風霆雨露之無非教也。

則可以言天矣。在易恒之爻曰。不恒其德。或承之羞。故君子言有物而行有恒。有常之吉。不言之教也。洪範曰。皇極之敷言。是彝是訓。于帝其訓。人無有貴賤。道無有高下。不獲乎上。無以使下。不獲乎下。無以事上。中極之道。立九經以行三德者也。故曰。欲爲君。盡君道。欲爲臣。盡臣道。中其天下之道本乎。記曰。喜怒哀樂之未發謂之中。發而皆中節謂之和。致中和。天地位焉。萬物育焉。不能達之天下。而可乎。詩云。文王陟降。在帝左右。不識不知。順帝之則。又曰。夙夜匪懈。以事一人。豈弟君子。民之父母。於乎。其有進于是夫。洪範曰。凡厥庶民。極之敷言。是訓是行。以近天子之光。曰。天子作民父母。以爲天下王。

中庸解

性命道教皆非自外作者。在乎不失其正而已。

物生而靜。天之性也。感物而動。性之欲也。喜怒哀樂皆性中之物也。方其未發。不可謂之有。及其既發。不可謂之無。喜怒哀樂正于未發。可不謂中乎。發而不失其所謂中。可不謂和乎。

所惡于知者。爲其鑿也。舜好問而好察邇言。蓋未始自用而亦不輕信之也。

子曰。君子可以大受而不可小知也。小人不可大受而可小知也。二者適反。君子小人之辨。衆人之知。所謂小知也。惟知之小。陷乎大患而不自見。雖知中庸之擇。固無安知之理。大知而大受自見。惟不役于小爾。見于中庸之德。其惟大受者乎。

子路問强。蓋强弱之强也。孔子分君子小人之辨。

道不遠人。在我而已。大學之道。自正心誠意。以至于妻化家刑。固未有本亂而求治者也。身不行道。不行于妻子。故君子必自反也。仁之實。事親是也。孝悌爲仁之本。豈有他哉。無憂。得天者也。達孝。仁親者也。

一者何也。所謂知天者也。孔子曰。不知命。無以爲君子也。清明在躬。志氣如神。則知仁勇之三。未始離乎一也。天道。本然者也。人道。當然者也。至誠則無他事矣。此舜所以從欲而治。孔子從心所欲而不踰矩也。

天生烝民。有物有則。誠自誠。道自道。夫豈外物耶。物則之盡在誠而已。不誠無物。故以誠爲物之終始也。

君子之道。行其所無事也。德性。天性之本然者。問學。盡性之本然者。廣大。措之四方上下而準者。精微。至物之在人者。高明。所以覆物者。中庸。所以成物者。温故。反本者。知新。知來者。敦厚。自廣者。崇禮。接物者。皆以修身爲本。擴而充之。則與天地準矣。

莫見乎隱。莫顯乎微。君子所以戒慎恐懼也。自反而縮。吾何慊乎哉。故君子敬其獨爾。

無聲無臭。天道之始也。中庸之學。所以研求性命之正。和同天人之理。不知天道之始。其何以爲至哉。

大學解

有良知。有小知。良知。知德者也。小知。小小知見也。域于小知。良知無自發也。能致其知。則知之止者見矣。

堯自克明峻德。至于黎民於變。仲尼由三十而立。至于所欲不踰矩。大學之道無他。在乎格物而已。

愼獨。致一之道也。致一之至。不戒而嚴矣。易曰。無有師保。如臨父母。嚴之至也。

中庸之學。以率性爲道。喜怒哀樂之未發謂之中。有所忿懥恐懼。則非所謂中。而本性昏矣。心在神明之舍。居中虛以治五官者也。心爲事奪。五官皆失其正。非所以安神明也。一正心而本性正矣。

孝經曰。閨門之内具體矣乎。嚴父嚴君。妻子臣妾。猶百姓徒役也。爲國以禮。能踰上下之交乎。

若保赤子。教之至也。知敬恭之道。斯無失之者矣。

進賢之法。莫崇禮貌。去惡之要。莫先克己。見賢而不能舉。舉而不能先吾命之出者。未至爾。見不善而不能退。退而不能遠。是誰之過歟。

艮齋浪語集

以某所聞于不躐等者。自明明德以至于知所止。齊家治國而天下平。其序端如貫珠。不可易也。唐氏時雍之化。蓋由此作焉。古人以爲灑掃應對進退之于聖人。道無本末之辨。中庸曲能有誠之論。豈外是耶。學者眩于誠明明誠之文。遂有殊途之見。且誠之者之道。安有不由此而能至于天之道哉。今之異端。言道而不及物。躬行君子。又多昧于一貫不行之歎。聖人既知之矣。可與學者。未可適道。所以曠百世而莫之明也。信言果行。存乎德行。不知何者爲等。又將何者爲躐耶。必以小學大學爲之等差。則吾屬異于成童而下。孟氏之欲自得也。果何物乎。抵沈叔晦書。

附録

公生六年。父母並卒。伯父待制昌言收鞠之。

公幼逮事過江諸賢。聞中興經理大略。已能識之。志尚犖犖。與常兒異。

道潔語公。伊洛軼書多在蜀。時同郡蕭振方制置四川。乃往爲其屬。道潔期至蜀。報以書。會偏裨有誣其所部將者。公請正階級法。議不合。謝去。遇道潔于峽。而公既出蜀矣。

從吏部銓。得婺州司理參軍。召對。首言治體有本末。願遴三公之選。責以進人材。張綱紀。進端直之士。與之講問學。求治道。又論中都官員多職寡。牧伯之任。分爲五六。惟大軍勝戰。

將兵而下。廢爲隸役。因道遠方民瘼甚悉。

嘗曰。好名特爲臣子學問之累。人主爲社稷計。惟恐士不好名。誠人人好名畏義。何鄉不立。上是之。

公之學既有所授。博攬精思幾二十年。百氏羣籍。山經地志。斷章闕簡。研索不遺。過故墟廢壠。環步移日。以驗其蹟。參繹融液。左右逢原。凡疆理卒乘封國行河久遠難分明者。聽其講畫。枝葉扶疏。縷貫脈連。于經無不合。于事無不可行。涖官隨廣狹。默寓之于簿領期會之閒。其僚或聯曹經時。而不知公爲儒者也。墓誌。

起從荆南帥辟書寫機宜文字。金兵之未至也。武昌令劉錡鎮鄂渚。先生白錡。以武昌形勢直淮蔡而兵寡勢弱。宜早爲備。錡不聽。及兵交。稍稍資先生計畫。未幾。汪澈宣諭荆襄。而金兵趨江上。詔成閔還師入援。先生又說澈。以閔既得蔡。有破竹之勢。宜守便宜勿遣。而令其乘勝下潁昌。道陳汝。趨汴都。金内顧且驚潰。可不戰而屈其兵矣。澈不聽。時江淮仕者。聞金兵且至。皆預遣其奴而繫馬于庭以待。先生獨留家。與民期曰。吾家卽汝家。卽有急。吾與汝偕死。民亦自奮。縣多盜。先生患之。會有伍民之令。乃行保伍法。五家爲保。二保爲甲。六甲爲隊。因地勢便合爲總。不以鄉爲限。總首副總首領之官族士族富族皆附保。蠲其身。俾輸財供總之小用。諸總必有圃以習射。禁蒱博雜戲。而許以武事。角勝負。五日更至庭閱之。而賞其尤者。不幸死者予棺。復其家三年。鄉置樓。盜發伐鼓舉烽。瞬息徧百里。縣治白鹿磯安樂口皆置戍。復請于宣諭司。得戰艦十。甲三百。羅落之守計定。訖兵退。人心不搖。除大理寺主簿。虞丞相允文白遣公行淮西。還曰。齊威之霸。不在阿卽墨之斷。而在毀譽者之刑。臣觀近政。非無阿卽墨之斷。奈何毀譽之人自若。上欣然開納。除知湖州。朝辭奏罷。上留語良久。温辭寵藉。大旨謂書生姑息。而辨事以奇爲能。煩卿輔郡。冀以中道理之。公對曰。臣學于師。以事陛下。惟中道耳。上曰。如此。朕復何憂。出知湖州。會户部以歷付場務錙銖皆分隸經總制。諸郡束手無策。先生言于朝曰。自經總制立額。州縣鑿空以取贏。雖有奉法吏思寬弛而不得騁。若復額外征其强半。郡調度顧安所出。殆復巧取之民。民何以勝。户部譙責愈急。先生爭之愈强。臺諫交疏助之。乃收前令。嘗掇拾管樂事爲傳。語不及功利。平生所推尊。濂溪伊洛數先生而已。告學者則曰。毋爲徒誦語録。止齋譔行狀。

朱子曰。薛士龍書解。其學問多于地名上用功夫。

又語類因論薛士龍家見鬼曰。世之信鬼神者。皆謂實有在天地間。其不信者。斷然以爲無鬼。然却又有眞箇見者。鄭景望遂以薛氏所見爲實理。不知此特虹霓之類耳。

沈定川祭之曰。公之問學者驗于開物成務。已而知其不可爲而返。率問學閭里。日寖光明。謂不得于彼而可得于斯。豈意亦不得于此耶。道學未立于至聖之域。朋友未得其傳授之全。公至願未竟而終。天乎命也夫。何爲使朋友至此極也。

王深寧困學紀聞曰。薛士龍春秋旨要序。謂先王之制。諸侯無史。天子有外史。掌四方之志。而職于周之太史。隱之時。始更魯曆而爲魯史。諸侯之有史。其周之衰乎。費誓秦誓列于周書。甘棠韓奕編之南雅。烏在諸侯之有史也。晉乘始于殤叔。秦史作于文公。王室之微。諸侯之力政焉耳。止齋後傳因之。朱文公以爲。諸侯若無史。外史何所稽考而爲史。古人生子。則閭史書之。閭尚有史。況一國乎。原注。愚謂酒誥曰。矧太史友内史友。則諸侯有史矣。

虞道園送李敬心之永嘉學官序曰。昔朱子在時。永嘉之學方興。意氣之軒昂。言語之雄偉。自非朱子。孰足以當其鋒哉。自是以來。以功業自許者足以經理于當世。以詞章自許者足以風動于斯文。至于六經之傳注。得以脱略凡近。直造精微。如薛常州春秋等書。實傳注之所不可及。而足以發明于遺經者也。

王忠文公送顧仲明序曰。永嘉。東南名郡也。在宋世號稱六藝文章之府。許景衡氏周行己氏皆登程子之門。而載伊洛之道於東南。南渡以還。言性理之學者故宗永嘉。而鄭景望氏實承之。然當其時。薛士龍氏之學復自成一家。其説詳于古今之經制。以謂自周季絶學。先王制作之原晦而弗章。若董仲舒名田。諸葛亮治軍。王通氏河汾之所講論。千餘年閒。端緒僅或一見。及二程子張子作。相與發揮。本末精粗綱紀悉備。而後之傳者。莫得其要。于是發憤覃思。深究體統。興王遠大之制。叔末寡陋之法。禮樂刑政損益同異之際。必審其故實。研索不遺。于經無不合。于事無不可行。

梓材謹案。謝山爲顧亭林神道表云。予觀宋乾淳諸老。以經世自命者莫如薛艮齋。而王道夫倪石陵繼之。葉水心尤精悍。然當南北分裂。聞而得之者多于見。若陳同甫則皆欺人無實之大言。故永嘉永康之學皆未甚粹云云。

艮齋講友

文公朱晦庵先生熹詳晦翁學案。

成公吕東萊先生祖謙詳東萊學案。

李先生伯鈞附見水心學案補遺。

艮齋同調

補監嶽張忠甫先生淳

張忠甫語

吾生不免爲今人。吾行豈敢爲古人。吾于閭里後進。隨和唯諾。一若庸庸然。吾何賢哉。

附録

工古文。尤習冠昏喪祭古禮。其器制損益。考訂無遺。校讐儀禮。爲之句讀。欲考禮者。必請正焉。

朱子曰。張忠甫疑今儀禮非高堂生之書。但篇數偶同爾。此則不深考于劉歆説所訂之誤。又不察其所謂士禮者特略舉首篇以明之。其曰推而致于天子者。蓋專指冠昏喪祭而言。若燕射朝聘。則士豈有是禮而可推耶。

梓材謹案。四庫全書本永樂大典著録儀禮識誤三卷。提要稱朱子語録有曰。儀禮士所罕讀。難得善本。而鄭注賈疏之外。先儒舊説多不復見。陸氏釋文亦甚疏略。近世永嘉張忠甫校定又爲一書。以識其誤。號爲精密。然亦不能無舛繆。又曰。張忠甫所校儀禮甚子細。較他本爲最勝。今觀其書。株守釋文。往往以習俗相沿之字。轉改六書正經。則朱子所謂不能無舛謬者。誠所未免。然是書存而古經漢注之訛文脱句藉以考識。舊槧諸本之不傳于今者。亦藉以得見崖略。其有功于儀禮。誠匪淺小云。

王深寧困學紀聞曰。藝文志謂之禮古經。未有儀禮之名。張淳云。疑後漢學者見十七篇中有儀有禮。遂合而名之。

忠甫講友

謝先生黔

謝黔。忠甫之友也。忠甫與之講習。謂易與春秋未易窺測。詩書執禮。夫子雅言。于是相與讀書與詩。儀禮雖非全書。而禮節俱在。自古以爲難讀。而亦熟復而躬蹈之。樓攻媿集。

忠甫同調

李先生如圭詳見滄洲諸儒學案。

艮齋家學

薛先生溶

雲濠謹案。先生爲艮齋從子。觀其祭艮齋文。蓋少孤而從學叔父者。

艮齋門人

補秘監王合齋先生枏

雲濠謹案。樓攻媿集送王木叔推官分韻得錦字云。王郎天下士。中和自生稟。澹然初無營。見者輒襝衽。又云。使之行所學。庶幾人莫枕。向來執閒之。未免斯立噤。川泳而雲飛。賴有東陽沈。露章極推轂。分韻句裁錦。又云。與君幸瓜葛。心交今十稔。豈惟我惜别。行道情苒荏。蓋攻媿與先生同在艮齋之門云。

附録

劉後村跋合齋集曰。義理至伊洛。文字至永嘉。無餘藴矣。止齋水心諸名人之作。皆以窮巧極麗擅天下。合齋之文。獨古澹平粹。不待窮巧極麗。亦擅天下。自止齋水心一輩人皆尊事之。

猶袁郭之稱黄憲。嵇阮之伏山濤也。蓋其言議風旨有在于文字之外者矣。

葉先生大顯

葉大顯字仲謀。吴人。官司農寺簿。先生有異質。嘗親薛士龍鄭景望。官居守正。民悦湖海羣寇。先生每有韜略。用事者雖不行其策。而輿論謂善。子祐之事慈湖。慈湖遺書。

宣猷樓攻媿先生鑰詳見邱劉諸儒學案。

王東湖先生遇詳見滄洲諸儒學案。

教授潘先生景憲

雲濠謹案。先生祭艮齋文。首云。奮望門牆。十年未得。幸會適諧。兩月几席。末云。登門之晚。失師之遽。敢不夙夜。無忝所付。據此。先生嘗受業薛氏之門。餘見麗澤諸儒學案補遺。

陳先生牧之

梓材謹案。先生亦有祭艮齋文。自稱學生。

教授高先生宗商

侍從石先生宗昭合傳。

梓材謹案。浪語集附二先生祭艮齋文。並稱學生。高爲迪功郎。昌國縣主簿。主管學事。石爲迪功郎。新州司户參軍。

章先生用中詳見止齋學案。

餘詳槐堂諸儒學案。

徐氏門人

修撰葉先生武子詳見滄洲諸儒學案。

葉氏家學

葉先生祐之詳見慈湖學案。

艮齋私淑

陳先生求曾

陳求曾字質甫。樂清人。嘉定癸未進士。自爲小官。恪然有守。所至得譽。且皆有勞績可紀。初調臨海尉。再調漢陽教官。丞處之。麗水曹東畎辟爲機幕。敬之如賓友。除通判澧州。有聲于湖湘。除監察御史兼侍講。又除右正言。條陳弊事愈力。除大理少卿。不拜而去。除江東憲。再辭始就職。寶祐元年。主管明道宮。抗章引年。以直秘閣致其事。卒年七十一。先生以廉介名于時。而學問有淵奧。獨歉然自下。不少炫其長。故知其賢者多。而知其學者少。蓋永嘉諸儒。自薛常州陳止齋以周官六典參之諸史。講求古今損益異同之故。又考本朝文獻相承所以垂世立國者。欲正體統。聯上下。使内朝外廷必别。大綱小紀必嚴。與夫取民制兵足國厚下之法。隨事條理。期爲長久。以今準古。而不爲好古之迂。本末明究。要皆可行。先生謂禮樂頗得其傳。每慨前修曾未及試。以身爲憲諫之臣。感人主知遇。欲朝廷倣而行之。故諸所進言。如曰謹微。如曰仁必兼智勇。如曰務實。如曰舉要無非格心之大者。至于整齊世故。扶補罅弊。先後條上十餘萬言。某病某源某證某藥。其言皆有關係。且曰。臣非不能抗高論以邀虚名。蓋救時變通之方毋急于此。精粗皆學也。陳之奏篇。著之講義。又時因進故事而及之。劉後村誌其墓云。余初交公于朝。及公折㊀節來番。余備數治事。與公相從幾一載。析理論文。句句中肯綮。郡刊艾軒集初成。公得之兩三日。俄語余曰。艾軒之學異于人矣。其于古今書。上下數千年事。無大小如珠貫而繩引。余爲之竦然曰。吾儕讀此書多矣。未有能爲此語者。況一目而得之。益知公之不可及。慮齋續集。

忠甫續傳

補 教授敖先生繼公

梓材謹案。先生名一作繼翁。黄文獻爲倪仲深墓志云。高克恭爲南臺治中侍御史。首以敖先生及鄧公文辰陳公康佐姚公武與公五人並薦于朝。五人各補郡文學。高克恭卽高彦敬也。

㊀「折」當爲「持」。

儀禮集説

若庶子則冠于房外南面遂醮焉。經惟言冠而遂醮。略無異文。則是三加三醮皆與上文適子之禮同。惟以冠醮在房外爲異。此庶子指父在者也。父在而冠。宜别于適。父没則其禮同矣。凡冠者于廟。

經于醮禮始加無異文。于再加三加皆云如初儀。則是醮者亦祝明矣。醮禮文。故以多儀爲貴。以上士冠禮。

舅饗送者。以一獻之禮酬以束錦。注。古文錦皆作帛。饗而用帛。亦重謝之也。酬以束帛。其節當與冠禮醴賓者同。案聘禮使介行禮用錦不用帛者。辟主君之幣也。此無所辟。不當用錦。宜從古文。士昏禮。

族有親者之稱三族。謂從父從祖從曾祖之親也。從父之親。齊衰大功也。從祖之親。小功也。從曾祖之親。緦麻也。喪服不于此。但舉三者言之耳。有凶服則廢嘉禮。故欲及今之吉也。或曰。三族謂父母妻之族。士昏禮。

縣于洗東北西面。縣不近階者。宜辟東縣之正位也。大射東縣在阼階之東。縣謂縣鐘磬與鑮于筍簴也。鼓鼙之屬亦存焉。周官小胥職。凡縣鐘磬。半爲堵。全爲肆。又云。天子宫縣。諸侯軒縣。卿大夫判縣。士特縣。然則凡爲士者之樂。皆得縣鐘與磬。惟以特而别于其上耳。大射儀言國君西方之縣。先磬次鐘次鎛。鼓鼙在其南。鐘師職掌以鐘鼓奏九夏。鎛師職掌金奏之鼓。此與上篇皆賓出奏陔。陔。夏金奏之一。然則亦有鐘鼓鎛明矣。其設之磬在北。鼓在南。略放大射西方之縣焉。鄉射禮。

諸侯之小樂正。下士也。前三篇不言小。以此見之也。此樂盛于彼。且用小樂正。則彼可知矣。大射乃不使大樂正者。其辟祭饗之禮與。大射儀。

諸侯五廟。太祖之廟最東。高祖而下之廟。以次而西。廟各有大門。有中門。有廟門。中門外西邊皆有南北隔牆。牆中央通閤門。故入諸侯之廟必有每門也。天子之廟各有五門。與其寢同。是諸侯亦有三門也。康王受顧命于廟。出廟見諸侯。乃云王出在應門之内。則天子諸侯廟門之名數可見矣。聘禮。

宰夫膳稻于粱西。膳當作設字之誤。膳設聲相近。由是誤云。公食大夫禮。

喪妻者必三年然後娶。禮當然爾。非必專爲達子心喪之志也。蓋夫之于妻。宜有三年之恩。爲其不可以不降于母。是以但服期而已。然服雖限。情則可伸。故必三年然後娶。所以終牉合之義焉。若謂惟主于達子之志。則妻之無子而死者。夫其可以不俟三年而娶乎。春秋傳王一歲而有三年之喪二焉。謂后與太子也。喪妻之義。于此可見。

降有三品。大夫以尊而降。公之昆弟大夫之子以其父之所厭而降。爲人後者女子子適人者以出而降。

女君于妾不著其服者。親疏不同。則其服亦異故也。惟緦章見貴妾之服。彼蓋主于士也。若以士之妻言之。乃爲無親者耳。若有親者。則宜以出降一等者服之。

經言惟子不報。謂男子爲父三年爲期服異也。傳以女子子釋之。似失之矣。以上喪服。

女尸以在孫倫者之妻爲之。據夫家言。故曰異姓。其或雖與卒者同姓。亦可爲之也。

餞尸事者。卽説絰帶者。蓋其節當然也。喪服之始。絰帶先加。故于將變之時。亦先説之。若受服及杖梱之類。皆當爲之于既徹之後。此特見其始者耳。以上士虞記。

司馬羞湇魚。司馬當作司士。字之誤也。上下皆司士爲之。此不宜使司馬。且司馬惟羊俎耳。羞湇魚非其事也。有司徹。

儀禮集説後序

禮古經十七篇。其十三篇之後有記四篇。則無之四篇者。士相見大射少牢上下也。然以意度之。此四篇者。未必無一記之可言。或者有之。而亡逸焉爾。夫記者。乃後人述其所聞以足經意者也。舊各置之于其本篇之後者。所以尊經而不敢與之雜也。朱子作儀禮經解。乃始以記文分屬于經文每條之下。謂以從簡便。予作集説。而于此則不能從也。予非求異于朱子也。顧其勢有所不可耳。何以言之。儀禮諸篇之記。有特爲一條而發者。有兼爲兩條而發者。亦有兼爲數條而發者。亦有于經意之外別見他禮者。若其但爲一條而發者。固可用通解之例矣。非是。則未見其可也。何則。通解之書。規模大而篇數繁。其記文有不可附于本篇每條之下者。則或于其篇末見之。否則于他篇附之。故雖未必盡如其所謂。以從簡便之説。而其于記文。亦將包括而無所遺也。然以記者之意考之。則亦不爲無少異矣。予之所撰者。但十七篇之集説耳。若亦用此法。則其所遺者不既多乎。故不若仍舊貫之爲愈。而不敢效朱子通解之爲也。魯人所謂。以吾之不可。學柳下惠之可者。吾有所取焉耳。夫豈敢有求異之意哉。

雲濠謹案。四庫全書著録儀禮集説。提要稱其于鄭注之中。録其所取。而不攻駁所不取。無吹毛索垢百計求勝之心。又言。鄭注簡約。又多古語。賈疏尚未能一一申明。敖氏獨逐字研求。務暢厥旨。實能有所發揮。則亦不病其異同矣。卷末各附正誤。考辨字句頗詳。知非徒騁虚詞者云。

敖氏門人

補 主簿倪文靜先生淵

雲濠謹案。楊鐵崖爲先生墓碑云。父守眞。自號愛山處士。又言先生至正二年卒。年七十有八。學者私謚曰文靜先生。又言先生杭州富陽縣户致仕。故鐵崖爲倪用宣鈍齋記云。大父富陽公。予之舉主。卽先生也。

附録

嘗則前人之勤以自課。命其書舍曰經鋤。

倪氏家學

處士倪先生驤

倪驤字子舉。吴興人。文靜先生之子。自幼喜讀書。有遠志。長與文靜自爲師友。研極名理。非世儒所能解。人勸之仕。則曰。吾賴先廕。免耒耜勞苦。得稱處士茗中足矣。東維子集。

倪先生用宣附師張安國。友康伯齡。

倪用宣。吴興人。文靜之孫。即其居之西偏顔之曰鈍齋。而請志于鐵崖。蓋其師爲張安國。友爲康伯齡云。東維子集。

倪氏門人

補縣尹楊鐵崖先生維楨

雲濠謹案。四庫全書存目本永樂大典録先生春秋合題著説三卷。提要謂其書爲科舉而作。非通經者所尚云。

梓材謹案。宋潛溪誌先生墓云。著有四書一貫録。五經鈐鍵。春秋透天問。禮經約君子議。歷代史鉞補正。三史綱目。富春人物志。麗則遺音。古樂府。上皇帝書。勸忠辭及平鳴。瓊臺。洞庭。雲閒。衵上諸集。貝清江作傳言。所著有春秋大意。左氏君子議。又案。先生序春秋左氏傳類編有云。予于春秋家。有定是之録。凡十有二卷。是先生之于春秋。不獨透天問一書也。

梓材又案。先生亦稱抱遺先生。見東維子文集西夏侯墓誌。又號東維。先生文集又有虞隱君墓誌銘。稱其孤德之言曰。

今奎章學士虞公集游吳。與公通譜牒。吾子。公之上第門生。幸有以銘諸。是先生固道園門人也。

楊鐵崖語

善讀易者以知來。善讀書者以辨事。善讀詩者以正性。善讀春秋者以知往。善讀禮樂者以制行和德。聖人其無餘蘊矣。學者幸有聖人之書可讀。則聖人之蘊在我不在人也。

正統辨

正統之說何自而起乎。起于夏后傳國。湯武革世。皆出于天命人心之公也。統出于天命人心之公。則三代而下。曆數之相仍者。可以妄歸于人乎。故正統之義。立于聖人之經。以扶萬世之綱常。聖人之經。春秋是也。春秋。萬代史宗也。首書王正于魯史之元年者。大一統也。五伯之權非不强于王也。而春秋必黜之。不使奸此統也。吳越之號。非不竊于王也。而春秋必外之。不使借此統也。然則統之所在。不得以割據之地僭僞之名而論之也。尚矣。

先正論統于漢之後者。不以劉蜀之祚促與其地之偏而奪其統之正者。春秋之義也。彼志三國。降昭烈以儕吳魏。使漢嗣之正。下與漢賊並稱。此春秋之罪人矣。復有作元經自謂法春秋者。而又帝北魏。黜江左。其失與志三國者等爾。以致尊昭烈續江左兩魏之名不正而言不順者。大正于宋朱氏之綱目焉。或問朱氏述綱目主意。曰。在正統。故綱目之繫統者在蜀晉。而抑統者則秦昭襄唐武氏也。至不得已以始皇之廿六年而始繼周。漢始于高帝之五年。而不始于降秦。晉始于平吴。而不始于泰始。唐始于羣盜既夷之後。而不始于武德之元。又所以法于春秋之大一統。然則今日之遼金宋三史者。宜莫嚴于正統與大一統之辨矣。

議者謂完顔氏世爲君長。保有肅愼。至太祖時。南北爲敵國。素非君臣。遼祖神册之際。宋祖未生。遼祖比宋前興五十餘年。而宋嘗遣使卑詞以告和。結爲兄弟。晚年遼爲翁而宋爲孫矣。此其説之曲而陋者也。漢之匈奴。唐之突厥。不皆興于漢唐之前乎。而漢唐又與之通和矣。吴魏之與蜀也。亦一時角立而不相統攝者也。而秉史筆者。必以匈奴突厥爲紀傳。而以漢唐爲正統。必以吴魏爲分繫。而以蜀爲正綱。何也。天理人心之公。閲萬世而不可泯者也。

當唐明宗之祝天。自以夷狄不任社稷生靈之主。願天早生聖人。自是天人交感。而宋太祖生矣。天厭禍亂之極。使之君主中國。非欺孤弱寡之所致也。朱氏綱目于五代之年皆細注于歲之下。其遺意固有待于宋矣。有待于宋。則直以宋接唐統之正矣。而又何計其受周禪與否乎。中遭陽九之厄。而天猶不泯其社稷。瓜瓞之系在江之南。子孫享國又凡百五十有五年。金泰和之議。以靖康爲游魂餘魄。比之昭烈在蜀。則泰和之議。固知宋有遺統在江之左矣。而金欲承其未絶爲得統。可乎。好黨君子。遂斥紹興爲僞宋。吁。吾不忍道矣。

烏乎。春秋大一統之義。吾已悉之。請復以成周之大統明之于今日也。文王在諸侯位凡五十年。至三分天下有其二。遂誕受天命。以撫方夏。然猶九年而大統未集。必至武王十有三年伐紂有天下。商命始革。而大統始集焉。蓋革命之事。間不容髮。一日之命未絶。則一日之統未集。當日之命絶。則當日之統集也。宋命一日而未革。則我元之大統亦一日而未集也。成周不急于文王五十年武王十三年而集天下之大統。則我元又豈急于太祖開國五十年及世祖十有七年而集天下之大統哉。

抑又論之。道統者。治統之所在也。堯以是傳之舜。舜以是傳之禹湯。禹湯以是傳之文武周公孔子。孔子没。幾不得其傳百有餘年。而孟子傳焉。孟子没。幾不得其傳千有餘年。而濂洛周程諸子傳焉。及乎中立楊氏。而吾道南矣。既而宋亦南渡矣。楊氏之傳。爲豫章羅氏。延平李氏。及于新安朱子没。而其傳及我朝許文正公。此歷代道統之源委也。然則道統不在遼金而在宋。在宋而後及于我朝。君子可以觀治統之所在矣。

東維子文集

三傳有功于聖經者。首推左氏。以其所載先經而始事。後經以終義。聖人之經。斷也。左氏之傳。案也。欲觀經之所斷。必求傳之所紀事之本末。而後是非襃貶白也。然考經者。欲于寸晷之際。會其事之本末。不無繙閲之厭。于是類編者出焉。

予于春秋諸家。有定是之録。凡十有二卷。未敢傳于世也。蓋經有不待傳而明者。有因傳而蔽者。學者通其明。袪其蔽。而後聖人之經如日月之杲杲焉。故不協者。雖三家大儒之言亦黜也。

以上左氏傳類編序。

左邱明受經于仲尼。故作春秋傳以爲聖經之案。後之傳左氏者。有鐸椒嘗作鈔撮八卷。虞卿作鈔撮九卷。是又有功于左氏者也。惜其文無傳矣。夫左氏爲聖門弟子。又身爲國史纂記本末。考索惟精。其文或先經以始事。或後經以終義。大抵有以原始而要終也。後之言經者。舍左氏無以爲之統緒。故止齋陳氏謂。著其所不書。以見經之所書者。皆左氏之功。此章指之所由作也。曹元博左氏本末序。

六經皆有疑。而莫疑于春秋。疑而不然。而欲得筆削之微者。蓋寡矣。此春秋之經有百問也。雖然道學是講者謂。說書不故㈠。慮學者不求諸心。而惟口耳之是資。夫百問之書。探聖意之微。而欲決之諸儒未決之論。非見之卓。思之精者。能之乎。謂資口耳之辨。不可也。春秋百問序。

柳子曰。春秋如日月。不可贊也。然則高自立論者皆誕也。歐陽子曰。春秋如日月。然不爲盲者明。而有物蔽之者。亦不得見。然則將以制盲而袪蔽。則辨不能不假于詞也。經不待傳而明者十七八。因傳而蔽者十五六。明目者抉其蔽而通其明。則其如日月者杲杲矣。維楨自幼習春秋。不敢建一新論以立名氏。謹會諸侯之說而輒爲去取之。爲定是録。說協于經。雖科舉小生之義。在所不遺。其不協者。雖三家大儒之言。亦黜也。吁。予何人。敢以一人之見。舉奪千載之是非。

㈠「故」當爲「古」。

何僭之甚。亦從其杲杲者決之焉耳。春秋定是録自序。

予惟清如許。考亭朱氏之詩語。以與㈠夫學者之心源也。人之賢不賢㈡。天下事理亂成敗。皆係之心源。故君子之學先焉。心源之所自來。爲撓不濁。爲不舍晝夜。此源之所爲清而遠也。清如許記。

附録

先生少穎悟好學。日記書數千言。父宏爲築萬卷樓鐵崖山中。使讀書樓上。懼性弗顓易怠。去梯。轆轤傳食。積五年。貫穿經史百氏。雖老師弗及。稍長。從師授春秋説。講析辨刺。幾踰百十家。家隱三吴。屢遷其居。有曰草玄閣。曰藉景軒。曰拄頰樓。其曰小蓬臺者。以紹興之山名蓬萊。示不忘鄉里云。後止臺上。不復下。且榜于門曰。客至不下樓。恕老嬾。見客不答禮。恕老病。客問事不對。恕老默。發言無所避。恕老迂。飲酒不輟樂。恕老狂。

程黟南跋忠勇西夏侯墓誌曰。春秋引天下之譽褒之。賢者不敢私。引天下之義貶之。奸人不

㈠「與」當爲「興」。

㈡「不賢」當爲「不肖」。

敢亂。余讀鐵史邁古里思傳。信民之以爲賢。賢之。民以爲奸。奸之。此鐵史之春秋也。

鄭先生汝原

鄭汝原。倪仲深門生。仲深卒。狀其行。東維子集。

河南王子孛憐先生□

□□。河南王孛憐吉斛子。□□□人。孛憐吉斛嘗受業許文正公之門。以平章政事行省江浙。聞學正倪仲深講説。大契其意。卽遣子從仲深受業。黃文獻集。

鐵崖學侶

楊先生維翰附師陳東皋。馮桐西。

楊維翰字子固。自號方唐。暨陽人。鐵崖維楨之從兄也。伯父寔。以倉使歸老于家。聘名儒東皋陳先生。桐西馮先生。爲之師。與弟攻學。無寒暑。抵夜以漏分爲度。睡則以水沃面。筮仕郡文學。初帥府檄爲慈溪邑校。在職不事瑣屑。惟推經術。贊縣長爲治。後遷天台邑校。先是。鐵崖尹玆邑。先生至。尤以作人爲任。邑士語曰。小楊君。政不忘。大楊君。教重光。考滿。陞饒之雙溪山長。以病卒。年五十有八。東維子集。

鐵崖講友

縣尹呂先生良佐

呂良佐字輔之。上海人。好學。有才氣。與楊維楨陸居仁遊。嘗爲應奎文會。至正兵起。總帥欲拔爲華亭尹。辭。請以白衣議事。帥賢之。因俾自集白甲。保障鄉里。全活者千餘家云。一統志。

鐵崖同調

余先生日强

金[一]日强字彦莊。崑山人。年十四喪父。能自樹立。極力于學。既長。學通六經百氏。博貫精析。退然不知有餘。且善屬文。根柢六經。不淆異説。所著有尚書補注若干卷。至正十四年卒。既葬。其友及門人問易名于楊鐵崖。鐵崖曰。先生深靜而寡言。嘗自號淵默。宜從曰淵默。皆應曰宜。東維子集。

梓材謹案。黄氏千頃堂書目言先生本福建古田。流寓太倉。

[一] 「金」當爲「余」。

周先生聞孫

周聞孫字以立。吉水人。至正辛巳舉于鄉。赴春官中乙榜。薦入史館。修宋遼金三史。時當事皆遼金故臣子孫。不肯以正統予宋。先生具疏爭之。不報。遂棄職歸。尋授鰲溪書院山長。改貞文書院。所著有尚書一覽。河圖洛書序説。吉水縣志。

貝氏師承

黄次山先生□附兄午山。從子玭。

黄□。石門人。號次山先生。貝清江之師也。方元之盛時。與其兄午山先生講易于鄉。會程朱而一之。而中玉父者。又能日記數千言。檇李號易之淵海。獨推黄氏一門爲盛。延祐閒。午山先生與子玭同登進士第。貝清江集。

雲濠謹案。清江爲江山尉哀辭所稱比玉先生。當卽玭之字。

栲栳師承

縣尉厲羊村先生元吉

厲元吉字無咎。號羊村。餘姚人。宋末舉進士。尉烏程。歸隱徑山。元至元閒。訪求前宋故臣。欲强以官。遯迹湖海。至白首始歸。嘉靖餘姚志。

附録

岑安卿哀厲先生詩曰。厲公予先師。侃侃國髦士。文詞奮白屋。名識動丹扆。帝鄉眷遇殊。曲宴賜豐侈。青山何足云。倏忽期顯仕。云胡遊苕溪。露泣秋萓死。朔風撼南極。黄屋繼隳圮。歸棲徑山雲。松杉蔭琴史。淚揮新亭悲。詩窮黍離旨。雪霜轉侵淩。故里不可止。漂泊海東西。生計日彫靡。暮年賦歸與。幸遂首邱志。遺經惜無傳。嗣續皆耘耔。死别三十春。恨未致一慰。何當馬鬣封。秋菊薦寒水。

梓材謹案。此栲栳山人集三哀之一。其二高先生字師魯。李先生字天錫。號碧峯。皆里先儒也。高爲安卿三世之交。總角時曾得見之。李則未及相識云。又案。陳棣蒙隱集目有高師魯以詩求鶴膝杖事。棣當宋紹興時。蓋别一高師魯也。

鐵崖門人

宋先生元僖

雲濠謹案。岑氏栲栳山人集有勉宋無逸向學詩云。我憶視子齠齔時。髧髮鬱爾青齊眉。椿庭期待余所知。延師囑汝吾儒歸。而岑氏是集。卽先生所編。爲栲栳題像。述其生平。特其詩未載庸庵集中。

雲濠又案。先生送岑景融序。稱爲予友靜能之從子。靜能卽栲栳山人之字。則栲栳固先生講友也。

梓材謹案。四庫書目著録先生庸庵集十四卷。提要云。僖本元末遺民。投老巖壑。其以修史被徵。乃迫于朝命。非其本心。集中題桐江釣隱圖有云。黄冠漫憶賀知章。老病憐余簡書趣。又寄宋景濂云。當時十八士。去留各有緣。而戴良贈以詩。亦有麥秀歌殘已白頭。逢人猶自説東周之句。故于明官爵一無所受。其志操皭然。可以概見。至其學問本出于楊維楨。維楨才力横軼。所作詩歌。專爲聱牙兀奡之格。一時學者翕然從之。號爲鐵體。而僖詩乃清和婉轉。獨以自然爲宗。頗出入劍南香山之間。文亦詳贍明達。而不詭于理。可謂善變所學。視當時之隨流播波。以至墮入險怪者。其得失相去遠矣。

庸庵集

夫業不可不慎也。而士之業最優。然業士者又有浮華篤實之辨。而氣化之盛衰繫焉。是故氣化醇厚則學成。而輔世者往往皆篤實之士。而浮華之習不能勝。嗚呼。篤實之士恒學其所當學。舍是以浮華而陷禍者衆矣。況可厭士之恒貧賤而徙其業乎。送倪叔懌序。

聖人之用兵。所以救人也。而人有死于兵者。蓋其不幸也。非聖人之心也。用兵而不得聖人之心。而人之死者始衆矣。是故聖人未嘗爲人易言兵。又未嘗不慎于戰也。送王伯貞序。

人之美惡係乎習。習係乎所尚。尚武者習乎干戈則思戰鬬。尚禮者習俎豆則思恭敬。是故君子必謹其習而善其尚也。尚武者一于戰鬬。則勇士而已耳。尚禮一于恭敬。則何學不可進。何德不可就哉。是故君子欲知人之美惡。又必觀其習而察其尚也。觀其習而察其尚。可以得其爲人之概矣。贈高生序。

貝先生瓊

梓材謹案。先生銘張拙齋墓碣云。余年二十餘。始習舉子業。又登鄉先生俞公易齋之門。蓋與拙齋同門。又案。先生嘗自稱海鶴生。見所作清隱堂記。

清江文集

夫帝王之治聖賢之學。豈外乎心哉。斂而小之。則四海一方寸也。拓而廣之。則方寸一四海也。何有町畦之限乎。脩禮以耕之。陳義以種之。講學以耨之。本仁以聚之。播樂以安之。始終無餘事矣。方寸既治。所以立事建功咸自玆始。寸心地記。

性者天下之所同。而不越乎仁義禮智信。堯舜之善。性也。幽厲之惡。非性也。囿于氣而不得其中者也。然理也氣也。生而俱生。而未嘗離者。猶水之于器也。故論性不論氣不備。論氣不論性不明。學者由張子之説。沿其流而溯其源。則恒性可識矣。性論。

鏡之空也。物至而鑒。不能使之不鑒也。鑒萬物而不爲物昏也。心之靈也。事至而應。不能使之不應也。應萬事而不爲事撓也。君子之學。如此而已。處靜軒記。

學始無孔子廟。惟魯有廟。然其教被于天下。非一國所得而專者。故天下通祀之。自唐已然。虞世南韓柳諸記可攷已。學之有廟。由孔子而建。則宜以孔子爲先聖。顔子爲先師。而三皇不預也。釋奠解。

學之不至固不足以言悦。悦之不深亦不足以言學。必也時有正業以專其習。退有居學以一其志。安之而不厭。爲之而不退。則其所至。猶水之入于物。其爲悦也深矣。此君子始終之學。成己而及人也。苟未及此。則所謂朝聞夕死者何事。不耻惡衣惡食者何道。吾無行而不與二三子者孰知。其與天爲一。逐于宋。厄于陳。圍于匡。不合于齊楚。汲汲焉。皇皇焉。無所容其迹。吾又奚取而悦之也。深悦齋記。

在内者惟虚能受而不見其盈。盈則不可强通之于外。在外者惟虚能入而不見其阻。阻則不可强通之于内。此猶光耀之燭室。不于户而于牖。牖非正也。自牖而通。則一室之暗洞然八荒矣。聖人之施教亦然。是以成德達才異術而同功。約牖軒記。

天地之大。一毫之小。舉不外吾之方寸。使吾觸于境而昏。又復擬于境而醒。吾恐暫開而復合。乍明而卒晦。則其昏者未嘗醒。醒者未嘗不昏也。惟其神明之舍。洞徹無累。湛然止水。皎然清秋海月。而事皆得其官㊀。又何待夫所謂醒心處也邪。醒心軒記。

抑嘗觀夫操舟者乎。其器既備。其工既習。以運萬斛之舟。濟天下之險。若可恃也。而有不可恃者焉。蓋險不在于險。畏險之匿于無形也。敬説。

學校合子弟而教之。折其氣而約于禮。收其心而進于道。剛者矯而巽。邪者正而中。鈍者攻而鋭。昏者發而明。戇者變而通。入焉有孝弟之行。出焉有忠信之言。豈非由于教而然邪。然所以教人者。非强之以其所無也。因其性而爲教也。

㊀「官」當爲「宜」。

制乎外曷若全乎内。治其末曷若求其本。以上學校論。

張先生憲

趙先生信合傳。

趙信。奉元人。會稽張憲與之俱遊楊鐵崖門。鐵崖謂之兩奇士。東維子集。

申屠先生衡

申屠衡字仲權。長洲人。少從楊廉夫學。通春秋。爲古文有法。元季不仕。自號樹屋傭。洪武三年。徵至京。草諭蜀書稱旨。授翰林修撰。以病免。尋謫居濠上。卒。著有叩角集。姑蘇志。

殷木齋先生奎附弟璧。箕。

殷奎字孝章。一字孝伯。其先自華亭徙崑山。少從楊廉夫授春秋。嘗應鄉試不利。遂謝去。洪武四年。以薦赴京試。授咸陽教諭。盡心教事。卒年四十六。門人私諡文懿先生。先生文章精審有法。尤深于性理。勤于纂述。所著有道學統緒圖。家祭儀。崑山志。咸陽志等書。二弟。璧字孝連。箕字孝揚。俱明經。文懿之卒也。孝連閒關數千里迎其柩以歸。孝揚官終太平府推官。姑蘇志。

梓材謹案。東維子集余淵默先生碣銘云。其子安禮以先生門人殷奎狀來請銘。是先生亦從余氏遊也。鐵崖爲作木齋志。

朱先生芾

朱芾。鐵崖之徒也。鐵崖嘗送其蒲溪授徒序云。吾門朱生。與余同罹喪亂而不得安。于所好者負書劍來。别曰。某得七寶翟氏爲西席主。庶幾以學于先生者施于人云。東維子集。

張先生學暨

張學暨。吏部主事。鐵崖門弟子。鐵崖卒。與朱芾等七人奉其治命。請銘于宋景濂。宋文憲集。

吴先生復

吴復字見心。富春人。四歲能誦書千餘言。弱冠失怙。刻苦讀書。不以貧難少置。生無僞言行。與人約。雖千里外不失期刻。楊鐵崖讀書大柏山中。通長書。願與弟子。及予寓居錢唐太湖間。遂舍妻子從之遊。學古文歌詩。世傳其雲槎集凡十卷。東維子集。

蔣先生元

蔣元字亨之。吴興人。嘗學春秋于楊鐵崖。十歲善屬文。二十學明經義。試有司不競。輒自忿曰。吾學經無師説。吾黜。宜也。乃歸告其父曰。會稽楊先生。某東南受經之師。吾將不遠千里。執贄而北面之。父憂其素病羸。止之曰。天其蔣門之幸。先生從吾聘。汝學可已。鐵崖嘉其父子。心往焉。閲三年。學成而卒。東維子集。

陳庸齋先生良能附師吴叔巽。

陳良能字善之。吴興人。初學于吴叔巽。叔巽嘗以座主禮事楊鐵崖。過鐵崖錢唐次舍。談其徒之好學者曰。吴人師余。數學于文。獨陳君爲義理學。敢以見先生。蓋自幼機敏。讀書務求聖賢旨趣。皆思叔巽語以躬行之。要其言曰。在正心。心正則上合天理。近當人情。盡此之謂忠。推此之謂恕。時時誦習其語以自儆。父卒。喪紀一以朱氏家禮。扁所居堂曰庸齋。東維子集。

魏先生德剛附師應之邵。

魏德剛。鉅鹿人。初授春秋經學于應之邵。之邵没。更執經于鐵崖。鐵崖于三傳有所考索。必先生是資。其暇日。以左氏所記本末不相穿貫者。每一事各有始終。以其類編之。名曰春秋左氏傳類編。東維子集。

孟先生季成附門人曹元樸。

孟季成。無錫人。楊鐵崖家藏春秋百問六卷。嘗授之先生。先生又傳之于華亭曹繼善之子元樸。東維子集。

梓材謹案。鐵崖序春秋百問云。不知爲何人所著。或以爲方孝先。孝先又不知爲何時人。朱氏經義考云。春秋百問作于萬思慕。汪氏纂疏嘗采其説。

又案。鐵崖嘗序雲閒曹元博氏左氏本末。稱爲邱明功臣。元博蓋元樸兄弟行也。

謝先生鈞

謝鈞字君舉。上饒人。自幼博行孝睦。人無間言。從鐵崖遊者十年。通春秋五傳學。東維子集。

張先生汝霖

張汝霖。嘉禾人。於治經有專習。鐵崖在錢唐時。首以父命受春秋五傳學。東維子集。

韓先生奕

韓奕。與鐵崖同里。從鐵崖受詩春秋學。東維子集。

何先生翰

何翰字伯翰。其先西夏人也。父益憐質班早喪。生五歲依舅氏。舅氏因以母姓姓之。母素賢。教子有法。年十六歲。受經于鐵崖。通春秋五傳毛氏詩。尤長于易。東維子集。

蔣先生毅

蔣毅。吴興人。鐵崖之徒也。鐵崖名其讀書之齋曰約禮。東維子集。

陳先生魯

陳魯。吴興人。從鐵崖于雲閒。學經業願先學詩。而後及于春秋。且名肄業所曰學詩齋。東維子集。

張先生守中

張守中。鐵崖吳中學子也。年十四稱奇童。能夜誦經史書數千百言。日課大經義騷賦表章若干首。東維子集。

李先生詷

李詷字孟言。錢唐人。少受學于楊廉夫。負氣尚節。善爲詩。賣藥金陵市中。名其室曰樗亭。而自號爲樗散生。宋文憲集。

呂先生恂

吳㊀恂。雲間人。名其新闢書室曰漱芳。而鐵崖爲之志。東維子集。

孝子呂先生恒

呂恒字長德。雲間人。居璜溪。嘗與其弟恂從鐵崖學。鐵崖爲作著存精舍記。而稱之爲孝子。東維子集。

郁先生鋭

郁鋭。雲間人。鐵崖之徒也。鐵崖字以鈍之。而爲之説。東維子集。

㊀「吳」當爲「呂」。

陶先生振缺。

金先生信缺。

謝先生恒附兄伯理。

謝先生鼎合傳。

謝恒。謝鼎。淞江人。皆嘗從鐵崖遊。其兄伯理率以奉親于一堂。鐵崖名其堂爲悦親。且稱其恂恂然有古孝友之風教。東維子集。

戴固齋先生貞

戴貞。新涇人。其父遣之從鐵崖遊。字之曰固。而又字齋曰固。云固非高叟之固也。亦非固我之固也。乾之文言不云乎。貞固足以幹事。貞不固不足以爲貞。固非貞亦不足以言固。固而貞。貞而固。而後事之幹立焉。故聖人許幹而必以貞固。而不以亨與利也。東維子集。

倪先生中孚

倪中孚字德中。華亭人。楊鐵崖在璜溪時。嘗從之遊。于學有異能。行修志立。一時行輩推服之。至正壬寅。浙省貢士三十有二人。名中上游。東維子集。

盧先生熊父觀。附子彭祖。

盧熊字公武。其先自武寧徙吳。再徙崑山。父觀字彦達。讀書有至行。門人私謚夷孝先生。先生元季爲吳縣學教諭。入明知兖州。爲政務愷悌。卒以事坐累死。少嘗從學楊廉夫維楨。博學工文詞。尤精篆籒。著有説文字原章句等書。子彭祖字長嬰。任武康丞。薦授禮部主事。坐事謫阜城。長嬰幼傳家學。不事藻麗。而求以適用。爲政亦有父風。姑蘇志。

梓材謹案。黄氏千頃堂書目有盧氏觀易集圖。言其隱居教授云。

附録

謝子蘭哭之曰。束帛三徵出薜蘿。雲階步武正逶迤。飄風動地須臾靜。奈爾琅玕遽折何。又曰。雪手灘頭理繭絲。一襟華藻竟何施。秋風夜月華亭鶴。又作悲聲似昔時。

朱先生應辰

朱應辰字文奎。吳縣人。少治禮經。爲舉子。元季屢試不中。乃棄去。從會稽楊廉夫學。爲古文詞。洪武初。起爲郡學訓導。後改常之江陰卒。先生學博多技。尤精篆籒之學。著有潄芳集三卷。姑蘇志。

葉先生杞

葉杞。華亭人。鐵崖之徒。爲作南漪堂記。東維子集。

張先生叔温

張叔温。邢臺人。侍父官于淞。嘗從鐵崖遊。讀書不少輟。東維子集。

徐先生章

徐章。鐵崖學生。嘗次華陽巾歌云。鐵史文章金石堅。鐵史法書草聖賢。談遷父子未可稱筆削。枋頭直筆當齊肩。東維子集附録。

謝先生思順

謝思順。鐵崖學生。嘗爲鐵崖賦黑鐵龍詩。東維子集。

濮先生仲温

濮仲温。齊人。自幼從師學明經。既通尚書。後學易。又從鐵崖學春秋。東維子集。

章先生琬

章琬。鐵崖門人。爲編復古詩集六卷。四庫總目。

陳先生存禮

陳存禮。鐵崖門人。爲編麗則遺音八卷。四庫總目。

管先生時敏

管時敏。□□人。洪武中楚府長史。在位四十餘年。忠誠謹恪。始終如一。著有蚓竅集。姓譜。

王先生璲

王璲。其先蜀遂寧人。自其祖父家吴。幼善屬文。得備侍從。與王洪孟揚達善。並以才聞。姓譜。

馬先生文璧

馬文璧。秦溪人。蚤歲從鐵崖授春秋學。尤工詩與書畫。所著有灌園集。貝清江集。

安先生普大

許先生廣民合傳。

安普大。許廣民。天台人。楊鐵崖尹天台。並稱弟子。後鐵崖兄方唐爲邑校時皆擢第。歸事之猶師焉。遺弟子及邑俊彦傳經者百餘人。東維子集。

管先生納

管納。□□人。學于鐵崖之門。東維子集。

李先生佐

李佐。檇李人。從鐵崖遊。東維子集。

傅先生伯原

錢先生舜在合傳。

傅伯原。暨陽人。爲驛官于常山。鐵崖先生之壻也。其舅氏錢舜在。又與朱庸庵同受業于鐵崖之門。宋庸庵集。

劉先生性初

劉性初。徵士。鐵崖門生。句曲外史集。

庸庵講友

岑先生安卿

岑安卿字靜能。餘姚人。著有栲栳山人集三卷。先生所居近栲栳峯。故以自號。志行高潔。窮阨以終。其詩有云。老成媿苟得。童稚羞無官。又云。人觀所爲主。結交植攀援。足見其堅苦自立之意。四庫書目提要。

附録

其寄□㊀洲鄉學讀書諸弟姪詩曰。負笈少年志。讀書無患貧。聚螢時已邁。映雪事當新。沈默東墟老。淒涼江左賓。興居便飲食。德性藉陶甄。陋巷窮詩禮。荒陬集薦紳。緇衣心眷眷。貝錦語諄諄。檄捧來東在。臺成樂毅親。寧爲獖見笑。勿以蠖求伸。喋喋羞同志。栖栖憶故人。鳥飛應擇木。魚逝必驚綸。爆竹歲云暮。椒盤日更春。依然絃誦地。童稚會比鄰。原注。時王敬助爲師。

宋庸庵送岑山人詩曰。北山猿鶴久相違。城郭黃塵上客衣。雨雪虛無知臘盡。江山寥落索詩歸。梅梁水涸魚龍偃。麥隴河乾鴈鶩稀。更待明年春草綠。相隨湖上踏晴暉。

雲濠謹案。庸庵與岑氏往來者最多。自靜能與從子景融外。有贈敬先詩。稱岑徵士。又偕岑宗昭胡斯美及其從弟斯敏遊宿竹山精舍。又新歲岑處士見訪詩。又留題岑氏隱居。謂過三山岑西峯隱居。又稱西峯長子子輈。又爲岑西峯題鄭山輝畫懸崖蘭。及畊雲友西峯友圖諸詩。處士宋知卽山人否。

㊀「□」當作「杜」。

貝氏學侶

邵邵㈠先生子振 父賁谷。附賁谷師蔣子中。沈東岡。

氏㈡子振。雲間人。徙居臨淮之東屯。貝清江與爲師友。邵翠㈢自翠巖至于雪溪。自雪溪至于浦雲。而及其父賁谷。從巖眷眷訓飭諸孫。以通經爲務。故賁谷不遠數百里。從蔣子中于吳門者四年。繼從沈東岡于金陵者二年云。貝清江集。

張先生仁近 附師俞易齋。

張仁近字如心。華亭人。號拙齋。受易于俞易齋。在弟子中特穎悟。故能盡究其根柢。雖科舉已廢。而講學于家者不輟。貝清江客泖南時。嘗一過之。以質性命之原。連晝累夜。劇談忘疲。雲間之俊秀及門者恒數百云。貝清江集。

王先生至善 附師俞參。

王至善。廣陵人。茂才。與鄭復初兩生皆俞參門士。楊鐵崖爲作止齋銘曰。忠以事君。孝以

㈠「邵邵」衍一「邵」字。
㈡「氏」當爲「邵」。
㈢「翠」當爲「氏」。

事父。朋友有信。長幼有序。各極其止。是曰至善。舉類以推。其則不遠。惟文中氏。明爾明德。爾修必清。爾踐必力。書曰安止。詩曰敬止。自敬而安。希聖在之。東維子集。

雲濠謹案。貝清江集有送先生序云。王君至善者。其在淮南幕府時已熟其名。及爲松江提控。而余亦分教玆郡。始獲與之相周旋。聽其言。考其行。信其力學好古。而不囿于風氣者也。

鄭先生原善

鄭原善字復初。玉山人。延祐名進士。起家紹興丞。轉處州録事。有異政。爲衆所忌。遭誣構去官。尋以疾卒。危太樸爲著悲海東辭。宋文憲集。

附録

東維子爲作初齋銘曰。水初維清。濁焉以撓。木作惟直。屈焉以拗。水復其初。其清可澄。木復其初。其直可繩。維滎陽子。反求厥初。旁歧勿惑。下流勿居。上智下愚。天淵邃分。理欲之隔。不能以寸。

鄭氏講友

黄南岫先生許

葉先生峴合傳。

林先生定志合傳。

黄許字與可。麗水人。生而穎悟。于書無所不讀。尤邃于易。所著有四書聚要。讀易大意。詩書類編要語。天文地志皆有類要。及古今人詩文四六駢儷類選。有石壁晚稾若干卷。爲文一本于理。不事華麗。所居弱溪。又曰南原。讀書之堂。前直南山。因稱南岫先生而不字也。初。先生與懷玉鄭原善。同里葉峴。林定志。相爲師友。三先生皆擢進士第。而先生性剛直。不可犯。疾惡如讐。見善輒稱之不已。故與時落落不合。獨隱居教授。竟不仕。家卒。貝清江集。

梓材謹案。宋文憲集言。黄先生讀四書著類觀。讀易著大意。讀書詩著總斷。他若制度文爲之説。咸有所集述。與清江所述稍異。

附録

與可蚤孤。自刻厲讀書。攻舉子業。試弗利。棄不復視。慨然慕聖賢之學。部使者欲薦之。謝不從。惟推所學。與其徒講授。母卒。廬墓在石壁之下。遂别號石壁山人。

至正中。天下方晏然。與可獨憂。著書十篇。言政治得失甚悉。曰。能用吾言。庶可捄。不然。莫及矣。詣使者上之。不聽。歸臥于家。後數年。亂果作。

余氏門人

殷先生奎見上鐵崖門人。

黄氏家學

黄先生中玉

黄中玉。檇李人。次山先生之從子。平山先生之子也。博學强記。東南之士咸推之。以父蔭授江山縣尉。時詔徙行臺于紹興。大夫擢先生爲參謀。統鄉兵守衢婺。越二年。城陷遇害。一門十三人俱没。貝清江集。

黄先生棐

黄棐字孟輔。中玉先生之長子。克世其學。尤專揲蓍求卦。定事之吉凶。百不一失。初從親于江山。元季之禍。兄弟皆死于兵。先生獨閒關千里。轉客雲間。洪武五年。始歸石門。用薦者言。召至京師。既而以疾求歸。貝清江集。

宋氏門人

聞人先生叔勉

聞人叔勉。宋庸庵之徒也。其家約甚。而處之怡然。事母孝謹。躬執薪水之勞。而問學不廢。

庸庵于諸生中尤愛而閔之。宋庸庵集。

貝氏家學

貝先生翱

貝先生翿合傳。

貝先生翔合傳。

貝翱。貝翿。貝翔。皆清江子。翱楚府紀善。翿都督府經歷。翔國子學録。並以人材舉任。世其家學。桐鄉縣志。

貝氏門人

教授鄭先生眞詳見草廬學案。

樓先生澄附子日宏。孫序。

樓澄字文淵。其父自鄞徙吴。生而孤。母守節。保訓成立。母患瘰癧卒。先生終身不食栗。蚤從貝氏學。深于書。晚更嗜易。嘗教駙馬都尉胡觀家。有林皋鼓缶等集。子日宏。世其業。

宏㊀子序。字仲彝。以文學稱。姑蘇志。

梓材謹案。姑蘇志原本作畜從貝翺學。然攷清江送先生歸會稽序云。余講學雲間時。四方之受業者非一。而會稽樓澄持故人曹新民書見余。欿焉若虛。默焉若愚。知其可與共也。遂進而與之。又云。余起爲國子助教。澄乃不遠千里。徒步訪余。京師謂其不負于始終。如惠勤之于歐陽子。則先生之所從者清江。非清江長子也。

金先生以聲附陳恭。

金以聲。吴門人。清江之徒也。年纔二十有四。而穎悟絶人。遇人輒舉濂洛之學。衆皆非之。甚者怒而訕之。而清江獨與之。清江友人陳恭以告。清江答之曰。余之所與者。與其能舉濂洛之學也。彼非之訕之者。恥其不知而忌人之知也。君子篤于求道。奚人言之恤乎。清江文集。

王先生謙

王先生恒合傳。

王謙字伯益。王恒字仲常。廣陵人。父至善。官松江。命二子從清江受尚書經。清江文集。

戴先生禮

戴禮。檇李人。嘗從清江遊京師。久而不樂。乃歸檇李之西陵。治磽瘠地數畝以自給。暇則

㊀「宏」上脱「日」。

閉户讀書。題其室曰耕學。清江文集。

王氏家學

王先生謙

王先生恒並見貝氏門人。

鄭氏門人

教授季春谷先生仁壽父德巽。

季仁壽字山甫。龍泉人。父德巽。以學行知名越郡。凡兩辟不就。先生重紀至元初。用薦教諭慈溪。爲徵逋租。新禮殿。慈溪先正黄東發著書滿家。先生以狀上府。祠之學官。遷松陽郡守。請定鄉飲酒禮。先生爲斟酌古今。筆爲儀注。陞饒之雙溪書院山長。以親年高辭。龍泉湯京好義。爲義莊。開義塾。延先生爲師。悉心開導。孶孶如不及。轉教授婺州。先生歎曰。仕所以行志也。志不行。曷若肥遯終身乎。遂放情肆志于雲林煙壑閒。自號春谷處士。初。先生承家學治易春秋。及從上饒鄭先生原善游。受書詩二家。所造益精。四方從之者衆。號爲四經師。爲春谷讀書記二百卷。易詩書春秋皆有衍義。又四書質義。策樞通覽。詩林鉤玄。弓冶録文集若干卷。兵燹之餘。鮮有存者。宋文憲集。

劉先生演

劉演字浩卿。括蒼人。受經玉山鄭録事原善。録事精通伊洛之學。望重當世。先生獲其傳爲多。以孝廉舉教諭義烏。移龍泉。興補百廢。孳孳如嗜欲。陞明善書院山長。以母耄辭。宋文憲集。

王先生毅別見北山四先生學案補遺。

文成劉先生基

劉基字伯温。青田人。少穎悟絶羣。善經學。旁通天官陰符家言。元末舉進士。授高安丞。以廉節著。尋與其長不合。投劾歸。高帝定括蒼。使以金帛來聘。乃走金陵見上。陳時務十八策。上卽位。擢御史中丞。以病請告就醫青田。封誠意伯。卒。正德中。追贈太師。諡文成。弇州史料。

梓材謹案。先生同郡楊伯生撰行狀。言先生講性理。于復初鄭先生聞濂洛心法。卽得其旨歸。先生大器之。是先生固鄭氏學徒也。又案。先生著有春秋明經四卷。經義考云佚。

青田經説

君子之所以爲德。恭敬而已矣。恭敬也者。不可須臾離也。大雅述文王曰。於緝熙敬止。又曰。不顯亦臨。無射亦保。聖人無一息之不恭且敬。何待于齋。齋所以篤其恭敬。猶恐其未至而致之。聖人不自滿。假之心也。謂之非有大事不齋。猶可。謂之非有恭敬則不齋。大不可也。

劉氏同調

劉先生彬

劉彬字宗文。烏傷校官浩卿子。應聘而起。典儀晉王府。轉工部主事。改員外郎。始宋潛溪游括之小微山。見一士戴椶葉冠。身披紫褐裘。抱甕出。汲水灌畦。潛溪進問曰。夫子何名。曰。山澤之民。無所名也。强之。曰。人以其抱甕也。遂呼爲抱甕子爾。曰。灌畦有道乎。曰。有。蔬性不欲燥。燥則生意厄而不伸。蔬性宜濕。濕或過焉。則氣傷而寖屈。吾日夜調之燮之。俾適乎厥中。則芃然而秀。嫣然而榮矣。言訖。抱甕而去。已而知爲浩卿子也。浩卿。潛溪故人也。爲之作抱甕子傳。宋文憲集。

文成門人

邱先生鐸

邱鐸字文振。祥符人。御史中丞劉基先生弟子也。通儒書。兼習醫家言。至正末。父誠爲湖廣等處儒學提舉。先生侍母欲往從。江右兵大起。武昌陷。二浙繹騷。急避地四明。暨江南歸明職方。復奉母至南京。每西向翹首曰。武昌有來者。庶幾知吾父之所在乎。已而其父果至自武昌。母没。哀慟幾絶。宋景濂爲作孝子傳。宋文憲集。

宋元學案補遺卷五十三目録

宋元學案補遺卷五十三

後學 鄞 王梓材 慈谿馮雲濠 同輯

止齋學案補遺

黄氏先緒

黄先生仁静

黄仁静。新昌人。尚書度之父也。純厚而曠達。晚益超悟。欣然有得。陳止齋聞其語而異之。曰。此非由師授而得也。袁絜齋集。

岷隱先緒

從事戴先生厚

戴厚字俊仲。又字長文。永嘉人。樓攻媿客授東嘉。而先生爲録。以文行爲鄉先生。著春秋經解數萬言。官至從事郎。岷隱先生溪。其從兄之子也。樓攻媿集。

鄭薛門人

補文節陳止齋先生傅良

梓材謹案。陳君舉有二。一先生字。一名偁。忠肅公了翁之父。

止齋詩説

國風作而二南之正變矣。邶鄘曹鄶特微國也。而國風以之終始。蓋邶鄘自别于衛。而諸侯浸無統紀。及其厭亂思治。追懷先王先公之世有如曹鄶然。君子以爲是二南之可復。世無周公。誰能正之。是故以豳終。

春秋後傳

魯謂之春秋者。其書法以四時冠月也。以夏時冠周月。非周之舊典也。西周之史言時。皆夏時也。言月。皆周月也。言時皆夏時。于周官見之。季春出火。非周三月。季秋納火。非周九月。仲夏斬陰木。非周五月。仲冬斬陽木。非周十一月之類。言月皆周月。于書見之。康誥三月。召誥二月。不言夏。洛誥十二月。不言春。多方五月。畢命六月。不言秋。伊訓十二月。不言冬之類。未有以夏時冠周月者也。惟詩以夏正數月。至豳風于周正月則變文謂之一之日。以夏時冠周月。則魯史也。夫子修春秋。每孟月書時以見魯史。每正月書王以存周正。蓋尊周而罪魯也。隱元年春王正月。

梓材謹案。黄氏日鈔讀春秋隱元年引止齋謂古諸侯止稱世。其説與夾漈同。

同盟于幽。舉天下而總于一邦也。春秋諸侯紛爭。至此始合一。生民之幸。孔子稱其功者也。

莊十六年冬十有二月。公會齊侯宋公陳侯衞侯鄭伯許男滑伯滕子同盟于幽。

桓之會。有天子之事三。于洮序王人于諸侯之上而同盟焉。于葵邱亦序周公于諸侯之上而不敢同盟焉。盟于首止。不但不同盟。而帥諸侯以會世子。桓知節矣。春秋是以予桓也。僖九年夏。公會宰周公齊侯宋子衞侯鄭伯許男曹伯于葵邱。

諸侯相加兵。自莊公十九年未之有也。于是再見。宋襄爲之也。僖十五年冬。宋人伐曹。

諸侯之有郊禘。東遷之僭禮也。故曰。秦襄公始列于諸侯。作西畤。祠白帝。魯之郊禘。惠公請之。據邵氏經世書。惠公實立于秦襄公祠白帝之年。然始欲用之者。僖公也。向者。莊公觀齊社。曹劌諫曰。天子祀上帝。諸侯會之。受命焉。諸侯會先王先公卿大夫佐之。受事焉。見惠公雖請之。而魯未嘗行也。記禮者以爲。魯用天子禮樂。皆成王賜之。按衞祝鮀之言。分魯以大輅大旂。夏后氏之璜。封父之繁弱。土田陪敦。祝宗卜史。備物典册。官司彝器。成王命伯禽者不過如此。無所謂天子禮樂也。隱公考仲子之宫而始問羽數。周公閱來聘。饗有昌歜形鹽而辭不敢受。甯武子來聘。饗之。賦湛露彤弓。而曰其敢干大禮。于以見魯之僭尚未久。故上自天子之宰。下至鄰國之卿。苟有識者。皆疑怪遜謝。而魯人並無一語及于成王之賜以自解。僖三十一年夏四月。四卜郊不從。乃免牲。

職歜微不稱盜而稱齊人。所以罪商人也。文十八年夏五月戊戌。齊人弑其君商人。

南北之勢于是始也。後十五年而宋楚平。後五十年而晉趙武楚屈建同盟于宋。諸夏之君分爲晉楚之從矣。南北之勢于是始。故謹書之也。宣元年。楚子鄭人侵陳。遂侵宋。晉趙盾帥師救陳。宋公陳侯衛侯曹伯會晉師于棐林。伐鄭。

此四分公室。叔弓爲意如貳也。昭十年秋七月。季孫意如叔弓仲孫貜帥師伐莒。

世子誠不嘗藥爾。何罪而奔晉。昭十九年夏五月戊辰。許世子止弑其君買。

自宣公季年。凡伐不言公。魯無君將者八十年。至是書公侵鄭。則以公山不狃侯犯陽虎之專歟。定六年二月。公侵鄭。

此相盟也。諸侯無主盟矣。故石門始相盟。志諸侯之合。鹹再相盟。志諸侯之判。蓋石門之後。鹹之前。皆有盟主。非參盟則同盟。無兩君相盟者也。定七年秋。齊侯鄭伯盟于鹹。

以邱賦一乘爲未足。又以田賦之也。故曰斂從其薄。以邱亦足矣。田賦之者。家一人也。家一人。管子内政之法也。諸侯之益兵。自齊始。晉次之。哀十二年春。用田賦。

書公會晉侯及吳子。雖兩霸之辭。不書吳晉之盟。終不以吳晉同主盟也。哀十三年。公會晉侯及吳子于黄池。

檜亡。東周之始也。曹亡。春秋之終也。夫子删詩也。係曹檜于國風之後。于檜之卒篇曰。思周道也。傷天下之無王也。于曹之卒篇曰。思治也。傷天下之無伯也。哀八年春王正月。宋公入曹。以曹伯陽歸。

雲濠謹案。四庫全書著録先生春秋後傳十二卷。提要云。趙東山春秋集傳自序。于宋人説春秋者。最推止齋。稱其以公穀之説參之左氏。以其所不書實其所書。以其所書推其所不書。得學春秋之要。在三傳後卓然名家。而惜其誤以左氏所録爲魯史舊文。而不知策書有體。夫子所據以加筆削者。左氏亦未之見。左氏書首所載不書之例。皆史法也。非筆削之旨。公羊穀梁每難疑以不書發義。實與左氏異師。陳氏合而求之。殊失其本。故于左氏所録而經不書者。皆以爲夫子所筆削。則其不合于聖人亦多云云。考左氏爲春秋作傳。非爲策書作傳。其所云某故不書者。不得經意。或有之。必以爲别發史例。似非事實。況不修春秋二條。公羊傳尚有傳聞。不應左氏反不見。恐均不足爲止齋病。惟以公穀合左氏爲切中其失耳。

周禮説

古之用人無他途。自公卿大夫子弟。皆養于學宫。或備宿衛。以考其德行而升進之。自鄉遂都鄙侯國。凡占名數而爲民者。亦考察于鄉里。擇其秀異者。節級而升之。故受命爲士。其次者。則任以府史之辭。蓋其職任稍重。非胥徒之比。

極治之世無他。人主親近端人正士。不使小人在側而已。如閽寺褻近。易爲人主所寵任。屬之冢宰。則人主不得以私意暱。内臣不得以非道干。此先王治内之嚴也。西漢制猶近古。三公總九卿。而少府之官。凡内官皆屬焉。自武帝疏遠朝士。宰相不得檢攝内治。其權稍輕矣。既而石顯用事。匡衡甄譚猶得條奏。具言舊惡。則宰相雖無曩時之權。而宰制之意猶故也。當時侍御亦參選。明經之士咸拜議郎。更宿王宫。以備顧問。東漢則議郎不在宿直。中常侍不復雜調他官。皆宦者爲之。卒至王爵天憲皆歸奄寺。孫程曹騰得專廢立。原其所自。蓋由三公擁虚位。而宦者之專權。非所能制故也。

自九嬪至女史皆屬天官。先王之意深矣。彼婦人女子而當于至尊。幽居九重則驕蹇自恣。無所不至也。惟使之分職于内而附屬于外。有職則當奉其法。有屬則必考其功。奉法則不敢不謹。考功則不敢不勤。況内宰則用大夫士。春官世婦每宫卿二人。皆不命賢婦人以參檢内事。能無畏忌哉。漢高欲廢太子。立戚夫人子如意。留侯曰。骨肉之閒。雖臣等百人何益。冢宰失職之弊也。先王富藏天下。或有軍旅之事。隨所寓而發用。後世聚天下之財。歸之京師。至于用兵則有飛輓轉輸之勞。或以財不繼而致敗。皆由三代之政法掃地無遺耳。

冢宰一職所制御者。皆關于君身君德。一則環衛之人。二則供奉飲膳酒醬之人。三則出入財賄之人。四則宫中使令之人。以上天官。

會萬民以爲卒伍。則士不特選。皆吾民也。將不改置。皆吾吏也。有事致之行陳。無事歸之田里。無招延之擾。無廩給之費。故曰先王足兵而未嘗有兵。

自膳夫至腊人。充君之庖者。悉領于冢宰。至于共内外朝宂食者。顧見于地官之稾人。何耶。共奉天子之飲食。若用奄人。恐求巧于飲食之中。以導諛納諂。故使外朝之士大夫宰之。而領于太宰。誠以防踰侈。杜僥倖。正人主之心術者。在此也。至于内外朝宂食者之食。主以奄人。意猶後世賜食而取之内府歟。

教以三德三行以立其根本。又以國政之中失教之。使知所法。知所戒。斯通達治體。他日皆良公卿也。

凡市僞飾之禁。豈惟慮民之欺。亦不使之廢業。以作無用之物。人廢業則本不厚。物無用則國不實。

周官無節者不達于天下。是以其時大夫無私交。士無游説。民皆土著。周衰。國自爲政。任民所之。無所稟命。蓋王官之守不行于外服矣。漢文時。又去關禁。當時矯僞者乘傳而行郡國。出粟賦錢至莫敢誰何。乃知先王納民于軌。其制善也。以上地官。

女子生于王族。或乘勢以凌其夫家。故以内外宗列爲禮官之屬。使觀王后之事宗廟。則知所以順舅姑。觀后之享同姓。則知所以和其家人。故婦順脩而内和理。所以爲王化之基。

凡黜陟予奪與人主圖之者。冢宰也。而非講求參酌。往往傷立言之體。今以二史屬春官。冢宰詔王。大宗伯之屬得以陳誼補過於其閒。是以發號施令罔有不臧。亦三公所以集衆思昭令聞也。自秦變古。寖失此意。其後兩省並置。唐開元閒。白麻獨出學士院。爲天子私人。以一辭令之官。所向偏重。權傾君相。然後知周以冢宰掌六典。而二史分隸宗伯。道揆在上。權綱一而無専遂之私。法守在下。衆職修而無詭隨之患。所謂周道如砥者如此。

古人作夏社。忌子卯。陳垂和之器。皆警戒修省之意也。以上春官。

先王之立刑法。惟恐人入其中而不能出。故先爲之禁。使知有如是之罪。必陷如是之刑。人有懼心。斯易辟而難犯。秋官。

止齋文集

本朝每有先見特立之臣。奮不顧身。爲國建事。在徽宗時。則有傅察以死事爲節義之功之首。高宗中興時。則有宗澤以留行爲翊戴之功之首。壽皇繼統時。則有婁寅亮以建儲爲定策之功之首。然而傅宗兩家子孫未蒙旌異。寅亮竟死小官。澤不及後。遂以乏祀。若勿褒崇。臣恐傷忠厚之風。塞敢言之路。上無以發明高宗至公之心。下無以對敭壽皇善繼之美。欲望陛下以所以褒賞岳飛子孫之意。推及三家。以廣恩惠。以勸忠力。奏乞褒録傅察宗澤婁寅亮子孫劄子。

陛下此心。如止水。如明鑑。可以爲堯舜。可以爲三王。或萬有一先入者。得陛下之心而用之。臣恐陛下聖明。雖鋭意于學。無他嗜好。而此心已有所偏。臣願陛下以拯民窮爲所尚。此志先定。則凡引見臣下。省閲章奏。與夫游戲翰墨燕私之地。此憂此念。造次不忘。是亦養心之法。不雜不怠。充而大之。堯舜三王之治。可由是而致也。何者。以拯民窮爲所尚。即是仁心。仁心即是堯舜三王之心。孟子嘗言之。臣嘗發明之。陛下嘗深信之矣。請對劄子一。

臣竊以爲。朱熹者。三朝故老。難進易退。二十餘年。多任祠禄。今也欣慕聖明。幡然一出。天下相賀。以爲得人。則進退之閒。豈宜容易。未審何故。遂聽退閒。除目之頒。滿朝失色。一則歸咎宰執不能回密旨于未出之初。一則交譏給舍不能還成命于已行之後。臣所以纔有所聞。一一具奏。未蒙報可。方切惶惑。今此録黄。當臣書行。臣若嚴憚天威。俯首惟命。則是上累主德。

下喧士論。皆臣之故。臣必不敢。繳奏朱熹宫觀狀。

臣所見當今良史之才。莫如朱熹葉適。近嘗入院未幾。而熹帥江陵。適總淮餉。秉筆之士。相顧嗟惜。陛下誠聽臣言。以一朝大典之重。不吝改作。復用此二人者。使之專領。將天下皆以爲得人。豈非聖朝之盛舉哉。辭免實録院同修撰第二狀。

本朝歐陽公之門。學者方盛。尤善論文學政事。恥一事之不知。泰山徂徠閒。則有行修經明。學者所謂師表。湖學胡公。尤篤治道。其學者多有才効。號爲學術尤備。汝南周氏。二程先生。關中張氏。以道學倡天下。論學在當時。遺言至今日。世亦户知之矣。不能自信。終身悠悠于一二之見。則如昔之作者皆罪之。策問。

三代無文人。六經無文法。非無文人也。不以文論人也。非無文法也。不以文爲法也。而士之有文。皆涵養之素。而談笑之發。蹈履之熟。而議論之及。非有意也。道盛則文俱盛。文盛則道始衰矣。華藻之厚而忠信之薄也。詞辨之工而士業之陋也。學問之該而器識之淺也。漢之文。揚雄其尤。美新之作。庸人恥之。唐之文。韓愈其尤。諛墓之誚。當時不免。嗚呼。他何望哉。文章策。

羽皮不如絲麻。絲麻不如衮冕佩玉。至其有衮冕佩玉。人始艱于自檢。且將放焉。以惟安之求。則曰不如袒裼之適。夫絲麻雖質。民不病于寒。而衮冕佩玉之飾盛。民始病于禮。故凡近質者猶可措其未施之智。而盡飾者益溢其無已之情。是故人之情不可使之甚便。而君子之治亦難乎其無餘利也。以無餘之利。足甚便之欲。而天下之患日益。故曰。井田之成。阡陌之生也。禹論。

天下之難極于文王。文王之心見于易。古之聖人。迫之而後應。求之而後得者。吾聞之矣。迫之而愈不動。求之而愈不可得者。吾未之聞也。于此得文王之天。文王論。

孔子論商民之弊曰。蕩而不靜。勝而無恥。周民之弊曰。利而巧。文而不慚。嗚呼。盡之矣。武王之所以偃兵而自疏其非忍。散財發粟以致其愛。多其文章綢繆其禮樂以調佚其怒。蓋皆治之以歡。揉之以柔。以鎮其野。而滿足其無恥之俗之心。而其弊也則利而巧。雖欲歡之而不德也。文而不慚。雖柔之而不情也。則雖有武王周公者承之。天下且不可以復治。況乎其無武王周公者承之也。武王論。

凡人之情。輕于用人之所有。重于用己之所愛。輕則勇。重則怯。何者。非吾有而用之。雖失之。于吾無損也。其勢烏得不勇。以其所愛而用之。一或不濟。則併亡之矣。其勢不能無怯。此爭天下與收天下之所以異也。恢復論上。

愛重生于密邇。嫌疑起于離間。使過論。

天下之士。未嘗不沮于人主之所畏。而疾趨乎人主之所喜也。節義。美名也。雖甚庸之君。亦知高其名而願致之。及見其人。鮮有合焉。何也。畏之也。士論。

古者有畏民之君。是以無可患之民。後之人君。狃于民之不足畏。而民之大可畏者始見于天下。嗟夫。民而至于見其可畏。其亦無及也。民論。

天下不可以近慮慮之也。以近慮慮天下而不誤天下者。無有也。先王惟知夫天下之勢難合。而其隙也易開。將以固其難合之勢。不可一日而去德。至于隄防其易開之隙。亦不可撤其備而示之可乘之閒。故兵之制。常與德並行而不可廢。兵論。

有朱甥者問名。余曰。爾何名之問也。人能美名。名不能以美人。淑爾身。雖陋爾名。人不汝議也。爾身之不淑。假而以聖賢名自號焉。天下莫之予矣。雖然。童子而知問名。可嘉也。凡人之善。自一念而爲也。故患莫大於無識。學莫强於自興。爾知重爾名。則必知重爾身。噫。是念足以爲善矣。朱甥子臧名説。

漢初。郡國往往有夫子廟而無教官。且不置博士弟子員。其學士嘗課試供養與否。闕不見傳記。然諸儒以明經教于其鄉。率從之者數千百人。輒以名其家。齊魯燕趙之閒。詩書禮易春秋論語家各甚盛。則今書院近之矣。潭州重修嶽麓書院記。

余讀國紀。周平桓之際。王室嘗有事于四方。其大若置曲沃伯爲侯。詩人美焉。而經不著。師行非一役。亦與王風刺詩合。而特書伐鄭一事。王子頹之禍。視帶爲甚。襄書而惠不書也。學者誠得國紀。伏而讀之。因其類居而稽之經。某國事若干。某事書。某事不書。較然明矣。於是致疑。疑而思。思則有得矣。徐子殆有功于左氏者也。徐得之左氏國紀序。

季札觀樂歌頌。而曰哀而不愁。太史公讀虞書。至于君臣相敕。維是幾安。未嘗不流涕也。成王作頌。推己懲艾。可不謂戰戰恐懼。善守善終哉。蓋頌者。不專于美盛德之形容。皆敕戒之義。秦斯以來。此義殆絶。跋御書所進嘉邸生辰詩。

賈生太息一書。首論諸侯王强大事。可謂知務。當是時。文帝方從代來。齊吴諸王皆有相疑之勢。朱虚侯功最隆。及賞最晚。帝意亦略可見。議者因謂賈生首編蓋干時云。嗟夫。生豈干時者耶。要之論事誠有次第。一舛其序。必有不相察者。

孔子作春秋。一字無閒然者。非獨用功深也。易其心而後語。權衡自平耳。後之秉筆者。宜書輒不書。不宜書輒書。是其咎安在。如班孟堅史。視司馬子長加精密而竟不能過。往往有愧色。亦豈力不足歟。

程先生易傳未出。門人亟以請。先生曰。吾獨不望進乎。蓋晚始授人。其閒有一字數改定者。前哲重著書如此。以上題張之望文卷後。

古者重小學。爾雅所爲作也。漢興。除秦之禁。嘗置博士。列于學官。至今漢儒書行于世。如毛氏詩訓。許氏說文。揚氏方言之類。蓋皆有所本云。隋唐以來。以科目取士。此書不課于舉子。由是浸廢。韓退之以古文名世。尚以注蟲魚爲不切。則知誦習者寡矣。國初。諸儒獨追古。依郭氏注爲之疏。爾雅稍稍出。比于熙豐三經行。學者非字說不學。自先儒注疏皆罷黜。而爾雅益廢。余憶爲兒時入鄉校。有以爾雅問題者。余用能辨鼠豹。不識螃蜞爲對。其事至淺。諸老先生往往驚歎以爲博也。跋爾雅疏。

浙閒人家。家有春秋傳。而罕見公字畫。余記爲兒時。從鄉先生學。同學數十兒。兒各授程易胡春秋范唐鑑一本。是時三書所在未鋟板。往往多手鈔誦也。晚官湖湘閒。每過士大夫家。輒見公遺帖。皆甚貴惜。然爲春秋學者。顧少如浙閒。何哉。因見向氏所藏帖。書以勉之。跋胡文定公帖。

春秋固是聖人經世之用。要其託史見義。以五霸爲據案。而左氏合諸國之史。發明經所不書。與表見其所書。因五霸之興衰。究觀王道之缺。則戰國之事起。周亡而秦漢出矣。太史公書。又以接尚書春秋之統緒。而下逮秦漢。其用功略與左氏同。而不敢比擬春秋。是以變爲紀傳世家書表耳。

太史遷本家學。乃盡得百家之精。而斷以六藝。易本田何。春秋本董仲舒。尚書本孔安國。禮本河閒。獨恨不見毛氏詩耳。蓋其融液九流。萃爲一編。罷絀雜論。自五帝紀以下。咸有依據。荀卿之後。僅見此書耳。以上答賈端老。

三監。班固説非是。商都六七遷。皆夾河。是後東徙朝歌。自岐雍興。初務撫定。凡東諸侯嘗爲商畿甸近服者。皆命之三母弟。自荆以南。蔡叔監之。管叔河南。霍叔河北。蔡故蔡國。管則管城。霍所謂霍太山也。基緜地廣。不得爲邶鄘衛。明甚。三監誅廢。晉衛始皆爲諸侯。蓋有管霍之地。而蔡嘗空置矣。後以命其子仲。其他則齊魯燕二三大國州牧之境。總之周南召南也。答黃文叔。

恨未及與晦庵游。如人一身血氣偏枯。以是脈絡未相貫穿。而愚見復謂。千書不如一見。終當相就。不欲以紙筆呶呶其間也。往返諸書。熟復數過。不知幾年間更有一番如此議論。甚盛甚盛。然朱丈占得地段平正。有以逸待勞之氣。老兄跳踉號呼。擁戈直上。而無修辭之功。較是輸他一著。答陳同父。

聞子約見子靜陸丈不受其砭。又是意氣未除。子約之凝滯。非陸丈不能剖斷得下。其他空疏之人。又不可入其陶冶。楊敬仲尊禮子靜如洙泗。此必有以得其心者。曾往叩其本末否。某甚恨不得與諸公相講切。追憶伯恭景望二賢于丁酉聚首之時。不覺悽然。答丁子齊。

六經之義。兢業爲本。詩可以言。禮可以立。玩味服行。自覺粗厲。此某近所窺見。且以勉同志者。與吕子約。

非詩無以言。當思吾所言何者爲詩。非禮無以立。當思吾所立何者爲禮。尋章摘句。擎拳曲跽。或安詩禮之末矣。答胡季隨。

古人能是。吾獨不能是者。非其質然也。俗學汩之也。欲免于俗學。惟去私欲者能之。答王縣尉。

克己非攻之之謂。在易休復以下仁也。人患不肯下耳。譬之鐘聲。擾擾者無聞。初非有物閒之者。擾定則聞之矣。答趙節推。

長者前有長樂之爭。後有臨川之辨。至如永康。往返動數千言。更相切磋。未見其益。學者轉務夸毗。浸失本指。蓋刻畫太精。頗傷易簡。矜持已甚。反涉吝驕。以此益覺書不能宣。要須請見究此衷曲耳。與朱元晦。

載師閭師縣師三官。皆征賦税。載師乃征公卿大夫王子弟諸食采。若其食者三之一之類。其征之民則什一。而自以租歸公上則有差等。輕或二十而一。重或二十而五。若其他受田之民。什一之税。鄉則征于閭師。遂則征于縣師。顯然三局。自昔諸儒見不破。可勝歎也。

乾震之爻辭皆危。而乾爻言吉。只緣純陽。聖人垂訓意深矣。

春秋後傳垂成。尚欠删潤。不免就病中勉强。詩説盡豳風。雅頌亦未落筆。人生與草木俱腐者何限。不恨固非。恨亦非也。以上答張端士。

荀袁二紀以來。下逮司馬通鑑。大率欲祖左氏。蓋左氏本依經爲傳。縱横上下。旁行溢出。無非解剥經誼。而非自爲書。今乃合太史公紀世書傳。繫之編年。則其閒事辭轇轕。勢必至得此遺彼。由此觀之。類不如正史之悉也。答薛子良。

附録

開學授徒于仙巖僧舍。士子莫不歸敬。薛寺正士龍見公。問所安。公曰。毋不敬。士龍曰。比參倚如何。公釋然增進。歸心薛氏。後又相從于滆上。讀書一日千里。其爲薛氏祭文云。我昔自喜壁立倚天。見兄梅潭。忽若墜淵。梅潭卽仙巖也。神道碑。

林鬳齋曰。以此觀二公之學。有可想見者。今人師友無此問。亦無此答矣。

入太學。國子祭酒芮公雅聞公名。親訪公于所隸齋。見其二子。且即以公爲學諭。俾爲諸生講説經義。公以非故事固辭。芮公不可。公遂謁告去。從容天台雁蕩間。益究其學。公剛毅洞達。寬博樂易。其爲學先于致知。充以涵養。默識自得。不可企及。而篤于躬行。周于人情事物。兼博約。貫精粗。不倚于一偏。與同志論學。必以兢業爲先。蓋其所自用功處也。以上行狀。

其文擅于當世。公不自喜。悉謝去。獨崇敬鄭景望薛士龍。師友事之。入太學則張敬夫呂伯恭。相親過兄弟也。四方受業愈衆。

公之從鄭薛也。以克己兢畏爲主。敬德集義。于張公盡心焉。至古人經制。三代治法。又與薛公反復論之。而呂公爲言本朝文獻相承。所以垂世立國者。然後學之本末内外備矣。公猶不已。年經月緯。晝驗夜索。詢世舊。繙吏牘。蒐斷簡。采異聞。一事一物。必稽其極而後止。以上葉水心撰墓誌。

除吏部員外郎。立朝四十年。至是而歸。鬚鬢無黑者。都人聚觀嗟歎。號老陳郎中。

先生爲學。自三代秦漢以下。研究事物。必稽于極而後已。于太祖創業本原。尤爲潛心。因輪對。言熙寧後。取太祖約束一切紛更。諸路上供歲額。率增至十數倍。上供起于元豐。經制起于宣和。總制月樁起于紹興。皆訖今爲額。而民困極矣。方今之患。何但四夷。蓋天命之永不永。係民力之寬不寬耳。帝嘉納。且勞之曰。卿昔安在。朕不見久矣。其以所著書示朕。退以周禮説三篇上。

朱子語類曰。陳君舉得書云。更望以雅頌之音。消鑠羣慝。章句訓詁。付之諸生。問他如何是雅頌之音。今只有雅頌之辭在。更没理會。又去那裏討雅頌之音。便都只是瞞人。

又曰。陳君舉進制度説道。井田是周禮王制孟子三處皆通。他説千里不平直量四邊。人㊀突出圓算。則是有千二百五十里。方五百里。是周圍五百里。徑只百二十五里。然職方氏本文。方千里之地以封。公則四。侯則六。伯則七。子則二十五。男則百。已有定數。此説如何可通。

又答劉公度書曰。君舉書疏不可曉。似都不曾見得實理。只是要得雜博。又不肯分明如此説破。却欲包羅和會衆説。不會相傷。其實都不曉得衆説之是非得失。自有合不得處也。葉正則亦是如此。可歎可歎。

陳潛室曰。止齋以檜亡爲東周之始。曹亡爲春秋之終。聖人繫曹檜之詩于國風之末。即其思周道思治之語爲傷無王無霸之驗。愚謂周之東遷。豈專關于一檜之亡。而春秋之終。豈專係于一曹之亡。止齋之言。或以無王無霸之時。惟小國滅亡最先。故小國思患最切。是以聖人繫詩作春秋。每于小國觀世變。非謂由此二國致禍也。

曹博士叔遠序先生文集曰。執經户外。方屨闐集。片言落筆。傳誦震響。場屋相師。而紹興

㊀「人」當爲「又」。

之文丕變。則肇于隆興之癸未。屏居梅潭。危坐覃思。超詣絶軼。學成道尊。則邃于乾道之丁亥。博交遍驗。洞礙融窒。對策初策㊀。懇蓋獨到。則盛于乾道之壬辰。官太學。倅閩府。詆劾却掃。勤十寒暑。紬繹文獻。宏綱具舉。則備于淳熙之丁未。起守桂監。持節湖南。疏滌拊摩。民信有古。百年之思。鬱乎湘山。則驗于紹熙之庚戌。召對光宗。驟遇奬用。侍立代言。贊翊儲邸。次第蘊畫。庶將發揮。則著于紹熙之癸丑。宛轉極諫。徬徨乞身。龍飛急召。十旬乃罷。爰抒舊志。著于訓傳。疾疢漸臻。梁木竟殞。則終于嘉泰之癸亥。

宋潛溪跋東萊止齋與龍川尺牘後曰。止齋留心于古人經制。三代治法。雖出于常州者爲多。至于宋之文獻相承。所以垂世而立國者。亦東萊亹亹爲言之。而學始大備。

王忠文公送顧仲明序曰。自薛氏一再傳。爲陳君舉氏。葉正則氏。戴少望氏。而陳氏尤精密。議論經史。貫穿百氏。上下千載。綜理當世之務于治道。可以興滯而補弊。復古而至道。此所謂永嘉經制之學。要以彌綸以通世變。操術精而致用遠。博大宏密。封植深固。足以自名其家也。

程雪樓書傳道集曰。止齋先生。清規懿學。讀其宰石之志。凜然平生。猶足以立懦夫于百世之後。其子孫又能世其學而不變。君子之澤。豈必五世而斬哉。

陳石士師重刻陳止齋集序曰。南宋陳文節公。有體有用之儒也。余治春秋。于宋元諸儒

㊀「初策」當爲「初第」。

取文節及高抑崇張元德趙子常之説爲多。而于文節子常則服膺尤切。

又曰。文節之學行。及其文詩之醇雅典茂。爲永嘉學者之冠。讀其書。當自得之。

梓材謹案。宋史儒林先生本傳言。當是時。永嘉鄭伯熊薛季宣皆以學行聞。而伯熊于古人經制治法討論尤精。先生皆師事。而得季宣之學爲多。蓋本墓誌。而竟以鄭薛爲先生之師云。

止齋講友

文公朱晦庵先生熹詳晦庵學案。

宣公張南軒先生栻詳南軒學案。

成公呂東萊先生祖謙詳東萊學案。

宣獻樓攻媿先生鑰詳見邱劉諸儒學案。

正獻袁絜齋先生燮詳絜齋學案。

通判傅曾潭先生夢泉

黄先生叔豐並詳槐堂諸儒學案。

文肅吴竹洲先生儆詳見嶽麓諸儒學案。

鮑先生瀟

鮑瀟字清卿。永嘉人。登乾道第。教授處州。興化軍湖北運幹。知新昌縣。倅濠州。知潮州乞祠。知融州復奉祠。而終積階至朝散大夫。先生知識絶異。行事超卓。葉水心銘其墓。姓譜。

劉先生春

劉春字端木。永嘉人。以待台州教授闕卒于家。先生性沖約。事後母孝。與兄弟無違。于朋友親故用其情。然所藴抱貴不爲人知。與止齋同入太學。同爲乾道八年進士。議論往復最密至相好也。然其文辭政事不欲使知之。其卒也。止齋銘其墓。止齋文集。

梓材謹案。樓攻媿爲止齋神道碑云。乾道八年。公之高第。蔡公幼學爲省元。公次之。徐公誼又次之。薛公叔似。鮑君瀟。劉君春。胡君時等。皆鄉郡人。非公之友。則其徒也。

止齋學侶

補知州陳先生武

附録

徐居父問曰。寓一日訪蕃叟。先生因説孟子盡心知性處。陳先生云。人須是知得始得。若不知得。就事上做得些小。濟得甚事。寓以爲。此説甚然。陳先生問。盡其心者作何説。寓對言。

心統性情。會衆理。而妙萬物者也。心最難盡。惟是知得性方能盡得心。能盡其心者。以知其性故也。蓋性者。理之得于天而自然者也。如君之仁。父之慈。子之孝。以至于日用之所當爲者。皆有箇根原來歷處。惟知之無一毫之不盡。無一節之不極。然後吾心之體至通至明。無所蔽惑。斯爲盡其心矣。陳先生以爲不然。乃言甚事不從心生。只要盡得此心。凡所存主。凡所動作起居。使合于理。便是盡得此心。此心既盡。則自能知性。如耳之聽正聲。目之視正色。手足舉動合禮。皆是性。寓云。向所聞于先生長者。與此不同。耳目手足只是形。耳目手足之所以能如此者方是性。陳先生曰。某之所以與朱丈不同者。正以此耳。公下稍自知某説爲是。某之用意不同。恐難猝合。寓所聞如此。未得其精。但盡其心者知其性也一句。書上一箇者字。下應一箇也字。不知語脈當如何説。朱子答曰。此段論得甚好。但恐下稍不長進。則反見彼説爲是耳。今日正好著力也。

副使陳易庵先生謙 補

梓材謹案。薛艮齋代士昭兄狀先生父太中大夫敦化云。公之子謙。初以文章試太學。聲名籍甚。某主敦宗南院。道莆田。過故人。著作劉公夙問後生之賢。某以謙對。劉言。夙前教授温州時。謙以諸生講肄州學。夙喜其質明鋭。爲痛裁抑。以成其材。據此。則先生可稱劉著作門人也。

雲濠謹案。辟疆園宋文選有陳謙治體論一篇。未知卽先生否。

附録

葉水心曰。隆興乾道中。浙東儒學特盛。以名字擅海内數十人。推公才最高。其在易庵集文最勝。然公未嘗自異於輩流。輩流亦不知異公也。

補宣獻黄文叔先生度

梓材謹案。秘書郎張淵。乃先生之師。見袁絜齋所作行狀。

梓材又案。先生謚宣獻。見吕氏光洵所作書説序。

周禮説

冡宰王躬是保。燥溫寒暑。起居飲食。皆當體察。故醫師屬焉。

九嬪掌婦學之法。以教九御。婦德婦言婦容婦功。婦功卽婦職。作二事者也。此特言二事。著女御之職也。世婦以上無絲枲功事。

康成以絲入爲九職嬪婦所貢絲。非也。閒師任嬪以女事。貢布帛不貢絲。此當是九貢。禹貢兖州。厥貢漆絲。青州。厥貢絲枲。以上天官。

司徒主教而預聽訟之事。未歸于士。猶冀其可教也。

鄭康成小司徒注。計若干井出税。又若干井治溝洫及澮。今以遂人職合匠人職觀之。遂人十夫有溝。匠人九夫爲井。蓋一井十夫。其中爲遂而溝環之。田占九夫而兼溝實得十夫之地也。自十夫積而爲百夫之洫。千夫之澮。以尺步計之。當不過占一里十里之地。安用多人治溝洫及澮如鄭氏所云哉。以上地官。

韋昭以松江浙江浦陽江爲三江。郭璞以岷江松江浙江爲三江。大抵吴越去海近。水多自爲瀆。俗皆稱爲江。有三焉則謂之三江。其實皆小水。非禹貢職方之三江也。范蠡所云三江。當爲浙錢清剡。子胥所云三江。則郭景純説近之。蓋岷江自彭蠡而下。合池宣昇潤眞揚諸州水在其北。松江合湖秀蘇常諸州水居其中。浙江合衢婺徽嚴杭越諸州水在其南。此爲全吴地域也。夏官。

獄訟覆情匿詐無質證不可推究者多矣。株連則恐其枉。故爲盟詛以止之詩。蘇公刺暴公之詩曰。出此三物。以詛爾斯。是蓋去古未遠。以盟詛爲懼也。

諸侯平居無事之時。王者于德意志慮則道之使知。度量法則則諭之使同。好惡已一于心。用舍已一于事。及其入又會而圖之。蓋合四海爲一家。中國爲一人之意。以上秋官。

附録

嘗買地于會稽之東郭。本元貞子故宅。鑿池築堂。榜曰遂初。學者咸稱遂初先生。又愛上虞小江。買山其閒。自號小江釣侶。

爲瑞安縣尉。止齋聞其賢。欣慕之。一日來見。未及通謁。望其氣貌。迎謂曰。君非陳君舉耶。笑曰。然。于是定交。蔡幼學。止齋之高第。而齒少于公十六歲。器重其人。不以輩行爲間。秩滿。延止齋家塾。幼學從之。

差分教隆興。尋兩易平江教授。吴地雖繁會。而教養疏略。士風不競。公首葺二齋。擇有志者居焉。絃誦有程。講説不勌。或延之坐上。或親至其肄業處。爲談經理。設疑叩之。各述所見。爲之折衷。日有開益。來者滋多。增葺而容之。比終任。所葺殆遍吴中。士子始深于義理之學。經其指授。皆爲善士。

交友皆天下名士。講貫日新。停蓄充溢。義理所在。必極精微。毫髮有疑。昭晰乃已。朱子語類曰。近世士大夫憂國忘家。每言及國事。輒感憤慷慨者。惟于趙子直黄文叔見之耳。袁絜齋狀其行實曰。世之知公者。惟曰奏疏鯁切。敢抗權要。不知其有進于此者。人不足與適。政不足與閒。而惟以格心爲急。此大人之事也。而公有志焉。可謂深于本原矣。

葉水心序先生詩説曰。公于詩尊序倫紀。致忠達敬。篤信古文。旁録衆善。博厚慘怛而無迂重之累。緝緒悠久而有新美之益。仁政舉而應事膚鋭。王制定而隨時張弛。然則性情不蔽。而詩之教可以復明。

又序先生周禮説曰。周官晚出。而劉歆遽行之。大壞矣。蘇綽又壞矣。王安石又壞矣。千四百年。更三大壞。而是書所存無幾。文叔始述五官而爲之説。洗滌三壞之腥穢。而一以性命道德起後世之公心。其功大矣。同時陳君舉亦著周禮説十二篇。論議頗相出入。所以異者。君舉由後準前。由本朝至漢。遡而通之。文叔以前準後。由春秋戰國至本朝。沿而别之。其序鄉遂溝洫。辨二鄭是非。凡一字一語。細入毫芒。不可損益也。

梓材謹案。水心于先生詩説序云。往年。徐居厚言文叔蚤爲諸經解。書略具矣。時公未四十也。頃歲。每有學者自金陵至。言公常用周禮注疏與王氏新經參論。夜率踰丙。晝漏未上。輒叩門曰已悟。于是公年七十五矣。是先生周禮之學互見于彼序云。

劉漫堂祭黄尚書文曰。公學之粹。六經自出。公行之偉。鬼神可質。憲臺諫官。去來接踵。首摧大姦。惟公之勇。飯疏飲水。誰其可久。勇退十年。惟公之守。江淮拯飢。政弛因循。百萬呼號。生爲死鄰。誰其生之。曰公之仁。淮右汰兵。衆疑且驚。賣劍買牛。鼓舞歸畊。誰其歸之。曰公之明。凡公所立。焜燿一時。某之論公。則異于是。人才實難。知才未易。心不在焉。失之交臂。公心懇懇。一念弗置。剛柔異宜。清濁殊流。或執其偏。忽散忽收。是能容之。公心休休。推公此心。翕受敷施。跨周軼商。躋世雍熙。推公此心。涵養成就。計功社稷。數世之後。云何不淑。而降疾殆。虚此會逢。明良千載。

吕光洵序先生書説曰。遂初先生與紫陽朱子止齋陳子水心葉子相友善。著詩書周禮説諸書共百餘卷。周禮詩説。水心序而行之。其餘或不復存。幸而存者尚書説。其訓詁多取諸孔氏。而推論三代興衰治忽之端。與夫典謨訓誥微辭妙義。如人心道心。精一執中。安止惟幾。綏猷協一。建中建極之旨。皆明諸心。研諸慮。以其所契悟。注而釋之。其辭約。其義精。粲然成一家言。

諸儒莫尚焉。

又曰。宋以忠厚立國。文德治天下。及其久也。文繁于論述。政溺于優游。綱紀日隳。封疆日蹙。上下詡詡而不知恤。先生獨憂之。侃侃正言不用。遂請老以歸。身在山林。繫心廊廟。年餘七十。作周易傳。以明悔吝憂虞進退存亡之故。究化理之原。極天人之際。書未訖簡而先生没。天下之學士觖望焉。水心誦之曰。明哲先幾。終始典學。可謂知言也已。

止齋同調

補 文端戴岷隱先生溪

梓材謹案。朱子答宋深之書云。戴監廟久聞其名。講學從容。必有至論。季隨允升相聚。各有何説。因來一一録示。庶知彼中進學次第也。季隨胡大時。允升周爽。謝山序録所云湖湘弟子有從止齋岷隱遊者。殆卽謂深之與胡周二子耶。

岷隱詩説

螽斯喻子孫。非喻后妃。

求我庶士。擇壻之詞。父母之心也。

獻于公所。言勇力之士暴虎以獻于叔也。此詩御中節。射中度。既事而退。意甚閒暇。知暴虎者非指叔言也。

謂葛屨可以履霜。不計其厚薄。謂女手可以縫裳。不擇其能否。纖夫細兒。矜情衣服。顧影自喜。時亦有之。彼非不楚楚然可愛。惟是褊心。是以爲刺也。

已不請命于天子。其大夫乃爲之請命于天子之使。蓋武公自嫌强大。不肯少屈。使其大夫風天子之使而取之。觀其詩詞。傲然可憤。豈曰無衣。自詭强暴也。不如子之衣。以敵體相輕也。衣者。天子之衣。豈使臣之衣。當是時。晉猶未强。非得天子之命服。誠不可以久安。非武公謙辭也。外示强大。中實歉然。眞情所見。不可掩也。

一日二日。説者以爲周正。豳風。先公之事。周未建正也。夫數窮于十。自正月去十月。數之窮也。故詩人以十有一月謂之一日。自一而數之。避月而言日也。懼其與月相亂也。

十一月謂之改歲者。蓋十二辰至于亥而止。復起于子。故謂之改歲。非三正之謂也。

岷隱禮説

古之君子。其律己甚嚴。而酬酢萬物。不爲崖異怪僻之行。故麻冕純儉。夫子從衆。魯人獵較。夫子亦獵較。今之君子。或好爲異世驚俗之舉。以取惡納侮。是亦不明夫禮之故也。

聖人制禮。以律天下。以節人心。使人血氣充實。志意堅强。壯者服其勞。老者安其逸。未用者無躁進之心。當退者無不知足之戒。每十年爲一節。而人心有定嚮矣。二十血氣猶未定。然趨向善惡判于此。故責以成人之禮焉。三十有室。不至過而失節。亦不至曠而失時。此古人所以筋力盛壽命長也。四十志氣堅定。强立不反。不奪于利害。不怵于禍福。可以出仕矣。自此以往三十年。宣勞于國。非若後世。强者有時不用。少與老者並用。至于怠惰廢弛而莫之能振也。至于五十。更歷世變。熟知人情。而服官政則明。習故事詳審。和緩不至于擾民生事矣。年至六十。幾于老矣。耆之爲言。有老成可敬之意。于斯時也。有指畫之勞。而無奔走服事之役。七十謂之老。于此而猶與事接。是不知止也。然人每顧慮不忍去。此聖人所以戒之在得也。禮經養老之禮。鄉飲酒之義。至九十而止。獨曲禮曰百年曰期頤。王制曰問百年者就見之。壽至百年。此亦絶無而僅有也。自養之外。無他望焉。三代之老。上而天子諸侯養之。下而其家能養之。孝弟之風。安得不行于天下也。

常示毋誑。所以養其心也。不衣裘裳。所以養其體也。蓋不開其情僞之端以育其正性。不傷其陰陽之和以長其壽命。此古之成人所以多有德也。立必正方不傾聽。則敬以直内。無傾邪之患矣。

大抵古人行禮有教化存焉。嚴師固所以尊道。尊道則民知敬學。率天下之人而皆知敬學。天下豈不大治。是故先王養老尊賢之義。非特爲其人也。皆所以令衆庶見也。夫君之尊。天也。而君之于臣有答拜之禮。臣之卑。地也。而臣之于君有無北面之義。然則古人於君臣之際。亦淵乎其有意矣。

岷隱春秋説

宿者國名。意其爲宿而盟也。隱元年九月。及宋人盟于宿。

周衰。戎狄雜居中夏。魯有疆場之交。不得不會之也。隱二年春。公會戎于潛。

以不義得之。以不義失之。徒爲叛人之資耳。隱四年春。莒人伐杞。取牟婁。

梓材謹案。昭五年。莒牟夷以牟婁來奔。故云爾。

祊者魯湯沐之邑。許田者魯朝宿之地。周衰不巡狩。朝宿湯沐邑皆無用。祊近于魯。許田鄰于鄭。鄭伯利在得許田。未敢直取之于魯。故先使人歸祊。爲異日取許田之地。魯隱不悟其計。受而有之。故春秋書曰。我入祊。大抵鄭詐而魯愚。自鄭輸平之後。魯多墮鄭計而不自知。隱八年三月。鄭伯使宛來歸祊。庚寅。我入祊。

黄東發曰。若如木訥。是魯要鄭而得祊也。若如岷隱。是鄭詐魯而歸祊也。二説不同而皆是。木訥主前此而言。以魯不救鄭也。岷隱主後此而言。以鄭假許田也。要之。魯鄭皆懷利以相接者也。

鄭處許叔于許西偏。後十五年。許復國。故書入不書滅。隱十年秋。公及齊侯鄭伯入許。

桓公志在得國。諱其故而偃然行卽位之禮。春秋卽其實而書之。桓元年春王正月。公卽位。

小國爵尊而貢重者。多自貶以從其卑。春秋從而書之。不没其實也。桓二年。滕子來朝。

杞公爵弱而以侯禮至。秋七月。杞侯來朝。楚滅鄧。復滅蔡。鄭亦幾亡。然鄭伯牽羊以逆而鄭復存。子產執玉帛以抗楚。楚亦不能加。小國能自强也。蔡侯鄭伯會于鄧。

魯嘗入杞。杞來求成。故會于郕。甚哉杞之可念也。桓公之時。杞侯來朝。歸而見入。左氏曰。杞不敬也。僖公之時。杞子來朝。歸而見入。左氏曰。杞不共也。杞小來朝。豈不敬共。良由微弱。不能備禮。故身雖行禮而不免見伐。于人尤可念也。桓三年夏六月。公會杞侯于郕。

仲冬教兵。名曰大閱。大閱非諸侯所得爲也。況以秋八月行之。桓六年秋八月壬午大閱。

春秋十二公。惟莊公爲嫡長。以太子生之禮舉之。故得書于春秋。九月丁卯。子同生。

春正月烝已非時。況五月而又烝乎。桓八年夏五月丁丑烝。

祭公至魯。遂往逆后。此天王之命。非祭公自爲之。紀。魯甥也。咨謀于魯而行。祭公來。遂逆王后于紀。

方其逆也。稱曰王后。自王命言之也。及其歸也。謂之季姜。由父母家言之也。桓九年春。紀季姜歸于京師。

桓公方與齊衛鄭爲仇。遂求宋陳蔡爲好。而使大夫盟其君。可乎。桓十一年。柔會宋公陳侯蔡叔盟于折。

詩曰。二之日鑿冰沖沖。三之日納于凌陰。二之日。今十二月。三之日。今正月也。十二月取冰。正月藏之。今桓公春書無冰。無藏冰也。去年十二月時燠無冰。今年之春無冰可出。春秋于是時而書之。桓十四年春正月無冰。

甚矣文姜之惡也。始焉遜于齊猶有所愧。中焉會齊侯已無所懼。今焉享齊侯于祝邱。其無忌憚甚矣。莊四年春二月。夫人姜氏享齊侯于祝邱。

齊侯出師在外。姜氏往會之。故書曰如齊師。婦人在兵閒施面目于三軍中。豈容以人道責哉。莊五年夏。夫人姜氏如齊師。

天者積氣所爲。日月星辰繫焉。故常與是氣流轉于其閒。今星隕之多如雨。則氣消散可知。春秋書此。比他異尤重。莊七年夏四月辛卯夜。恒星不見。夜中。星隕如雨。

春會于防。猶魯地也。冬會于穀。則齊地也。一歲再會。稔惡極矣。冬。夫人姜氏會齊侯于穀。

紀侯去其國至今七八年。叔姬之隨其去。與其所寓。皆不可知。惟書其歸。又書其卒。又書其葬。勤勤懇懇。若有哀于叔姬者。君子是以知叔姬之賢也。莊十二年春王三月。紀叔姬歸于酅。

齊桓圖霸。其先結宋。其次結魯。宋魯從而小國皆從之矣。故爲此盟。莊十三年冬。公會齊侯。盟于柯。

會以結之。伐以威之。而後宋之從齊益固。挾天子以令諸侯。則桓公之本謀也。莊十四年春。齊人陳人曹人伐宋。

自是而後。魯伐戎。戎終不能爲魯患。豺狼之性。畏威則遁。豈盟誓可結哉。莊十八夏。公追戎于濟西。

春秋二百四十年。獨莊公書肆大眚。蓋春秋予之。莊二十二年春王正月。肆大眚。莊公生于桓六年。至是年三十有七矣。求昏于齊。如恐失之。親如齊納幣。再歲而後逆親。如齊逆女。既歸而後至。又使其大夫之妻執幣帛以行私覿之禮。違越禮制。以爲媚悅。無所不至。甚矣莊公之庸謬也。向也桓公娶于齊。致文姜之淫亂。桓公不免其身。今也莊公娶于齊。致哀姜之逆亂。魯又幾亡其國。春秋備書于册。辭煩而不殺。爲萬世永戒也。莊二十四年夏。公如齊逆女。秋。公至自齊。八月丁未。夫人姜氏入。戊寅。大夫宗婦覿用幣。

郭公。說者以爲郭亡。有二證。齊桓公嘗問管仲。郭何故亡。一也。春秋嘗書梁亡。此正其類。二也。郭公。

齊桓圖霸二十餘年。至是始有事于楚。猶未敢聲言伐之也。以侵蔡召諸侯。借侵蔡以出。楚不意此桓公之謀也。僖四年春王正月。公會齊侯宋公陳侯衛侯鄭伯許男曹伯侵蔡。蔡潰。遂伐楚。次于陘。

伯姬庸視其夫越禮違制。會莊公于洮。朝其子于僖。失爲婦之道矣。僖五年。杞伯姬來朝其子。

桓公既霸。諸戎恐懼。至是獨與許男伐北戎。意者其爲許伐乎。僖十年夏。齊侯許男伐北戎。

魯桓與夫人姜氏如齊。遂有彭生之禍。魯之子孫當世爲永戒。今僖公不特偕如齊也。又同會齊侯于陽穀。此何禮也。僖十一年夏。公及夫人姜氏會齊侯于陽穀。

齊桓公霸業已成。猶不敢輕視楚。宋襄公一旦圖霸。輕于挑楚。于是楚人有狎侮之心。宋人曰盟則與之盟。宋人曰會則與之會。誤而致之。至則執之。執其君以伐其國。如玩嬰兒于掌股之上。宋人俯首聽命。罔敢或違。不言戰。不言敗。拱而勝之爾。楚人使宜申獻捷于魯。蓋是會也。魯君不與。獻捷之意。將以風魯。魯侯懼而往會。與諸侯盟于薄。將盟之後。宋公僅免而歸。蓋在會之諸侯。惟楚命是聽。或執或伐。或命或釋。一無所與焉。僖二十一年秋。宋公楚子陳侯蔡侯鄭伯許男曹伯會于盂。執宋公以伐宋。冬。公伐邾。楚人使宜申來獻捷。十有二月癸丑。公會諸侯。盟于薄。釋宋公。

宋襄雖失道。然納齊孝公實有德于齊。今敗于泓而死。諸侯之所同念也。而孝公首伐之。既伐其國。又圍其邑。是以知孝公之背德也。僖二十三年春。齊侯伐宋圍緡。

晉侯使陽處父盟公。已而自知其非禮。復請改盟。然召而盟之。魯之弱可見矣。文三年冬。公如晉。十有二月己巳。公及晉侯盟。

禮。天子頒正朔。諸侯受而藏之禰廟。每朔以特羊告宗廟。謂之告朔。既告然後出而視政。謂之視朔。文公末年。四不視朔。則荒怠于政。雖非閏月。亦不告矣。子貢欲去告朔之餼羊。當自文公之後。魯公不親告朔矣。文六年閏月。不告朔猶朝于廟。

戎嘗爲魯患。至莊公伐戎之後。戎患少息。至是狄患方興。侵我西鄙。其後魯獲長狄僑如。狄遂少戢。治夷狄固不可以無威也。文七年。狄侵我西鄙。

文十五年書諸侯盟于扈。至是書諸侯會于扈。其事正同始也。魯文公後至。晉侯取賂于齊。無功而還。故春秋略之。不列序諸侯。今扈之會。文公不與諸侯成。宋之亂而不能討其罪。故春秋復得而略之。文十七年。諸侯會于扈。

陸渾之戎近在伊雒。中國不能問。而楚人伐之。然楚意不在戎也。觀兵天子之疆。而問鼎之大小輕重。其僭亂若此。宣三年。楚子伐陸渾之戎。

宣公連年如齊。卑辱已甚。今因如齊。高固使齊侯止公。以求叔姬。無乃太甚乎。前此魯女多爲諸侯夫人。今下嫁于大夫。固已少屈矣。宣公又自主昏。是以大夫自處也。高固之逆。與子叔姬之偕來。其書于春秋。益可恥矣。向者。莊公之時。莒慶來逆叔姬。其後僖公及莒慶盟于洮。皆魯之恥也。宣五年春。公如齊。夏。公至自齊。秋九月。齊高固來逆叔姬。冬。齊固及子叔姬來。

昔襄公與姜戎敗秦師于殽。今成公又與白狄伐秦。内外親疏皆倒置矣。宣八年。晉師白狄伐秦。

宋華元楚子反親自結盟。兩國息爭。春秋之所予也。宣十五年夏六月。宋人及楚人平。

八家共耕公田。得其地利以共公上。此之謂什一而藉。今宣公復于私田之中。履畝而稅之。其取於民也。比舊增倍。至于後世遵用之。哀公所謂二吾猶不足是也。初稅畝。

邾人嘗用鄫子于次睢之社。此人理之所無者。今復戕鄫子于鄫。親至人國。賊其君而殺之。春秋以來。亦無是事也。宣十八年秋七月。邾人戕鄫子于鄫。

按左氏云。季文子以鞌之功立武宫。非禮也。聽于人以救其難。不可以立武。如左氏所言。則武宫者。猶邲之戰潘黨請楚子欲築武庫之類也。公羊之說則不然。以武宫爲武公之宫。按明堂位曰。魯公之廟文世室。武公之宫武世室也。成六年二月辛巳。立武宫。

鄢陵之戰與城濮同功。然厲公所以異于文公者。一勝之後。無以居之。觀沙隨之不見公。季孫行父之見執。厲公之志驕矣。成十六年。晉侯及楚子鄭伯戰于鄢陵。楚子鄭師敗績。

前此諸侯屈于天子之卿爲會者有之。未有屈二卿者。屈天子之卿爲盟者有之。未有同盟者。厲公之志驕僭甚矣。成十七年夏。公會尹子單子晉侯齊侯宋公衛侯曹伯邾人伐鄭。六月乙酉。同盟于柯陵。

許侯欲遷于晉。許大夫不從。許之勢甚迫。許之情可念也。晉人歸諸侯而獨使大夫伐許。猶未甚怒也。獨許鄭有宿怨。鄭伯身從諸侯。甘心于許。故以鄭序晉上。爲鄭主乎是師也。襄十六年。叔老會鄭伯晉荀偃衛甯殖宋人伐許。

弭兵之功小。大夫專盟之罪大。大夫固嘗盟于溴梁矣。當是時。諸侯皆在位。憚于一盟。遣大夫以爲盟。是諸侯之怠。非大夫之專也。大夫專盟。未有如宋者也。春秋書宋之盟。特言諸侯皆明君臣之義。特先晉人者。正夷夏之分。襄二十七年秋七月辛巳。豹及諸侯之大夫盟于宋。

魯常屬鄫未幾而莒滅鄫。今者莒人有亂。魯遂乘勢而取之。昭四年九月。取鄫。

公山弗擾以費叛。召。子欲往。蓋弗擾叛季氏。非叛魯也。凡叛季氏者。皆以張公室爲名。其意雖未必然。其辭則正。夫子之告子路曰。夫召我者而豈徒哉。是蓋春秋書圍費墮費之意也。昭十三年春。叔弓帥師圍費。

禮有出于變者。可以義起。若此去樂卒事是也。故三傳皆以爲得禮。然公穀皆以爲叔弓卒在外。當祭而告。則君有祭祀大夫之喪不以告。禮也。左氏以爲。叔弓莅事。籥入而卒。是也。昭十五年二月癸酉。有事于武宮。籥入。叔弓卒。去樂。卒事。

晉豈無以待賓乎。季氏之强。昭公之弱。晉助其臣而不有其君久矣。昭二十一年。公如晉。至河乃復。

自入春秋以來。周室蓋三亂矣。其禍皆生于父子兄弟嫡庶不明。惠王寵子帶幾危世子。齊桓公盟世子于首止而位定。襄王復寵帶出居于鄭。晉文公納王王室遂定。向微二霸。周室之亂豈減敬王之時。然則春秋書王室亂者。憫周室之微弱。歎桓文之不復有也。悲夫。昭二十二年。王室亂。

甚矣。小人之誣也。昭公之出也。以宋公之薨叔孫之卒歸之天。及昭公之薨也。季氏大雩以爲媚。立煬宮以爲報。蓋昔者昭公之逐季氏兩嘗大雩而不克濟。季氏嘗致禱于煬公。故小人得藉口以求媚而致報焉。定元年九月。大雩。立煬宮。

自鄢陵之後。晉楚不復有大戰。一旦有召陵之役。六七十年閒無此舉也。天子之老。元戎啓行中國。諸侯大抵皆在。未有若此其盛者。僅侵楚而退。自相盟于皋鼬。當是時。楚有可亡之勢。失此機會。使吴人乘其後而收入郢之功。傾天下之勢。折而入于吴。中國之霸于是絶矣。悲夫。昭四年。公會劉子晉侯宋公蔡侯衛侯陳子鄭伯許男曹伯莒子邾子頓子胡子滕子薛伯杞伯小邾子齊國夏于召陵。侵楚。五月。公及諸侯盟于皋鼬。

楚陵犯中國二百年。中國不能制。假手于吴。國幾亡。然去楚而吴繼之。此聖人之所傷也。吴入郢。

魯之僭郊。自僖公始。其説蓋可信。僖公之前。春秋未嘗書郊。此其證也。觀季孫行父請命于周而史克作頌。則知請郊于天子亦如其作頌也。然而魯之先公猶畏天災。故因災而不郊者間有之。若定之終。哀之始。連年鼷鼠食郊牛。宜可以不郊矣。而卒不免郊。蓋玩習既久。雖天災亦不知所畏矣。定十五年。鼷鼠食郊牛。牛死。改卜牛。

隱公時。三國之師伐戴。鄭莊伐取之。左氏以爲取三師。公穀以爲取戴。由春秋書法觀之。取戴爲是。入春秋以來。書取師者。獨于哀公兩見之。蓋春秋用師。微有節制。故不至大敗。及其末年。用師無法。彼此得以襲取。愈變愈下矣。哀九年。宋皇瑗帥師取鄭師于雍丘。十三年春。鄭罕達帥師取宋師于嵒。

雲濠謹案。四庫全書著録先生春秋講義四卷。永樂大典本也。提要云。書中如以齊襄迫紀侯去國爲託復讐以欺諸侯。以秦與楚滅庸爲由巴蜀通道。以屢書公如晉至河。乃復爲晉人啓季氏出君之漸。以定公戊辰即位爲季氏有不立定公之心。皆具有理解。而時當韓侂胄北伐敗衂。和議再成。故于内修外攘。交鄰經武之道。尤惓惓焉。又云。嘉定癸未五月。其長子桷鋟木金陵學舍。沈光序之。寶慶丙午。牛大華復刻于泰州。其序稱是書期于啓沃君聽。天下學士不可得而聞。蓋非經生訓詁家言。故流傳未廣。陳氏書録解題不著于録。殆以是歟。又案。書録解題胡翼之春秋口義至宣公十二年而止。岷隱在湖學嘗續之。不傳。則先生亦安定私淑也。

附録

先生性行純明。平實簡易。不爲新奇可喜之説。而識者服其理到。

監南嶽廟。領石鼓書院山長。有論語孟子答問。所與諸生講説者也。切近明白。朱子稱其近道。

嘗與朱子遇于旅邸。時從行者衆。先生謂之曰。獨不畏鉤黨耶。朱子矍然散去之。嘉定閒。朝論將以姦黨盡投嶺海。先生獨援紹聖往事。恐貽君子小人反覆之禍。議遂寢。

朱子語類曰。戴少望云。洪景盧楊廷秀爭配享俱出。可謂無黨。曰。不然。要無黨須是分别得君子小人分明。某嘗謂。凡事都分做兩邊。是底放一邊。非底放一邊。是底是天理。非底是人欲。是卽守而勿失。非卽去而不留。此治一身之法也。治一家則分别一家之是非。治一邑則分别一邑之邪正。推而一州一路。以至天下。莫不皆然。此直上直下之道。若其不分黑白。不辨是非。而猥曰無黨。是大亂之道。

又曰。戴少望謂。顔淵子路死。聖人觀之人事。鳳鳥不至。河不出圖。聖人察之天理。不復夢見周公。聖人驗之吾身。夫然後知斯道之果不可行。而天之果無意于斯世也。曰。這意思也發得好。

又語類續集曰。永嘉之學又不及金溪戴少望尚有些實説。葉正則都是閒説。

陳直齋書録解題曰。續讀書記。其書出于吕氏之後。謂吕氏于家訓章旨已悉。而篇意未貫。故以續紀爲名。其實自述己意。亦多不用小序。

戚氏雄曰。岷隱謂有狐爲國人憫鰥夫。則表國人之仁心。固勝于彰寡婦之淫心。其謂摽有梅。

父母之心也。求我庶士乃擇壻之辭。至哉言乎。恐聖人復起。不易斯言矣。

梓材謹案。四庫全書本永樂大典著録先生續吕氏家塾讀詩記三卷。提要云。書録解題謂。其大旨不甚主小序。然皆平心静氣玩索詩人之旨。與預存成見必欲攻毛鄭而去之者固自有殊。温州志稱其平實簡易。求聖賢用心。不爲新奇可喜之説。而識者服其理到。于此書可見一斑矣。

徐氏先緒

徐先生夢莘

徐夢莘字商老。臨江人。耽嗜經史。寓目成誦。紹興二十四年舉進士。累官知賓州。罷去。先生恬于榮進。每念生于靖康之亂。思究見顛末。乃網羅舊聞。會粹同異。爲三朝北盟會編二百五十卷。擢直祕閣。平生多所著。有集補。有會録。有讀書紀志等書。皆以儒學冠之。其嗜學博文。蓋孜孜焉死而後已者。卒年八十二。宋史。

梓材謹案。樓攻媿誌直閣墓。言其于乾道四年外移南安軍教授。南安官舍素在城外。請遷入以附校官。建雲漢閣以奉御書。立濂溪二程先生祠于左。劉元城張横浦先生祠于右。自爲之記。龔參政茂良帥江西。讀而善之。

徐先生得之

徐得之字思叔。夢莘弟。淳熙十年舉進士。部使者以廉吏薦。以通直郎致仕。安貧樂分。不貪不躁。著左氏國紀。史記年紀。作具敞篋筆略。鼓吹詞。郴江志。宋史。

梓材謹案。左氏國紀。止齋爲之序。稱之曰徐子。江西通志云。時號西園先生。子二。長卽孟堅筠。爲止齋弟子。次則仲祥也。

止齋門人

林先生廉夫

林廉夫。樂清人。直龍圖閣季仲之族。止齋壻。子燕之父也。嘗從止齋遊。止齋文集。

補 文懿蔡先生幼學

梓材謹案。先生嘗爲止齋行狀。葉水心志小鄭公景元墓。謂女嫁先生。且言先生始游陳鄭間。後壻鄭氏云。

附録

初。止齋聲價喧踴。老舊莫敢齒列。公稚甚。獨相與雁行立。比三年。芮國瑞吕伯恭連選拔。輒出止齋右。皆謂文過其師矣。

先生早以文鳴于時。而中年述作益窮根本。非關教化之大。由情性之正者。不道也。再調潭州。執政薦于朝。帝許之。且問年幾何矣。何以名幼學。參政施師點舉孟子幼學壯行之語以對。上佇思。慨然曰。今壯矣。可行也。遂除敕令所删定官。首言大恥未雪。境土未復。陛下睿知神武。可以有爲。而苟且之議。委靡之習。顧得以緩陛下欲爲之心。孝宗喜曰。解卿意。欲令朕立規摹爾。

寧宗卽位。詔求直言。先生奏。陛下欲盡爲君之道。其要有三。事親。任賢。寬民。而其本莫先于講學。比年小人謀傾君子。爲安靖和平之説以排之。故大臣當興治而以生事自疑。近臣當效忠而以忤旨擯棄。其極至于九重深拱而羣臣盡廢。多士盈庭而一籌不吐。自非聖學日新。求賢如不及。何以作天下之才。

嘉定初。同樓攻媿知貢舉。時正學久錮。士專于聲律度數。其學支離。先生始取義理之文。士習漸復于正。

葉水心祭之曰。平居寡言。莫能疏親。及見于用。黑白洞分。政和以安。布在全閩。有論有執。西垣北門。夏卿籌邊。絶不與鄰。衆方愕眙。公何恂恂。不貴其難。而貴其仁。

補

文肅曹先生叔遠

雲濠謹案。程氏士龍狀劉寶山行實。言其調瑞安尉。蘧徑曹叔遠。東畝曹豳。平州曹觱。一門三從橐。皆曲江契家。各以遠大相期云。

梓材謹案。温州府志載先生初名叔遐。少學于止齋。後從朱子遊。問答見于語録。所著又有中庸注疏。

周禮説

遂人凡治野云云。此特定田制耳。而先王寓兵于農。藏丘乘于井。牧以禦外侮之意。已潛寓于其間。

校登必以歲時。蓋前歲之已登者。逮于今則增損不同。一時之已登者。越三時則耗亡不等。古者師田行役。合其卒伍。先爲聯法。一乘之卒皆平昔之相保相受者。是之謂同徒。圖而授之者。示以所宜取之品色。不使縱意旁搜也。

附録

黄氏日鈔曰。晦庵續集答黄直卿書。陳君舉門人曹器遠來。不免極言其學之非。

補 簽州呂先生沖之

呂沖之字大老。慶元進士。授通州靜海縣簿。遷南康軍僉判。致仕。卒葬于長隴。姓譜。

補 章先生用中

附録

端叟性温良。汎無不愛。于久故能分酸苦。于先生長者能受其煩辱之役。于其徒相厲以學。責難勸義。爲期會程式。稽考有誚。惰游有罰。其人嚴憚之。則所謂江南書社也。

補 隱君朱先生黼

梓材謹案。先生有西方異説論語。王深寧困學紀聞引之。詳見深寧學案。

附録

林景熙序胡氏季漢正義曰。紫陽夫子同時文昭朱子作三國紀年。亦以蜀漢爲正。然而不廢前史之文。猶魯史之于春秋也。正統所在。五帝三王之禪傳。八卦九章之共主。土廣狹勢强弱不與焉。秦山河百二。視江左一隅之晉。廣狹强弱迥然不侔。然苻堅不得與晉齒。嬴秦雖系年卒閏也。世無魯仲連。豈惟紫陽悲之。

補 知州徐先生筠

雲濠謹案。先生嘗爲漢官考四卷。又有姓氏源流等書。經義考引江西通志云。字國堅。

補 袁先生申儒

梓材謹案。湖南通志引楚紀云。袁申儒。龍陽人。紹熙三年進士。歷知本郡。創學宮及貢士莊田。又建楚望臨睨仰止三亭于德山之麓。自爲文記之。疑卽先生。建陽龍陽。或係傳寫易之。

補 社令林先生子燕

雲濠謹案。先生名一作子熙。水心志止齋張令人墓作子燕。樓攻媿序止齋春秋詩傳云。其壻林子燕最得其傳。

梓材謹案。温州舊志載先生醇篤有操行。居父母喪。六年蔬食。楊慈湖爲郡守旌之。

補 沈先生體仁

附録

楊慈湖紀深明閣曰。彬老之不從時學。獨好春秋。此卽四時風雨霜露神氣流形也。仲一作閣藏經。葉公名閣。直翁姓張。致其意。皆風雨霜露神氣流形也。奚職是舉天下萬世之視聽言動心思。皆四時風雨霜露神氣流形也。皆深切著明也。顧百姓日用而不知。是知非思。易曰何思。是道坦而奚庸加思。

孫先生昭子

孫先生明子合傳。

孫先生宣子合傳。

孫昭子。明子。宣子。瑞安人。父叔特與止齋友。故兄弟並從止齋遊。止齋文集。

徐先生邦憲

徐邦憲字子文。義烏人。從陳止齋學。博通史傳。紹熙四年。登進士第三。遷秘書郎。韓侂胄開兵端。無敢議其非者。先生獨首言之。丐外。出知處州。陛辭。力諫用兵不可太驟。再歲召還。上建儲之議。侂胄惡其言。嗾御史劾之。鐫秩罷祠。侂胄誅。尚書倪思舉以自代。除權工部侍郎。以寶謨閣待制致仕。卒謚文肅。一統志。

徐先生沖

徐沖。止齋壻。止齋與龍川書。所謂兩壻入館。即林子燕與先生也。宋文憲集。

汪先生龍友

汪龍友。止齋之徒。樓攻媿集。

馮先生琳

馮先生瑜合傳。

馮琳。馮瑜。兄弟問學于止齋。司理施叔之子也。止齋文集。

周先生勉

周勉。從止齋于桂于衡于潭。日受經焉。及春秋後傳且就。止齋每語友朋。將面授先生。使盡質所疑而後出。已而止齋病革。其書遽出。至先生官江陵還。始得朋友訂正之云。春秋後傳跋。

胡先生宗

胡宗。與周勉皆止齋之徒也。止齋嘗曰。自余有得于春秋而欲著書。于諸生中擇其能熟誦三傳者。首得蔡君幼學。蔡既仕。又得二人焉。曰胡宗。曰周勉。游宦必以一人自隨。遇有所問。其應如響云。樓攻媿集。

梓材謹案。樓攻媿序夏休井田譜後云。刊既訖。錢文季文子指其間有不合者。胡太初宗亦相與講明。而黄君毅又作問答一卷。皆有益于是書。是先生固白石之講友也。

林先生居實

林居實字安之。瑞安人。從止齋游最久。其卒也。止齋爲之圖銘于東萊。陳止齋集。

教授陳先生剛

梓材謹案。先生學于止齋。詳見後村集饒應子墓誌。餘詳槐堂諸儒學案。

陳先生應龍

陳應龍字定夫。福寧人。止齋弟子。儒林宗派。

林先生大備

林大備。止齋生徒也。止齋稱爲平陽善士。其父卒。艮齋爲之誌其墓。薛浪語集。

陳先生巖

陳巖字仲石。平陽人。學能造微。爲陳君舉徐子宜密授。不幸早卒。二公傷之。俾水心記其藏。葉水心集。

梓材謹案。先生父瑾。字國器。亦水心志墓。云繇左廂兵馬使十世爲石牀里人。則先生爲左廂十一世孫。林霽山爲貢士晉齋墓志云。横陽豐山。陳氏淵源。文獻世其家。自左廂兵馬使傳十有二葉。而至貢士公。是貢士爲先生從子矣。

石先生□

梓材謹案。止齋志呂聲之父德文墓云。越新昌之姓。石呂黄爲大。余嘗館黄度文叔家。得與石呂二氏游。其子弟多從予學。又案。止齋贈石時亨詩序。言吾友石時亨。喜二氏書。晚與余遊。讀易論語。蓋卽所謂石氏也。

承奉陳長齋先生□附子晉齋。節庵。

陳□。號長齋。横陽豐山人。承奉郎。嘗師止齋。光廟初。叩閽不報。歸遯林泉。以學授子若孫。子某習聞緒餘。又益濬之。其學通經濟。而不局于章句。其文根義理。而不衒于葩藻。淳祐己卯。薦于鄉。辛卯。再薦。黜禮部。始謝舉子業。與季弟節庵。出壁藏數千卷。丹鉛手勘。永夜伊吾。精而性命。麤而事物。近而視聽言動之則。遠而元會運世之故。熟討窮研。學益深。文益古。自號晉齋。望道之得行也。年八十有四。卒于家。自類舊稾若干卷。林霽山集。

朝奉滕溪齋先生璘詳見滄洲諸儒學案。

湯藝堂先生建詳見慈湖學案。

止齋私淑

曾先生震附劉鼎安。

曾震。號樵南。盧陵人。著有春秋五傳。李祁序之曰。國朝設科。以胡氏與三傳並用。學者困于繙閱。樵南乃集而加次第焉。始左氏。次公穀。次胡氏。而取止齋陳氏之説附焉。蓋陳氏之于春秋。多所發明。貫穿乎王霸之盛衰。反覆乎夷夏之消長。又推明左氏不書之旨。以見春秋之所書。此其必不可遺者。于是使讀者一展卷而諸傳皆得焉。凡胡氏有所引用。皆分注其下。而又别爲類編以附于卷。書成而鋟梓。復得安成劉鼎安力相其成。雲陽集。

趙東山先生汸詳見草廬學案。

蕃叟門人

徐先生寓詳見滄洲諸儒學案。

易庵家學

陳先生説詳見止齋門人。

岷隱門人

隱君趙野老先生遂附詳清江學案。

徐氏家學

徐先生筠詳上止齋門人。

徐先生天麟

徐天麟字仲祥。商老從子。開禧元年進士。累官武學博士。輪對言人主當持心以敬。通判惠潭二州。權英德府。所至興學明教。有惠政。著西漢會要七十卷。東漢會要四十卷。漢兵本末一卷。西漢地理疏六卷。山經三十卷。既謝官。作亭蕭灘之上。畫嚴子陵像而事之。宋史。

林氏家學

林先生子燕詳上止齋門人。

蔡氏門人

陳屏山先生持之附師李曼卿。

陳持之字立叔。世爲建人。先生生十四歲而孤。與母孺人依外氏湘潭令尹居溪濱。後移屏山下。初從永嘉李曼卿蔡幼學授春秋。同門生謝汲古周端朝皆推先生。倪齊堂領郡。親課學職員。先生爲首選。擢以學録。極加器重。先生行醇而學博。里人執經席下去而顯者甚衆。居母喪嘔血。幾毁性。遠近以孝稱。持身治家有古君子之風。晚號屏山居士。築精舍于青雲峯。卒年七十有六。有詩兩卷。名意氣。㩻齋續集。

謝先生汲古

謝汲古。

曹氏家學

曹平州先生觱

曹觱字修士。叔遠子。登嘉定第。官祭酒。溫州府志。

雲濠謹案。先生號平州。見劉寶山行狀。

文恭曹東畝先生豳詳見徐陳諸儒學案。

朱氏家學

巡檢朱水簷先生元昇別見張祝諸儒學案補遺。

倪氏家學

倪先生允文

倪先生奎合傳。

倪允文。倪奎。侍講千里子。皆襟度都雅。詞章光靚。克稱其家。允文以恩授黄巖縣監鹽。金華府志。

湯氏門人

知州趙先生汝馭

趙汝馭。湯藝堂建之門人也。知惠州。藝堂著周易筮傳。先生序而刊之。胡一桂說。

止齋續傳

林先生楝附從兄善補。思齊。

林楝字國輔。一字與守。先世自閩徙温。卜居林灣。先生年十二而孤。劬書力學。志亢其宗。甲辰混試。補右庠。既擢庚戌第。卒年四十二。階爲保義郎。先生爲文。簡而有法。以諸祖多游陳止齋樓攻媿之門。議論有源委。其從師取友。又皆當世名人。少時聲價與從兄潮陽宰善補儀眞教思齊相上下。生平一語不輕發。自號訥庵。而扣閽議時政。别忠邪。多爲同舍先。廷策痛言邊事甚激切。末言天理人欲限界定則君子小人限界定。君子小人限界定則中國夷狄限界定。衮衮數千言。識者謂其有龍川氣骨。無垢學問云。盧齋續集。

正言陳先生求曾别見艮齋學案補遺。

黃氏續傳

隱君黃先生奇孫詳見潛庵學案。

屏山門人

黃先生夢炅

黃夢炅。懷安簿。陳屏山門弟子狀其事者。虙齋續集。

永嘉之餘

鄭天趣先生□附門人王熙陽。

鄭天趣。永嘉人也。其于鄉學能備究之。縉雲王熙陽蚤歲從先生游。聞見之際。所得者多。復卽羣經諸史百家之書大肆其力。推其所得。著而爲書。有書海通辨。三禮纂要。左氏鉤玄若干卷。旣乃掇其所爲論。別成一書。曰迂論。熙陽學博而才贍。用薦入翰林爲太史屬。尋奉使安南。還擢工部員外郎。辭不拜。補外調澠池縣丞。其他所著。有交山文集。王忠文集。

梓材謹案。經義考載王氏廉金縢辨一篇。存。引忠文此説。是以熙陽爲卽廉也。又以先生爲王天趣。蓋傳寫之譌。

朱氏續傳

胡先生從聖

胡從聖。學古篤。任道毅。既重志三國。又爲季漢正義。以翼前後而扶正統。林霽山集。

益之續傳

陳先生華祖

陳華祖字理常。永樂人。寶謨閣待制益之五世孫。少聰敏。通尚書。子四㊀書尤多發明。四方從游者衆。經略使普顔不花李國鳳至温。以遺逸薦。詔授翰林國史院檢閲。温州舊志。

㊀「子四」當爲「四子」。

宋元學案補遺卷五十四目録

宋元學案補遺卷五十四

後學 鄞 王梓材 慈谿馮雲濠 同輯

水心學案補遺上

水心師承

劉先生愈

劉愈字進之。永嘉人。周人之急如不及。有利病以身爲倡。必興除之。紹興庚午中大饑。以家產薄貸于州。得米五百斛。歸賑鄉里。隆興甲申又饑。郡難守丞。先生獨投匭。丐發長平。降度僧牒。轉糴他郡。與同里徐讜協力賑救。全活甚衆。郡守張九成下車。聞其賢。遺書致饋。時諺云。人相溪不見劉進之。適樂清不見賈如規。是游洞庭不嘗橘也。溫州舊志。

梓材謹案。先生字一作達之。水心少從學焉。水心集言其學佛得空解。自稱無相。又言數其前後師儒。蓋有名士云。

陳氏先緒

補陳先生堯英

梓材謹案。先生字秀伯。水心誌其墓云。少有大志。紹興六年。上書登聞。陳策十二。明年再上清朝政序亦十二。語益切。又云。後七年。始入場屋對策。猶抗言如故。以是無所合而卒。

鄭氏門人

補忠定葉水心先生適

雲濠謹案。先生爲著作正字二劉公墓誌云。余童孺事二公。既與彌正爲友。是先生及登二劉之門也。又誌母夫人杜氏墓有曰。始葉氏自處州龍泉徙于瑞安。貧匱三世云。

梓材謹案。謝山困學紀聞三箋云。龍泉葉適。東萊弟子。

梓材又案。先生謚忠定。温舊志及水心先生祠額俱作文定。祠額必有所仍。疑以文定爲是。

水心經説

聖人盡人道之正。則彼動物之傑。不得自遂其雄狡。而一將聽命于人。于是蟲魚鳥獸無不順若。而人之飲食生養。亦未有苟爲温飽。而不知其所由來者。故夔言鳳皇來儀。周公言遺我大寶龜。孔子言鳳鳥不至。河不出圖。吾已矣夫。此言物之聽命于人也。後世不度其德之厚薄。而取必于異物之有無。如漢之神雀五鳳黄龍。君臣歆豔以爲祥。嗟夫。是人反聽命于物也。

聖人知禮之所由本隨而察其轉變分列之際。而貫徹于陰陽上下之交。得其所以居斯人者。而後貨力辭讓飲食冠昏喪祭射御朝聘品節之序以行乎其閒。人倫既正。人情既順。人義既明。使人知所以講信修睦。而肌膚之會。筋骸之束。亦不至涣然而不相從。豈不怡然有見于天人之通。内外之合也哉。

得禮義之本要而後能通人情。通人情而後能治人情。人情可治。則德性全而道化成。自堯舜以及文武。其治道所以大被于天下者。蓋其脩仁義禮樂之實。而播諸事爲。必有中于人情之會。相與俯仰出入。動盪流通。其情之異趨者。同嚮者。皆得以旁皇周浹于其中。一人之放辟不專行。而天下之取舍得公是焉。是以不待刑禁而自治也。故論禮者以人情爲聖王之田。非若後世以情爲不美。以禮爲强制。築千丈之防。遏奔放之流。使其噤默不得逞。而後從我。而爲禮義也。以上禮運。

聖人于天下之所未嘗有者。獨以身先。或授受。或誅伐。皆能措斯人于安治。所謂時也。天未明。地未察。宗廟未嚴。父子未親。君臣未從。待禮而定。所謂倫也。其于社稷山川鬼神也。有所則象而報事焉。專爲門霤。廣爲蜡臘。無不在矣。所謂體也。喪祭用焉。賓客分焉。所謂義也。寡不必不足。多不必有餘。諸侯大夫各守其分。所謂稱也。禮器。

宋元學案補遺卷五十五目録

宋元學案補遺卷五十五

後學 鄞 王梓材 慈谿馮雲濠 同輯

水心學案補遺下

水心文集

詩書禮所以紀堯舜三代之盛。而春秋衰世之竭澤也。示不泯絶而已。或者遂謂一事一義皆聖人之用。則予未敢從也。徐潮州春秋解序。

士患不賢與無德。賢有德矣。進而至公卿之位則爲其事。不至者。世以爲有命焉。夫賢有德。豈必爲公卿哉。孟子稱禹稷與顏回同道。當其時。蓋已有流俗之論。而孟子言之如此。悲夫。直以貧賤不如富貴。此流俗之細爾。猶不病德也。至謂賢而賤終不如賢而貴。有德而富猶過于有德而貧　以茲區區。自爲輕重。轉訛習陋。而使天下賢有德者。必將兼出于富貴而後止。則流俗之爲害大矣。然則以不至公卿爲命者。是畏貧賤而樂富貴。非命之正也。樂清縣學三賢堂記。

道之所以晦鬱于後者。天與人殊。而人與己殊。道非其道。而學非其學也。理不盡。徒膠昔以病今。心不明。姑舍己以辨物。勤苦而種。皆文藻之末。鹵莽而穫。皆枝葉之餘。揚雄韓愈猶然。況其下者乎。自周子二程以來。天之命我者。屬乎不離也。我之事天者。脗乎有合也。舜文之道。卽己之道也。顔孟之學。卽己之學也。辭華不黜而自落。功利不抑而自退。其本立也。兩迷者歧也。四達者路也。邪不亂正。燭火闇室也。煜日方旦也。幽不掩明。大經大法未嘗不炳然具見。而何塞路之有。此其所以過之遠也。覺于是而進。余所進也。安于是而止。余亦止之。南安軍三先生祠記。

夫以犨君之博敏達于教。皇甫侯之聰明辨于政。爲是役也。不徒示人以材力之所能至而已。使其考正古今之俗。因野夫貧女之常性。而興其俊秀豪傑之思。一其趣向。厚其師友。富其聞知。廣其倫類。極夫先王道德之正。文獻淵源之遠。而一歸于性命之粹。其視成周之士。庶幾乎。何必爲楚人之材也。千載之習。固不足以亂之矣。漢陽軍學記。

梓材謹案。先生上執政薦士書。所薦者。陳傅良。劉清之。句昌泰。祝環。石斗文。陸九淵。沈煥。王謙。豐誼。章穎。陳損之。鄭伯英。黄艾。王叔簡。馬大同。呂祖儉。石宗昭。范仲黼。徐誼。楊簡。潘景憲。徐元德。戴溪。蔡戡。岳甫。王柟。游九言。吴谧。項安世。劉爚。舒璘。林鼐。袁𡘋。廖德明。凡三十四人。

水心別集

經者所以載治。非所以爲治也。自伏羲至于孔子。而道始存于經。自孔子至於今。而其經始明。有能施之于治。殆卓乎其不可易也。雖然。卽是經以求復堯舜三代之舊。其世遠矣。其事往矣。迂暗而不明。牽合而難通。而天下病矣。經總義。

書之未備也易存乎道。見道者足以爲易。書之既備也易存乎書。天下卽其書而求之。書備而易始窮矣。易。

聖人所以察天地陰陽而擬諸其身者至矣。是故曰神曰變。無思無爲。而神明其德者。皆其勢之當然。而非有以獨異于人也。是故有卦則有易。有易則有太極。太極立而始終具矣。易。

天有常道。地有常事。人有常心。聖人之常心。獨守而不失。此其所以爲大也。周穆王秦穆公皆好異者也。及其既老而悔過。復得其常心。而孔子猶有録焉。而況于能常而勿失者乎。書。

上古之帝王。其謀智非有以出于人也。其行事非有以矜于衆也。以天爲不可不敬。以民爲不可不畏。以己爲不可任。以諫爲不可逆。患至而不敢避。功成而不敢居。酌天下之心。以處其中。如是而已矣。書。

蓋詩之道至于周而後備。雖其怨刺猶深厚。憤發而不怒。詩。

古之聖賢。養天下以中。發人心以和。使各由其正。以自通于物。其言無不到也。當其抽詞涵意欲語而未出。發舒性情言止而不窮。蓋其精之至也。詩。

治人之道。人能自正于心者。雖聖人不能加也。行之事矣。折而從仁義禮樂者。則治之也佚。是其次也。聞人之是己非己爲喜懼。因其喜懼而治之。是又其次。不以是非爲喜懼。而必待賞罰。聖人之治人。至是止矣。春秋之作。又所以治夫仁義禮樂是非賞罰之所不能治者也。然其用之之法有三。原其情。察其勢。使人心厭然我服。然後斷之理。舜能事瞽瞍。而天下不能爲子。箕子能事紂。而天下不能爲臣。湯事葛。文王事昆夷。而天下不能爲國。是何耶。是末之思。是之謂理。故春秋者。道之極而聖人之終事也。春秋。

崔杼能弑君。而不能不殺其書己之史官。斐豹。隸也。奮于平難。以求除其丹書之惡。凡天下之惡。未至于杼。天下之賤。未至于豹。仁義禮樂之所不能誘。是非賞罰之所不能革。堯舜三代之治雖不復行。而是書猶有所勸也。春秋。

夫周禮之書。嘗一用之矣。非惟不足以治。而乃至于亂。古之治天下。必辨其内外大小之序。而後施其繁簡詳略之宜。天子自治止一國。又有聖賢爲之臣。久于官而不去。其爲地狹。爲民寡。治之者衆。行之以誠。故其制纖密無不盡。今也包夷貊之外以爲域。事雖毫髮。一自上出。法嚴令具。不得搖手。無聖賢爲之臣。不久于其官。而又有苟簡詐僞之心。乃欲靡密無不盡。以求合周禮。此人情不安而至于亂也。因今之地。用今之民。以周公爲之。其必有以處此矣。周禮。

禮義廉恥。維其國家。出令順于民心。信之所在。不以利易。是亦何異于先王之意。惟其取必于民。而不取必于身。求詳于法。而不求詳于道。以利爲貴。以義爲名。人主之行。雖若桀紂。操得其要。而霸王可致。此其大駁也。管子。

學者之患。患在以名求聖賢。而不能知聖賢之言。聖賢之言。反覆深切。將使學者因是言求之。而可以得堯舜禹湯文武周公之心。與知其爲人而無疑也。孔子家語。

諸子之書。害小而已息。莊周之書。禍大而長存。自周之書出。世之悦而好之者有四焉。好文者資其辭。求道者意其妙。汩俗者遺其累。奸邪者濟其欲。莊子。

天下患易之難知也。庶乎因玄而通之。今考其書。以求聖人之意。而或不得焉。非以病玄也。求通乎易而已矣。然則雄之爲書勞矣。揚雄太玄。

人心有廣狹。則其觀物有大小。春秋時。夷狄化爲中國而不能正。然三代之諸侯。其存者猶數百年。學者泝其末可以反其本。迹其衰可以見其興。六經之外。舍左氏其誰與歸。左氏春秋。

遷出秦人之後。諸侯之史皆已燔滅而不可見。然猶傅會羣書。採次異聞。如此其多。使遷如聖人。盡見上世之書籍。衒其博而不能窮。將如之何耶。史記。

求名者莫若使之畏名。治事者莫若使之不喜事。三國志。

洪範之于皇極也。以八爲一。皇極之于洪範也。以一御八。皇極無不有也。而其難在于建。建極非難也。而其難在于識其所以建。皇極。

古之人。其學之也愈大。則其守之也愈微。其守之也愈微。則其取之也愈近。大學。

誠者何也。曰。此其所以爲中庸也。日月寒暑。風雨霜露。是雖遠也。而可以候也。此天之中庸也。候至而不應。是不誠也。藝之而生。鑿之而及泉。而山嶽附之人畜附之而不傾也。此地之中庸也。是故天誠覆而地誠載。惟人亦然。中和足以養誠。誠足以爲中庸。此孔子之所謂至也。中庸。

善爲政者。有必行之實。而無寬嚴之名。人主謹操天下之大柄。使之無不在我。而天下惟吾之所欲爲。當此之時。天下之從其君者。若嬰兒之赴慈父母也。雖寬且無所用之。嚴何施焉。崔寔。

孔明有三代君子之資能。無所不用其義。不幸而不遭其時。使無興漢之名。且不得自見于世。由此論之。仁義者。人之所自盡。功名者。人之所難必。諸葛亮。

仁義禮樂。三才之理也。非一人所能自爲。三才未嘗絶于天下。則仁義禮樂何嘗一日不行于天下。善乎。王通氏之續經。獨得於孔子之意矣。王通。

水心語

今世學者。以性爲不可不言。命爲不可不知。凡六經孔子之書。無不牽合其論而上下其辭。精深微妙。茫然不可測識。而聖賢之實。猶未著也。昔者之淺。不求之於心也。今世之妙。不止之于心也。不求于心。不止于心。皆非所以至聖賢者。

梓材謹案。此語王滹南論語辨惑自序引之。以爲切中宋儒議論之病云。

附録

召爲太學正。遷博士。因輪對奏曰。人臣之義。當爲陛下建明者。一大事而已。二陵之讎未報。故疆之半未復。而言者以爲。當乘其機。當待其時。然機自我發。何彼之乘。時自我爲。何彼之待。非眞難眞不可也。正以我自爲難自爲不可耳。于是力屈氣索。甘爲退伏者。于此二十六年。卽今之所謂難者陰沮之。所謂不可者默制之也。蓋其難有四。其不可有五。置不共戴天之仇。而廣兼愛之義。自爲虚弱。此國是之難。一也。國之所是既然。士大夫之論亦然。爲奇謀秘畫者止于乘機待時。忠義決策者止于親征遷都。深沈慮遠者止于固本自治。此議論之難。二也。環視諸臣。迭進迭退。其知此事本而可以反覆論議者誰乎。抱此志意而可以策勵期望者誰乎。此人才之難。三也。論者徒鑒五代之致亂。而不思靖康之得禍。今循守舊模。而欲驅一世之人以報君仇。則形勢乖阻。誠無展足之地。若順時增損。則其所更張動搖。關係至重。此法度之難。四也。又有甚不可者。兵以多而至于弱。財以多而至于乏。不信官而信吏。不任人而任法。不用賢能而用資格。此五者。舉天下以爲不可動。豈非今之實患歟。沿革牽制非一時矣。講利害。明虚實。斷是非。決廢置。在陛下所爲耳。讀未竟。帝蹙額曰。朕比苦目疾。此志已泯。誰克任此。惟與卿言之耳。及再讀。帝慘然久之。

會朱子除兵部郎官。未就職。爲侍郎林栗所劾。先生上疏爭曰。栗劾熹罪。無一實者。特發其私意而遂忘其欺矣。至于其中謂之道學一語。利害所係不獨熹。蓋自昔小人殘害忠良。率有指名。或以爲好名。或以爲立異。或以爲植黨。近則爲道學之目。鄭丙倡之。陳賈和之。居要津者密相付授。見士大夫有稍慕潔修者。輒以道學之名歸之。以爲善爲玷闕。以好學爲己愆。相與指目。使不得進。于是賢士惴慄。中材解體。銷聲滅影。穢德垢行。以避此名。栗爲侍從。無以達陛下之德意志慮。而更襲用鄭丙陳賈密相付授之説。以道學爲大罪。文致語言。逐去一熹。自此善良受禍。何所不有。伏望摧折暴横。以扶善類。疏入不報。

王誠叟先賢祠記曰。閒遭秦氏之變。諸老淪落。道學衰歇。僉事王公。毅然以名節自勵。挽一世而回之。龍圖鄭公。修明義理之學。爲諸儒倡。寺丞薛公。見聞挺異。本于家庭。未弱冠卽講切經制之務。如布棋行矢。疏密高下皆可措之用而宜。中書陳公。深造自得。晝講夜索。源委會通。究弊極變。永嘉師友淵源。自是聞天下。比于昔鄒魯矣。至于歧事理而彌綸之。合性命而究極之。經易史書。脈絡貫統傳接。俾今人無異于古。古治可達于今。則龍泉葉公也。

趙汝譡序文集曰。以詞爲經。以藻爲緯。文人之文也。以事爲經。以法爲緯。史氏之文也。以理爲經。以言爲緯。聖哲之文也。本之聖哲而參之史。先生之文也。集起淳熙壬寅。更三朝。四十餘年中。期運通塞。人物散聚。政化隆替。策慮安危。往往發之于文。讀者可以感慨矣。

劉後村挽先生詩曰。一夢孝皇初。悽然四季餘。國人莫知我。天下孰宗予。散地雖無柄。名山儘有書。烏虖傳萬世。猶足矯玄虛。

其二曰。所學如山海。吁嗟不一施。未聞訪箕子。但見誄宣尼。空郡來陪哭。無人敢撰碑。紛紛門弟子。若箇解稱師。

程洺水祭之曰。矯矯我公。長鳴盛時。告之吾君。不激不卑。内達國家之體。外明當世之宜。使卒行之。庶幾雍熙。胡午軸之已停。乃結轍于崦嵫。不能者時。天實爲之。

黄東發曰。辨兵部郎官朱元晦劄子。此晦翁爲林栗所劾。而水心辨之者。按栗時爲法從。水心非言官。又所學與晦翁不相下。非平昔相黨友者。一旦不忍其誣。出位抗言。廷斥不少恕。此當與汲長孺面責公孫弘張湯者同科。

又曰。大學講義。前後接續。皆講禮器。公蓋欲以禮爲治者。所講率明白。而釋回增美質一語。講之尤粹。若曰。私欲頗僻。所謂回也。禮與之周旋。而同其作止。使之陰自消弭。如冰之于水。春風之被物。所謂釋回也。禮之所加。猶玉之山龍其文。素之藻繢其章也。豈不煥乎其愈明哉。所謂增美質也。辭雖不免于文。而理則善矣。至講下文。如竹箭之有筠也。如松柏之有心也。則謂禮之于人。可學而至。非如竹箭松柏之本有而無待乎人。愚意此公自有所見。而經意未必然也。松竹之有筠有心。正以比君子之有禮。豈顧二之。而反謂其非如也哉。然公之所以運連其講者。實歸宿于末章。欲稱財而爲禮。不雜于人欲之流放。以禮從天下。而帝王之統緒接也。公尚禮學。而尤精究財賦本末。欲起而救之至切也。講義其微意所在乎。第恐講道天子之學。猶有本領在。而此又其節焉爾。

又曰。敬亭後記謂程氏誨學者先以敬爲非。當先復禮。蓋水心之學然也。愚按乾淳間。正國家一昌明之會。諸儒彬彬輩出。而説各不同。晦翁本大學致知格物。以極于治國平天下。工夫細密。而象山斥其支離。直謂即心是道。陳同甫修皇帝王霸之學。欲前承後續。力拄乾坤。成事業而不問純駁。至陳止齋則又精史學。欲專修漢唐制度吏治之功。其餘亦各紛紛。而大要不出此四者。不歸朱則歸陸。不陸則又二陳之歸。雖精粗高下難一律齊。而皆能自白其説。皆足以使人易知。獨水心混然于四者之閒。總言統緒。病學者之言心而不及性。則似不滿于陸。又以功利之説爲卑。則似不滿于二陳。至于朱則忘言焉。水心豈欲集諸儒之大成者乎。然未嘗明言統緒果爲何物。令人曉然易知如諸儒者。嘗略窺其所指爲統緒者。似以禮爲主。故其言曰。學必始于復禮。禮復而敬立矣。安上治民莫善于禮。若然則又似專言推行于文物制度之禮。以防民之非者也。非吾夫子所指根本于吾心内之禮。使克去己私而復之者也。禮不先于克己。禮將何自而復。學不先于敬。己私又何自而克。己且未知所以復禮。又何以使民俗之復禮。而公之言統緒。又將何所從始耶。且功利之學不必問也。義理之學不容不辨也。公于義理獨不滿于陸。而不及朱。似于朱無忤者。然朱之學正主程。而程之學專主敬。乃反以程子之言敬爲非。又何耶。且敬也者。堯舜禹湯文武周公孔子以來相傳之説。非程子自爲之説也。

又曰。水心能力排老莊。正矣。乃併譏程伊川。則異論也。能力主恢復。正矣。乃反斥張魏公。則大言也。能力詆本朝兵財靡弊天下以至于弱。正矣。乃欲割兩淮江南荆湖棄諸人。以免養兵。獨以兩浙爲守。又欲抑三等户代兵。玆又靡弊削弱之尤者也。

宋濳溪凝道記曰。東嘉之學。人或不同。大抵尚經制而求合乎先王。攻禮樂以振拔乎流俗。二者亦一道也。第其致力。忘大本而泥細微。而見諸行事者。皆缴繞膠固。而無磊落俊爽之意。徒以辭章議論馳騁于一時。蓋其所失也。其立言純懿而弗背者。傳之千百世可也。

謝山鮚埼亭詩集。東澗論水心先生多所不滿。予謂是宋史之誤也。當以開禧上殿劄子正之。詩云。水心大功在王室。左右餘干成夾日。同心但有一平陽。幸挽宗祊免瓦裂。論賞超然謝殊遷。被錮怡然甘三黜。斯人斯學眞有用。豈獨文章稱卓絶。開禧晚用詎苟同。力陳疲兵莫輕率。浪試曾聞笑魏公。輕言幾自憐龍窟。且營堡塢壯金湯。更緩征求到蚌鮚。爲不可勝待可勝。報仇有道戰有術。固辭草詔感慨多。乃有癡人如易袚。俄而淮漢果土崩。救敗終須勞一出。斫營小試在沿江。竟退封狐得安集。朝局再更論再翻。營營者流妄周内。及之由竇幸逃誅。孝友磨碑偶見脱。改頭換面紛重來。掊擊正人恣唐突。陋哉宋史何其蒙。緇素糊塗不可詰。誰人榷史洞觀火。一爲前賢洗誣屈。永嘉世嫡在君家。南塘經術紫芝筆。但莫放言貶曾孟。斯案還須重審覈。雲濠案。謝山原注。平陽謂徐忠文公子宜。又案。易袚號山齋。原注云。水心辭草詔。山齋勸之。蓋不知其意不欲用兵也。又云。許及之即由竇尚書也。雷孝友立陳自強碑。見其敗而磨之。斯二人者論水心耳。其言寧足信乎。又云。水心說學多偉論。但貶曾子孟子則眞賢知之過矣。

水心講友

文公朱晦庵先生熹詳晦翁學案。

文憲薛艮齋先生季宣詳艮齋學案。

水心學侶

補靖君劉先生愚

梓材謹案。宋史本傳云。故友與其門人私謚曰謙靖先生。後更謚曰靖君。鄉郡祠之。又言其妻徐氏之賢。有粱鴻之風。

附録

幼警敏力學。弱冠入太學。有聲。受業者甚衆。柴侍御瑾。顔祭酒師魯。林博士光朝深器重之。

移安鄉縣令。邑有范文正仲淹讀書地。爲繪像立祠興學。士競知勸。

梓材謹案。文正幼時讀書在池州長山。不在澧州安鄉。事友録辨之甚晰。其言先生以安鄉人。俗傳文正公隨母適安鄉令朱軏。其地有公讀書臺。遂立公祠。繪像祀之。置祭田四十餘畝。自是士大夫登覽者以爲勝蹟。澧州又移建近城。爲溪東書院。廣輿記亦稱澧爲公遊歷之所。攷公文集及年譜。家傳。史傳。歐陽公之神道碑。富鄭公之墓誌銘。皆言公母改適池州長山朱氏。不言適安鄉。亦無朱氏之名。公集有與朱氏手帖二十。無一字及安鄉。公舉進士名朱説。父名朱軏。公寧不諱嫌名邪。語最直截。

補徵君王誠叟先生綽

誠叟遺文

古者國別士斷。推其賢且哲者爲人之師。以宣政教。厚風俗。明人倫。春秋釋奠之固爲斯人設也。偏方下國至合鄰封以祀。其師或有且衆則列而薦之。其事著于經。見于禮。貫治隆俗美之本。三代既衰。夫子有作。述堯舜禹湯文武周公之道。以詔後世天下。前代亦既釋菜。周公爲先聖。夫子爲先師。更有改祀夫子爲先聖。鄒兗爲先師。七十二子列爲從祀。鄉國之賢哲不預。非古人立師爲學之本旨矣。夫蕞爾之鄭有僑。僻陋在夷有延州來季子。文獻相稱。耳目所接。其則不遠。是不可不師也。先賢祠記。

宣獻黄遂初先生度詳見艮齋學案。

劉先生士偲

劉士偲字子怡。温州人。愈子。與水心友。方實詳審。時然後言。輩行推爲鉅人長者。水心集。

李先生源父伯鈞。

李源字深之。永嘉人。父伯鈞字仲舉。足智恢遠。能以義勝血氣。鄭景望薛士隆引爲親友。得官調監慈溪酒不起。先生材藝德器如其父。父嘗使之與水心遊。水心集。

修撰陳北山先生孔碩詳見滄洲諸儒學案。

推官鄧直齋先生約禮詳見槐堂諸儒學案。

柯先生大春附林略。

柯大春字德華。黄巖人。號大雷山民。五歲入小學。卽憤悱求大義。聞葉水心名。往謁之。水心介紹于林浩齋略之門。因得聞二公秘論。累試太學不入。益肆力古文。謝愼齋直得其書。謂爲理到之文。有十餘卷。林自臺諫參大政。甚念之。而竟不致書問起居。其高尚如此。台州府志。

陳先生汲

陳汲字及之。永嘉人。正言求曾質甫之季父也。自號璽齋。與葉水心錢白石游最久。質甫磨礲其閒。故毫端極細潤。言論悉洞識體要云。慮齋續集。

周禮辨疑

或謂鄉遂設官最冗㊀。六鄉之民不過七萬五千家。今設官至萬八千九百三十人。爲大夫者百八十人。六遂之民亦不過七萬五千家。而設官乃三千九百九十八人。爲大夫者四十人。鄉遂共十五萬家。官吏乃至二萬三千人。十五萬家之所入能幾何。而足以養二萬三千官吏。

㊀「宂」當爲「冗」。

黄東發曰。愚按吕氏總計地官公卿大夫士通用三十萬夫。府史胥徒又不預焉。則又不止陳氏所計二萬三千之數而已。

宫官中惟春秋典禮職事無可疑者。然司服掌外朝之服。當與内司服並在天官。典瑞掌玉器之藏。當與掌節並在地官。司常巾車典路亦當在夏官。今列春官者。以禮儀所係。

司馬一官。與軍政者半。不與者半。自大司馬至行司馬。自諸子至旅賁氏。自司甲至槀人。自校人至圉師。其至則環人戎右戎僕。都家司馬皆與戎事者也。自掌固至掌疆則司疆界者也。自服不氏至掌畜則掌鳥獸者也。自太僕至隸僕則左右侍御僕從者也。自職方氏至撢人則掌輿地及四方諸侯外夷者也。小子掌祭祀則係焉。司爟掌行火則係焉。挈壺氏掌司夜則係焉。司士掌朝儀則係焉。弁師掌冠弁則係焉。與夫齊右之屬射人之屬則又係焉。夫既曰典軍政。而官府錯居。互相關係。古者什伍之法。于州鄉則聯其民。于師田則聯其徒。于宿衛則聯其官。于方伯連帥則聯其國。故能以天下爲一家。中國爲一人。舍是法而能治天下者。未之有也。卽能治一鄉者。亦未之有也。

春秋傳先王卜征五年。而歲習其祥。祥習則行。不習則增。修德而改卜。是卜不吉必修德而預戒。其義可與周官預卜來歲相發。

水心同調

隱君姚先生獻可

姚獻可字君命。義烏人。隱居郭西門。風度孤騫。不同于物。年饑不粒食。蒸菘菜菰子啖之。無醯鹽。人始憂其貧不堪。既而見其久不屈。至老無妄求。因遂翕然信重之。葉水心布衣時嘗訪之。先生曳破鞋出迎。歡如舊識。既疾革。度不起。以書造水心曰。我能守義不辱。子宜爲我銘。臨終戒其弟曰。棺前止須布幃一幅。置瓦爐于案。知我者當自來哭。其不知者。雖哭。吾不對也。其卓立自信如此。金華府志。

柯氏同調

謝先生直

謝直字古民。號晦齋。黄巖人。淳熙十一年進士。歷太社令。終通判嘉興府。博學能文。嘗曰。行事不法周公。無志也。立言不法孔子。無學也。有文集。台州府志。

水心所薦

黄先生艾別見邱劉諸儒學案補遺。

孫氏先緒

孫先生椿年

孫椿年字永叔。餘姚人。水心弟子之宏之父也。其先無仕者。父修職郎始絜先生于學。東南師友多聚其家。先生剛特博達。精力過人。寒鈔暑講。寢食失期會。凡書籍義類深淺。古今事物變通。采章錯綜。機神融液。往往心悟所以然。越之稠儒廣士爭傾下之。然踏省門五六。終不第以卒。山陰陸放翁表其墓。謂其學能抽先民之微。智能發當世之慮。而其恨不及在人主前口論手畫見于用而成功名也。葉水心集。

梓材謹案。魏鶴山誌之宏母孺人吴氏墓。述之宏之言曰。先君肆力于學。州薦其名。益從師友講肄。又言。之宏兄弟年少長。孺人俾負笈千里以赴師友之會。之宏往會水心之葬。未反室而孺人已卒云。

雲濠謹案。渭南文集有孫君墓表云。閒遊四方。從老師宿儒受學。尤好左氏春秋。班氏漢書。司馬氏通鑑。時時著説以發明三家奥指。多世儒所不及。又云。晚倣范文正公義莊之制。贍其族。長幼親疏咸有倫序。歲以爲常。有餘又以及親戚故舊無遺力。又云。子四人。之宏。之亮。之望。之穎。皆有學行。而史文靖公彌忠。蓋其壻也。

鄧氏師承

補 曾先生丰

曾丰字幼度。樂安人也。乾道五年進士。官至郡守。先生素以文章鳴。晚年恬于仕進。築室曰摶齋。著有緣督集。何柳塘穀贊云。不夷不惠。斯道之魄。不歐不蘇。斯文之脈。外容萬象。中無一物。世以爲名言。姓譜。

雲濠謹案。虞道園序先生緣督集云。參知政事眞公德秀幼嘗學于侯。侯没。眞公志其墓。石納竁中。不得見。而侯之孫君以蔭補官。歷鷹茶海口兩監鎮。調平江府節度推官。則由眞公念舊而推引之也。第以先生名爲豐。蓋傳寫之譌。

六經論

易論曰。道有形歟。曰。道譬則人也。人有形歟。曰。人生無形也。天地予之形。今夫天地之予人以形也。有耳目焉。有口鼻焉。有手足焉。六者具矣。其斯以爲人矣乎。曰。未也。六者具而不有氣扶焉。爲偶人而已矣。夫偶人者。爲玩則可。欲其能視能聽能營能履。則必也形氣具。道大無形也。聖賢狀夫形。六經諸子皆所以狀夫道之形也。六經與天地相終始。而諸子多湮没不行于世。或行而不久。此其故何歟。諸子能狀夫形。不能狀夫氣。六經則形氣具也。如斯而已矣。諸子。偶人也。天下豈有編草刻木以爲人而能有氣。與無氣扶焉而能行之理。六經。天地生成夫人者也。天地之生人也。若徒與之形而不與之氣。焉爲扶。則其形將焉用。有形而無用。則天地造化之工。與編草刻木者何殊也。否則何貴夫造化。聖人作經以狀夫道之形。而氣也隨具。不曰有造化之工存歟。造化之祖出于無名。無名之初。混然而已矣。混然者而不動也。則至今猶混然也。惟其動靜相摶故裂。混然者裂。然後確然隤然者立。混然者。其氣也。確然隤然者。其形也。

形藏于氣。是名太極。氣傳于形。是名兩儀。聖人者。其身生于兩儀之後。而其道立乎太極之先。太極以其氣鍾爲兩儀。而天地者。兩儀之一息也。吾于是知六經之氣同乎天地。天地以其氣鍾爲萬物。而人者。萬物之最靈也。吾于是知天地之氣同乎人。敢問人之氣。曰。嘘吸是也。嘘吸之閒。有始始焉。有終終焉。始始而終終。天地人之道備矣。敢問道。一陰一陽之謂道。夫陰陽者。妙仁義而爲言者也。六經之道不過仁義而已矣。聖人不以仁義徼仁義。而以陰陽妙仁義。或者取其氣專故耶。太極元氣。函三爲一。極中也。元始也。行于十二辰。始動于子。子一傳而至于丑。丑一傳而至于寅矣。是三辰。天地之嘘氣。萬物之所由生也。萬物之生。萌于子。芽于丑。達于寅。有子無丑。萌者勿芽。有丑無寅。芽者勿達。合是三者。是爲天地東北之氣。大抵天地之氣。運南而北則亂。運北而南則治。三皇之世。天地之氣離乎北。入乎東矣。而未至于南也。是爲鴻荒之治。孔子之贊易也。不于其先焉始。不于其後焉始。而于伏羲曰。易。伏羲之作也。易之未作。初有一而已。率一物而兩之。以開生生之門。此易之大凡也。而得其凡者希。先得一爲一。天地之子氣。聖人所以萌萬物也。後得一爲二。天地之丑氣。聖人所以芽萬物也。二生三。三生莫窮。天地之寅氣。聖人所以達萬物也。萌而芽。芽而達。伏羲神農氏所以輔天地之自然而物之也。伏羲神農。萬物之母。鴻荒之民。其嬰孩也。哺母之乳而不知飽。飽而忘其恩。飽且不知矣。而何有于恩也哉。名之曰安于自然。被羲農之化者。安于自然而不知。則可讀羲農之書。愚于自然而不知。則不可。聖人于是明告之曰。生生之謂易。夫生生者。子丑寅之氣也。而聖人託焉。

有以哉。斷曰。易。東北之運氣也。天地于焉生物。羲農于焉生治。孔子于焉生教。

書論曰。天下之運。始終而已矣。易。元氣之始也。于十二辰爲子。子。天地之所以始萬物也。子傳而丑。丑傳而寅。天地所以始萬物者。如斯而已乎。曰。未也。子丑寅者。萬物之萌而芽而達之謂也。達則達矣。而無以繼焉。則未免于病也。胎生病于殰。卵生病于殈。羽生病于不殈。毛生病于不育。然則奈何。曰。必有能濟其不及者。卯所以濟寅之不及也。萬物之生。茆于卯。美于辰。盛于巳。方其卯與辰與巳之未動也。萬物則蠢蠢然。既動則油油然。方其未動則蠢蠢然者。惟欲止于不病而已矣且不可得。及其既動。則不惟不病也。遂至于茆。至于美。至于盛。然則子丑寅者。萬物之所由生。生也而止爾。彼其所由長。長則爲卯辰巳之藉也歟。天地之于萬物也。雖生而不能長。則亦徒生而已矣。聖人曰。易。吾所以生萬物也。不可徒生。于是有書。曰。書之所以長萬物也。萬物之所爲生長于吾之易與書者。非生長于吾之易與書。生長于吾之易與書之氣也。嗚呼。君子知易與書之道者。無求諸易與書。求諸三皇五帝之治可也。欲知三皇五帝之治者。無求諸三皇五帝。求諸天地之氣可也。三皇之俗樸。五帝之俗和。三皇之法未成。五帝之法已成。俗之樸與和者。曰法之成與未成使然也。猶之可也。法之所以成與未成者。孰使之然也。則天下不知也。而吾獨知之矣。天地之氣。運北而南則治。反是則亂。三皇之世。天地之氣離乎北入乎東。夫東北者。子丑寅之氣。而寅者。陽之方壯也而未老也。方動也而未病也。不則殰也殈也不殈也不育也之病生。而天地之功虧也。五帝之世。天地之氣離乎東入乎南。夫東南。

卯辰巳之氣。而卯者。陽之漸老也。以其漸老者。迎其未老者。黄帝堯舜所以壽萬物之脈。以全天地之功。而孔子之所爲次易以書也歟。然易起于伏羲。而書不起于黄帝。何也。黄帝之俗樸固也。而伏羲者。樸之始也。五帝之俗和固也。而黄帝則未至也。夫其俗之所爲樸與和與未爲至和者何也。法始于伏羲。成乎堯。黄帝則成而未大成也。以其法之始始易。而不以其未大成成書。法當如是也。惟其法之成而未爲大成。故其俗之和而未爲至和。唐虞之俗。其和之至歟。敢問和。曰。和非生于和。而生于樸。樸者。和之醖也。和者。樸之熟也。黄帝之和。則熟而未熟者也。嗚呼。君子則混融之而已矣。以吾之氣混融天地萬物。以天地萬物之氣混融古今。孰非此氣也。伏羲神農以子丑寅之氣醖唐虞之和。則是萬物之萌而芽。芽而達之時也。堯舜以卯辰巳之氣熟三皇之樸。則所謂遂至于茆。至于美。至于盛者也。萬物之生與長皆曰出機也。萬物之生與長皆曰出機云者。一夫二也。生則爲始始。長則爲始終者。二夫一也。夫有始始必有始終。然則俗之和與樸者。雖曰法之成與未成使然也。而衹所以爲自然也歟。天下之治與不治也。堯舜未數數然也。則是堯舜以其自然輔天地之自然。以長萬物。以全伏羲之功也。而書也首焉。則是孔子以其自然輔天地之自然。以長萬物。以全易之功也。不然。書之有三墳。蓋其舊然也。而今乃斷自唐虞而下。余謂鶴脛雖長。可斷也歟。斷曰。書。東南之運氣也。天地于焉長物。堯舜于焉長治。孔子于焉長教。

詩論曰。三皇之治。渾渾如也。五帝之治。温温如也。渾渾也者。蠢蠢者也。温温也者。油油者也。蠢蠢焉者。生生者也。油油焉者。長長者也。天地之于萬物也。生生之。長長之。亦可謂仁也已矣。聖人輔天地者也。其道亦當如是乎。曰。天地不徒仁夫萬物也。又有義焉。故五行之氣不徒用夫甲也。又有庚焉。甲者氣之噓。庚者氣之吸。三皇之治。氣之始噓也。故曰渾渾。五帝之治。噓之極也。故曰温温。孔子贊易始于三皇。而定書始于五帝。則渾渾温温之别也。嗚呼。君子則亦觀氣象而已矣。孔子之贊易也。于何不先其温温者。而其定書也。于何不存其渾渾者。易之不先其温温者則猶有以。曰易伏羲之作也。至于書不存其渾渾者則何以哉。曰。孔子。太極也。六經。天地之氣也。噓之始則爲易。三皇所以生物。極則爲書。五帝所以長物也。書爲五帝而作。而施及于王。則猶之施及于帝也。曰。是固非生長萬物之正氣。而要之其運必至是也。故君子以爲書窮秦誓。而書之氣已窮于始作俑者之日。嗚呼。作俑秦誓者誰歟。君子蓋有不忍言者。曰。天地之所以爨萬物。與吾聖人所以爲次書以詩者于是乎在。天地。萬物之父母也。生生長長者。父母之愛其子也。父母既愛其子。曷不與之旦旦而生生。旦旦而長長。而乃受之以爨。天地不仁甚矣哉。天地仁。則無乃始始終終之理固然歟。雖然。詩起于三王而略夫夏。何也。曰。天地之氣然也。唐虞之時純噓也。故其俗和。一傳而夏。則噓吸之閒也。噓者欲絶而未絶。吸者欲交而未交。故其俗尚和。再傳而商周。始離于噓而入于吸矣。故其俗激。子曰。虞夏之道寡怨于民。商周之道不勝其弊。方其未離于噓也。宜乎寡怨于民也。及其既入于吸也。宜乎不勝其弊也。詩三百。大率爲不勝其弊者作也。于詩焉觀。蓋所謂責之閔之哀之刺之戒之思之疾之憂之規之悔之傷之之詞者。韓子所謂物不得其平而鳴者是也。故其辭激。夫其辭之所以激者。起于其俗之激也。至于所謂美之頌之樂之嘉之之詞者。莊子所謂逃空虛者。聞人足音。跫然而喜者是也。故其氣稍舒。夫所謂舒辭者。不過如斯而已矣。激辭者。如彼其多也。吾于是知詩。天地之吸氣。造化之入機也。決矣。不必天地也。吾一身之中。自有造化。氣是也。嘘則爲甲。吸則爲庚。甲之分有先後。先庚三日起于午。一元之南氣。化工所以咢布萬物也。雖然猶未也。午一傳至于未。化工所以申堅萬物也。元氣于是乎酉。聖人于是乎詩矣。詩生于俗之激。激生於氣之吸。夏之所以寡怨于民者。蓋萬物之始咢布。而商之治則已曖昧而申堅歟。不然古詩餘三千篇。就中豈無虞夏之詩尚存者。而孔子黜焉。子謂鶴脛之長可斷也歟。而或者于詩見其不無舒辭。則以爲嘘吸具。余則告之曰。時乎暑也。豈無一日之涼。時乎寒也。豈無一日之溫。而天地之氣不以其一日者變其一歲者。則聖人之經安得不惟其小者而惟其大者。嗚呼。君子則亦觀其氣象而已矣。且以其逃空虛聞人足音跫然而喜者。較諸所謂渾渾如也溫溫如也。則其氣象何如也。況夫逃空虛聞人足音跫然而喜者才什一。而物不得其平而鳴者滔滔也歟。斷曰。詩。西南之運氣也。天地于焉收物。湯武于焉收治。孔子于焉收教。

春秋論曰。聖人之道有窮乎。曰。無窮。道則無窮矣。道之用則有窮也。道者通也。無不通也。何謂通。曰。至難言也。孔子嘗兩言之矣。而自爲歧也。曰一闔一闢之謂變。不變則窮矣。往來不窮之謂通。窮則不通。此一説也。又有一説焉。曰窮則變。不窮不變矣。變則通。不變不通矣。通。

一也。而兩其説。前焉以爲生于不窮。後焉以爲生于窮。由前則戾于後。由後則不合乎前。天下曰。孔子。吾道之主盟也。主盟無予奪。與國奈之何。嗟乎。斯人也則亦未能混融而已矣。混融而覘之。有窮者所以無窮也。孔子自爲歧哉。聖人以其無窮者寓諸其有窮者。而文焉曰六經。其經六。其道一。其氣二。噓吸是也。易微噓天地之始始也。書純噓天地之始終也。詩微吸天地之終始也。終而始。天地之用無窮矣乎。曰猶有終終者焉。有始始而無始終。則天地之功虧。有終始而無終終。則天地之功散。散則無歸。萬物之生。堅于申。熟于酉。畢入于戍。該閡于亥。而其性命之所在。則或寄諸其實。或寄諸其根。夫其根與實幸而堅于申矣。而弗有酉焉則弗熟也。借曰熟矣。而弗有戍與亥焉。則無歸。無歸。則其性命之理將蕩入于滅矣。聖人曰。所貴乎吾道者。爲其有通而無滅也。于是作春秋。曰。春秋。詩之變也。詩窮于陳靈。而詩之氣久矣。其窮也。詩之氣不窮。萬物不堅。春秋不作。雖然合而言之。皆天地之吸氣。造化之入機。何者。陰生于午而盡于亥。中而分之。午未申者吸之始。西南之氣也。酉戍亥者吸之終。西北之氣也。國風好色而不淫。小雅怨誹而不亂。且夫好色者。淫之媒也。而未至于淫。怨誹者。亂之兆也。而未至于亂。則午未之氣然也。以其戍酉㊀亥者迎其午未申者。而文焉曰春秋。聖人所以復萬物之命。而環天地之氣也。不然春秋魯史也。魯之有土自伯禽至隱公三百八十六年矣。就中豈無一事之可垂鑒戒者。而孔子默焉。子謂

㊀「戍酉」當爲「酉戍」。

鶴脛之長可斷也歟。嗚呼。君子則亦觀其氣象而已矣。余嘗言。孔子之贊易也。猶其出遊觀之上也。其定書也。猶其在齊聞韶也。其删詩也。猶其入太廟而觀攲器也。其作春秋也。猶其爲魯司寇也。今夫力爭毫釐之閒。而深明乎疑似之迹者。此夫子之所爲魯司寇者然也。而君子謂其作春秋者亦然。則較諸入太廟而觀攲器者。其氣象又何如也。司馬遷曰。萬物聚散在春秋。遷其有見于此者。春秋之氣得西戌亥。亥者子之西。子者亥之東。二者之交。萬物之所成終所成始也。余謂之始終。遷謂之聚散。此豈二物也哉。遷之説于余無以異者。余于亥子之氣。論其正而已矣。遷則并于二者之交。包焉而推循環之理。曰窮則變。變則通。如斯而已矣。雖然遷豈誠有見于此哉。遷之淵源與游夏孰若。游夏于此。若有物鉗其舌者。而遷也及之。意者其億而中也夫。斷曰。春秋。西北之運氣也。天地于焉藏物。五霸于焉藏治。孔子于焉藏教。

禮論曰。道譬則人也。人之生也。有形斯有氣。有氣斯有嘘吸。有氣斯有色。有色斯有慘舒。有形而無氣者。偶人也。彼哉偶人。則嘘吸已不能矣。而況慘舒。今也有人似偶而非偶。不然坐于深山。不飲不食。無慘無舒。其卽之也與不卽之也。皆自若也。則是浮屠氏之定也。嗟夫。舒慘之不可絶固也。借曰可絶。祇亦自私之計。非大通之道也。天地之氣若浮屠氏然。則乾坤或幾乎息矣。萬物何資焉。天之氣嘘。萬物資始。吸。萬物資終。終始則有所資矣。而其嘘吸之盎而見諸外。東南則爲青爲赤。西北則爲白爲黑。離乎黑。入乎青。則爲舒。離乎赤。入乎白。則爲慘。此何爲者也。曰。天地之氣非能爲色也。而不能不爲色也。天地不能絶舒慘色。浮屠氏獨能天地之所不能也歟。聖人之道。天地之氣也。易也書也詩也春秋也則氣之噓吸也。噓吸之氣運諸冥冥之中。則固有無色之色存焉。而人莫之見也。夫人之情。信于其所見。疑于其所不見。天下或曰。聖人熒惑我也。或曰。誰謂聖人。然二事爭而不已。則並率其不爭者。求觀于吾道。而質其疑以決其爭。而吾道果無可觀者以證。則經之作。幾何不與兀然坐于深山者類也。則天下曰聖人熒惑我也。吾之作經。將以儒天下。而天下皆以爲熒惑我。聖人之心則不安。于是有禮焉。聖人之作禮也。曰。非我也。禮起于夫婦。夫婦起天地。天氣下降。地氣上騰。其爲禮之本歟。天地之噓吸爲陰陽。上降下騰。陰陽之感也。吾道之噓吸爲仁義。易書詩春秋禮。仁義之感也。子曰。無體之禮。上下和同。則是仁義之感之謂也。相感之中。既有無體之禮存焉。則亦足矣。而又必也。制經則無乃贅乎。曰。天地能以其相感者生萬物。于是以其運諸冥冥者衁而爲青爲赤爲白爲黑者以信萬物之目。聖人之作經。則亦輔天地之自然而已矣。安得惟事其感者。而不事其麗者。然則禮也者。其道之麗也歟。天地之所以麗萬物者有損益。損益之變。慘舒之爲也。慘舒之變。噓吸之衁也。君子曰。禮損益而已矣。益之爲三皇。益之又益爲五帝。則是天地之噓者。衁之爲舒者也。損之爲三王。損之又損爲五霸。則是天地之吸者。衁而爲慘者也。舒之初爲未純。慘之末爲已甚。堯揖舜而前曰。吾與爾天下。舜拜而辭曰。朕德弗嗣。禹之于舜也亦然。而商之于夏。周之于商也不然。嗟夫。堯舜禹率天下後世以揖與拜。而商之于夏也尚然。今也商之自去其所以率之者。而率之以其非以率之者。則周之于商也無怪也。孔子不曰夏因于虞禮。所損益可知也。而曰商周因于夏商。所損益可知也。則是舒慘之别也。又曰。其或繼周者。雖百世可知也。則是又一慘一舒之迭相往來而無窮也。吁。亦微矣。商因于夏禮。孔子不忍言。周因于商禮。孔子尤不忍言也。其或繼周者。則又有大不忍言者。不忍言而言。斯其所以若是微歟。斷曰。陰陽之氣噓吸于四時。而舒慘之色與之相終始。仁義之氣噓吸于四經。然則禮也者。蓋與四經相終始歟。

樂論曰。聖人近取諸身。遠取諸天地以作經。是故有氣。氣。道之噓吸也。噓吸之盎。是爲慘舒。今也有人能噓能吸。能慘能舒。而不能聲。是之謂病瘖。人之病于瘖。天地中之一廢人爾。固無用也。天地而病于瘖。太虚中一廢物爾。又安能造化萬物哉。盎之外又有呼焉。小呼爲風。大呼爲雷。雷之動也轟然。風之鼓也哮然。轟然哮然者。天地之聲也。雖然于其末也。則有無聲之聲存。陽唱而陰和者是也。夫所謂和唱。天地自聞爾。萬物不之聞也。人有對聵者言。言則費矣。聵者諉曰。子曷不與我言。天地以爲。吾之唱和。萬物不之聞。彼且謂我瘖。于是以其不可聞者寓諸其可聞者。而名之曰雷風。是謂有聲之聲。聖人之道仁義。仁。天地之噓氣也。義。天地之吸氣也。天地之噓吸爲陰陽。吾道之噓吸爲仁義。易也書也詩也春秋也。則聖人所以幹仁義之氣以終萬物也。四經之外有禮。所以色仁義之氣。以信萬物之目也。目則信我矣。而耳未我信。則五經之作。名爲廢經。于是又有樂焉。聖人所以信仁義之氣。以信萬物之耳也。孟子曰。樂斯二者。二者。仁義之謂也。然則孔子之教天下。曷不亦曰樂。樂仁義而已矣。必也聲乎。何哉。曰。聖人之作經。則亦輔天地之自然而已矣。天地有聲。吾道雖欲無聲。得乎。雖然亦常及之矣。

而弗敢專聞教天下也。曰無聲之樂。氣志既得。意者以爲無聲之樂。我徒自聞。天下不之聞也。而天下不之聞。要有能聞之者。姑曰勿卹焉可也。而彼將以爲道瘖。吾之作經。所以鳴吾道也。而目爲病瘖。然獨得勿恤乎哉。于是以其無聲者散諸其有聲者。而託于八物。八物之鳴。陰陽之聲也。陰陽之不能不爲聲。猶其不能不爲色也。陽聲起于東北故清。陰聲起于西南故濁。聲之不能不爲清濁。猶色之不能不爲舒慘也。何者。皆是氣也。樂生于風。風生于氣。君子曰。至治之世。天地之氣合以生風。三皇之世。天地之氣漸合矣而未甚也。故其樂野。五霸之末。天地之氣判然不合矣。故其樂乖。野。東北之聲然也。乖。西北之聲然也。以其始者與其末者而推其中者。則五帝之樂惟韶爲盛。蓋東南之聲然歟。而三王之樂惟武爲疵。則西南之聲然歟。子曰。武盡美矣。未盡善也。嗟夫。天下之事。難乎其兩盡也哉。兩盡爲天下極。其斯以爲韶歟。而或者以武則疵矣。勺之盛。何可掩焉。嗟夫。二毛久矣。而染髭鬢。眞氣憊矣。而餌金石。多見其無補于壽也。由是論之。天地之氣蓋大合于唐虞之時。而沿商迄周則其漸不合矣乎。天地之氣合則爲仁。不合則爲義。既曰禮樂皆自仁義出。則安得有先後。曰。六經。天地生成夫人也。故形氣具。形氣具故聲氣長。樂聲也。天一生水而水生聲。地二生火而火生色。水。陰也。火。陽也。陽主進而陰主退。孔子所以先禮而後樂也。雖然陽中之陰。陰中之陽。禮中之樂。樂中之禮。君子則亦混融之而已矣。聖人之經。五則刖。七則贅。贅未之聞也。而或者之論去其樂。不殆于刖歟。樂則刖矣。吾道不殆于瘖歟。嗟夫。人之未立言也。亦嘗瞑目而混融乎。斷曰。陰陽之氣噓吸于四時。

而清濁之聲與之相始終。仁義之氣嘘吸于四經。然則樂也者。與四經相始終歟。

其序曰。六經未經孔子手。六經六籍而已矣。六經一經孔子手。六經者元氣也。一元之氣。小旋爲日爲月。大旋爲月爲歲。小旋爲歲爲世。大旋爲世爲運。小旋爲運爲會。大旋爲會爲元。至于庖犧氏之皇天下之初。蓋十四萬有奇歲矣。茫不可推。皇轉而帝。帝轉而王。王轉而霸。四者之變。蓋元氣之一旋也歟。均是氣也。天以清。地以寧。萬物以生。孔氏子竊取皇帝王霸之氣脈。以混成六經。而天地萬物之理寓焉故精。精故難明。曾氏子高取諸天。卑取諸地。散取諸萬物之理。以論索六經。而皇帝王霸之治悉焉故明。明故易精。嗚呼。人苦不自覺爾。内觀返聽。吾一身之中。六經具焉。天下人人而能内觀返聽也。則吾之論誠然贅矣。誠然贅矣。

水心門人

補司業陳篔牕先生耆卿

篔牕文集

學貴實。心貴虚。不虚則不實矣。是故學者必有所不受而後可以大受。鑑之明也。惟其不受塵也。惟其不受塵。故能受物之照。不然則既染于物。若之何受物哉。學者之從聖人。亦欲受斯道也。游處并合。非道不親。請問辨説。非道不陳。探玩修爲。非道不思不行。夫豈不欲受斯道。

而卒又莫之受。何也。其中先有所受故也。夫子。道之至也。顏子。受道之至者也。夫子曰。吾與回言終日。不違如愚。又曰。于吾言無所不悅。是顏子能受斯道矣。夫諸子之在聖門。其問聖人者比肩。其受教于聖人者比肩。非不簡易明白也。而或疑或辨。或愠或譏。故雖以聖人加意甄陶。畢力鼓鑄。猶有未喻者焉。顏子獨何爲而終日不違。又何爲而無所不悅邪。此非顏子之自異于諸子也。諸子之心不虛。而顏子之心虛也。夫心本至虛。而有欲則不虛。顏子之虛本于克。克則無欲。無欲則虛。虛則見天。是故夫子以天授。顏子以天受。形神交映。骨脈俱融。宜其終日不違而無所不說也。諸子非不欲說也。不能也。顏子非有心于說也。不期說而自說也。夫豈必言而後說。未言之前固已說矣。未言說其道。既言說其言。故顏子之于聖人。可以言而亦可以無言也。夫其所以至此者。皆自其心之虛者得之。不得則方寸之内皆私欲也。吾困于私欲不暇。而何暇于道。嗟夫。私欲之難去。久矣。非必貨財聲色而後爲私也。以善視之。以善爲之。而不能不倚于偏。亦私而已矣。故爲惡之私易見。而爲善之私難知。孔門之中。不以窮達累志者罕矣。由求之徒既不能不用。賢如閔子。則又以不用爲高。惟顏子不然。用則行而舍則藏耳。夫必于行者私也。必于藏者亦私也。顏子之心無私。故不必于行。而亦不必于藏。惟其不必于行而亦不必于藏。其藏也非隘。其行也非肆。此顏子所以幾于夫子。而閔子所以不若顏子也。夫其斂形抱影于陋巷之閒。自樂疑若無此世矣。爲邦之問。何勤如焉。然則陋巷之閒未嘗無高宮廣廈也。此顏子之所以幾于天也。天下之以陋巷觀顏子多矣。不以陋巷觀顏子者。顏子之徒也。顏子論。

悟道者以眞見。體道者以眞力。力之至而見不與之俱。是有四肢而無目也。見之至而力爲之憊。是有目而無四肢也。雖然人以目爲見。而不能見乎目之所不見。人以四肢爲力。而不能力乎四肢之所不力。夫是以必貴于眞見。而且貴于眞力也。夫眞力養乎百年者也。眞見發于一朝者也。豈惟一朝。雖一嘘吸之閒可也。豈惟百年。雖與天地相終始可也。世人知悟道之難。而不知體道之不易。以其所謂得于一嘘吸者爲妙。而于天地相終始之説則閟閟焉。夫是以崇見而黜力。力之不勝而見亦錮矣。忠恕者。曾子之眞見也。弘毅者。曾子之眞力也。夫曾子以一唯而代萬夫之牘説。則其見亦卓矣。何懼乎學之不竟而徒致其力哉。吁。此曾子之所以爲善學。而獨得于聖人之髓者也。曾子嘗曰。尊其所聞則高明矣。行其所知則光大矣。忠恕者。曾子之所知。而弘毅者。所以行之也。弘毅之不足。力之不至。則雖以曾子。能無憂乎。故仁以爲己任。死而後已者。不死則不已也。非所謂與天地相終始者歟。蓋天下之大。而難致者莫如仁。而其近且易入者莫如孝。曾子以孝行仁者也。所謂本立而道生者也。于是求之可以爲近矣。而猶曰遠焉。猶曰死而後已焉。則學之不如曾子者。其可以已乎。見之未及乎曾子者。其可以已乎。嗚呼。使簀而未易。吾知其猶未已矣。使手足而未啓。吾知其猶未已矣。簀已易矣。手足已啓矣。從而已之無愧也。雖然曾子可已也。曾子之道不可以已也。得曾子者。能爲曾子之孝。則曾子常在目矣。能爲曾子之弘毅。則曾子亦常在目矣。聖門諸子之末流皆未免有弊。而惟曾子獨無弊。得不以眞見眞力也哉。或曰。以曾子之力較之。顔子則何如。曰。既竭吾才。則顔子亦嘗用力矣。然顔子之力施之未有見之初。

曾子之力則持之既有見之後也。是故未見卓爾則顏子之力可施。既見卓爾則顏子之力不可施。非不可施也。施之之至而將造于不施之地也。若曾子。則無時而不施矣。其所以然。則以見之未及顏子故也。此所以操之執之期于死而無斁歟。曾子始終用力者也。顏子始用力者也。孔子不假力者也。學者未能如孔。則學顏可也。未能如顏。則學曾可也。曾子論。

詩云。相在爾室。尚不愧于屋漏。記曰。君子戒愼乎其所不睹。恐懼乎其所不聞。夫屋漏之愧未流于里巷。不睹不聞之非□㊀。未白于人之耳目。而古人憂之。正以易矯者明。而難克者暗也。

室無明暗。明暗在心。心之明邪。室暗不暗。心之暗邪。室明不明。以上暗室記。

孔子曰。食無求飽。居無求安。此言居與養。外也。而非内也。其内。孟子言之矣。曰居廣居。曰養大體。是也。蓋居莫隘于宮室。莫廣于道。養莫小於口體。莫大于心。道之妙難持。而心之靈易逝。不養則肆。力養則拒。而其要在去私欲。譬之養木。去其荆榛可也。譬之養苗。去其稂莠可也。夫何以知其荆榛稂莠而去之。曰。窮理也。窮之至則見之明。見之明則能判公與私。辨道與欲。故其爲荆榛稂莠者可知。而其不爲荆榛稂莠者可養也。是養其大也。養之大則居之廣矣。重修仙居學記。

㊀「□」當作「慝」。

天靳才。人樂富貴。二者之難兼。自古固然。蓋亦造物之神機。所以瞑眩一世者。必不得已而去。曰寧去富貴。富貴無聞者多矣。至于哲人。雖餓且死。名猶日月也。送葉孟我官寧國序。

附録

水心跋論孟記蒙曰。耆卿生晚而又獨學。奚遽筆之書。然觀其簡峻捷疾。會心切己。則非熟于其統要不能入。總括凝聚。枝源派本。則非博于其倫類者不能推也。機鑰嚴秘。門藏户攝。則非老于其室家者不能守也。句萌榮動。春華秋實。則非妙于其功用者不能化也。蓋數十年所未見。而一日得之。余甚駭焉。

又題先生文集後曰。耆卿之作。馳驟羣言。特立新意。險不流怪。巧不入浮。建安元祐恍焉再覩。蓋未易以常情限也。

王德甫答車玉峯書曰。皇朝文統。大而歐蘇曾王。次而黄陳秦晁張。皆卓然名家。輝映千古。中興以來。名公鉅儒。不自名家。張吕朱氏。造儒術而非文藝。獨水心擅作者之權。一時門人孰非升堂。孰爲入室。晚得陳篔牕而授之柄。今篔牕之門亦夥矣。求其可據者。未有也。

補 王大田先生象祖

梓材謹案。陳篔窗序車隘軒文集。述玉峯之言云。板三年。印帙甫三。一自昇。一大田。今一先生。未云。大田。其友人王德父之里。先生蓋隘軒講友也。

附録

嘗寄書與眞西山。謂救時當法孔子。不可法孟子。

車玉峯上大田王先生書曰。先生之文。簡嚴沈邃。實似老泉。雖規模不踐。而氣象實侔。先生身不能于位薦。而稱者又不能如韓歐之位。宜若失步牆陰。引領跂足。見不見者未之必也。而大田之濱。袂牽贄接。分求一言。墨瀋未乾。已實客袖。得者自賀。未得者謂奚獨後予。遠且彌見。乃不異于高而招者。今之荷世大名。漫塘鶴山質牕數先生搁指可計。而先生之名。則布衣于其中。況數先生名溢于位。非位而後名也。位而名者。已不敢望。今以不位參之。則又不止無異于高而招者矣。

補正字周山房先生南

梓材謹案。朱子答先生書云。玆辱惠書。又見季通具道遊從切磋之意。深以爲慰。是先生固西山蔡氏講友也。又案。先生山房集。直齋書録解題稱有四十卷。今存永樂大典第九卷。

周南仲語

聖人教人。用蒙而不用復。蓋復者去其不善而復于善之謂也。若蒙則無不善。亦未有所失也。謝山困學紀聞三箋曰。南仲謂。人能養之于蒙。則無須復耳。此古人胎教與少儀之說。

補進士孫先生之宏

周禮說

周官在漢最晚出。孔氏既無明言。孟軻之徒或未之見。疑信猶未決也。不幸劉歆用之而大壞。王安石用之而益壞。儒生學士眞以爲無用于後世矣。夫去古邃遠。雖使先王之制爛然在目。固難盡棄今之法而求復其初也。然究觀其書。以道制欲。以義防利。以德勝威。以禮措刑。尊鬼神。敬卜筮。親賓客。保小民。藹然唐虞三代極盛之時。非春秋戰國以後所能髣髴也。學者欲知先王經制之備。捨此書將焉用之。總論。

太史職亦曰。掌建邦之六典者。蓋太史司典籍。前後稽驗。凡治教禮政刑事。皆得與太宰釐正也。

太宰出式灋者也。小宰宰夫執式灋者也。太府以式灋頒財。職歲酌劑。而後有司受之。既用財後。太宰受歲會。小宰又以式灋贊之。宰夫乘其出入職幣。又以式灋斂其餘焉。易曰。節以制度。其斯之謂歟。

外府掌邦布之入出。以待國之小用。蓋布帛不可以尺寸裂。穀粟不可以勺合均。必泉布而後可濟其小用。以上天官。

先王之民。人有保受。出有節傳。豈容浮遊旅寄于四方。今民以羈旅爲名。官以新甿爲職。豈非自狹徙寬。移偏聚之民于闊曠之地。必當勞來安集之乎。

圖之名一也。而職掌不同。圖亦異用。司徒之圖。爲安擾邦國設。必度疆域之廣狹。計五土之多寡。凡土地所生。風氣所宜。則加詳焉。司馬職方之圖。爲禁暴平亂設。必記形勢阨塞可以講攻守之宜。道途通阻可以達進退之便。凡居重而馭輕。避難而就易。則加詳焉。

小司徒頒比法。登衆寡。計口而田。度力而役。無曠土。無游民。教養之實政也。至司寇獻民數。王拜受之。登于天府。與祖廟之守藏並重。又以見民命之不可輕忽。君臣上下通知愛敬其民。愛敬之義明于上。則教養之實達于下。其事常相表裏也。以上地官。

史官爲宗伯之屬。以宗廟典籍具存。非博通之士莫能勝任也。

先王明于天地之故。察于人之理。知所以事鬼神示者。卽保邦之實政也。故承祀親疏上下閒者。有一事之不致其誠。一物之不當其則。則爲不克祀。不克祭。不克享矣。唯聖人能享帝。孝子能享親。此之謂也。

祠祀禬禳。本天道之不可測。人心所不能已者。後世儒者。乃欲一切去之。不知其不容强禁也。聖人設立巫祝。領以禮官。則非其鬼而祭之者自絶矣。以上春官。

六服之君。各以歲時朝覲宗遇。而陪臣將命。入貢獻功。幾無虚日。委積殰牽以待之。郊勞燕饗以寵之。送逆必于其疆而不憚其煩。存頫必以其時而不厭于數。周公經紀天下。精神會聚于此。此意管仲猶知之。故其言曰。招攜以禮。懷遠以德。德禮不易。無人不懷。故五霸桓公爲盛也。秋官。

補 廉靖滕先生宬

雲濠謹案。姑蘇志云。元祐黨籍友之曾孫知道州珙之子也。不喜時文。習制舉。安于退處。不急仕進。卒年六十五。

補 侍郎孟先生猷

雲濠謹案。姑蘇志言。先生居郡之閶邱坊。嚴己恕物。卒年六十七。水心誌其墓作六十一。

補 知州趙嬾庵先生汝譡

雲濠謹案。先生爲濮安懿王之後。安懿子懷榮穆王宗暉。宗暉子沂恭憲王仲俌。仲俌子集慶軍節度使士囿。士囿子崇汝簡公不息。不息子善臨。善臨第四子汝談。先生其第五子也。其名汝讜者。乃安懿兄信安僖簡王允寧之後。允寧子會稽侯宗敏。宗敏子槃。槃子良公仲突。仲突子越國公士政。士政子朝散大夫不忌。不忌子善繼。善繼子則汝讜也。汝讜之與先生。不可并而爲一矣。

附録

徙湖南。既至則表直臣龔夬墓。

劉後村詩話曰。南塘評蹈中詩文云。節奏似韋謝。信有之。至于慕先儒而遐想。挽名流以自進。則居然懸隔。南塘惜其未撥棄浮論。可謂名言。其豪心俠氣。極力揩磨不盡。不若南塘之近道也。

補 鄧求齋先生傳之

雲濠謹案。周益公序求齋遺稿云。十六七從儒先曾丰幼度邑宰黄景説巖老講習詩文。又謂其于六經尤好讀易。

補 縣令宋先生駒

雲濠謹案。水心爲先生父知峽州紹恭墓志云。默受教論。又云。五世祖爲宣猷公。則先生宣猷六世孫也。又載峽州之壻。長爲古靈陳杓。季爲涑水司馬楊。皆舊家云。

補 常博戴先生栩

雲濠謹案。先生萬曆温州志岷隱孫。

補 進士袁先生聘儒

雲濠謹案。水心爲先生父武進令直友墓志。言先生官朝奉郎。浙東安撫司機宜。

補 葉靖逸先生紹翁

雲濠謹案。王阮亭居易録載黄俞邰所鈔南宋詩小集二十八家。有建安葉紹翁嗣宗靖逸集。又載龍泉葉紹翁四朝見聞録云。自甲集迄戊集。亦纂述南渡事蹟。其閒頗有涉煩碎者。不及李氏朝野雜記。

補 張先生垓

梓材謹案。先生父緦字邦和。其先由高平徙京師。東萊誌其墓云。買田婺州郭外。教其子以學。三子。長垓承信郎。嘗從予遊。是先生亦東萊門人也。

補

忠肅陳抑齋先生韡

梓材謹案。先生號抑齋。見劉後村大全集。

附録

未冠。袖贄見淡軒楊先生方。淡軒覽而奇之。賀北山曰。眞英物也。北山性剛嚴。公左右承順無違。事繼母盡孝。湯侍郎中論諸公互有短長。至于一片至公血誠。抑齋外難屈第二指。其爲當世慕仰如此。

眞西山序朱子論語詳説後曰。建安太守三山陳侯既以武功戡寇難。又思以文教淑人心。曰論語一書。子朱子之所以用力而終其身者也。其始有要義焉。其次有集義焉。又其次則有詳説。而以集註終焉。今集註之書。家傳人誦。若詳説。則有問其名而勿思者矣。聖人之道大矣。善學如顔子。且親得聖人而師之。猶必仰鑽瞻忽而未獲。至于循循善誘之餘。既竭吾才。而後卓然有見于道之全體。況今之人。即書而求道。其難于顔子又倍矣。故雖以子朱子之學得之于天。而其進也亦必以漸。蓋沈潛玩索。不知老之將至。迨乎集註之出。然後集其成而無憾。學者可不徧考之乎。媲之于玉。集註其圭璧琮瓚也。人見其潤温縝栗。無少瑕點。以爲出于天成。而不知追琢磨治之功。非一朝夕積也。故其書之視集註章句。詳略往往弗同。而于先儒之説。取去亦或小異。昔若是乎而詳。今若是乎而略。昔奚爲而取。今奚爲而去。斟酌權量之微。範鎔點化之妙。蓋不待從游于考亭雲谷之閒。而言論風旨若親承面命矣。是非求道之至要耶。故予欲學者以集註爲之本。而參之以此書。觀子朱子之所得。月異而歲不同。庶乎知聖賢之旨爲無窮。而問學之功不可以已也。既以鏤諸梓。而俾某述其所以然。是用筆之篇末。

又序朱子孟子要略曰。太守陳侯既刊文公朱先生論語詳説于郡齋。又得孟子要略。以示學者曰。先生之于孟子。發明之也至矣。其全在集註。而其要在此編。蓋性者義理之本源。學者必明乎此。而後知天下萬善皆由此出。非有假乎外也。故此編之首曰。性善焉。性果何物哉。曰。五常而已耳。仁義者。五常之綱領也。故論性之次曰仁義焉。心者。性之主。不可以無操存持養之功。故論心爲仁義之次。事親從兄。天性之自然。而本心發見之尤切者也。故孝弟爲論心之次。仁義者。人心之所同。而所以賊之者利也。學者必審乎義利之分。然後不失其本心之正。故義利爲孝弟之次。義利明矣。推之于出處。則修吾之天爵。而不誘于人爵。推之于政事。則純乎王道。而不雜乎霸功。故義利之次。二者繼之。聖賢之學。循天理之正。所以盡其性也。異端之學。循人欲之私。所以拂其性也。故以是終焉。先後第之别。其指豈不甚明也哉。學者于集註求其全體。而又于此玩其要指焉。則七篇之義無復餘藴矣。雖然學者之于道。豈苟知而已耶。昔嘗聞先生與其門人論輯此書之意而誨之曰。觀書不可僅過目而止。必時復玩味。庶幾忽然感悟到得義理與踐履處融會。乃爲自得。嗚呼。是又先生教人之要指也。予之刻此書也。豈苟然哉。侯以序引見屬。退惟末學未能窺先生之門牆。故于侯之命雖不敢辭。而亦不敢以序自任也。故論次侯本語。系諸編末。爲朋友共講云。

梓材謹案。二序亦載劉雲莊集。第觀序中所述。則先生雖爲水心弟子。殆于朱學爲多。

林畊叟序拙齋尚書集解後曰。淳祐辛丑。僥倖末第。閒居需次。得理故書。日與抑齋今觀文陳公。虛齋今文昌趙公。參考講求。摳趨請益。抑齋出示北山先生手蹟。具言居官婺女。日從東萊先生學。東萊言吾少侍親官于閩。從林少頴先生學。且具知先拙齋授書之由。時抑齋方閱六經疏義。尤加意于林吕之學。虛齋亦倣朱文公辨安國書著本旨。畊得互相詰難其閒。凡諸講解。搜訪無遺。

劉後村祭文曰。僕早親公。知公最詳。朱絃之直。玉尺之方。冰檗之清。鐵石之剛。遠泝周程。近參朱張。水心席閒。北山膝旁。先天太極。内聖外王。有體有用。施未毫芒。悲哉此事。千載渺茫。

又輓之曰。受學龍圖老。于今五十春。常爲驚坐客。不比杜門人。薦我煩金口。酬公盍漆身。自憐雙鬢秃。扶僕演恩新。

又爲神道碑銘曰。良輔隆凖。靖翊虬鬚。史稱其學。出于孫吴。忠肅父師。乾淳大儒。方其未貴。嘗遇于塗。敗笈蕭然。發以示余。朱張語孟。了無它書。

教授陳先生剛

梓材謹案。先生學文于水心。詳見後村集饒應子墓志。

張先生公秀

張公秀字仲實。蘇州人。從水心游。甚密。風流詞翰。推重一時。知臨海縣。有善政。姑蘇志。

杜先生鎮

杜鎮。越之貢士也。嘗從葉正則遊。孫燭湖稱其寒苦而耿潔。意氣歸然不羣。眞能有所不爲者也。孫燭湖集。

虞先生樞

虞樞。亦越之貢士。嘗學文于正則。孫燭湖集。

陳長齋先生志崇

陳志崇字仲孚。平陽人。陳徐弟子巖之弟也。詞藻精麗。從水心久。水心集。

梓材謹案。劉後村詩陳南窗墓云。君之考諱志崇。字仲孚。所謂長齋先生者。仲石弟也。其先由長溪遷平陽。與止齋同譜。弟兄皆師友止齋龍泉。而周旋徐公誼。陳公武。蔡公幼學之閒。蓋先生兄弟遍事止齋水心。故統言師友云爾。

葛先生紹體

葛紹體字元城。黄巖人。師事葉水心。著有四書述。赤城志。

葛先生應龍缺。

趙紫芝先生師秀

趙師秀字紫芝。永嘉人。登紹興第。浮沈州縣。僅一改秩而卒。自乾淳來。濂洛之學方行。諸儒類以窮經相尚。詩或言止。取足而止。固不暇如昔人體驗聲病。律呂相宣也。潘檉出。始創爲唐詩。而先生與徐照翁卷徐璣繹尋遺緒。日鍛月鍊。一字不苟下。由是唐體盛行。先生詩名天樂集。兩浙名賢録。

附録

王深寧困學紀聞曰。趙紫芝詩謂。輔嗣易行無漢學。元暉詩變有唐風。

徐山民先生照

徐照字道暉。永嘉人。自號山民。嗜苦茗。上下山水。穿幽透深。拾其勝會。有詩數百。斲思尤奇。皆横絶欻起。冰懸雪跨。使讀者變踔慘慄。肯首吟歎不自已。發今人未悟之機。回百年已廢之學云。水心集。

翁靈舒先生卷

翁卷字續古。一字靈舒。樂清人。詩名西巖集。一名葦碧軒集。温州府志。

縣令徐靈淵先生璣

徐璣字致中。一字靈淵。永嘉人。仕長泰令。工詩。名山泉集。自趙紫芝以下四人。號永嘉四靈。館閣有四靈集。温州府志。

雲濠謹案。温州舊志載。先生父定。字德操。閩之晉江人。教授處州。娶永嘉鮑氏。因家焉。知邵武縣。擢守潮州卒。其傳列循吏。

翁先生敏之詳見木鐘學案。

丁先生本附從子石。

丁本字子植。號松山。黄巖人。嘗從葉水心遊。登嘉定四年進士。官至澧州通判。致政家居。爲園曰松山林壑。日吟詠其間。時稱丁園。陳耆卿爲之記。四方來學者甚衆。咸尊之曰松山先生。所著有東嶼稾。從子石。字貫道。號菊山逸民。亦能詩。與戴復古友善。台州府志。

陳南窗先生守淳見下長齋家學。

篔窗講友

林先生表民父詠道。

林表民字逢吉。台州人。父詠道。好古博雅。儲書甚富。先生承其家學。而與陳篔窗耆卿吴荆谿子良游。嘗同箕窗修赤城志。又自修續志三卷。輯赤城集二十八卷。台州府志。

周氏講友

文清劉漫塘先生宰

詳見嶽麓諸儒學案。

趙氏同調

凌先生登龍

凌登龍字顯夫。善化人。嘉定閒再舉進士。提刑趙汝讜延直嶽麓書院。累授祁陽令。以疾辭。廣西帥姚希得辟爲柳州推官。遷永州僉判。卒年七十一。善化縣志。

劉氏家學

劉南皋先生克

劉克字子至。秘書郎坦之父。靖君之子。號南皋。先生其卒也。後村作詩輓之云。久無羔雁聘遺賢。白首邱園氣最全。聊與荆公續詩選。不聞譙叟入經筵。講師翁庶幾三昧。樸學余纔語一篇。兩侍細旃莫推挽。諛儒此愧若爲湔。其二云。少時已誦水心銘。今息庵文可並行。椿算過如大君子。蒲輪莫致老先生。縱無掌故來傳話。盍有門人與易名。嘗辱蓬山授經說。蕺陵道遠一傷情。劉後村集。

劉氏門人

補學士余先生嶸

雲濠謹案。先生號肯堂。著有周易啓蒙。毛詩説略。春秋大旨。戴記序發略。掖垣類稾。肯堂賓談隨筆。肯堂職業及雜記録各若干卷。藏于家。

王氏門人

補尚書尤木石先生焴

附録

戴剡源題唐善師談乘曰。往時木石尤先生居吴中。每朝膳畢。四方之賓遊雲擁其門。先生幅巾野服出見客。薄茶一啜。坐中談説典章儀注經術吏事。以至巫醫算弈之類。無所不有。日且中。又茶一啜而散。以爲常。羣弟子載筆札相從屏後。竊記其所言。雖未嘗執卷問學。而人人談吐各有本末。無白丁之媿。于時陳端明居崇德林眞院。劉南兵居莆亦然。丁巳歲。尤先生史禍發。此事俱廢。

謝山鮚埼亭詩集道南祠下雜作其三曰。文簡文孫木石賢。文章載道亦巍然。如何史禍消沈後。流落豪芒總不傳。

陳氏家學

正言陳先生求曾別見艮齋學案補遺。

曾氏門人

眞西山先生德秀詳西山眞氏學案。

篔窗門人

補少卿吴荆溪先生子良

附録

水心稱其文意特新。語特工。韻趣特高遠。雖昔之妙齡秀質終以文名世者不過若是。何止超越流輩而已哉。及卒。車玉峯挽以詩云。江右文章今四葉。水心氣脈近三台。

方桐江讀荆溪集跋曰。荆溪年十六時從篔窗。年二十四時。以書通水心。爲道學名實之説。以九鼎爲譬。而詆夫名爲舉而實未嘗舉者。頗似迎合水心。蓋謂以學致道。不以道致學。道學之名起于近世儒者。其意曰。舉天下之學。皆不足以致道。獨我能致之云爾。回則謂。朱張吕三大儒未嘗有是説也。出于其門。名爲舉鼎而實未嘗舉。以之欺世。未有世久而論不定者。顧何患焉。

抑齋門人

何我軒先生謙

何謙字光叔。世爲莆人。抑齋守莆。廟論將付以邊事。求士于陳復齋可託死生患難者。復齋以先生薦。遂與同載。抑齋强之受武爵。先生與人書疏未嘗署銜。林竹溪爲書我軒扁。仕至成忠郎監福州税院。劉後村集。

方先生伯載

方伯載。三山人。幼登陳忠肅門。有遠志。强記而善問。薄科舉程文不爲。而喜爲詩。謝疊山文集。

長齋家學

陳南窗先生守淳附弟中庸。

陳守淳字成甫。自號南窗居士。平陽人。長齋先生子。先生幼拱立親側。盡記諸老緒言。止齋愛之。諸老與長齋繼凋謝。惟龍泉巋然獨存。先生僦舍城西。踵門卒業。盡得其肘後秘傳。與季太學録中庸相友善。劉後村集。

水心私淑

賈先生端老

賈端老號鹿巖。得不忘二字于水心先生之詩以名其室。文文山題之曰。水心之詩。崇好修而黜徇外。賤決科而篤天爵。一則因言而有悟。一則因悟而示之以所入。程張師友淵源之懿。去之幾年。猶將見之云。文文山集。

尤氏家學

尤先生葵

尤葵字揆父。梁溪人。爲莆田令。先生爲直心之子。直心爲木石之母弟。林竹溪爲其字説云。鄉日者。葵也。鴻烈解嘗言之。葵者。揆也。鄭康成于采菽箋之。微而有尊。物莫貴焉。以道揆物。學莫難焉。仕則慕君。學必向道。此士君子之事也。聞君來此邑。以才名選。勞心于民事。揆事必以理。無負于家學矣。積歲月之勤。遡梯級而上。進傾心以盡忠。退揆事以盡職。使上不負天子。下不負所學。則詩人所謂。樂只君子。天子葵之。樂只君子。福禄膍之。君其有焉。鬳齋續集。

吴氏門人

補 承直舒閬風先生嶽祥

梓材謹案。兩浙名賢録言。奉化戴表元。在元大德間稱東南大家。其得于先生者爲多。袁清容爲其先大夫師友淵源録言。先生以師道自任。晚歲詩益工。又言其官慶元時。先生與之遊。後作書俾桷往事之。是剡源清容先後從先生遊也。

附録

故人陳蒙總餉金陵。辟爲幕府。與商軍國之政。蒙以讒去。沿江制閫爭辟之。皆不就。尋有欲留先生于都訂論温公通鑑。事成薦之經筵。先生將從之。與門人劉莊孫戢書册以往。時賈似道當國。以先生尚氣簡直。將盤折抑挫而後用之。命下。徑棄去不顧。人莫解其意。踰年。賈敗。始知先生審去就之義。

補隱君劉樗園先生莊孫

少學古文。湛深隱伏。不見其涯涘。落筆數百語。

幼侍其父昇。自爲師弟子。

家貧無書。傳五經能默與先儒合。

附録

袁清容誌其墓曰。五經之學。由宋先儒緝續統緒。詩首蘇轍。成鄭樵。易首王洙。東萊吕氏始定十二篇。胡宏辨周官。俞廷椿迺漸次第。書有今文古文。陳振孫掇拾援據。確然明白。言傳心者猶依違不敢置論。至正仲始憤然曰。吾不能接響相附和。尊聞紹言。各爲論著。不没其實。

而先儒之傳益顯。

方遜老稱其理學淵源得聖賢大要。文章樸實而風味深長。

梓材謹案。袁清容誌墓有云。從閻風舒先生遊。唱和不輟。又爲其先大夫師友淵源録。亦言先生學于舒。是先生固舒氏門人也。

危耘溪先生□

危□號耘溪。臨川人。驪塘諸孫嘗受業吴荆溪之門。黄東發跋其槧稾。稱其文而無刻楮之弊。東發文集。

劉氏學侶

文清袁清容先生桷詳見深寧學案。

孟氏續傳

孟先生文龍

孟文龍字震翁。達甫之孫也。初以昭慈后族。世受補將仕郎。後中銓試。授迪功郎。累調兩浙西路安撫司。準備差遣。時賈似道枋國。百僚多𥊍法就風旨。先生獨守職。屢忤其意。不少回循。調從政郎浙東提舉常平幹辦公事。丁内艱。不行。始自咸淳以來。被命主昭慈祀事。元兵壓吴。先生奮激。有賈勇三軍之氣。與守臣議不合。遂反哭昭慈之廟。後平章史弼等薦起之。先生致書曰。文龍未死。慚負神明。犨公相國以忠孝。文龍爲犨公起。將何以令今之事君者。敢以死辭。遂止。不出户庭者三十年。著易解大全三十卷。子潼。姑蘇志。

舒氏家學

舒先生斗祥

舒斗祥字景祥。閬風先生弟。賦性文雅。好學尚禮。淳祐進士。官至長洲令。台州府志。

舒叔獻先生□

梓材謹案。先生佚其名。叔獻蓋其字。閬風先生之子也。見劉録事傳。

舒氏門人

補 林先生處恭

雲濠謹案。赤城新志稱其隱居教授。

隱君劉樗園先生莊孫見上吴氏門人。

文清袁清容先生桷詳見深寧學案。

教諭陳先生成別見深寧學案補遺。

附傳

丁先生復附門人夏煜。

丁復字仲容。天台人。元季客建業。以能詩名。時以夏煜允中爲先生入室弟子。宋文憲集。

梓材謹案。台州府志載先生號檜軒。有檜軒集行世。

叔獻門人

劉先生環翁附門人文宣。

劉環字環翁。後以字爲名。寧海人。生三年而不能言。既成童。敏悟絶人。讀書至忘寢食。登至正五年進士第。授將仕郎。建德録事有在弟子列而與爲同年者曰文宣。死于疫。經紀其喪事。無所避。因染疾。遷寓門人廉氏家而卒。年四十五。始寧海閬風山中有兩先生。曰劉莊孫。曰舒嶽祥。並以文章大家師表一時。先生於劉公爲從曾孫。舒公之子叔獻。則其所從受業也。爲人介潔不阿。其訓諸生於杭學具有師法。黄文獻集。

宗敏門人

隱君邱先生迪別見晦翁學案補遺。

丁氏門人

孫先生炎

孫炎字伯融。句容人。于書少所不通。長于歌詩。元至正中。天台丁仲容。同郡夏允中。皆以詩名。先生游于其閒。日夜相切劘。益得其旨趣。明祖渡江來金陵。開江南等處。行中書省辟爲掾。擢同知池州府事。改池爲華陽府。卽拜爲知府。皆有聲。召爲省都事。處州降。命爲處州總制。苗將叛。襲而害之。贈徵仕郎。追封丹陽縣男。宋文憲集。

孫氏門人

蔣先生敬

蔣敬字行簡。建業人。爲人謙愼。重然諾。一時名士多與之游。舊從游于句曲孫伯融。伯融總兵于栝。而歿于王事。先生痛其師之亡。而其詩不傳。采輯成編。請潛溪爲序。以冠篇端。宋文憲集。

宋元學案補遺卷五十六目録

宋元學案補遺卷五十六

後學 鄞 王梓材 慈谿馮雲濠 同輯

龍川學案補遺

龍川師承

周先生葵

周葵字立義。宜興人。宣和進士。歷官殿中侍御史。知無不言。孝宗時爲參知政事。卒謚惠簡。所著有聖賢傳論二十篇。文集三十卷。奏議五卷。姓譜。

梓材謹案。同甫與先生書云。嘗習爲文字。用以獲知於門下。是先生乃同甫受知師也。

梓材又案。先生晚號惟心居士。見周益公所作神道碑。

雲濠謹案。宋史儒林同甫本傳云。著酌古論。郡守周葵得之。相與論難。奇之。曰。他日國士也。請爲上客。及葵爲執政。朝士白事。必指令揖亮。因得交一時豪俊。盡其議論。因授以中庸大學曰。讀此可精性命之說。遂受而盡心焉。是龍川師先生之證。

附録

和議已定。公復被召。論爲國若有道。戰則勝。守則固。和則久。不然。三者在人不在我矣。

公議用兵不可輕有一擲賭乾坤之語。上曰。今戰雖不足。守則有餘。公曰。措置未善。政事未修。雖守亦難。同列皆甚其言。退謂公曰。上不能堪。明日。公留身謝。上更奬其直。

嘗論大學物格而後知至。謂在人之至爲智。在物之至爲道。以吾之智。極物之道。如兩物相抵。故謂之格。夫物莫不同。道一而已。方其格物。物我爲二。及其物格。則自視無我。何有于物。是謂知至。

陳龍川序中興遺傳曰。昔參政周公葵屢爲余言次張趙九齡。其人。且曰。我嘗薦之朝廷。諸公皆詰我。子端人正士。胡爲屬意此等狂生。我因告之曰。吾儕平居譚王道。説詩書。一日得用。從容廟朝。執持紀綱可也。至于排難解紛。倉卒萬變。此等殆不可少。吾儕旣不能辦。而惡他人之能辦。是誣天下以無士。而期國事之必不成也。是烏可哉。

鄭芮門人

補　文毅陳龍川先生亮

梓材謹案。岳氏桯史言。東萊居婺。以講學倡諸儒。四方翕然歸之。先生蓋同郡。負才頡頏。亦游其門。以兄事之。特於丈席閒時發警論。東萊不以爲然耳。東萊卒。先生以文祭之。又案。嘉熙二年。先生賜謚曰文達。

雲濠謹案。先生送叔祖主筠高安簿序云。某聞尚書郎芮公劉公方將漕江外。芮公固研席之舊。而劉公則素厚某者。大帥龔公之賢。宇内所聞。當不以貴賤尊卑窮達而相忘。而某之師友永嘉鄭公朝蕃來總風憲。曩固嘗加惠於公矣。是書亦可見先生於鄭芮諸公契合之由矣。

經書發題

昔者聖人以道揆古今之變。取其概于道者百篇。而垂萬世之訓。其文理密察。本末具舉。蓋有待于後之君子。而經生分篇析句之學。其何足以知此。夫盈宇宙者無非物。日用之閒無非事。古之帝王獨明于事物之故。發言立政。順民之心。因時之宜。處其常而不惰。遇其變而天下安之。今載之書者是也。要之。文理密察之功用。至于堯而後無慊諸聖人之心。是以斷諸堯典而無疑。由是言之。删書者。非聖人之意也。天下之公也。書。

道之在天下。平施于日用之閒。得其性情之正者。彼固有以知之矣。當先王時。天下之人。其發乎情。止乎禮義。蓋有不知其然而然者。先王既遠。民情之流久矣。而其所謂平施于日用之閒者。與生俱生。固不可得而離也。是以既流之情。易發之言。而天下亦不自知其何若。而聖人于其閒有取焉。抑不獨先王之澤也。聖人之于詩。固將使天下復性情之正。而得其平施于日用之閒者。乃區區于章句訓詁之末。豈聖人之心也哉。孔子曰。興于詩。章句訓詁亦足以興乎。詩。

周禮一書。先王之遺制具在。吾夫子蓋歎其郁郁之文。而知天地之功莫備于此。後有聖人。不能加毫末于此矣。世儒之論。以爲治至于周公而術已窮。窮則不可以復。繼周之後必爲秦。吾夫子蓋逆知之而不言也。嗚呼。果其窮也。則周公之志荒矣。自伏羲神農黄帝以來。順風氣之宜。而因時制法。凡所以爲人道立極。而非有私天下之心也。蓋至于周公。集百聖之大成。文理密察。

纍纍乎如貫珠。井井乎如畫碁局。曲而當。盡而不污。無復一毫之間而人道備矣。人道備。則足以周天下之理。而通天下之變。變通之理具在。周公之道。蓋至此而與天地同流。而憂其窮哉。夫周家之制既定。而上下維持至于八百餘年。諸侯既已擅立。周之王徒擁其虛器。蕞然立于諸侯之上。諸侯皆相顧而莫之或廢。彼獨何畏而未忍哉。豈非周公之制有以維持其不忍之心。雖顚倒錯亂而猶未亡也。當是之時。周雖自絶于天。有能變通周公之制而行之。天下不必周。而周公之術蓋未始窮也。秦徒見其得天下之難。以爲周公之制蓋非其所便。併與夫僅存者而盡棄之。而不知周家之制既盡。而秦亦亡矣。人道廢則其君豈能獨存哉。始夫子之言曰。其或繼周者。雖百世可知也。蓋以爲後之王者。必因周而損益焉。自是變通。至于百世而不窮。而豈知其至此極也。漢高祖崛起草莽而得天下。知天下厭秦之苛。思有息肩之所。故其君臣相與因陋就簡。存寬大之意。而爲漢家之制。民亦以是安之。而漢祚靈長。絶而復續者。幾與夏商等。自是功利苟且之政習以爲常。先王不易之制棄而不講。人極之不亡者幾希矣。此有志之士所以抱遺書而興百世之歎。反覆推究而冀其復見天地之大全也。周禮。

聖人之于天下也。未嘗作也。尚有述焉。近世儒者有言。述之者。天也。作之者。人也。詩書禮樂。吾夫子之所以述也。至于春秋。其文則魯史之舊。其詳則天子諸侯之行事。其義則天子之所以奉若天道者。而孔子何作焉。孟子之所謂作者。猶曰整齊其文云耳。世儒遂以爲春秋孔子所自作。筆則筆。削則削。雖游夏不能贊一辭于其閒。言其義聖人之所獨得也。信斯言也。則春秋其孔氏之書乎。夫春秋。天子之事也。聖人以匹夫而與天子之事。此王法之所當正也。不能自逃于王法。而能正人乎。亂臣賊子其有辭矣。夫賞。天命。罰。天討也。天子。奉天而行者也。賞罰而一毫不得其當。是慢天也。慢而至于顛倒錯亂。則天道滅矣。滅天道則爲自絶于天。夫子。周之民也。傷周之自絶于天。而不忍文武之業遂墜于地也。取魯史之舊文。因天子諸侯之行事而正之。賞不違乎天命。罰不違乎天討。猶曰。此周天子之所以自贖乎天者也。天之道不亡。則周不爲自絶于天。周不爲自絶于天。則天下猶有王也。天下有王。而亂臣賊子安得不懼乎。然則春秋者。周天子之書也。而夫子何與焉。或曰。春秋而繫之以魯。何也。曰。天下有王。凡諸侯之國之所記載。獨非天子之事乎。而況魯。周之宗國。其事可得而詳也。夫子曰。如有用我者。吾其爲東周乎。此夫子之志。春秋之所由作也。是以盡事物之情。達時措之宜。正以等之。恕以通之。直而行之。曲而暢之。其名是也。其實非也。則文與而實不與。其心然也。其事異也。則誅其事而誅其心。微顯闡幽。謹嚴寬裕。如天之稱物平施。如陰陽之並行不悖。文武周公之政所以曲當乎人心者也。而謂春秋孔子之所自作。非亮之所敢知也。春秋。

禮者。天則也。禮儀三百。威儀三千。周旋上下。曲折備具。此非聖人之所能爲也。禮記一書。或雜出于漢儒之手。今取曲禮若内則少儀諸篇。羣而讀之。其所載不過日用飲食灑掃應對之事要。聖人之極致安在。然讀之使人心愜意滿。雖欲以意增減而輒不合。返觀吾一日之間。悚然有隱于中。是孰使之然哉。今而後知三百三千之儀。無非吾心之所流通也。心不至焉。而禮亦去之。盡吾之心。則動容周旋無往而不中矣。故世之謂繁文末節。聖人之所以窮神知化者也。夫禮者。學之實地也。由敬而後可以學禮。學禮而後有所據依。三百三千。而一毫之不準。皆敬之不至。而吾心之不盡也。一毫之不盡。則其運用變化之際。必有肆而不約者矣。由此言之。禮者。天則也。果非聖人之所能爲也。禮記。

論語一書。無非下學之事也。學者求其上達之説而不得。則取其言之若微妙者。玩而索之。意生見長。又從而爲之辭曰。此精也。彼特其麤耳。嗚呼。此其所以終身讀之。而墮于榛莽之中。而猶自謂其有得也。夫道之在天下。無本末。無内外。聖人之言。烏有舉其一而遺其一者乎。舉其一而遺其一。則是聖人猶與道爲二也。然則論語之書若之何而讀之。曰。用明于内。汲汲于下學。而求其心之所同然者。功深力到。則他日之上達。無非今日之下學也。于是而讀論語之書。必知通體而好之矣。論語。

昔先儒有言。公則一。私則萬殊。人心不同。如其面焉。此私心也。嗚呼。私心一萌。而吾不知其所終窮矣。先王之時。禮達分定而心有所止。故天下之人。各識其本心。親其親而親人之親。子其子而子人之子。其本心未嘗不同也。周道衰而王澤竭。利害興而人心動。計較作于中。思慮營于外。其始將計其便安。而其終至于爭奪誅殺。流毒四海而未已。孟子生于是時。憫天下之至此極。謂其流不可勝救。惟人心一正。則各循其本。而天下定矣。況其勢已窮而將變。變而通之。何啻反掌之易。孟子知其理之甚速。而時君方以爲迂。吾是以知非斯道之難行。而以人心之難正也。故善觀孟子之書者。當知其主于正人心。而求正人心之説者。當知其嚴義利之辨于毫釐之際。孟子。

陳同甫集

當漢唐之盛時。學者皆重厚質實。而不爲浮躁儇淺之行。彼其源流有自來矣。祖宗之初。不以文字卑陋爲當變。而以人心無所底止爲可憂。故天下之士惟能誦先儒之説以爲依據。而不自知其文之陋也。是以重厚質實之風。往往或過于漢唐盛時。其後景祐慶曆之閒。歐陽公首變五代卑陋之文。奮然有獨抱遺經以究終始之意。終不敢揜先儒之説。而猶惓惓于正義。蓋其源流未遠也。嘉祐以後。文日盛而此風少衰矣。極而至于熙豐之尚同。猶未若今日之放意肆志以侮玩聖言也。聖人作經之大旨。非豪傑特立之士不能知。而纖悉曲折之際。則注疏亦詳矣。何所見而忽略其源流而不論乎。無怪乎人心之日偷。而風俗之日薄也。傳註策。

其所傳有伊川先生易傳。楊龜山中庸義。謝上蔡論語解。尹和靖孟子説。胡文定春秋傳。謝氏之書。學者知誦習之矣。尹氏之書。簡淡不足以入世好。至于是三書。則非習見是經以志乎選舉者。蓋未之讀也。世之儒者。揭易傳以與學者共之。于是靡然始知所向。然予以謂。不由大學論語及孟子中庸以達乎春秋之用。宜于易未用心之地也。楊龜山中庸解序。

余讀書至武庚之事。何嘗不爲之流涕哉。嗟夫。忠孝者。立身之大節。爲臣而洗君之恥。父讎而子復之。人之至情也。度不可爲。不顧而爲之者。抑吾之情不可不伸也。逆計而不爲。人烏知吾心。生猶愧耳。況卒不免于死。則將藉口謂何哉。忠臣傳序。

三代尚矣。士之生乎其時者。習有常業。仕有定時。利不能更其所守。而不能名沮其眞。養性以安命。修道以成德。教化之漸使然也。卽不類不齒。詩序曰。人人有士君子之行。當此之時。士亦烏知其爲高哉。高士傳序。

古者用民。歲不過三日。十一而稅。不立意以罔民利。不喜察以導民爭。上下有制。末作有禁。兵不吾蝕。緇黄不吾蠹。使之各力其力以業其業。休戚相同。有無相通。無告者得伸。而況力能自達者乎。草木不戕其生。而況其耳目鼻口與吾無閒者乎。民是用寧。禮義是用興。送邱秀州宗卿序。

夫一有一無。天之所爲也。裒多增寡。人道之所以成乎天也。聖人之惓惓于仁義云者。又從而疏其義。曰若何而爲仁。若何而爲義。非以空言動人也。人道固如此耳。贈樓應元序。

附録

戊申再上書。略曰。本朝以儒道治天下。以格律守天下。而天下之人知經義之爲常程。科舉之爲正路。法不得以自用其凡。人不得以自用其智。二百年之太平由此出矣。至于艱難變故之際。書生知議論之當正。而不知事功之爲何物。知節義之當守。而不知形勢之爲何用。宛轉文法之中。

無人能自拔者。陛下雖欲得非常之人以共斯世。而天下其誰肯信乎。陛下用其喜怒哀樂之權以鼓動天下。使如臣者得借方寸之地終前書之所言。而附寸名于竹帛之閒。不使鄧禹笑人寂寂。而陛下得以發其雄心英略。與四海才臣智士共之。天生英雄。殆不偶然。而帝王自有眞。非區區小臣所能附會也。

公才氣超邁。下筆立就數千言。略無凝滯。議論風生。亹亹不倦。其視當世苟禄竊位之士蔑如也。

辛稼軒祭之曰。天于同父。旣豐厥稟。智略橫生。議論風凜。使之早遇。豈愧桓伊。行年五十。猶一布衣。閒以才豪。跌宕四出。要其所厭。千人一律。不然少貶。動顧規檢。夫人能之。同父非短。至今海內。能誦三書。世無楊意。孰主相如。中更險困。如履冰崖。人皆欲殺。我獨憐才。脱廷尉繫。先多士鳴。耿耿未阻。厥聲浸宏。蓋至是而世未知同父者。益信爲天下之偉人矣。

朱子答黃直卿書曰。婺州近日一種議論。名宗吕氏而實主同父。潘家所招館客。往往皆此類。亦是伯恭有以啓之。

又語類曰。陳同父學已行到江西。浙人信向已多。家家談王伯。不説蕭何張良。只説王猛。不説孔孟。只説文中子。可畏可畏。

或問。同父口説皇王帝霸之略。而一身不能自保。朱子曰。這只是見不破。只説箇是與不是便了。若做不是。恁地依阿苟免以保其身。此何足道。若做得是。便是委命殺身。也是合當做底事。

葉水心序龍川集曰。同甫既修皇帝王霸之學。上下三千餘年。考其合散。發其秘藏。見聖賢之精微常流行于事物。儒者失其指。故不足以開物成務。其説皆今人所未講。朱元晦意有不與而不能奪也。吕伯恭退居金華。同甫閒往視之。極論至夜分。伯恭歎曰。未可以世爲不能用。虎帥以聽。誰敢犯子。同甫亦頗慰意焉。

又書龍川集後曰。同甫集有春秋屬辭三卷。放今世經義破題。乃昔人連珠急就之比。而寄意尤深遠。又有長短句四卷。每一章就。輒自歎曰。平生經濟之懷。略已陳矣。余所謂微言。多此類也。

喬孔山爲先生請謚疏曰。某以特出之才。卓絶之識。而究皇帝王伯之略。期于開物成務。酌古準今。蓋近世儒者所未講。平生所交。如朱熹張栻吕祖謙陸九淵皆稱之。曰。是實有經世之學。當渡江積安之後。勸孝宗以修復藝祖法度。爲恢復中原之本。將以伸大義雪仇恥。其忠蓋與漢諸葛亮本朝張浚相望于後先。尤不可磨滅。合令太常定議賜謚。與一子官。

羅大經鶴林玉露曰。朱文公告陳同父云。眞正大英雄。卻從戰戰兢兢臨深履薄做將出來。若是血氣麤豪。卻一點使不著也。此論于同父可謂頂門上一鍼矣。

王深寧困學紀聞曰。盤庚之遷也。曰。天其永我命于兹新邑。消息盈虚之運。哲王其知之矣。

唐朱朴議遷都。以觀天地興衰爲言。謂關中文物奢侈皆極焉。已而衰。難可興也。而以襄鄧爲建都極選。陳同甫上書孝廟。亦謂錢塘山川之氣發洩無餘。而以荆襄爲進取之機。其言與朴同。朴不足道也。豈亦有關于氣運之説乎。

謝山箋曰。唐經黄巢朱温之亂。安得尚有奢侈文物。朱朴之言。華言耳。其時趙匡凝在襄陽。貢賦于諸道中爲恭順。故昭宗欲往依之。朱朴特逢迎而爲此説。非有關于氣運也。襄鄧之可都。則昔人常言之。即南宋初李忠定亦建此議。不止同甫也。

又曰。同甫無實際。其始有不見曾覿之勇。可謂賢矣。然而垂老試策。遂言不必一月四朝。以爲京邑之美觀。附和光宗不朝重華之惡。則喪其生平矣。使其見用。直是朱朴何氏之言。信哉。

又曰。陳同甫春秋屬辭。公會戎于潛。公及戎盟于唐。隱二年。桓二年。曰。聖人不與戎狄共中國。故中國不與戎狄共禮文。齊侯使其弟年來聘。隱七年。桓三年。鄭伯使其弟語來盟。桓十四年。曰。諸侯以國事爲家事。聖人以國事爲王事。鄭世子忽復歸于鄭。桓十五年。許叔入于許。桓十五年。曰。不能大復國于諸侯。則力不足以君國。不能公復國于諸侯。則義不足以有國。公如齊納幣。莊二十二年。大夫宗婦覿用幣。莊二十四年。曰。父子之大義。不以夫婦而遂廢。夫婦之常禮。不以强弱而有加。鄭伯逃歸不盟。僖五年。鄭伯乞盟。僖八年。曰。去就不裁于大義。則舉動無異于匹夫。宋公會于盂。戰于泓。僖二十一年。二十二年。曰。與夷狄共中國者。必不能與夷狄爭中國。盟于翟泉。僖二十九年。晉人秦人圍鄭。僖三十年。曰。鋭于合諸侯者。必有時而惰。工于假大義者。必有時而拙。狄圍衛。衛遷于帝邱。僖三十一年。衛人侵狄。衛人及狄盟。僖三十二年。曰。避夷狄之兵。以見小國之無策。要夷狄之好。以見中國之無霸。遂城虎牢。襄二年。戍鄭虎牢。襄十年。曰。公其險于天下。所以大霸者制敵之策。歸其險于一國。所以成霸者服叛之功。城杞。襄二十九年。城成周。昭三十三年。曰。大夫之于諸侯不自嫌。則列國之于王室何以辨。其發明經旨簡而當。又曰。天下不可以無此人。亦不可以無此書。而後足以當君子之論。

又曰。天下大勢之所趨。天地鬼神不能易。而易之者。人也。此龍川科舉之文。列于古之作者而無媿。

熊勿軒曰。陳同父嘗言。楚蜀閩越日衰之氣。必有乘而用之者。及今驗矣。茫茫禹跡未能效子長遊。今之陰陽家。有能發泄神州已曠之地氣。以培植昭代方興之人才者乎。天地生人有望也。

宋潛溪凝道記曰。永康之學何如。曰。氣豪而學偏者也。使其當今之世。擁百萬之兵。馳騁于天下。堂堂之陣。正正之旗。實有一日之長。是何也。其智數法術往往可馭羣雄而料敵情。而剛烈之氣又足以振撼而翕張之。其能成功宜也。若論先王之道德。一怒而安天下之民。則曹乎未之見也。

又跋東萊止齋與龍川尺牘後曰。東萊以中原文獻之傳。倡鳴道學于婺。麗澤之益。邇沾遠被。龍川居既同郡。又東萊之從表弟。雖其所志在事功。不能挈而使之同。反覆摩切之。其論議或至夜分。要不爲不至也。

王華川曰。聖人之經。先王之道所以立天下之大本。先王之制所以成天下之大業。皆于是乎在。乃厄于秦。讖緯于漢。聖遠言湮。愈傳而愈失。時異事易。愈變而愈非。其流弊遂有不可勝言者矣。宋河南程子關中張子者出。始克實踐精討。而聖賢明德之要。帝王經世之規。所以垂憲後世者。乃大有所發明。其後朱文公張宣公吕成公一時並興。而當其時。如永嘉薛氏鄭氏陳氏葉氏。閩中林氏。永康陳氏。後先迭出。各以所學。自成其家。大抵均以先王之道爲己任。以先王之制爲必行。而所以立天下之大本。成天下之大業者。咸粲然方册閒矣。

龍川講友

文公朱晦庵先生熹詳晦翁學案。

宣公張南軒先生栻詳南軒學案。

文安陸象山先生九淵詳象山學案。

文肅吴竹洲先生儆詳見嶽麓諸儒學案。

范先生子該詳見二江諸儒學案。

陳先生紹年

陳紹年。東陽人。贍學能文。孝宗時。以布衣上書論時事。不報。歸隱西明洞中。與陳龍川往還。講學論道。遠近宗之。晚年重建靈雲禪院。因築書室。朝夕坐臥其間。吟風弄月。有西明集行世。東陽縣志。

寺丞徐先生木

徐木字子材。永康人。登乾道丙戌進士。仕至寺丞。輕財好義。朋友有喪不能舉者。爲撤門樓助之。嘗與陳同甫爲友。盛有文名。又因同甫交于朱晦翁。同甫與晦翁書云。徐子材不獨有可用之才。而爲學之意亦甚篤。晦翁過其家。爲書家人卦辭于廳事之壁。金華府志。

龍川學侶

補 倪石陵先生僕

梓材謹案。金華徵獻略於同甫傳云。其弟子爲浦江倪楪。於先生傳云。其學本之陳亮。似先生實及陳門者。然謝山並不以爲然。

雲濠謹案。先生筠州投雷教授書。數江西人物之盛。自廬陵歐陽公。臨川王文公。及南豐曾夫子。豫章山谷先生。以及秘丞劉公道原。實爲筠人。可以知其所嚮往矣。

附録

吴淵穎序先生雜著曰。先生之學。當時惟同甫知之。先生之書。亦惟寄示同父。而不遑他及。向使先生與同父獲用于世。天下之兵蜂集蟻聚。勝負未可知也。

龍川同調

補 知州王厚軒先生自中

附録

年十八。葉丞相夢錫嘗辟塾延之。命諸子從學。嘗以差役爲風俗害。率同志爲義社。第貲產以定役次。由是鄉閭息爭。

石陵講友

吴先生克己

吴克己字復之。浦江人。石陵之友也。窮經博古。尤邃于易。旁通釋氏書。多有著述。石陵嘗評其文。汪洋恢怪如崩崖翻浪。使人畏且驚。又翫之而不忍去。竟不知爲何等語。蓋以多談内典。故石陵譏之。浦陽人物記。

喻氏先緒

朝議喻香山先生良能

進士喻先生良倚合傳。

縣尉喻杉堂先生良弼合傳。

喻良能。義烏人。簽判偘之從祖也。與兄良倚同入太學。又同登紹興丁丑進士第。其季良弼亦太學生。晚以特科補新喻尉。皆以文學稱。而先生最知名。簽判早從良弼學。而後受經于陳同父。宋文憲集。

雲濠謹案。黄文獻先世墓銘後記云。後銘作者喻良能。前銘敘女適喻葆光者。其父也。子男五人。皆黄氏出。而其四人俱以文章知名。良倚良能同擢紹興丁丑第。良材國子進士。良弼國學進士。龍川陳先生稱烏傷四君子。叔奇者良能字。季直者良弼字。其二人則何恪茂恭。陳炳德先也。良能仕於朝。嘗以太常少卿權工部郎官。積階朝議大夫。爵義烏縣開國男。有香山集行於世。

梓材謹案。良能號香山。良弼號杉堂。各有文集。宋濳溪序華川文派録。言香山則三十四卷。杉堂十卷。又言香山之質實無僞。杉堂之寬厚有容。則其爲人可知矣。

梓材又案。龍川題喻季直文編云。季直遇人無親疏貴賤皆與之盡。而於余尤好。又言喻叔奇於人煦煦有恩意。能使人别去三日念之輒不釋。又可見二喻之概云。又案。叔奇所著又有諸經講義五卷。家帚編十五卷。忠義傳二十卷。良倚字伯壽。卒官臨海丞。有唐論四卷。詩文十卷。策斷二卷。文選若干卷。季直所著又有樂府五卷。並見金華府志。

二喻同調

何先生佫附兄恢。

何佫字茂恭。義烏人。與兄恢爲文皆有名于時。其父承節郎槩每語人曰。使吾二子學業有成。不陸沈于世。吾所願足矣。先生兄弟益感激。同上春官。先生登紹熙進士。其兄欣然曰。是足以報吾父矣。自此遂不復應試。先生性好古。藏書至萬卷。有意聖賢之學。而不爲世俗之文。山立玉峙。海涵地負。絶出于世。釋褐永新簿。再調徽州録事參軍。未赴。作恢復十二策。爲書萬言。詣闕上之。與朝議不合。乃歸。初龍川微時。人莫有知者。先生一見奇之。即以兄子妻之。金華徵獻略。

梓材謹案。金華府志載先生所著有南湖集二十卷。

陳先生炳

陳炳字德先。義烏人。才華卓犖。面目嚴冷。與人寡合。好古文。務爲奇語。登乾道丙戌進士第。爲太平縣主簿。著有易解。巖堂雜稿。金華徵獻略。

呂氏先緒

迪功呂先生師愈父遵。

呂師愈。永康人。父遵。當宋之中葉。以經學教授于鄉里。先生官迪功郎。葉水心銘其墓曰。

治生能富。教子能賢云。黄文獻集。

龍川門人

補僉判喻蘆隱先生偘

雲濠謹案。先生少名枏老。見龍川所作母夫人王氏志。

附録

先生尤長于文辭。通直郎杜旟嘗稱之曰。質而不俚。華而不靡。憤而不激。怨而不懟。不以食膾炙爲美。澮乎其有味。不以刺文繡爲工。黯乎其有光。其感時念故。推物類情。抑揚離合。必窮其源。以揚其波。君子以爲知言。

補縣丞喻槑隱先生南强

雲濠謹案。先生父名直方。攷龍川志夏卿墓。子四人。義方。大方。知方。汝方。而無直方。喻氏多改名者。直方亦其類歟。

附録

先生讀書。不爲口耳學。必欲見之實踐。每至名義可喜事。擊節慷慨。謂戾契可致。

補 錢先生廓

梓材謹案。先生原名擴。同甫爲易其名而字以叔因。謂苟有用心之地。則凡天下之學。皆可因之以資吾之陟降上下云。詳同甫所作墓志。

補 金先生潚

雲濠謹案。龍川志先生父元卿大亨墓云。諸子皆使之學。而必欲知辛勤起家之不易。獨使潚從四方師友遊。勞費皆所不問。而不責其近功也。

補 孫先生貫

梓材謹案。先生原名懋。同甫易之。

補 章先生湜

雲濠謹案。先生所後之叔父名著。字晦文。爲侍郎服之仲弟。龍川志其墓。

補 樓先生應元

雲濠謹案。龍川贈先生序云。留與共學者一年而後去。三四年閒。時節必一來。出其文。方進而未已者也。

補 章先生椿

附録

其父巨川課諸子以學曰。及吾尚健。家事不以累汝。至于房闥細碎。夫人田氏亦必爲之區處。

曰。無以分其心也。聞其有稱焉。夫婦相對歡笑。否則失聲懊恨。有子何業。至女之已有歸者。問其能事人與否。而不及其他也。

王先生奕別見說齋學案補遺。

何先生堅

何堅。浦江人。母何氏。名道融。諸暨人也。年二十而夫亡。遺腹一子卽先生。誓不再適。先生長。俾從龍川學。曰。吾不死。欲待汝學成。見汝父地下耳。勉之。先生卒以學聞。與薦書云。金華徵獻略。

監獄孫先生枝別見滄洲諸儒學案補遺。

喻先生□

梓材謹案。同甫志喻夫人王氏墓云。夏卿一子三孫從余學。其三人已見學案。其一人則墓志所云。檜老名憲。能經紀家事而不廢學。槐老名演。郡以其名上禮部者。必居一于是也。

吴氏家學

補知軍吴松淵先生邃

松淵遺文

邃嘗竊聞之先生長者。爲學之要。不過明辨義利而已。辨義利者。莫要于一念之初。孟子指雞鳴而起爲學者一大期會。截然分舜蹠善利之閒。二者何。一念將分之際也。雞鳴之先。萬慮俱寂。一念纔分于毫芒。善惡已判于天壤。吁。可畏哉。喚醒羣迷之路。端無切于此矣。書謂之幾。中庸謂之獨。孟子謂之閒。周子謂之動靜未形。一也。有能存夫靜以涵動之所察。察夫動以見靜之所存。一念微差。勇鋤句蔓。去其不如舜者。就其如舜者。庶乎誦詩讀書。光紹前哲。目溪山而有耀。對邑大夫而無慚色。願吾黨共進焉。永康縣學記。

謝氏先緒

謝先生鑰

謝鑰字君啓。福寧人。著春秋衍義十卷。左氏辨證六卷。子臯羽翺徙居浦城。道南源委。

雲濠謹案。福建通志言。先生性至孝。居母喪哀毀廬墓。終身不仕。經義考引方存雅鳳言。謝君臯羽。其父以春秋學爲婦翁繆正字烈所器重。

謝氏師承

繆先生烈

繆烈字允成。福安人。入國子上舍。省試第一。授福州教授。四方從遊者衆。遷正字。著春秋講義十卷。仲山集數卷。福建通志。

雲濠謹案。閩書云。嘉熙二年進士。

呂氏家學

文學呂先生浩

通直呂先生源並見邱劉諸儒學案補遺。

松淵家學

補縣丞吴全歸先生思齊

梓材謹案。先生所著有左傳闕疑及全歸集若干卷。見金華府志。

雲濠謹案。戴剡源次東陽方韶卿韻。因寄訊彼中吴子善前輩。子善陳文毅公同父甥孫。其七云。永康經濟學。近古將無同。甥孫世其業。汗馬收全功。

附録

方韶父評先生之爲人。如徐積陳師道。君子不以爲過。

黄文獻書吴善父哀辭後曰。嗚呼。先生之壽不必滿于德而其存遠矣。志不必容于物而其行得矣。稽其存不可謂夭。徵其行不可謂窮。先生雖死。何憾矣。顧天之所以佑善人者。君子恒若以爲歉焉。此哀辭之所爲作也。

全歸講友

補文學方存雅先生鳳

梓材謹案。宋潛溪爲吴淵穎碑。稱先生爲嵓南先生。

附録

嘗由京口泝江至建業。又東南出括蒼。行尋雁蕩大龍湫。抉摘景物。率藉爲賦詠。無一毫徹世意。或以是迂。先生則笑曰。彼豈知我哉。

先生論詩。嘗曰。凡詩之作。由人心生也。使遭變而不悲黍離。居嫠而不念儀髦。望白雲而不思親。聞山陽笛而不懷故。是無人心矣。尚復有詩哉。

梓材謹案。此先生序仇山村詩集語。

龔聖予嘗論其詩曰。由本論之。在人倫不在人事。等而上之。在天地不在古今。

龔子敬送先生詩曰。處士白雲源。槃歌矢弗諼。韶成猶及見。雅廢更能存。偶渡秦淮月。相逢□㊀虎門。山川又秋晚。此意欲誰論。

黄文獻寄方韶父先生詩曰。牢落江南賦。知音寄渺茫。鹿麋行處有。芸草夢中香。遙興滄溟闊。悲歌白雪長。平生今古淚。滴破綠蘿裳。

又序方先生詩集曰。先生在勝國時。未及仕而運去祚移。抱其遺經。隱于仙華山之陽。窮深極密。殆與世隔。久之。稍出游浙東西州。遇遺民故老于殘山賸水閒。往往握手歔欷。低徊而不忍去。緣情託物。發爲聲歌。凡日用動息。居游合散。耳目之所屬。靡不有以寓其意。而物理之盈虛。人事之通塞。至于得失廢興之迹。皆可概見。故其語多危苦激切。不暇如它文人藻飾穠麗以爲工也。

補 參軍謝晞髮先生翱

㊀「□」當作「吳」。

蜂之分也。其日必吉。人家無大小。貿易偶及蜂分。則趣成之事未及辦。則以待後之分日。至于婚嫁已納采而未迎。興作已畢工而未落成。皆候焉。或父子兄弟分業而居。則候其日時而併用之。鄰里親族置酒。羸老相與賀。數向之獲是而告㊀者。例指以爲盛事。蜂移之家。若僕若鄰。無遠近遞相報。俾皆知是日之吉。不敢隱。有販者至其地。留一年。書蜂分之日。凡百有奇。歸而詣㊁曆驗之。皆黄道紫微。天德日德。活曜其星也。其不分者。非凶星則常日也。

且其王生而有髭則爲異。舉族附之不敢後則爲忠。遺物害而去。有相失者。不肯附佗族。必彷徨噬嗜自相枕藉以死則爲貞。出則紛然。先後奔走之不暇則爲勤。歸則翕然。集若赴期會而聽號令則爲整。食蜜之餘。以遺取者不怨則爲廉。爲房以自居則爲智。有蠆以自衛則爲勇。修是數德。而又能知天時以協人事。則夫貪賄無謀。亂行離次。棄君事讎。反覆變詐以取富貴利禄者。身爲蠆尾而不卹。雖其形則人也。使其居深山中。與㊂甲子之民處。將必顛倒五行以爲民害。寧

㊀「告」當爲「吉」。

㊁「詣」當爲「詰」。

㊂「與」下脱「不知」。

不爲茲物之媿哉。以上粵某山蜂分日記。

附録

方韶父狀其行曰。嘗欲倣太史法著季漢月表。采獨行全節事爲之傳。大率不務爲一世人所好。而獨求故老與同志以證其所得。會友之所名汐社。期晚而信。蓋取諸潮汐。

任松鄉爲之傳曰。臯羽倜儻有節。嘗布衣杖策參人軍事。未幾善哭。如唐衢。過姑蘇。望夫差之臺。慟哭終日。過勾越。行禹窆閒。北鄉哭。乘舟至鄞。過蛟門。登候潮山。感夫子浮桴之歎則又哭。晚登子陵西臺。以竹如意擊石。歌招魂之詞曰。魂來兮何極。魂去兮江水黑。化爲朱鳥兮其咮焉食。歌闋。竹石俱碎。失聲哭。何其情之悲也。所知淪没。碧血游空。山川池樹。雲嵐草木。與所别處及其時適相類。則徘徊顧盼。悲不自已。夫鳥獸喪其羣匹。越月踰時。則必巡過其故鄉。翔回焉。鳴號焉。蹢躅焉。踟躕焉。然後乃能去之。若翱者。章皇山澤。惡夫淚之無從也。

鄧牧爲之傳曰。歲甲午。與杭人鄧牧相遇會稽。結爲方外友。牧罕讀古人著述。謂文章當出胸臆。自成一家。而君記聞博贍。必欲中古人繩墨乃已。所見不合。日夜論辨。互相詆。及見牧所爲文。乃起謝曰。公不肯區區有所模擬。然法度高古。殆天才也。牧因爲言。杭大都會。文士輩出。余知若干人。盍往見之。旬日則去。逮牧歸杭。君已挈家錢塘江上。問所從來。皆前所聞者。其好學信也。

黄文獻過謝皋羽墓詩曰。識子今無日。風流可復尋。山林餘楚製。弟子解閩音。滄海他年夢。青天後夜心。平生匣中劒。零落遂如今。

謝山鮚埼亭詩集。補堂謁六陵。補祀謝皋羽王修竹鄭樸翁于唐林之次。予告以尚有羅陵使不可遺也。詩曰。啄粟靈禽志尾年。中涓大節獨無傳。願君分取冬青淚。併弔同聲一杜鵑。

梓材謹案。阮亭居易録謝皋羽年譜遊録注。山陰徐沁埜公撰。餘姚黄太沖先有西臺慟哭記。冬青引注。徐註。黄序之。又云。天地間集一卷。謝皋羽編。自文信國及家鉉翁。文及翁。謝疊山。鄭協。柴望。徐直方。何新之。王仲素。謝鑰。陸叡。何天定。王曼之。范協。吴子文。韓闕名稱竹坡。林景怡。凡十七人詩。僅二十首。按宋文憲公作皋羽傳天地間集五卷。此太寥寥。卽皋羽之友。如吴思齊翁登仇遠之屬。皆無一字。當是不完之書也。又附晞髮道人近集一卷。詩四十八首。刻畫晚唐酸澀無足録云。

梓材又案。金華徵獻略載先生云。方韶卿。吴子善。與方幼學。方燾。馮桂芳。翁登。登之弟衡。葬之子陵臺南。據此。則先生之交遊可概見矣。

吴氏同調

提舉陳先生公舉

山長陳先生公凱合傳。

陳公舉字正臣。浦江人。善屬文。與兄公凱日與方鳳吴思齊爲文字交。至元末任教諭。累遷江浙儒學副提舉。與趙孟頫爲同寮。用薦者應奉翰林文字。甫兩月卒。公凱。月泉書院山長。嘗作浦江縣漏刻銘。金華府志。

梓材謹案。謝皋羽金華遊録云。韶卿攜子與皋羽及陳公凱君用弟公舉帝臣會。帝臣正臣互有不同。

吳氏先緒

學士吳先生直方

吳直方字行可。浦陽人。出游浙東西。習刑法于仲府。及行中書復。北走京師。無他親朋童御。一身在逆旅中。凡三十六年。困苦艱難。無不備歷。後用薦者以説書事明宗于潛邸。明宗出鎮北藩。主留守馬札兒台家。教其子脱脱及也先帖木兒。元統二年。脱脱爲御史中丞。以先生嘗事先朝。奏爲江浙等處儒學提舉。中書累授集賢直學士。轉侍講學士。尋又陞學士。時脱脱爲右丞相。國有大政令。多咨先生然後行。先生每引古義告之。民被其賜者甚衆。未幾。以大學士致仕。浦陽人物志。

梓材謹案。宋景濂狀先生行實。言其幼時。自力於學。宗人幼敏家多納名士大夫。鄉先生方鳳。粤謝翺。括吳思齊咸寓與處。或談名理及古今成敗理亂。或相與倡酬歌詩。公每出侍側。聞其言。有會心處輒記之。終身不忘。又云。公讀書。欲通大義。務在力行。不屑爲區區章句之學。其于魯論言忠信及事君能致其身之語。尤深有契悟。

臯羽同調

太學鄭先生樸翁

鄭樸翁字宗仁。平陽人。咸淳十年。以上舍釋褐。爲福州教授。尋除國子正。宋亡。諸陵被發。與其友林景熙謀。閒行拾之。既而歸隱薌山瀑下。山陰王英孫延教子弟。後以病返。卒于家。浙江通志。

梓材謹案。先生著有四書要旨二十卷。禮記正義一卷。續古雜著三卷。原倫書一卷。又四書指要二十卷。黄氏千頃堂書目言先生與謝臯羽友善。入元不仕。

雲濠謹案。林霽山爲先生墓誌云。余與國子正鄭公生同里。學同師。由長至老。同出處。人與其同。而是非眇忽之際。更相箴正。以至固爭極辨。不苟焉爲同也。是先生與霽山交游之大略。但不知其同師何人耳。

唐先生珏別見潛庵學案補遺。

林先生德暘

林德暘字景爔。永嘉人。宋太學生。號霽山。當楊總統發掘諸陵時。先生故爲杭丐者。背竹籮。手持竹夾。遇物即以夾投籮中。又鑄銀作兩許小牌百十繫腰閒。取賄兩番僧曰。餘不敢收其骨。得高家孝家斯足矣。番僧左右之。果得高孝兩朝骨。爲兩函貯之。歸。葬于東嘉。遂昌雜録。

雲濠謹案。温州舊志作林景熙字德陽。平陽人。咸淳閒。由太學釋褐。授泉州牧官。遷禮部鴐閣。遷從政郎。

原易

榮河通崑源。古出龍馬瑞。包犧眞天人。一見測其祕。八卦已支離。重爲六十四。爻象互立名。繫辭發洙泗。盡洩元氣藏。柯葉布文字。有如木生癭。箋注漫百氏。燋龜與揲草。何能解人意。及滋天下疑。反以二物具。方寸不自靈。柄爲冥漠據。弧矢啓戰爭。書契長奸僞。緬思未畫前。標枝無一事。日月自循環。全易在天地。所以負苓人。因之發長喟。

冬青花詩

冬青花花時。一日腸九折。隔江風雨晴影空。五月深山護微雪。石根雲氣龍所藏。尋常螻蟻不敢穴。移來此種非人間。曾識萬年鵑底月。蜀魂飛遶百鳥臣。夜半一聲山竹裂。

將作王脩竹先生英孫

王英孫字才翁。號脩竹。紹興人。宋將作監簿。入于元。隱居不仕。作墨竹蘭蕙。雅節不凡。圖繪寶鑑。

趙先生若恢

趙若恢字文叔。東陽人。生而秀異。甫成童。能默誦五經。爲文數千言立就。嘗應詔言事。

悉時政所急。杜僉判幼存每歎服爲不可及。弱冠。登咸淳乙丑進士。宋亡。避地新昌。邇族子孟頫與居。相得甚。時元主方求索趙氏賢者。子昂轉入天台。依楊氏。爲元所獲。先生以閒得脱。程鉅夫之使江南也。有司强起之。稱疾。且曰。堯舜在上。下有巢由。今孟頫孟貫已爲微箕。願容某之爲巢由也。鉅夫感其義。釋之。得自便。于是僻處城東北隅。杜門不出。深衣大帶。摩挲古柏閒。至年八十餘。龐眉皓首。四方徵文獻者詣之。多謝卻。或引之山中。相對長號。悲歌以去。時方韶父謝皋羽仇山邨皆與先生同志。稱宋遺民云。東陽縣志。

鄧先生牧

鄧牧字牧心。錢塘人。生十餘歲。讀莊列二子書。悟文法。下筆追古作者。不事榮名。徧遊名山大川。歸隱大滌山。人稱爲文行先生。所居有超然館。宴坐累月不出。時時作詩文以自娱。所著有洞霄圖記。游山志。雜文稿。兩浙名賢録。

雲濠謹案。先生隱居屏迹。與謝皋羽周公謹友。

牧心遺文

我之譽人也多。則人之譽我也亦多。一人之毁不足勝衆人之譽矣。叔孫武叔毁仲尼。仲尼未嘗毁叔孫武叔。嬖人臧倉毁孟子。孟子未嘗毁臧倉。此孔孟之所以爲孔孟。適所以重毁者之惡歟。名説。

全歸門人

補黄田居先生景昌

梓材謹案。先生字。吳淵穎集作明遠。

周正論

三代正朔。改正者必改月數。而春秋左氏爲最明。太史推日食。當夏四月是謂孟夏。而經且書日食爲六月。梓愼占星孛。則又曰火之出也。在夏爲三月。在商爲四月。在周爲五月。而經且書宋衛陳鄭之災爲五月。他如晉卜偃因童謠而驗晉人之滅虢。又極有以見夫夏周月數之不同矣。蔡氏傳書乃曰。三代之建正不同。月數不改。凡朝覲會同巡狩承享之事。必以所建之正。至于數月。皆起于寅。嗚呼。蔡氏之爲是説。豈欲以嬴秦視三代耶。秦史所書冬十月以爲歲首。後九月以爲閏月。月建一差。閏法不合。後九非戌。而十月亦非亥矣。然而秦人自以端月爲正。史以十月書于元年之首者。太初曆行。漢世追改之也。孰謂三代類是而伊訓必以十有二月而首歲者乎。

古之改正改月者。年首必係之以正。正月必係之于春。天開于子。地闢于丑。人生于寅。三代蓋迭建之。皆可以爲正。則皆可以爲春矣。豈不以子丑二月陽氣萌動。雖謂之爲春也亦可矣。

附録

尤篤意書春秋。學之四十年不倦。三傳異説。學者不知所從。先生據經爲斷。各采其長。有不合者。痛辭闢之。不少恕。作春秋舉傳論。巴川陽恪著夏時考正。言三代悉用夏時。不改月數。先生以左氏縱不與孔子同時。亦當近在孔子後。其言當不誣。作周正如傳考。建安蔡沈集衆説爲書傳。世無敢議其非。先生獨疏其倍師説者數十百條。作蔡氏傳正誤。

晚自號田居子。因作田居古調辭九章。一章曰耕田。二章曰抱甕。三章曰濯潤。四章曰暴日。五章曰候樵。六章曰倚囱。七章曰聯蓑。八章曰釀酒。九章曰開徑。

吴淵穎序春秋公穀舉傳曰。黄子讀春秋者四十年。老而不倦。嘗著春秋舉傳論一編。屏除專門。搜剔傳疏。使之一歸于是然後止。

又曰。黄隱君每言春秋一書。自公穀口説相傳。至漢然後著之竹帛。是故經有脱編。有錯簡。學者上畏聖經。下□[1]賢傳。訛舛誣漏。不敢較也。其春秋公穀舉傳論及三代用正日夜食之辨。凜凜不可屈。

山長吴先生貴 見下皋羽門人。

[1]「□」當作「避」。

文肅柳靜儉先生貫詳見北山四先生學案。

方氏家學

補方先生樗

方先生梓合傳。

方樗。方梓。韶卿先生二子也。克以儒承家。柳待制集。

雲濠謹案。黄文獻公書王申伯詩卷後有云。方子踐子發以能詩稱。受學尊父存雅先生。而雜出於謝。又云。子踐兄弟遯迹仙華山中。不復與世接。吴淵潁萊。子發之壻也。子踐子發卽二先生之字。然浦陽人物記以樗字壽父。或有二字也。

梓材謹案。存雅狀謝皋羽稱其子肖從授春秋。皋羽金華遊録稱韶卿攜子肖翁入邑。取張子西銘踐形惟肖語。蓋卽子踐。方樗殆其原名歟。

附録

黄文獻寄方子踐子發詩曰。窮居悵無遂。徂歲聿載陰。習翅□㊀芳華。候蟲厲哀音。急飈扇叢薄。泫露棲喬林。撫景慨往古。端操思繼今。折蘭閒幽佩。解纓濯清潯。石林窅蕙蒨。桂柏鬱

㊀「□」當作「隕」。

蕭森。遺世豈余敢。匡時非我任。覽己謝充軏。卽事愈所欽。纏綿阻道里。緬邈眺岡岑。委懷竚芳訊。貽好存規箴。

方氏門人

補 貞文吳淵穎先生萊

雲濠謹案。宋潛溪爲先生碑。言先生以茂才薦署饒州路長薌書院山長。未行而疾作云。

梓材謹案。金華府志載先生晚自號曰深裹山道人。人因稱之曰深裹先生。

吳淵穎語

古之學者。常得其師傳。每因經以明道。後之學者。旣失其師傳。苟非明道。則不能以知經。聖人之言。記諸論語。垂在六經。其一體一用。妙道精義之發。昭然若揭日月而行諸天也。

吳淵穎文集

韓非顯學篇言。八儒三墨皆足以蠹國而害政。必欲盡去乎是而後能治。墨不足言也。儒者之學。通古今。徹上下。有國者無不賴之。而非獨不以爲然。是又荀卿子弟子也。一何迂誣怪盭若此耶。罪誠不在李斯後矣。荀卿亦不爲無過也。讀韓非子。

聖人曰。道之所貴者中。中之所貴者權。天下之事。雖未嘗出于一定。當其權。合其中。則固聖賢用心之所極。無俟乎辨士假物而取喻者也。今則彼爲堅而此爲白。此爲同而彼爲異。吾徒見其紛更而已。何補于天下國家之治哉。讀公孫龍子。

予觀太宗之志。嘗欲法三代。欲行周禮。遂絀封德彝之説。而專用魏徵之仁義。貞觀之治。夫豈近世所可遽及。使其當時立法之際。而其身之所行者。一本于正。無復可議。雖三代聖人創基垂統立綱陳紀之道。何異于是。然而太宗終不能企及者。是亦貪勝好名之過也。讀唐太宗帝範。

一定者。理也。雖其體甚實。所該無形。未始有定者。事也。雖其跡本虛。因應乃有理在。是數亦不外乎是。欲求其極。則天地之開闢。人物之消長。盡且可以數莖之蓍參兩而盡決之者。吾聖人固未肯輕爲之説也。是何世之喋喋者然哉。陳氏大衍易數後序。

自王政之不綱而後有霸。自霸圖之無統而後無霸。人情事變雖未嘗出于一定。惟理則無有不定。此古之學春秋者。所以率論理而不論勢也。自今觀之。天下之勢在是。春秋之理則亦隨其勢之所在者而見之。春秋世變圖序。

春秋之道本于一。離爲三家之傳。又析而爲數十百家之學。學日夥。傳日鑿。道益散。天下後世豈或不有全經乎。亦在其人而已矣。春秋傳授譜序。

魏晉以降。士不師古。而俗書僞學之日勝。造字偏旁點畫亂。讀字輕淺重濁盭。小學童識字日少。涉事日疏。造理日窒。馮私臆決傎倒錯逆。或以目前近事。幾不名六畜。幾不辨菽麥。況天下之物可窮者無窮哉。樓君玉學童識字序。

春秋戰國之世。聖人不作。處士橫議。天下之雜治方術者不爲不多。是故老與易並稱。儒與墨並譽。世之學者。或欲援儒而入于彼。推彼而附于儒。流及後世。秦謂方士儒。漢謂治黄老儒。晉王弼遂用老氏之説以注易。唐韓愈至謂孔墨之道同。道不同則不足以爲孔墨。然而佛者徒以西方之傑戎暴入中國。言語之不達。被服之不合。趨向之不正。而今乃欲一混而大同之。不幾于蕩然而無辨矣哉。石塘胡氏文鈔後序。

國家經費之事㈠。不必在于㈡橫政而節用。民庶藏蓄之資。必在于修農事而重穀。君民上下。貴賤一體。貧富相因。感之而民不徒于從化。制之而民不徒于知禁者。盍亦反其本矣。儉解。

古之學者必有師。世之説者嘗曰。經師易遇。人師難得。嗚呼。經師豈易得哉。古今經訓學術之變迭興。而師道之所自來者寖遠。蓋伊洛諸老先生。實始倡爲道統。而後知有所謂義理之學。已而考亭繼之。古今經訓學術之變。至此而遂定。必也誠明兩盡。知行並進。可以深造夫三代聖賢之閫域。不然則經有傳之益久而愈差者矣。白雲先生哀頌辭。

我相我心。圓中竅外。一身之主。百骸之會。孰心弗眞。乃以妄害。孰心弗正。不與妄對。

㈠「事」當爲「務」。

㈡「不必在于」當爲「必在于抑」。

貧將急富。粱肉犓糲。賤欲速貴。姬姜菅蒯。窮思何益。巧算何賴。本根不守。萌蘖徒汰。一眞尚迷。衆妄弗退。我曰不然。職用自勀。曷言敬玆。永佩妄戒。妄箴。

昔我先哲。有理無欲。後民多欲。理反不足。當其躁起。熾彼炎熇。不躁則藏。積爲酖毒。豈心爾恬。念居奔逐。豈貌爾夷。陷若谿谷。内省邪幾。童牛之牿。外惇正行。羸豕弗躅。雖躁勿躁。敢不斂束。昭然陽明。窒爾陰濁。惟是躁心。我告匪瀆。躁箴。

人可敖乎。敖不可長。孰使子敖。敖其焉往。哀今之人。欲一以敖。詆欺窮陋。矜説華好。狂歟黠歟。自謂過人。過猶不及。迄喪其身。毋謂人言。無足去取。吉人之辭。不在頬輔。毋謂人行。無足是非。守之以正。動與俗違。人寧敖予。予必自省。彼何人斯。敖焉是逞。敖箴。

惟我之惰。我何以生。我生之微。曷敢荒寧。莫健匪天。晝夜不息。繫之星辰。厥有羸縮。人之一身。從幼及老。疢疾憂患。惕焉以保。人壽幾何。開口笑言。曾不儆戒。日趨宴安。周公作書。是曰無逸。求其艱難。務在稼穡。糞牆朽木。嘗責宰我。聖人尚云。夫豈我可。念慮之萌。惰或弭之。事爲之著。惰或弛之。我告子惰。惰乃不改。習與性成。後愼毋悔。惰箴。

附録

先生自少有大志。專思澤物。不欲以文士名。每慕張宣公爲人。推明義利。雖一毫不苟取。表裏一致。與人游。驩然有恩。愈久愈固。

于是東經齊魯梁楚之郊。北抵燕都。遇中原奇絶處。輒瞪目長視。平岡灌莽。一望千里。昔人歌舞戰爭之地。一皆前迎後卻。畢在塵砂霜露中。遂與當塗李翼。餘姚方九思。臨川傅斯正。貰酒高歌。天寒風急。毛髮上豎。意若不可一世。

嘗謂人曰。胸中無萬卷書。眼中無天下奇山水。未必能文。縱能亦兒女語耳。

戴九靈作先生哀頌詞曰。昔夫子之有生兮。體孑孑其羸尫。雖求師與取友兮。曾不久違乎故鄉。遂取則夫前修兮。亦旣蹈夫大方。入書林以馳騖兮。闖藝苑以翱翔。奈學業之已修兮。尚名譽之未彰。曰有俟乎千載之下兮。庶無揜乎斯文之耿光。

宋潛溪撰先生碑曰。先生以精深玄懿之學。發沈雄奇絶之文。闔陰闢陽。出神入鬼。縱横變化。其妙難名。生雖弗克顯融以伸其志。旣没而言立浩浩穰穰。其書滿家。信一代之偉人。足以播芳猷于弗朽者也。

又議先生私謚淵穎曰。先生纂述之勤。汗簡日積。于詩書則科分脈絡而標其凡。于春秋則脱略三傳而發其藴。于諸子則研覈眞僞而極其精。于三史則析分義例而嚴其斷。藻繢所及。無物不華。汪如長江。峻如喬嶽。激如雷電。和如春陽。其妙用通于造化。其變通莫拘。若應龍之不可羈。觀其所志。直欲等秦漢而上之。凡流俗剽竊無根之學。孱弱不振之章。皆不足闖其藩垣而逐其軌轍者也。僉曰。經義玄深。非淵而何。文辭貞敏。非穎而何。

又議私謚貞文曰。其陳理也明而嚴。其敘事也精而當。其道情也周而婉。其賦物也深而遒。

于未弱冠。志意廓然。憤東夷之不恭。則欲蹈倭庭而陳説。覽時政之多僻。則欲告時君以仁義。以聖人之志莫顯于春秋也。則排異説而務得褒貶之中。以三代之政莫著于書詩也。則略傳注而務得理事之實。以亞聖莫盛于孟子也。則斥史遷之妄而傳之。以詞賦之祖莫忠于離騷也。則法而式之。以古樂府之作隨三代而升降也。則撰而次之。先生之于文。可謂貞而有則矣。

山長吴先生貴見下皋羽門人。

陳先生大登

陳先生小登合傳。

陳大登。小登。陳宜中之二子也。方韶卿治毛氏詩。宜中當國。禮下之。命其二子受業焉。胡仲子集。

梓材謹案。胡仲子爲謝皋羽傳。附傳方氏如此。浦陽人物記以大小登爲王閣門子。且言閣門與丞相陳宜中爲親昪弟。故仲子集即以二登爲宜中子耶。人物記又言。大登與方先生相抱持泣時言。自從陳丞相乞師南海不得還。遂爲暹國臣。是大登並不爲丞相子矣。

朱先生仙

朱仙字仲山。仙華方先生門人。年八十。黄文獻集。

雲濠謹案。文獻有送朱仲山之京詩。

淵穎講友

董先生仲可

董仲可。

方先生九思

梓材謹案。淵穎序石塘文鈔云。予自燕南還。又與鄱陽董仲可。會稽方九思。福唐高驥生。建安虞光祖。及金谿傅斯正五六人者。再見先生。宋潛溪爲淵穎碑言。淵穎遇中原奇絶處。與當塗李翼。餘姚方九思。臨川傅斯正。貰酒高歌。自謂綽有司馬子長遺風。則先生會稽餘姚人也。

高先生驥生

高驥生。

虞先生光祖別見潛庵學案補遺。

傅先生斯正別見槐堂諸儒學案補遺。

教授李先生翼別見蕭同諸儒學案補遺。

樓氏先緒

樓先生有成

樓有成字玉汝。義烏人。士連之祖。而景元之父也。著學童識字。吳淵穎稱其精緻可傳。任無爲路學録。金華府志。

臯羽門人

吳先生幼敏父渭。

吳幼敏字功父。父渭。爲吳溪著姓。雅好客。至元二十五年夏。謝臯羽之浦陽。主其家。先生登宋亞榜進士。素嚴事臯羽。無子。以從子貴爲嗣。臯羽年譜。

吳先生似孫父謙。

吳似孫字續古。渭從子。其父謙。字仲恭。與臯羽雅相善。先生時從臯羽遊。臯羽年譜。

梓材謹案。臯羽嘗爲仲恭作樂閒山房記。見晞髮集。

補山長吳先生貴

附録

其從祖謙爲臯羽壙志云。憶君始至婺時。余二兄尚無恙。仲兄命其孫貴受業。從此翕然。余家浦陽江水源。延吴君思齊。方君鳳。爲江源講經社。與君汐社合。余與君同年生。又相好也。俾貴于月泉精舍祀焉。

雲濠謹案。黄文獻送吴良貴詩序云。異時浦陽方先生館同里吴氏。括吴先生善父。粤謝先生皋父咸在焉。三先生隱者。以風節行誼爲人所尊師。後進之士爭親炙之。而良貴有聞于私淑爲多。又云。今年秋。迺聞良貴將主教於稽山。朋舊皆爲詩以送之。良貴蓋先生之字。知其嘗爲山長。又知其得爲方吴門人也。

文肅柳靜儉先生貫詳見北山四先生學案。

方先生樗詳上方氏家學。

翁先生衡

翁衡。睦人。與方韶卿之子肖。俱嘗從謝皋羽授春秋。晞髮集。

雲濠謹案。翁先生之兄名登。亦皋羽之友。方韶父狀皋羽云。垂没時。語妻劉。吾去鄉遠。交遊惟婺睦閒方某翁某數人最親。死必以赴。愼收吾文及遺骨。候其至以授之。又言。訃聞。婺方鳳。吴思齊。睦馮桂芳。翁登。及弟衡。會小爐峯。相嚮哭。明日。與方幼學方燾。先往臺南度可葬地云。

馮先生桂芳

馮桂芳。□□人。皋羽西至睦。主翁登家。其弟衡與先生俱執弟子禮。皋羽年譜。

學士家學

奉議吴先生志道别見北山四先生學案補遺。

學士門人

丞相蔑兒吉觮先生脱脱

也先帖木兒合傳。

脱脱字大用。蔑兒吉觮氏。馬札兒台之長子也。生而岐嶷。異于常兒。及就學。請于其師浦江吴直方曰。使脱脱終日危坐讀書。不若日記古人嘉言善行。服之終身耳。稍長。膂力過人。年十五爲皇太子怯憐口怯薛官。天曆元年。襲授成製提舉司達魯花赤。累進御史大夫。授金紫光禄大夫。時伯父伯顔爲中書右丞相。既誅唐其勢。益無所忌。擅爵人。赦死罪。任邪佞。殺無辜。諸衞精兵收爲己用。府庫錢帛聽其出納。帝積不能平。先生常憂其敗。私請于其父曰。伯父驕縱已甚。萬一天子震怒。則吾族赤矣。曷若于未敗圖之。其父以爲然。復懷疑未決。質之其師。其師曰。傳有之。大義滅親。大夫但知忠于國家耳。餘復何顧焉。及伯顔擅貶宜讓威順二王。帝不勝其忿。決意逐之。事定。詔知樞密院事。至正元年。命爲中書右丞相。録軍國重事。詔天下。悉更伯顔舊政。復科舉取士法。又開經筵。遴選儒臣以勸講。而先生實領經筵事。中外翕然稱爲賢相。三年。詔修遼金宋三史。命先生爲都總裁官。又請修至正條格頒天下。時有疾漸羸。上表辭位。有旨封鄭王。食邑安豐。賞賚巨萬。俱辭不受。乃賜松江田。爲立稻田提領所以斂之。七年。别兒怯不花爲右丞相。以宿憾譖其父。詔徙甘肅。先生力請俱行。復移西域撒思之地。至河。召還甘州就養而薨。八年。命先生爲太傅。九年。復爲中書右丞相。恩怨無不報。河決白茅堤。又決金堤。方數千里。民被其患。五年不能塞。先生用賈魯計。請塞之。以身任其事。築決堤成。天子嘉其功。賜世襲荅剌罕之號。仍賜淮安路爲其食邑。已而汝潁之閒妖寇聚衆反。以紅巾爲號。襄樊唐鄧皆起而應之。十一年。奏以弟御史大夫也先帖木兒爲知樞密院事。將諸衛兵十餘萬討之。克上蔡。既而駐兵沙河。軍中夜驚。也先帖木兒盡棄軍資器械。北奔汴梁。收散卒。屯朱仙鎮。朝廷以也先帖木兒不習兵事。詔别將代之。也先帖木兒仍爲御史大夫。十二年。紅巾有號芝麻李者。據徐州。先生請自行討之。城破。賊遁去。十四年。張士誠據高郵。詔先生總制諸王諸省軍討之。西域西番皆發兵來助。師次濟寧。遣官詣闕里祀孔子。過鄒縣祀孟子。十一月。至高郵。連戰皆捷。俄以哈麻之譖。有詔罪其老師費財。削其官爵。安置淮安。也先帖木兒奪御史臺印。出都門外聽旨。初命先生安置淮安。俄有旨移置亦集乃路。十五年三月。臺臣猶以謫輕。列疏其兄弟之罪。于是詔流先生于大理宣慰司鎮西路。流也先帖木兒于四川碉門。九月。遣官移置阿輕乞之地。十二月己未。哈麻矯詔遣使鴆之。死年四十二。先生儀狀雄偉。頎然出于千百人中。而器宏識遠。

莫測其藴。功設㊀社稷而不伐。位極人臣而不驕。輕貨財。遠聲色。好賢禮士。皆出于天性。事君之際。始終不失臣節。惟惑于羣小。急復私讎。君子譏焉。二十三年。監察御史張沖等上章雪其冤。詔復官爵。元史。

宋史道學傳序

道學之名。古無是也。三代盛時。天子以是道爲政教。大臣百官有司以是道爲職業。黨庠術序師弟子以是道爲講習。四方百姓日用是道而不知。是故盈覆載之閒。無一民一物不被是道之澤。以遂其性。于斯時也。道學之名。何自而立哉。文王周公既没。孔子有德無位。既不能使是道之用漸被斯世。退而與其徒定禮樂。明憲章。删詩書。修春秋。讚易象。討論墳典。期使三五聖人之道昭明于無窮。故曰夫子賢于堯舜遠矣。孔子没。曾子獨得其傳。傳之子思。以及孟子。孟子没而無傳。兩漢而下。儒者之論大道。察焉而弗精。語焉而弗詳。異端邪説起而乘之。幾至大壞。千有餘載。至宋中葉。周敦頤出于舂陵。乃得聖賢不傳之學。作太極圖説。通書。推明陰陽五行之理。命于天而性論㊁人者。瞭若指掌。張載作西銘。又極言理一分殊之指。然後道之大原出于

㊀「設」當爲「施」。
㊁「論」當爲「於」。

天者。灼然而無疑焉。仁宗明道初年。程顥及弟頤寔生。及長。受業周氏。已乃擴大其所聞。表章大學中庸二篇。與語孟並行。于是上至帝王傳心之奥。下至初學入德之門。融會貫通。無復餘蘊。迄宋南渡。新安朱熹得程氏正傳。其學加親切焉。大抵以格物致知爲先。明善誠身爲要。凡詩書六藝之文。與夫孔孟之遺言。顛錯于秦火。支離于漢儒。幽沈于魏晉六朝者。至是皆煥然而大明。秩然各得其所。此宋儒之學所以度越諸子。而上接孟氏者歟。其于世代之污隆。氣化之榮悴。有所關係也甚大。道學盛于宋。宋弗究于用。甚至有厲禁焉。後之時君世主。欲復天德王道之治。必來此取法矣。邵雍高明英悟。程氏實推重之。舊史列之隱逸。未當。今置張載後。張栻之學。亦出程氏。既見朱熹。相與博約又大進焉。其他程朱門人。考其源委。各以類從。作道學傳。

趙氏家學

趙先生嗣元

趙先生嗣興合傳。

趙先生古經合傳。

趙嗣元字長卿。嗣興字時進。皆文叔若恢之子。能繼其志。長卿與邑耆舊杜清叟葛天民交。稱三君子。時進有經濟才。而深自韜晦。其子古經。因指文叔所植古柏爲號。曰友柏。以明志。

蓋終元世無仕者。東陽縣志。

隱君家學

黄先生迪

黄迪。隱君景昌之孫也。淵穎嘗授之學。吴淵穎集。

淵穎門人

鄭先生銘

鄭銘字景彝。浦江人。世以孝義聞。先生面目嚴毅。不妄言笑。從大父大和司家政。察其爲人。可成遠大器。聘鄉先生吴淵穎爲之師。淵穎授以春秋三傳之學。有所質問。咸中肯綮。金華胡翰亦從淵穎先生。與之晝夜相摩切。大肆其力于古文辭。事母至孝。年六十二卒。宋文憲文集。

梓材謹案。潛溪爲吴先生碑。言先生卒。諸生胡邦翰鄭銘等來相治後事。胡邦翰蓋卽胡翰也。

提舉戴九靈先生良

博士鄭先生濤並詳北山四先生學案。

鄭先生深

鄭深字仲幾。一字浚常。浦江人。幼知讀書務了大義。不能泥章句。然負氣不羈。稍長。氣益振。游學京師。聞太師脱脱喜士。即走見之。太師與語。大悦。謂其子哈剌章曰。鄭先生有道之士也。爾往事之。先生教以書詩。得師道甚。太師稱譽弗置口。聞于上。初。皇太子鞠育太師家。與哈剌章同卧起。至是有旨。使之共學。皇太子至。先生以孝經進。錫錦衣一襲。明年。太師以煩言出居西寧。以哈剌章託先生。又明年。太師還朝。開太傅府。奏先生爲長史。遷宣文閣授經郎。轉鑒書博士。侍經帷。教胄子者四載。改中書吏部員外郎。太師以讒去。先生曰。天下自此多故矣。遂移病弗視事。已而除僉江南浙西道肅政廉訪司事。時中原道不通。浮海而還。尋除僉江東建康道肅政廉訪司事。未及上。卒。年四十八。先生沈敏多智數。秉心慈恕。而壹以正裁之。頗以師道自任。授經宣文閣中。皆勳戚大臣之子。先生戴星而出。戴星而入。孜孜以開物成務。日迪導之。與人交。不以勢之崇庳而貳其心。豫章揭傒斯。瀏陽歐陽玄。東明李好文。臨川危素尤與爲文墨交而無閒。宋景濂長先生四歲。負笈游吴立夫門。始與之交。其卒也。爲之誌其墓。宋文憲集。

鄭先生濂

鄭濂字仲德。浦江人。大和之孫。與弟湜俱以義聞。洪武初。召見慰諭甚至。問以治家長久之道。先生以謹守家法對。深見嘉獎。姓譜。

雲濠謹案。宋濳溪跋先生詩後云。仲德生之歲與余同。其名與余同。少而從學於吴貞文公又與余同。又云。余中歲自金華徙居青蘿山中。又與之同里。

梓材謹案。金華府志稱其主家政二十年。子孫從化。洪武十四年。命除福建布政司參政。

黄先生迪見上隱君家學。

陳先生士貞曾祖文焕。

陳士貞字彦正。浦江人。曾祖文焕。通春秋穀梁學。官登仕郎。宋亡。杜門著書。有春秋質疑傳學者。先生自幼記誦。日數千言。長從鄉先生吴深裒遊。習春秋。以襲家學。鄧巴西聞其學行。與同列薦諸朝。授處州石門書院山長。再長建德之釣臺衢之柯山二書院。遷富州儒學教授。趣裝上道。卒于婺城之寓舍。先生手書。多所玩繹。晚尤以存心養性爲務。扁所居齋曰儼若思。戴九靈集。

陳先生大倫

陳大倫字彦理。諸暨人。初學易。既而更春秋。敷繹義例。揮豪輒雲煙滿紙。屢試場屋。不能中繩尺。于是棄絶。益攻古文詞。浦陽吴淵穎萊。以奥學雄文名當代。先生從之講學。下及秦漢以來諸文章大家。章有法。句有旨。青鐙夜懸。達旦不寐。學大進。遠近交聘爲家塾師。元季兵亂。避入流子里。當兩山夾澗。作晚香樓三楹。閒與賓客暢飲爲樂。酒酣。提筆咏詩。脱帽高歌。擊几案爲節。或支筇行古石細路閒。游目思視。意若與之相忘。髮已斑白。手不釋卷。天文地理老釋之書。莫不攬其英華。尤善寫竹樹。著有春秋手鏡。尚雅集若干卷。宋文憲集。

傅先生致柔

傅致柔字守剛。金華人。少遊吴立夫之門。與宋潛溪善。父病。嘗出市藥。溪水暴漲。乘亂流以渡。如有物負其足者。得藥歸。父旋愈。後父殁。諸兄溺浮屠。將葬以火。先生哭泣幾絶。不及救。乃拾遺骸筐中。且逸去。諸兄奪而投之淵。復入淵得之。裹以衰服。奔宋氏。託其友置棺以殮。傭書得直。置地葬之。廬于墓。貧甚。至并日一炊。御史潘黼薦于朝。辭不赴。既卒。潛溪銘其墓。金華府志。

方先生椿

方椿字大年。暨陽人。自其曾從祖嘗大開義塾。聘明師儒以淑其家之子弟。及四方之學徒。吴淵穎實爲之師。先生時未弱冠。已出諸生右。諸生業應制書規利禄。先生獨鄙而不習。其爲人慷慨有大志。然所守以正。近遠諸郡邑日入于亂。憂鬱唾血而卒。戴九靈集。

樓先生光亨

樓光亨字景元。烏傷人。嘗從吴淵穎爲科目之學。未幾棄去。而專攻羣經。以書詩教于其鄉。日坐皋比。申飭五倫之教。亹亹不自休。受其學者。攝其觕疏。歸于密微。必充然有得而後止。父既師之。其子又繼之。其孫又執經從。先後垂六十年。宋文憲集。

梓材謹案。潛溪嘗序其梅溪詩稿。稱爲法度之詩。

千户樓先生士寶

樓士寶字彦珍。義烏人。幼孝于親。年十五。卒業于聞人先生夢吉。居三年。復從吴淵穎。年方壯。論議天下事若可俯拾。已而走燕都。用薦授澧州管領拔都民户總管府玉龍千户所管民司長官。悒悒不樂。未幾解印綬而歸。大放于酒以死。宋文憲文集。

宣先生岊

宣岊字彦昭。浦江人。嘗與宋景濂樓彦珍鄭浚常仲舒兄同集白門方氏之義塾。師吴貞文。别無嗜好。唯購書不知休。入仕極清白。凡所需之物。必取給于家。毫分不受于民。知印行宣政院。以年勞入選。擢承事郎温州平陽州判官。轉本路總管府判官。知時事不可爲。歸卧孫井山中。已而元亡。明詔起。將官之。不受。後受誣以死。宋文憲集。

趙先生良本别見北山四先生學案補遺。

陳先生璋

陳璋字子章。浦陽人。宋景濂遊學諸暨之白湖。而先生實來。景濂因與先生交蓋。鐙影相望。而讀書之聲相接也。宋文憲集。

楊先生恒

楊恒字本初。諸暨人。浦江鄭氏子姓執贄致辭。先生以倡道爲己責。與諸生言。必稱曰昔之人。昔之人。歷十春秋。自以精明不逮前時。退居白鹿山。戴椶冠。被羊皮裘。帶經耕煙雨閒。因其所居。號曰白鹿生。宋潛溪與之游者三十年。宋文憲集。

梓材謹案。先生爲方東湖先生外孫。東湖名寀字德載。暨陽人。年逾九十。文憲集有東湖先生招魂辭。是即白門義塾之方氏也。則先生蓋亦貞文門人也。

浚常同調

韓善庵先生性

韓性字可善。世居明之定海。後徙于鄞。爲鄞人。天性重厚。遇物以誠。所入雖薄。而周窮恤匱。鄉人皆稱長者。又規置田若干畝爲義莊。以收族人。建義塾以教子弟。會兵興。弗果成。在外凡若干年。而事親敬長之禮朝夕無缺。浙西廉訪司僉事浦江鄭浚常抵其家。喜其爲人。因遺以麐溪集。遂取爲子孫法。蓋鄭氏兄弟爭死十世不分。先生感而慕之。洪武八年卒。善庵其號云。貝清江集。

鄭氏門人

哈剌章先生

哈剌章。丞相脱脱長子也。至正十四年。丞相詔流雲南。長子肅州安置。二十三年召還。授中書平章政事。封申國公。分省大同。元史。

傅氏門人

童先生徽

童徽。傅守剛門人也。守剛卒而爲之狀其行。宋文憲集。

樓氏家學

侍郎樓先生璉別見北山四先生學案補遺。

宋元學案補遺卷五十七目録

宋元學案補遺卷五十七

後學 鄞 王梓材 慈谿馮雲濠 同輯

梭山復齋學案補遺

道鄉家學

補 隱君陸梭山先生九韶

梭山日記

陳榕門曰。門内之地。至性所關。卽屬愚頑。豈無天良之動。而有時視門内如路人。非禮犯分。俱名利之心致之。于名利重一分。卽于天倫輕一分。梭山先生論居家而先正本。以孝弟忠信讀書明理爲要。以時俗名利積習爲非。至于制用之道。不過費以耗財。亦不因貧而廢禮。隨時撙節。稱家有無。故陸氏十世同居。家法嚴肅。高風篤行。可仰可師。

梭山格言

貴莫貴于爲聖賢。富莫富于畜道德。貧莫貧于未聞道。賤莫賤于不知恥。

方蛟峯續之曰。士能弘道曰達。士不安分曰窮。得志一時曰夭。流芳百世曰壽。

訓戒子弟韻語

聽聽聽。勞我以生天理定。若還懶惰必飢寒。莫到飢寒方怨命。虚空自有神明聽。

聽聽聽。衣食生身天付定。酒食貪多折人壽。經營太甚違天命。定定定。

梓材謹案。此梭山所作。使子弟一人唱於先祠者也。見羅大經鶴林玉露。其言家規有云。公堂之田。僅足一歲之食。家人計口打飯。自辦蔬肉。不合食私房。婢僕各自供給。許以米附炊。每清曉。附炊之米交至掌廚。爨者置簿交收。飯熟。按簿散給。賓至。則掌賓者先見之。然後白家長出見。款以五酌。但隨堂飯食。夜則卮酒杯羹。雖久留不厭。是前編附録之未及詳載者。

附録

先生與晦庵書曰。敬覽所著太極圖說。左扶右掖。使不失正。用力多矣。然此圖本説自是非正。雖曲爲扶掖。恐終爲病根。貽憾後學。

又與書曰。太極二字。聖人發明道之本源。微妙中正。豈有下同一物之理。左右之言過矣。今于上又加無極二字。是頭上安頭。過爲虚無好高之論也。

梓材謹案。二書録自周子全書。卽未史所云不可得見者也。

包文肅三先生祠堂記曰。梭山篤信聖經。見之言行。推之家法。具有典刑。雖服先儒之訓。而于理有不可于心者。決不苟徇。惜其終于獨善。而不及見諸行事之著明爾。

梓材謹案。三陸先生。復齋先卒。象山次之。梭山最後。紹熙三年。象山卒。其明年。金溪卽建復齋象山二先生祠。至淳祐十年。始建三陸先生祠。故象山再傳葉是齋建石林書院時。猶得延梭山講學云。

補文達陸復齋先生九齡

附録

五歲入學。同學年長踰倍者所爲。盡能爲之。讀書因析義趣。郡博士徐君嘉言高年好修。留意學校。閒日獨行訪諸齋。先生侍諸兄衣冠。講論未嘗弛懈。由是徐君雅相禮敬。

東至臨江。郡守鄧君子延先生于學。臨江士人皆樂親之。居半歲乃歸。越數年。郡博士苗君昌言復延先生于學。從遊者益衆。苗與先生啓有云。文詞近古。有退之子厚之風。道學造微。得子思孟軻之旨。推尊如此。

覽書無滯礙。繙閲百家。晝夜無倦。于陰陽星曆五行卜筮靡不通曉。性周謹。不肯苟簡。涉獵所習。必極精詳。

補入太學。故端明汪公爲司業。月試輒居上游。其文據經明理。未嘗屈其意。

湖之南有寇侵軼。將及郡境。先是。建炎北寇之至。先生族子謂嘗起義應募。是後。寇攘相次犯州境。謂皆被檄。保聚捍禦。往往能卻敵。州里賴焉。至是謂已死。舊部伍願先生主之。以請于郡。先生與兄弟門人論所以宜從之義甚悉。會郡符已下。先生將許之。或者不悅。謂先生曰。先生海内儒宗。蹈履規矩。講授經術。一旦乃欲爲武夫所爲。衛靈公問陳于孔子。孔子不答。今先生欲身爲之乎。先生曰。男子生以弧矢。長不能射則辭以疾。文事武備。初不可析。古者有征討。公卿爲將帥。比閭之長則伍兩之長也。衛靈公家國無道。三綱將淪。既見夫子。非哲人是尊。社稷是計。而猥至問陣。其顛荒甚矣。故夫子答以俎豆而行。夾谷之會。三都之墮。討齊之請。夫子豈不知兵者。其爲委吏乘田。則會計當。牛羊茁壯長。使靈公舍戰陣而問會計牧養之事。則將遂言之乎。執此而謂夫子誠不知軍旅之事。則亦難與言理矣。或者又曰。禮别嫌疑。事有宜稱。使先生當方面。受邊寄。誰復敢議。此閭里猥事。何足以累先生。今鄉黨自好者不願尸此。尸此者必豪俠武斷者也。今先生尸之。人其爲何。先生曰。子之心殆未廣也。使自好者不尸此。而豪俠武斷者卒尸此。是時之不幸也。子亦將願之乎。或者又曰。曾子之在魯。寇至則先去。寇退則曰。修我牆屋。我將反。爲其爲師也。今先生居于鄉。有師儒之素命于朝。爲師儒之官。而又欲尸此。無乃與曾子異乎。先生曰。吾居鄉講授。自窮約之分。吾求仕爲禄養。今之官乃吏案銓格而與之耳。異乎曾子之爲師也。今又遲次居鄉。老母年且八十。家累過百人。寇未至。先去。固今郡縣所禁。比至而去。必不達。剽劫踐蹂狼狽流離之禍往往不可免。去固不可。藉令可去。扶八九十老者。從以千餘指。去將焉之。子欲使吾自附于分位不同之曾子。而甘家之禍。忍鄉之毒。縮手于所可得爲之事。此奚啻嫂溺不援者哉。或者乃謝不及。先生于是始報。郡符許之。已而調度有方。備禦有實。寇雖不至。而郡縣倚以爲重。以上行狀。

象山狀其行曰。先生少有大志。而深純浩博。無涯涘可見。親之者。無智愚賢否。皆不覺敬愛慰釋。稱其善者。往往各以所見。未嘗同也。不區區撫摩而藹然慈祥。愷悌之風有以消爭融隙。不斷斷刻畫而昭然修潔。清白之實足以澄汙律慢。趣尚高古而能處俗。辨析精微而能容愚。一行之善。一言之得。雖在巫醫卜祝。農圃臧獲。亦加重敬珍愛。自少以聖賢爲師。其餘釋老之學。辨之嚴矣。然其徒苟有一善。亦所不廢。故先生無棄人。而于先生亦鮮有不獲自盡者。

張南軒與先生不相識。晚歲還書。相與講學問大端。期以世道之重。無幾何而張公没。又半歲而先生下世。豈道之顯晦。果有數乎其閒耶。

朱子答王子合書曰。送伯恭至鵞湖。陸子壽兄弟來會。講論之閒。深覺有益。

又語類。陸子壽自撫來信。訪先生于鉛山觀音寺。子壽每談事。必以論語爲證。如曰。聖人教人。居處恭。執事敬。又曰。子所雅言。詩書執禮皆雅言也。弟子入則孝。出則弟。謹而信。汎愛衆而親仁。此等皆教人就實處行。何嘗高也。先生曰。某舊聞持論亦好高。近來漸漸移近下。漸漸覺實也。如孟子。卻是將他已到底教人。如言存心養性。知性知天。有其説矣。是他自知得。

餘人未到他田地。如何知得他滋味。卒欲行之。亦未有入頭處。若論語。卻是聖人教人存心養性。知性知天。實涵養處便見得。便行得也。

又。陸子壽看先生解中庸莫顯乎微云。幾微。細事也。因歎美其説之善曰。前後説者。連莫見隱一滚説了。更不見切體處。今如此分别。卻是使人有點檢處。九齡自覺力弱。尋常非禮。念慮固能常常警策。不使萌于心。然志力終不免有怠時。此殆所謂幾微處須點檢也。先生曰。固然。

又。陸子壽言。古者教小子弟。自能食能言卽有教。以至灑掃應對之類。皆有所習。故長大則易語。今人自小卽教做對。稍大卽教作虚誕之文。皆壞其性質。某嘗思欲做一小學規。使人自小教之便有法。如此亦須有益。先生曰。只做禪苑清規樣做亦自好。

蔡靜軒和鵞湖三先生韻曰。朱陸豪雄夙所欽。本仁祖義渾同心。高明頓足先登岸。邃密爲山漸到岑。易簡支離爭誚切。禪關俗學互浮沈。撑眉拏眼來蔥嶺。公論昭明在古今。

梭山講友

文公朱晦庵先生熹詳晦翁學案。

文肅吴竹洲先生儆詳見嶽麓諸儒學案。

太學虞玉溪先生孝孫别見西山眞氏學案補遺。

復齋講友

文公朱晦庵先生熹詳晦翁學案。

宣公張南軒先生栻詳南軒學案。

成公吕東萊先生祖謙詳東萊學案。

復齋同調

周先生珩

周珩字德昭。江西人。位止于簿。既致仕。以宣教郎終其身。有文學言語聲。于太學時。其爲士也。有政事聲。于潭之長沙。郴之永興時。其爲官也。有德行聲。于撫之臨川時。其爲鄉老也。自號足翁。其卒八十有八年矣。大父衮。嘉祐八年進士異等。後六年。鄉人王介甫得政。意下士可華膴動之。乃陳介甫所建爲非是。又賸書以切磋之。遂不合。晚爲藤州以死。先生逮事之。王雪山銘其墓云。書以九齡。狀以焕之。實維陸氏。有連于兹。又云。維君有堂。誠意正心。欲觀其人。盍攷厥名。羣聖一門。繇此塗出。達者得之。何事不畢。祀君斯堂。瓦解冰融。誰謂吾死。如月當空。王雪山集。

梭山家學

陸先生櫄之

陸櫄之。梭山之子也。賦資純雅。少贊家政。事上使下無閒言。又博通經史。射御筆札皆絶出等夷。琴尤高。年十六。無疾談笑而逝。象山尤痛之。象山文集。

通直陸先生持之詳見象山學案。

梭山門人

補嚴先生松

録象山語

復齋看伊川易傳解艮其背。問某。伊川説得如何。某云。説得鶻突。遂命某説。某云。艮其背。不獲其身。無我。行其庭。不見其人。無物。

復齋門人

文靖舒廣平先生璘詳廣平定川學案。

柴先生必勝

柴必勝。

董先生元息

梓材謹案。象山語録。初教董元息自立。收拾精神。不得閑説話。漸漸好。後被教授教解論語。卻又壞了。據此。則先生始從象山。後從復齋者也。象山文集有與董元錫書。惜其氣質不得厚重。故不能自拔於市井之習。又輒憑之以妄議人之長短。與語録所戒閑説話者相似。豈卽其人。而錫與息爲傳寫異文歟。

張先生□

張□字□□。婺州人。陸復齋先生館其家。授以中庸大學。時其父老矣。每偶坐拱手與聽講授。且曰。不自意晚得聞此。後其父卒。喪以古禮。不用浮屠氏。陸象山集。

曾氏家學

補 曾雲巢先生極

梓材謹案。先生號雲巢。有詩載濂洛風雅。

附録

先生志氣豪放。朱文公得其書及詩。大異之。謂其文似老蘇大蘇。

復齋私淑

知州葉自齋先生夢得詳見槐堂諸儒學案。

梭山私淑

縣尉鄭先生德璋附兄德珪。

鄭德璋字子振。浦江人。少通敏。長益自樹立。居家著雍睦之行。勤身率下。盡力于生業。能使貲過其舊。然未始以富而不由禮。晨興。必具衣冠。詣祠堂展謁。退坐一室。隨事鉅細。處之咸中肯綮。夜則秉燭。呼子弟誦孝悌故實。倣象山陸氏。制訓辭百餘言。每月旦望。令子弟一人讀之。家人悉拜而聽焉。咸淳末。常平使者嘉先生捍衛鄉井之功。以聞于朝。會處之青田大盜數起。卽以先生爲青田尉。先生度時事不可爲。辭不赴。先生素以剛直與物多忤。里胥或誣陷以不測之罪。當會逮揚州。其兄德珪抱之哭曰。彼所欲害者。我也。無預爾事。我往折以片言。則姦狀白矣。爾去。其如彼何。言訖。詭以他故。出就吏。先生垂泣而追之。至揚州。兄已死。仰天號慟。絶而復蘇者數四。先生風神峻整。性尤方嚴。子弟聞謦欬。皆斂手正容。步履不敢肆也。迨寢疾。子大和輒泣問齊家之道。先生張目厲聲曰。毋聽婦言。黄文獻集。

梓材謹案。先生謁祠及訓子弟諸事皆倣梭山。當爲梭山私淑。謂之象山陸氏者。蓋言陸氏就其著聞者概之耳。

曾氏續傳

曾先生堅別見草廬學案補遺。

鄭氏家學

鄭先生大和別見晦翁學案補遺。

宋元學案補遺卷五十八目録

宋元學案補遺卷五十八

後學 鄞 王梓材 慈谿馮雲濠 同輯

象山學案補遺

象山師承

吴先生漸

吴漸字茂榮。金谿人。識文安于齠齔。以其子妻之。它日子孫祠先生于書堂。以文安侑食。名之曰清潤。用晉人語也。郡人尊德而尚世。謂先生曰東齋。虞道園學古録。

雲濠謹案。先生與象山同舉於鄉。後象山志其墓。見象山文集。

艾軒講友

補 文安陸象山先生九淵

雲濠謹案。先生明嘉靖九年從祀廟廷。稱先儒陸子。

雲濠又案。先生又有太學春秋講義一卷。凡二十二條。經義攷云存。

梓材謹案。鵞湖之會在淳熙二年。鹿洞之講在八年。太極之辨在十五年。梨洲語意倒置。

梓材又案。謝山於震澤學案序録言象山之學本無所承。凡云無所承者。不知其學之所受。即有父師可溯。而父師之學亦不知所受之謂耳。黄文潔以象山爲遙出上蔡。卽以爲上蔡私淑可也。其於震澤與林竹軒張横浦可類推矣。

荆門軍洪範皇極講義

皇。大也。極。中也。洪範九疇。五居其中。故謂之極。是極之大。充塞宇宙。天地以此而位。萬物以此而育。古先聖王。皇建其極。故能參天地。贊化育。當此之時。凡厥庶民。皆能保極。比屋可封。人人有士君子之行。協氣嘉生。薰爲太平。嚮用五福。此之謂也。皇建其有極。卽是斂此五福。以錫庶民。捨極而言福。是虚言也。是妄言也。是不明理也。惟皇上帝。降衷于下民。衷卽極也。凡天之民。均有是極。但其氣稟有清濁。智識有開塞。天之生斯民也。使先知覺後知。使先覺覺後覺。古先聖賢。與民同類。所謂天民之先覺者也。以斯道覺斯民者。卽皇建其有極也。卽斂時五福。用敷錫厥庶民也。今聖天子皇建其極。是彝是訓。于帝其訓。無非斂此五福。以錫爾庶民。守令承流宣化。卽是承宣此福。爲天子以錫爾庶民也。凡爾庶民。知愛其親。知敬其兄者。卽惟皇上帝所降之衷。天子所錫之福也。若能保有是心。卽爲保極。宜得其壽富康寧。是謂攸好德。考終命。凡爾庶民。知有君臣上下。知有中國夷狄。知有善惡是非。知有父慈子孝。兄友弟恭。夫義婦順。朋友有信。卽惟皇上帝所降之衷。天子所錫之福也。身或不壽。此心實壽。家或不富。此心實富。縱有患難。身實康寧。或爲國死事。或殺身成仁。亦爲考終命。若論五福。但當論人一心。此心若正。無不是福。此心若邪。無不是禍。世俗不曉。只將目前富貴爲福。目前患難爲禍。不知富貴之人。若其心邪。其事惡。是逆天地。逆鬼神。悖聖賢之訓。畔君師之教。天地鬼神所不祐。聖賢君師所不與。忝辱父祖。自害其身。此時回思。亦有不可自欺自瞞者。若于此時。更復自欺自瞞。是直欲自絶滅其本心也。縱是目前富貴。正人觀之。無異在囹圄糞穢中也。患難之人。其心若正。其事若善。是不逆天地。不逆鬼神。不悖聖賢之訓。不畔君師之教。天地鬼神所當祐。聖賢君師所當與。不辱父祖。不負此身。仰無所愧。俯無所怍。雖在貧賤患難中。心自亨通。正人觀之。卽是福德。作善降之百祥。作不善降之百殃。積善之家。必有餘慶。積不善之家。必有餘殃。但自考其心。則知福祥殃咎之至。如影隨形。如響應聲。實必然之理也。

象山文集

道不遠人。顧人離道耳。古人謂宿道鄉方。二三君子毋徒宿吾方丈。日鄉羣山。得無愧于宿道鄉方之言。斯可矣。吾方以此自省。因書此以示警。藝之進不進。亦各視其才。雖無損益于其道。然至于有棄日。有遺力。與未知其方而不能問于知者。則其道亦可知矣。示象山學者。

此理塞宇宙。誰能逃之。順之則吉。逆之則凶。其蒙蔽則爲昏愚。通徹則爲明智。昏愚者不見是理。故爲逆以致凶。明智者見是理。故能順以致吉。説易者謂陽貴而陰賤。剛明而柔暗。是固然矣。今晉之爲卦。上離。六五一陰。爲明之主。下坤。以三陰順從于離明。是以致吉。二陽爻反皆不善。蓋離之所以爲明者。明是理也。坤之三陰能順從其明。宜其吉無不利。此以明理順理而善。則其不盡然者。亦宜其不盡善也。不明此理。而泥乎爻畫名言之末。豈可與言易哉。陽貴陰賤。剛明柔暗之説。有時而不可泥也。

雷在天上大壯。君子以非禮弗履。非禮弗履。人孰不以爲美。亦孰不欲其然。然善意之微。正氣之弱。雖或欲之。則未必能也。今四陽方長。雷在天上。正大之壯如此。以是而從事于非禮弗履。優爲之矣。此顔子請事斯語時也。泰之九二言包荒。包荒。包含荒穢也。當泰之時。宜無荒穢。蓋物極則反。上極則下。盈極則虧。人情安肆。則怠忽隨之。故荒穢之事。常在于積安之後也。

易之爲書也不可遠。其爲道也屢遷。變動不居。周流六虚。上下無常。剛柔相易。不可爲典要。惟變所適。臨深履冰。參前倚衡。儆戒無虞。小心翼翼。道不可須臾離也。五典天敍。五禮天秩。洪範九疇。帝用錫禹。傳在箕子。武王訪之。三代攸興。罔不克敬典。不有斯人。孰足以語不可遠之書。而論屢遷之道也。以上易説。

一得五。合而成六。天一生水。地六成之。故一得六合而成水。二得五。合而爲七。地二生火。天七成之。故二得七合而成火。三得五。合而爲八。天三生木。地八成之。故三得八合而成木。四得五。合而爲九。地四生金。天九成之。故四得九合而成金。五得五。合而爲十。天五生土。地十成之。故五得十合而成土。論五行生成。水合在一六。火合在二七。木合在三八。金合在四九。土合在五十。數至四而五在其中矣。一與四自爲五。二與三自爲五。二與三。少陰少陽之裏也。一與四。老陰老陽之裏也。五數既見。二得五爲七。三得五爲八。故七爲少陽。八爲少陰。一得五爲六。四得五爲九。故六爲老陰。九爲老陽。故七與八合。其數十五。六與九合。其數亦十五。少陰少陽老陰老陽是謂四象。論四象。則陰陽二少合在七八。陰陽二老合在九六。四象成列。七八在裏。九六在表。陰陽二分。先裏後表。故七八爲少。六九爲老。四七二十八。故二十八者。少陽之策。四八三十二。故三十二者。少陰之策也。易之爲書也不可遠。其爲道也屢遷。變動不居。周流六虚。上下無常。剛柔相易。不可爲典要。唯變所適。吾嘗言天下有不易之理。是理有不窮之變。誠得其理。則變之不窮者。皆理之不易者也。水生數一。成數六。其卦爲坎。坎陽裏而陰表。水形柔弱。蓋陰裏也。然本生于陽。故道家謂水陰根陽。火生數二。成數七。其卦爲離。離陰裏而陽表。火形剛烈。蓋陽表也。然本生于陰。故道家謂火陽根陰。自水火之成數而言。則水六也。火七也。水則爲陰。火則爲陽。自水火之卦而言之。水。坎也。火。離也。坎則陽卦。離則陰卦。自坎離之卦而言之。則坎月也。離日也。拘儒于此將如何而言陰陽哉。五行相得而各有合。蓋不止前二合而已。易數説爲張權叔書。

人心至靈。此理至明。人皆有是心。心皆具是理。雜説。

古者十五入大學。大學曰。大學之道。在明明德。在新民。在止于至善。此言大學指歸。欲明明德于天下。是入大學標的。格物致知是下手處。中庸之博學審問謹思明辨。是格物之方。讀書親師友是學。思則在己。問與辨皆須在人。自古聖人。亦因往哲之言。師友之言。乃能有進。況非聖人。豈有自任私知而能進學者。然往哲之言。因時乘理。其指不一。方册所載。又有正僞純雜。若不能擇。則是泛觀。欲取決于師友。師友之言亦不一。又有是非當否。若不能擇。則是泛從。泛觀泛從。何所至止。如彼作室于道。是用不潰于成。欲取其一而從之。則又安知非私意偏說。子莫執中。孟子尚以爲執一廢百。執一廢百。豈爲善學。後之學者。顧何以處此。學說。

今爲吏而相與言曰。某土之民不可治也。某土之俗不可化也。嗚呼。弗思甚矣。孟子曰。飢者易爲食。渴者易爲飲。孔子曰。德之流行。速于置郵而傳命。吾于其所謂不可治者。有以知其甚易治也。于其所謂不可化者。有以知其甚易化也。宜章學記。

人生天地之閒。稟陰陽之和。抱五行之秀。其爲貴孰得而加焉。使能因其本然。全其固有。則所謂貴者固自有之。自知之。自享之。而奚以聖人之言爲。惟夫陷溺于物欲而不能自拔。則其所貴者。類出于利欲。而良貴由是以寖微。聖人憫焉。告之以天地之性人爲貴。則所以曉之者。亦甚至矣。誦其書。聽其言。乃類不能惕焉有所感發。獨膠膠乎辭說議論之閒。則其所以聽之者。不旣藐矣乎。天地之性人爲貴。吾甚感夫聖人所以曉人者至。而人之聽之者藐也。孟子言知天。必曰。知其性則知天矣。言事天。必曰。養其性所以事天也。中庸言贊天地之化育。而必本之能盡其性。人之形體。於天地甚藐。而孟子中庸則云然者。豈固爲是闊誕以欺天下哉。誠以吾一性之外無餘理。能盡其性者。雖欲自異于天地。有不可得也。自夫子告曾子以孝曰。事父孝。故事天明。事母孝。故事地察。舉所以事天地者。而必之于事父母之閒。蓋至此益切而益明。截然無辭説議論之蹊徑。至因其有無以加于孝乎之問。又告之以天地之性人爲貴。有篤敬之心。踐履之實者。聽斯言也。獨不有感于心乎。天地之性人爲貴論。

狎海上之鷗。游吕梁之水。可以謂之無心。不可以謂之道心。以是而洗心退藏。吾見其過焉而溺矣。濟溱洧之車。移河東之粟。可以謂之仁術。不可以謂之仁道。以是而同乎民。交乎物。吾見其淺焉而膠矣。省試程文。

學者且當大綱思省。平時雖號爲士人。雖讀聖賢書。其實何曾篤志于聖賢事業。往往從俗浮沈。與時俯仰。徇情縱欲。汩没而不能以自振。日月逾邁。而有泯然與草木俱腐之恥。到此能有愧懼。大決其志。乃求涵養磨礪之方。若有事役。未得讀書。未得親師。亦可隨處自家用力檢點。見善則遷。有過則改。所謂心誠求之。不中不遠。若事役有暇。便可親書册。無不有益者。與曹挺之。

事業固無窮盡。然古先聖賢未嘗艱難其途徑。支離其門户。夫子曰。吾道一以貫之。孟子曰。夫道一而已矣。曰塗之人可以爲禹。曰人皆可以爲堯舜。曰人有四端。而自謂不能者。自賊者也。人孰無心。道不外索。患在戕賊之耳。放失之耳。古人教人。不過存心養心求放心。此心之良。人所固有。人惟不知保養。而反戕賊放失之耳。苟知其如此。而防閑其戕賊放失之端。日夕保養灌溉。使之暢茂條達。如手足之捍頭面。豈有艱難支離之事。與舒西美。

某嘗以義利二字判儒釋。又曰公私。其實卽義利也。惟義惟公。故經世。惟利惟私。故出世。儒者雖至于無聲無臭。無方無體。皆主于經世。釋氏雖盡未來際普度之。皆主于出世。今習釋氏者。皆人也。彼旣爲人。亦安能盡棄吾儒之仁義。彼雖出家。亦上報四恩。日用之閒。此理之根諸心而不可泯滅者。彼固或存之也。然其爲教。非爲欲存此而起也。故其存不存。不足爲深造其道者輕重。若吾儒則曰。人之所以異于禽獸者幾希。庶民去之。君子存之。

釋氏之所憐憫者。吾儒之聖賢無之。吾儒之所病者。釋氏之聖賢則有之。使釋氏之聖賢。而繩以春秋之法。童子知其不免矣。

某嘗謂儒爲大中。釋爲大偏。以釋與其他百家論。則百家爲不及。釋爲過之。原其始。要其終。則私與利而已。以上與王順伯。

至當歸一。精義無二。誠得精當。則若網在綱。有條而不紊。故自本諸身。徵諸庶民。至于百世俟聖人而不惑者。誠精當之不容二也。

親師友于當世。固當論其學。求師往聖。尚友方册。亦當論其學。

必一意實學。不事空言。然後可以謂之講明。若謂口耳之學爲講明。則又非聖人之徒矣。

用力而不能使聖賢之言如符契。則是平日之言皆妄言。平日之意皆妄意矣。故不可自欺。當力加省察。必使不待傅會。而沛然有以信聖賢爲先得我心之所同然而後可也。

塞宇宙一理耳。學者之所以學。欲明此理耳。此理之大。豈有限量。程明道所謂。有憾于天地則大于天地矣者。謂此理也。三極皆同此理。而天爲尊。故曰惟天爲大。惟堯則之。乾坤同一理也。孔子于乾曰。大哉乾元。于坤則曰。至哉坤元。堯舜同一理也。孔子于堯曰。大哉。堯之爲君。于舜則曰。君哉。舜也。此乃尊卑之序。如子不可同父之席。弟不可先兄而行。非人私意可差排杜撰也。以上與趙詠道。

行不失其居。居不違其道。是故經綸酬酢。變通不窮。無須臾或離其位也。與饒壽翁。

古人不求名聲。不較勝負。不恃才智。不矜功能。故通身皆是道義。與包顯道。

充其所見。推其所爲。勿怠勿畫。益著益察。日躋于純一之地。是所望于君子。夷齊未足言也。此天之所以予我者。非由外鑠我也。思則得之。得此者也。先立乎其大者。立此者也。積善者。積此者也。集義者。集此者也。知德者。知此者也。進德者。進此者也。同此之謂同德。異此之謂異端。心逸日休。心勞日拙。德僞之辨也。

學問固無窮已。然端緒得失。則當早辨。是非向背。可以立決。

夫子曰。知之爲知之。不知爲不知。是知也。後世恥一物之不知者。亦恥非其恥矣。人情物理之變。何可勝窮。若其標末。雖古聖人不能盡知也。以上與邵叔誼。

善則速遷。過則速改。固應如是。然善與過。恐非一旦所能盡知。賢如蘧伯玉。猶欲寡其過而未能。聖如夫子。猶曰加我數年。五十以學易。可以無大過矣。論語載夫子稱顏子好學。易大傳稱其有不善未嘗不知。知之未嘗復行。顏子有不善未嘗不知。知之未嘗復行。乃自其好學而能然。與傅子淵。

吾心苟無所陷溺。無所蒙蔽。則舒慘之變。當如四序之推遷。自適其宜。記之所謂亡于禮者之禮也。其動也中。蓋近之矣。與趙然道。

著是去非。改過遷善。此經語也。非不去。安能著是。過不改。安能遷善。不知其非。安能去非。不知其過。安能改過。自謂知非。而不能去非。是不知非也。自謂知過。而不能改過。是不知過也。眞知非則無不能去。眞知過則無不能改。人之患在不知其非。不知其過而已。所貴乎學者。在致其知。改其過也。與羅章夫。

以紂爲兄之子。此是公都子引當時人言。史記微子是紂庶兄。皆帝乙之子也。比干則但云紂之親戚。太史公亦莫知爲誰子也。今據公都所引文義。則是以微子比干爲帝乙之弟。而紂于二人爲兄之子也。此是孟子所載與史記不同處。與周元忠。

梓材謹案。此書近錢塘翟晴川灝四書考異取之。且以其言最爲超卓云。

世儒恥及簿書。獨不思伯禹作貢成賦。周公制國用。孔子會計當。洪範八政首食貨。孟子言王政亦先制民產。正經界。果皆可恥乎。官吏日以貪猥。弊事日以衆多。豈可不責之儒者。與趙子直。

善制事者。常令其利在我。其患在彼。不善者反之。法曰。先爲不可勝。以待敵之可勝。又曰。無恃其不來。恃吾有以待之。無恃其不攻。恃吾有所不可攻。謂能銷患致利。備豫不虞也。與廟堂乞築城劄子。

民甚宜其尉。不宜其令。吏甚宜其令。甚不宜其尉。是令尉之賢否不難知也。尉以是不善于其令。令以是不善于其尉。是令尉之曲直不難知也。送宜黄何尉序。

附録

生有異稟。端重不伐。究心典籍。見于躬行。幼不戲弄。静重如成人。登第。考官吕祖謙能識其文于數千人之中。他日謂先生曰。未嘗款承教。僅得之傳聞。一見高文。心開目明。知其爲江西陸子静也。

自少時聞靖康事。慨然有感于復讎之義。訪求智勇之士。與之商榷。益知武事利病。形勢要害。人物短長。

先生悼世俗之弊。啓人心之固有。俾自知自信其可教。去世所謂學規者。諸生善念自興。容貌自莊。雍雍于于。後至者相觀而化也。

光宗時。除知荆門軍。延見僚屬如朋友。教民如子弟。雖賤隸走卒。亦諭以義理。薦舉僚屬。不限流品。謂古者無流品之分。而賢不肖之辨嚴。後世有流品之分。而賢不肖之辨略。此古今治亂所分也。居久之。治化孚洽。笞箠不施。民相保愛。幾至無訟。吏卒皆自勉以義。恥犯法也。歲旱。每禱輒雨。郡人異之。丞相周必大曰。荆門之政。可驗躬行。

知荆門軍。民有訴者。無早暮皆得造于庭。復令自持狀以進。爲立期。皆如約而至。卽爲決之。而多所勸釋。其有涉人倫者。使自毁其狀。以厚風俗。唯不可訓者。始置之法。

貴溪有山。先生登而樂之。結茆其上。山形如象。遂名曰象山。號象山翁。四方學徒大集至數百人。從容講道。詠歌怡愉。有終焉之意。于是人號象山先生。

公與季兄復齋講貫理學。號江西二陸。其學務窮本原。不爲章句訓詁。惟孟軻書是崇是信。蓋謂此心之良。天所與我。信口能及。此則宇宙無非至理。聖賢與我同類。

蔡西山問象山曰。子微立龍名不一亦當否。象山曰。子微因名寓理。極有妙處。如梧桐楊柳枝等名。吾初亦以爲不然。及觀後卷所謂梧桐葉下偏生子。楊柳枝頭出正心。方知此理玄妙。非深探地理者不能道著。

東萊柬晦庵曰。子靜留得數日。鵝湖氣象已全轉否。若只就一節一目上受人琢磨。其益終不大也。

晦庵答曰。子靜舊日規模。終在其論爲學之病多説如此卽只是意見。如此卽只是議論。如此卽只是定本。某因與説。既是思索卽不容無意見。既是講學卽不容無議論。統論爲學規模。亦豈容無定本。但隨人材質病痛而求藥之。卽不可有定本耳。渠卻云。正爲多是邪意見。閒議論。故爲學者之病。某云。如此卽是自家呵叱亦過分了。須著邪字閒字方始分明。不教人作禪會耳。又教人恐須先立定本。卻就上面整頓。方始説得無定本底道理。今如此一概揮斥。其不爲禪學者幾希矣。其病恐未必是看人不看理。自是渠合下有些禪的意思。又自主張太過。須説我不是禪。而諸生錯會了。故其源遂至此。

朱子答先生書曰。來書所謂利慾深痼者。已無可言。區區所憂。卻在一種輕爲高論。妄生内外精麤之别。以良心日用分爲兩截。謂聖賢之言不必盡信。而容貌辭氣之閒不必深察者。此其爲説。乖戾狠悖。將有大爲吾道之□㊀者。不待他時末流之弊矣。不審明者亦嘗以是爲憂乎。此事不比尋常。小小文義異同。恨相去遠。無由面論。徒增耿耿耳。

又答黄直卿書曰。伯起説去年見陸子靜説游夏之徒自是一家學問。不能盡棄其説。以從夫子之教。惟有琴張曾皙牧皮。乃是眞有得于夫子者。其言怪僻乃至于此。更如何與商量討是處也。可歎可歎。

又答劉子澄書曰。子靜一味是禪。卻無許多功利術數。目下收斂得學者身心。不爲無力。然其下梢無所據依。恐亦未免害事也。

又語類曰。陸子靜只是一心。一邊屬人心。一邊屬道心。那時當説得好在。

又曰。陸子靜之學。只管説一箇心。本來是好底物事。上面著不得一箇字。只是人被私欲遮了。若識得一箇心了。萬法流出。更都無許多事。他卻是實見得箇道理恁地。所以不怕天。不怕

㊀「□」當作「害」。

地。一向胡叫胡喊。

又曰。陸子靜説克己復禮云。不是克去己私利欲之類。别自有箇克處。又卻不肯説破。某嘗代之下語云。不過是要言語道斷。心行路絶耳。因言此是陷溺人之深坑。學者切不可不戒。

又曰。伯恭門徒。氣宇厭厭。四分五裂。各自爲説。久之必至銷歇。子靜則不然。精神緊峭。其説分明。能變化人。使人旦異而晡不同。其流害未艾也。

又因説陸子靜。謂江南未有人如他八字著腳。

問象山師承。朱子曰。他們天資也高。不知師誰。然也不問師傳。人學多是就氣稟上做偏了。

又曰。子靜平日所以自任。正欲身率學者一于天理。而不以一毫人欲雜乎其間。

又曰。子靜之學于心地工夫不爲無所見。但使欲持此陵跨古今。更不下窮理細密工夫。卒并與其所得者而失之。

楊慈湖簡狀其行曰。某發本心之問。先生舉是日扇訟是非以答。某忽省此心之清明。忽省此心之無始末。忽省此心之無不通。是知先生之心。非口説所能贊述。所可得而言者。日月之明。先生之明也。四時之變化。先生之變化也。天地之廣大。先生之廣大也。鬼神之不可測。先生之不可測也。欲盡言之。雖窮萬古不可得而盡也。雖然。先生之心與萬古之人心一貫無二致。學者不可自棄。

黄學録岳祭之曰。先生之學。正大純粹。先生之教。明白簡易。其御民也。至誠之外無餘術。

其使人也。寸長片善未始或棄。若夫憂國忘家。愛人利物。所謂造次于是。顛沛于是。是以先生之亡。雖小夫賤隸。婦人女子。莫不咨嗟歎息。至于流涕。

張元善祭之曰。儒者之學。入孝出弟。人言江西。陸氏兄弟。儒者之仕。信道行志。人言荆門。如古循吏。有修其綆。汲深未既。有恢其規。游刃餘地。詞流滔滔。壽考日遂。豈伊斯人。而俾憔悴。

詹阜民祭之曰。先生設教。固亦多術。其要使人反躬務實。一洗世俗詞説支離。達其本心。使自得之。善端既著。日用不窮。夫然後知先生之功云。

袁絜齋祭之曰。嗟維先生。任道以躬。方其未得。憤悱自攻。一日洞然。萬理俱融。如天清明。如日正中。毫髮無差。涵養日充。乃號于世。曰天降衷。至大至精。至明至公。玆焉良心。萬變不窮。學者初來。膠擾塞胸。先生教之。如橐鼓風。弟子化之。如金在鎔。有蔽斯決。有窒斯通。手舉足履。視明聽聰。或全其人。不淪虚空。此于斯世。允矣有功。

又序先生文集曰。先生之言。悉由中出。上而啓沃君心。下而切磨同志。又下而開曉黎庶。及其他雜然著述。皆此心也。儒釋之所以分。義利之所由別。剖析至精。如辨白黑。遏俗學之横流。援天下于既溺。吾道之統盟不在玆乎。

又題彭君築象山堂曰。義理之學。乾道淳熙間講切尤精。一時碩學爲後宗師者。班班可覩矣。而切近端的平正明白。惟象山先生爲然。或謂先生之學如禪家者流。單傳心印。此不謂知先生者。

先生發明本心。昭如日月之揭。豈恍惚茫昧自神其説者哉。

傅子靈祭之曰。世之學者。標末是求。而吾先生自源徂流。世論一切如鞭之刑。而吾先生允稽其情。世之于人多察鮮容。而吾先生善與人同。世之于善。迹是情非。而吾先生誠實自持。世排異端。惟名是泥。而吾先生卽同辨異。世讀古書。立論紛然。而吾先生先實後言。

又序象山遺文曰。蓋先生長于啓迪。使人蔽解疑亡。明所止。于片言之下。有得于天。而非偶然者。

孔煒諡議曰。公見理昭徹。加以涵養。故能成己成物。四方之士。風動雲集。公矩矱端嚴。對之者非心邪念自然銷沮。論説爽厲。聽之者如指迷途出荆棘。質諸遺編。義利之分。王霸之别。天理人欲。凡介在毫芒疑似之閒者。辨之弗措。叩之弗竭。自非學本正大。充乎自然。安能如是之周流貫通。動與理會也哉。

袁蒙齋建書院告文曰。先生之道。精一匪二。揭本心以示人。此學問之大致。嗣先聖之遺響。警一世之聾聵。平易切近。明白光粹。至今讀其遺書。人人識我良貴。由仁義行。與行仁義者。昭昭乎易判也。集義所生。與義襲而取之者。截截乎不可亂也。宇宙内事。己分内事。渾渾乎一貫也。議論一途。樸實一途。極天下之能言者。斯言不可贊也。

包恢撫州祠堂記曰。先生嘗曰。宇宙閒自有實理。此理苟明。則事有實事。行有實行之人。所謂不言而信。又自謂平生學問。惟有一實。一實則萬虛皆碎。嗚呼。彼世之以虛識見虛議論習成風化。而未嘗一反己就實。以謀日進日新之功者。觀此亦嘗有所警而悟其非乎。

羅大經鶴林玉露曰。象山與羅春伯書云。宇宙無際。天地開闢。本只一家。來書乃謂自家屋裏人。不亦陋乎。謂之自家。不知孰爲他家。古人但問是非邪正。不問自家他家。君子之心。未嘗不欲其去非而就是。捨邪而適正。其始終不遷。則當爲夬之上六矣。堯舜于四凶。孔子于少正卯。亦治其家人耳。象山此論。可謂渾厚高明。且以我朝言之。自慶曆以前。未有君子小人之名。所謂本只一家者也。故君子未嘗受禍。自慶曆以後。君子小人之名始立。則有自家他家之分矣。君子之受禍。一節深于一節。

蔡久軒祭象山祠文曰。杭叨恩行部。祗事云郭。奕奕書堂。典刑如在。謹飭僚吏。躬陳薦修。仰止高風。寸誠炯炯。

劉聲伯贊陸文安公曰。卓學邁倫。居超徑詣。觀我靈龜。以燭來世。展矣君子。克廣厥居。澄然自得。春風詠歸。

王深寧困學紀聞曰。象山先生曰。古者無流品之分。而賢不肖之辨嚴。後世有流品之分。而賢不肖之辨略。

黄東發曰。象山讀書修己。本末未嘗不與人同。而其語録謂論語多有無頭柄説話。謂編論語者亦有病。謂論語第一章學而時習。不知時習者何事。謂第二章言孝弟爲支離。又謂六經皆我註脚。謂天理人欲之言不是至論。謂異端不是佛老。而今之講學者皆是異端。其至家書與姪孫濬云。

非其志其見度越千有五百餘年名世之士。則詩書易春秋論語孟子中庸大學之篇正爲陸沈。與致政兄云。以銖稱寸量之法。繩古聖賢。皆有不可勝誅之罪。蓋其爲學。謂此心自靈。此理自明。耳自聰。目自明。自能孝。自能弟。但收拾精神自爲主。不則上是天。下是地。中閒還我堂堂做人。更不必他求。一有他求。皆爲陷溺。故于自昔聖賢經書所載。自然皆見其非。其勢則然。非待有心于詆斥也。然猶一則曰孔子。二則曰孔子。譬之江東孫氏。名雖戴漢。自立宗廟社稷矣。

方桐江送繆鳴陽六言曰。象山之學超詣。水心之文刻畫。後村之詩卑陋。樗寮之字怪癖。舉世隨聲雷同。衆啞啞。我憋憋。此四者皆不可。尤不可第一癖。

程雪樓題先生遺墨後曰。朱陸二公來往翰墨。情與甚眞。若此帖者甚多。恨不使妄有異同者一一見之。

吴草廬序象山先生語録曰。先生之道如青天白日。先生之語如震雷驚霆。雖百數十年之後。有如親見親聞也。

虞道園送李伯宗序曰。以伯宗之鄉而論之。陸先生之學。前代諸儒蓋未之有也。朱氏之起。與之相望扶植斯文者。豈不重且遠哉。然而入德之門容或不同。教人之方容有小異。其皆聖人之徒也。吕伯恭氏欲一道德。同風俗。使學者無疑也。是以有鵝湖之會焉。雖其言卒不合而遂散去。而倡和辭氣之閒。因二賢之差殊。而精玫神會焉。于聖人之精微。遂可推見。其于發明聖道。以幸惠學者。非他郡之所有也。

趙東山爲先生贊曰。儒者曰。其學似禪。佛者曰。我法無是。超然獨契本心。以俟聖人百世。宋潛溪凝道記曰。金溪之學何如。曰。學不論心久矣。陸氏兄弟卓然有見于此。亦人豪哉。故其制行如青天白日。不使纖翳可干。夢寐卽白晝之爲。屋漏卽康衢之見。實足以變化人心。故登其門者。類皆緊超英邁。而無漫漶支離之病。惜乎力行功加而致知道闕。或者不無憾也。

王朗川曰。陸象山當家三年。自謂于學有進。此正可想施于有政。是亦爲政全是孝友眞切處。莫徒作鹽米雜碎觀也。

又曰。象山先生嘗謂。人家要有三聲。讀書聲。孩兒聲。紡績聲。蓋聞讀書聲。覺聖賢在他口中。在我耳中。不覺神融。聞孩兒聲。或笑或泣。俱自然籟動天鳴。覺後來哀樂情致較比殊遠。聞紡織聲。則勤儉生涯。一室兒女覺有豳風七月景象。可厭者。婦女誶罵聲也。惡也。飲酒喧呶聲也。狂也。街巷談笑聲也。鄙也。妖冶歌唱聲也。淫也。與其聞此。不若聽犬聲于夜靜。聞雞聲于晨鳴。令人有清曠之思。

馬平泉曰。余弱冠遊襄城。于人家見本朝李穆堂所編陸子學譜。偶繙閱之。見其目首列讀書。咤曰。誰謂子靜不讀書。及連閱數頁後。佇目凝思。久之。忽覺通體淅灑。挾卷盤桓。高步庭際。如餓兒投慈母之懷。象山嘗謂。吾學一日讀孟子而得之。信哉。性善之旨。至陸子益明矣。然論者多異議。何也。善夫。趙東山曰。儒者曰。其學似禪。佛者曰。吾法無是。超然獨契本心。以俟聖人百世。嗚呼。斯言也。若使聖人復起。得勿莞爾。

陳石士師書朱錫鬯史館上總裁第五書後曰。楊慈湖之言學。禪學也。陸子靜亦時入于禪。然以言制行。則陸優于楊矣。

象山講友

文公朱晦庵先生熹詳晦翁學案。

成公呂東萊先生祖謙詳東萊學案。

象山學侶

補侍御李橘園先生浩

附録

除太常簿。尋光禄丞首陳無逸之戒。自秦檜扼塞言路。士風寖衰。至是百官轉對。公與王十朋馮方查籥胡憲始相繼有所開陳。聞者興起。太學之士至爲五賢詩以述其事。

少時力學爲文章。及壯歲更留意義理。

補寶文王復齋先生厚之

附録

象山語録曰。嘗聞王順伯云。本朝百事不及唐。然人物議論遠過之。此議論甚闊。可取。又曰。嘗問王順伯曰。聞尊兄精于論字畫。敢問字果有定論否。順伯曰。有定論。曰。何以信此説。順伯曰。有一畫一拐于此。使天下有兩三人曉書。問之。此人曰。是此等第。則彼二人之言亦同如此。知其有定。因問字畫孰爲貴。順伯曰。本朝不及唐。唐不及漢。漢不及先秦古書。曰。如此則大抵是古得些子者爲貴。順伯曰。大抵古人作事不苟簡。尊兄試觀古器。與後來者異矣。此論極是。

朱子語類曰。向見陸子靜與王順伯論儒釋。某嘗竊笑之。儒釋之分。只爭虛實而已。如老氏亦謂。恍兮惚兮其中有物。窈兮冥兮其中有精。所謂物精亦是虛。吾道雖有寂然不動。然其中粲然者存事事有。

補 通奉老楊先生庭顯

梓材謹案。錢融堂爲慈湖行狀云。楊氏家世天台。十世祖自寧海徙明之奉化。後又徙鄞。紹興末。金突淮右。考避地慈溪。因占籍焉。是先生本鄞人。故謝山有楊文元故里之作也。

老楊先生語

人心至靈。迷者繆用。

顔回屢空。夫子所賞。必以所得塡塞胸中。抑自苦耳。

今吾之樂。何可量也。

附録

公長不滿五尺。繭然臞儒。而徇道之勇。不可回奪。血氣益衰。而此志益厲。賁育不足言也。

公爲人恭謹精悍。不屑碌碌。視天下事無不可爲者。其言有曰。畏夷狄。憂用財。此宰相非才之明驗。

自其子識事。未嘗見公有過。所自責者。類非形見。公每發明。以示監戒。人患憒憒。公容物若虛。人患吝嗇。公捐財若無。或歎其不可及。公曰。昔甚不然。吾改之耳。

公嘗行步小跌。拱手自若。徐起儵然。殊不少害。從行異之。公曰。蹉跌未必遽傷。此心不存。或自驚擾。則致傷耳。象山聞之曰。所謂顚沛必于是。

補吏部豐宜之先生誼

梓材謹案。上虞縣志載先生七歲能屬文。又言卒贈通議大夫。歷官所至。政事文章爲時取正。元至正閒祀鄉賢。

舒廣平與先生書曰。當今時勢。深有可憂。士大夫調停之功多。而正大之議少。和同之風熾。而篤實之意虧。雖咸有憂國之心。卒未有善後之計。門下忠誠體國。不撓衆枉今。玆復歸朝行。銓次之暇。必能爲國遠圖。凡可贊襄。當不俟某有請也。

袁絜齋祭之曰。嗚呼公乎。生長名門。人品卓如。長纔六尺。膽大于軀。見義勇于必爲。見惡果于驅除。若大川之決。勢莫能禦。若莫邪之刃。利無與俱。生輕財而重義。没傾囊兮無餘。信清敏之裔孫。庶乃祖兮無殊。

朱子序清敏遺事後曰。大夫公清苦廉直。勤事愛民。屢爲刺史二千石。入居郎省。皆有顯聞。然多不得久于其官。蓋有公之風烈云。

謝山句餘土音豐吏部望揚州操。六龍南飛兮棄我蜀岡。居民攘攘兮唱誅汪黄。蜀岡弛戰兮戎備久荒。況先子兮勵官監倉。爲國死官兮不去不降。我乃元祐黨人之孫兮姓名堂堂。死見司馬公兮契家之光。嗟孤兒兮擲道旁。泣呱呱兮幸脱劒芒。孤兒有感兮非所望。望揚州兮雲茫茫。原註云。豐清敏公之孫治殉難揚州。事定後。高宗官其子誼。當父死時。三歲。棄道旁。後爲名儒。吾鄉志乘失爲之傳。

補 文恭羅此庵先生點

雲濠謹案。先生著有奏議。書春秋孟子講義。制詞。鑑古録。雜著。聞見録。

附録

孝宗以俗儒少實。頗有厭薄。公對策曰。臣聞儒者之道。與天地相爲終始。與古今相爲表裏。與風俗相爲盛衰。與治亂相爲升降。患莫甚于名是而實非。人主當求其眞。不可惑于似。如穀粟之必可以養生。如藥石之必可以伐病。是眞賢也。言之若可聽。而用之則罔功。是腐儒也。惟眞賢是用。而毋以腐儒參之。則治具畢張矣。天子覽而嘉之。擢爲第二。

遷祕書郎兼皇太子宮小學教授。凡所開陳。必以正理。講論經義。日昃始退。蓋嘗未午而國公欲入。公止之。乃觀書不輟。至晡時。可以入矣。故不入。左右以爲請。公曰。國公務學。正爾得趣。奈何促之。顧使令輩取被以入。吾將宿此。左右曰。是閒豈託宿之地耶。國公遜辭懇之。公然後退。

皇孫進封平陽郡王。仍以公兼教授。采摭古人行事明白易曉可爲勸戒者。合爲一書。名鑑古録。蓋以古爲鑑。可知興替之義。日講一事。恭淑之始作配也。公以爲道之造端于是乎在。而自古論修身齊家者。惟大易家人一卦最爲彰明較著。乃取先正司馬公所書發揮其義。以爲端本正始之助。

光宗卽位。遷中書舍人。上嘗訪公可爲臺諫者。公稱葉適吴鑑孫逢吉張體仁馮震武鄭湜劉崇之沈清臣。此八人皆有學識氣節。通世務。知國體。不肯阿附苟合者。或謂天下事非才不辦。公曰。亦當先論其心。學術正而才不足。所謂心誠求之。雖不中不遠矣。心則不正。才雖過人。非眞才也。

父卒時。諸弟猶未立。延師教之。迄於有成。

杜清獻跋文恭薦士疏曰。國家中興。愛養人才。至淳熙閒。名賢彬彬輩出。公上接流緒。下植風聲。汲沈振滯。寸善不遺。今讀此編。羣才畢萃。何其盛也。自公云亡。諸公亦相繼凋落。公所薦引者。其顯用十無一二。而時事日新矣。由公而前若此。由公而後又若此。然則公之云亡。蓋實關于世道之一變也。

縣簿丁瓮天先生錟附子季敏。

丁錟字仲熊。新建人。以伊洛之學倡于江右。弟子雲集。與陸子靜爲友。領淳熙慶元嘉定三舉。歷官曲江縣簿。朱元晦知南康軍。聘掌白鹿書院。不就。時與往復論學。自號瓮天先生。所著有春秋要辨。易通釋。書辨疑。王霸論。性理大旨諸集。子季敏。博學能文。徐鹿卿誌其墓。丁氏世美集。

陳先生南仲

陳南仲字郴卿。臨川人。以六經授徒于鄉。嘗與象山言。皋陶秩禮敘典命德討罪一歸之天。九德又分之爲六爲三。皆天地陰陽之道。此爲明道之要。象山亦云。皋陶謨洪範呂刑在書爲傳道之書。其議論相契如此。撫州府志。

縣令吴先生箕

吴箕字嗣之。休寧人。少孤。刻志讀書。乾道五年進士。主仁和簿。分教臨川。與象山諸公講明義理。宰當塗縣。剖析民訟。編類成書。有聽訟類稾十二册。趙忠定汝愚尤加器重。召審察。尋以疾卒。姓譜。

雲濠謹案。姓譜載張震事蹟與此文同。未知孰是。俟考。

隱君劉先生迂

劉迂。宜黄人。隱居不仕。文章贍敏。自成一家。諸子百家皆精究。追朱陸諸儒會鵞湖。嘗以詩請益。于理學有所得。年八十餘。無疾焚香而卒。有文集。姓譜。

趙先生焯詳見玉山學案。

趙拙齋先生景明

趙景明。□□人。爲臨川守。鵞湖之會。邀劉子澄趙景昭。景昭在臨安。與陸子靜相款。亦有意于學云。象山年譜。

梓材謹案。象山與張春卿書云。乙未丙申間。趙景明爲太守。某與其兄景昭爲同年進士。景明極賢。則所謂與子靜相款者可攷矣。又象山與楊守書云。某自省事以來五十年。不知幾易太守。其賢而可稱者。惟張安國趙景明陳時中錢伯同。則景明之賢可知。

陸山堂先生煥之別見涑水學案補遺。

雲濠謹案。朱子爲臨川太守。趙侯景明作拙齋記。見朱子文集。

縣令張先生震附子會。

張震字嗣之。休寧人。少孤。刻志讀書。乾道五年登進士第。主仁和簿。分教臨川。與象山諸公講明義理。宰當塗縣。剖析民訟。編類成書。有聽詞類稿十二册。趙忠定尤加器重。召審察。尋以疾卒。子會。博聞强記。登紹熙元年第。尉饒之鄱陽。調金陵糾曹。平反甚衆。任滿不復出仕。家居十餘年卒。姓譜。

吴氏家學

吴先生厚若

吴先生誠若並見槐堂諸儒學案補遺。

吴先生惠子

吴先生正子合傳。

吴惠子。東齋孫。國史校勘。有書曰易論機衡。其弟正子。有書曰二禮經制。書上送官。並免本州文解。而先生用薦者得召對稱旨。郡人謂先生曰石泉。二禮曰西泉。道園學古録。

梓材謹案。黄東發有祭吴正子文。稱其得象山端方之學。膺伊川殊特之召。金匱賴之以紬繹。士林仰之爲師表。但載其官爲國史校勘。似屬石泉。而非西泉也。

象山家學

補通直陸先生持之

附録

文安没。事伯父梭山先生。言動必識。

與人語。有所啓發。誦之終身。凡可以資取成德者。如憒如失。迨其劃然啓。油然得。氣豁神竦。昆弟友朋或訝其日改月化。伯微不以自足也。

卽所居講授生徒。有池舊名百薦。遂以薦名堂。

其教大抵使人反求近思。以不失其性之本明。與人言疏暢磊落。而自律嚴謹。

魏鶴山嘗榜所居室曰自庵。伯微問所以名。鶴山曰。易象于天行言自强不息。于明出地上言自昭明德。天之健也。日之進也。非以爲人也。伯微竦然曰。吾所素講也。遂爲鶴山作銘。大要謂義襲而取之。與集義所生。當致辨于内外賓主之分。以發名庵之義。鶴山以是益奇之。

陸先生循之

陸循之。象山次子。

梓材謹案。象山攜二息於精舍。見與王謙仲書。蓋卽令彭世昌教授云。又案。象山與鄧文範書。言荆門郡火云。持循二子與姪孫濬。當火起時。頗見力量。他日或可望。則其梗概可知。

雲濠謹案。象山與包敏書云。世昌教諸小子。又自有道理。諸子亦亹亹不厭。但書中所云春弟逢子。不知何指。

陸先生麟之

陸麟之。象山兄九敘之子也。

梓材謹案。朱子識象山白鹿洞講義言。其徒五人實從。先生與焉。則先生嘗受學於文安矣。

教官陸先生濬

陸濬字深甫。九思孫。象山以伊洛諸賢勉之。開禧末。朝廷罪起兵端者。欲函首以謝。先生謂失國體。上書爭之。吉寇披猖。憲使李珏檄入幕中。寇平。欲上功。先生固辭。尋登進士。授饒州教官而卒。人物志。

附録

朱子語類。陸深甫問爲學次序。曰。公家庭尊長平日所以教公者如何。陸云。删定叔祖所以見教者。謂此心本無虧欠。人須見得此心。方可爲學。曰。此心固是無虧欠。若只説道本無虧欠。只見得這箇便了。豈有是理。

伯微講友

帥幕趙常庵先生端頤

趙端頤字養正。家臨川。與陸伯微講貫象山之學。參以伊洛諸書。深有所得。舉進士。除淮安簿。嘗入江西帥幕。議不合。浩然肥遯。撫州府志。

梓材謹案。萬姓統譜言。先生端平初召赴都堂審察。力辭。家居優游。扁所居曰常庵。與鄒南堂游新堂章從軒往來切磋。

伯微同調

宋清隱先生自道別見嶽麓諸儒學案補遺。

象山門人

董先生元息

別見梭山復齋學案補遺。

鄧巽波先生泳

雲濠謹案。先生爲象山高第。德化丞約禮之子。號巽波。儒林宗派亦列象山門人。蓋父子而同學於陸氏者。

象山私淑

補 節推趙復齋先生彥肅

附録

移丞華亭。攝縣。于是孝宗執三年喪。既御練冠矣。宰臣周必大奏。先帝上賓羣臣。未有行方喪如古者。宗室彥肅。聞其自始聞喪。溢粥疏食。以至于今。孝宗歎曰。宗室中有若人乎。顧謂皇太子識之。

臨庾視賦入。有雜輸錢數十萬。郡以畀焉。曰。例也。辭不可。乃以刊周程張諸君子書。攝郡文學。日進諸生講道。昭若發矇。咸恨得師晚。

先屬纊之三日。學者入省。先生舌本已强。然猶講論義理甚久。因曰。吾近嘗答一長上書。

論聖不可知。頗覺快。遂語學者曰。子謂聖不可知。奈何。對曰。此中著箇知字不得。先生頷之。又曰。吾近來見處自謂卓絶。恨腳步短不能。子歸其力行乎。自是不復有言。

復齋行實曰。其論易微與文公不同。然傾嚮屬請愈益切至。其歿也。文公哭之慟。曰。趙丈爲人。今豈易得。先生嘗曰。先聖作易。有畫而已。後聖繫之。一言一字皆自畫中來。譬如畫師傳神。非畫煙雲草木比也。故先生說易不離象數。而義理甚足焉。

朱子曰。趙子欽易說。爲說太精。取義太密。或傷簡易之趣。

雲濠謹案。四庫書目著録復齋易說六卷。提要云。彥肅所著有廣雜學。辨士冠禮婚禮饌食圖。皆爲朱子所稱。惟論易與朱子不合。然彥肅說易在卽象數以求義理。以六畫爲主。冥思力索。固皆研搜爻義。務求其所以然耳。

又答其書曰。大抵讀書須見得有曉不得處。方是長進。又更就此闕其所疑。而反復其餘。則庶幾得聖人之意。識事理之眞。而其不可曉者。不足爲病矣。正甫趨向持守甚不易得。但看文字尚多强說處。此學者之通患。如前輩亦或未能免。先聖所謂寬以居之。子張所謂執德不弘。正爲救此病耳。

孫燭湖與池子文書曰。嚴州有君子曰趙子敬。嘗爲婺書記。學行甚高。憂居執禮如古人。但近亦頗好釋氏書耳。

補教授姚先生宏中

附録

先試禮部時。劉爚同知貢舉。得其文。以爲根諸義理。擢第一。名動京師。及廷試前期齋沐。思有以敷露忠悃。感悟上心。考官以所對切直觸時忌。抑不敢置前列。擢爲一甲第三人。

龍圖項平庵先生安世詳見晦翁學案。

文隱林寒齋先生公遇別見艾軒學案補遺。

吴先生正子見上吴氏家學。

蕭先生舜咨

蕭舜咨字禹平。昭武人。嘉定中宰金溪。新學宫講肄之堂。而以止善名之。使學者求大學之指。而續象山之氣脈。袁絜齋爲之記。後爲太學博士。袁絜齋集。

楊氏家學

楊先生簿

楊簿字伯明。慈溪人。老楊先生庭顯子。慈湖先生簡之兄也。慈湖爲其封志曰。晚而頓覺。不勉不思。云爲變化。易簣之言曰。昔猶今。今猶昔。有能覺斯。隨意而適。於乎。斯豈庸衆所能知。楊慈湖遺書。

羅氏家學

運判羅先生愚

羅愚字季能。文恭公點子。以遺澤補官。除藉田令。遷湖南憲。創雄楚軍以弭寇。改廣西運判。除鹽法害民者。先生行誼純固。政術循吏。生平召除之命十有五。而辭者十有一。人物志。

丁氏家學

丁韋軒先生中

丁中。新建人。錟孫。篤學力行。聚書數萬卷。號韋軒先生。姓譜。

吴氏家學

吴先生會

吴會字□□。休寧人。箕子。博聞强記。登紹興元年第。尉饒之鄱陽。調金陵糾曹。丘密爲帥。吏胥側足。先生不肯詭隨。平反甚衆。任滿不復出仕。家居十餘年卒。姓譜。

吴先生輔

吴輔字□□。會子。嘉定間登第。授崇安簿。適汀郡寇作。先生督軍餉。賑民飢。眞西山甚器之。後擢監察御史兼崇正殿説書。首疏四疏上之。皆嘉納。尋以老乞歸。姓譜。

伯微門人

宋先生林

宋林字修叔。金華人。東萊弟子。茂叔甡之弟也。慈湖稱其澮然修潔。嘗承事陸伯微。亦言其澮然修潔。慈湖遺書。

張先生璞

張璞。□□人。陸伯微門人。魏鶴山集。

象山續傳

補 周先生可象

雲濠謹案。静明賨峯學案所節李俟菴上陳先生書云。得純菴周先生論語解。始知有簡易之學。疑即先生。

鄭先生聞别見北溪學案補遺。

堂長江得齋先生克明

江克明字仁甫。盱江人。本宗象山之學。領袖臨汝書堂餘二十年。又日講晦翁之學。朱陸之學。皆世所宗。而其説不同。或相排觝。先生能兼取而參酌之。名其所居曰得齋。包容齋爲之銘。

黄東發文集。

王自觀先生幼孫

王幼孫字季稚。廬陵人。是爲自觀。先生性篤孝。母劉疾苦痰。醫莫之治。一日夢讀南陽活人書。或投甘桔湯良。覺如夢。立愈。寶祐丙辰。赴闕上書。言國事餘萬言。不報。歸教授于鄉。宋之亡也。其友文丞相兵敗。執以歸。過廬陵。謁于驛舍。爲文祭之。期以必死。辭氣慷慨。左右嗚咽。莫能仰視。自是日與賓客過從。守經執禮以終。嘗宿友人胡斗南菜羹亭。食有羹。曰。古人食必祭。卽唱四句曰。惟神生也何神。逝也何處。飄然乘風。尚或余顧。食已。危坐至旦。曰。予逝矣。予逝矣。未幾卒于家。年七十六。所著有中庸大學章句二卷。太極圖説。擬答朱陸辨。深衣圖辨。經籍論。易通貫三爲一圖。家傳譜系。簡便經驗二方和一卷。雜著若干卷。歐陽守道謂。其學從陸氏。文自蘇氏云。程雪樓集。

曾先生澂

曾澂。金溪人。隱居弗仕。淳安令子良。其子也。黄文獻集。

梓材謹案。復齋弟子曾滂。蓋先生兄弟行也。先生玄孫堅。爲舒文靖公墓田記。自言幸生陸子之鄉。高曾祖父世學其學。是謂先生與其子子良。孫正言。曾孫嚴卿四世也。先生旣學陸子之學。不爲門人。當在私淑之列矣。

家則堂先生鉉翁

家鉉翁字□□。眉州人。大酉孫。賜進士。官至端明殿學士簽書樞密院事。元兵次近郊。爲祈請。使留館中。聞宋亡。旦夕哭泣。不食飲者數月。其學邃于春秋。自號則堂。改館河間。乃以春秋教授弟子。成宗放還。賜號處士。宋史。

春秋集傳詳説

魯論三年無改于父之道。諸説不同。及讀公羊春秋傳而得其説。三年無改于父之道者。稱子之義也。君薨。太子立。既爲君矣。而猶稱子于其國中。既葬而後稱爵。以子道終喪。不忍代君。所以爲孝也。推其不忍代君之心。則事死如生。喪亡若存。而其爲孝無所不在矣。

春秋以誅亂賊而始。亦以誅亂賊而終。陳恒弑君。孔子沐浴請討。公不能用。是歲春秋以獲麟絶筆。蓋魯大亂。君以弑死者四世。春秋所以始。齊大亂。君以弑死亦三世。春秋所以終。

梓材謹案。四庫全書著録先生春秋詳説三十卷。提要云。其説以春秋主乎垂法。不主乎記事。其或詳或畧。或書或不書。大率皆抑揚予奪之所繫。要當探得聖人心法所寓。然後參稽衆説而求其是。故其論平正通達。非復孫胡諸人務爲刻酷者所能及。其在河間作假館詩云。平生著書苦不多。可傳者見之春秋與周易。蓋亦確然自信者。今惟此書存。其周易則不可考矣。又案。阮亭居易録載是書。引高郵龔璛跋云。至正丙子宋亡。以則堂先生歸。置諸瀛者十年。卒成此書。自瀛寓宣。託於其友肅齋潘公從大藏之。泰定乙丑。宣學鋟梓。凡三十卷。綱領十篇。一原春秋託始。二推明行夏時之意。三辨五始。四評三傳。五明□㊀。六以經正例。阮亭云。案鉉翁祖大酉名列朱文公黨籍。大酉曾祖愿。父勤國。與二蘇爲同門友。嘗憤王

㊀「□」當作「霸」。

安石廢春秋。著春秋新義。蓋家學云。

則堂遺文

人受中以生。其本心之所以根柢萬善而希聖希賢者曰。仁而已。仁道至大。未易名言。而恕之一字。則聖門平日教人以求仁之方。由恕而仁。塗轍正大。脈理融徹。用功之久。而功在是矣。子貢嘗問一言而可以終身行之者。子曰。其恕乎。己所不欲。勿施于人。勿之爲言。遏絶私欲。不使有萌。則恕之在我日以充。而仁不遠矣。他日。子貢又曰。吾不欲人之加諸我。吾亦欲無加諸人。夫子則告之曰。賜也。非爾所及也。蓋子貢自以爲有得于仁。而夫子惟許之以恕。所以勉其進而幾乎仁也。

蓋仁者。天地生物之心。所以散見乎萬形者也。人得天地生物之心以爲心。故是心之恕。發達乎事物之閒。惟公惟溥。廣大而純一。皆其本然固有之善。隨事而見者也。但心交乎外。有時而蔽于物。則公者梏于私。廣大者梏于隘狹。則本心之德不能推以及人。則去仁于是乎始遠矣。譬之涉千里之途。仁則其所欲止之處。恕則通都大逵。由之必可以至于仁。然非識之精。行之力。則是途也。雖車轍所必由。有時而榛塞。將滯礙而不得通。何者。私欲爲之蔽。由乎恕而未及乎仁也。孟子曰。强恕而行。求仁莫近焉。恕而言强。見其用力之難。勉强朝夕。然後能至于所止。

以上恕齋說。

文文山曰。則堂先生。蜀名家。有學問。舉動必以禮。朝中老成典刑也。當國都不守。先生簽書樞密。見虜持正議。左丞相吴堅。右丞相賈餘慶。以省札遍告天下。令以城歸附。先生不押字。虜自省中脅以無禮。公不爲動。竟末如之何。後以祈請使爲名。羣詣北庭。既至。上書申祈請之議。忤北庭意。留燕邸。已而移漁陽。又移河閒。如我朝羈置特官。給飲食而已。途過河閒。得一二相見。先生風采非復夙昔。而忠貞儼然。使人望而知敬。嗚呼。其可謂正人矣。

謝皋羽懷峨眉家先生詩曰。露下溼百草。病思生積愁。窟泉春洗屐。氊雪莫過樓。魂夢來巴峽。衣冠老代州。平生仗忠義。心自與身仇。

林景熙聞家大參南歸詩曰。濱死孤臣雪滿顛。冰氊齧盡偶生全。衣冠萬里風塵老。名節千年日月懸。清唳秋荒遼海鶴。古魂春冷蜀山鵑。歸來親舊驚相問。禾黍離離夕照邊。

游先生應梅父子賢。附師徐巖。

游應梅字叔大。上饒人。父子賢。字俊伯。教授鄉里。用累舉恩。授容州文學。調興國主學。文丞相檄主贑縣簿。度嶺南運鹽。至則爲鄉人徐經略留攝新會丞以卒。先生早從徐巖爲陸氏之學者遊。于時湯文昌黄台州皆以顯官領祠象山。寒鑽暑研。頗見條貫。遂歸築室于翁山之陽。自號翁山翁。諸大家致以爲賓師楷則。嘗爲郡博士。喜爲詩。名其集曰呻吟。戴剡源集。

曾氏家學

曾平山先生子良詳見存齋晦靜息庵學案。

豐氏續傳

豐先生稌附子昌傳。

豐稌。叔賈曾孫。與子昌傳皆篤學潛德。克紹家風。上虞縣志。

陸學之餘

龔先生孟夔

龔孟夔字龍友。臨川人。莫本係龔所後也。以咸淳初策士特恩。授文林郎隆興觀察推官。除兩浙運司幹辦公事。遷臨安觀察判官。又除福建運司幹辦公事。轉儒林郎。侃侃剛直。不徇不詭。始仕于洪。繼仕于浙。爲僚者推服。爲長者器異。宋亡。辟地野外。如永初元亮。如黄初幼安。如楚之兩龔。清而不朽。號曰楚清。先生名教自樂餘四十年。論文講學。端己淑人。踐履持循。俯仰無愧。遠者慕之。近者宗之。仕者禮之。學者師之。有集四十卷。及宦遊擬稿。其所受舉薦者。安撫吴堅。曹孝慶。轉運陳合。朱浚。監察御史曾淵子。所與同僚者。節度判官黎立武。節度推官蕭立之。季年所善者。曾縣令子良。異代所師者。陸先生子靜也。吳文正集。

龔先生霆松

龔霆松。貴溪人。宋咸淳鄉舉元。郡縣上前著書于省。省聞之朝。授漢陽教授。不就。黃虞稷説。

梓材謹案。先生著有四書朱陸會同注釋二十九卷。又會要一卷。袁清容序稱。朱陸二家矛盾大行於南北。廣信龔君始發憤爲朱陸會同舉要。於四書集陸子及其學者所講授。俾來者有攷云。

滕先生堞別見巽齋學案補遺。

隱君桂先生本

桂本字林伯。貴溪人。隱居不仕。講明象山陸氏之學。創雲谷書院。著述其中。所著有四書通義。五經統會。三極一貫圖。金精鼇極類纂。道統銘等書。王忠文集。

王先生良

王良字止善。諸暨人。少受業郡庠。篤行勵學。克自植立。每慨然以康濟爲志。歷官除江西行中書省左右司員外郎。撫之金谿有陸氏三先生祠堂。豪民據其屋而奪其田。陸氏子孫三走訴于京師。竟不得直。先生按其籍。悉歸之。所至興除利害多此類。以淮東道宣慰副使致仕。扁所居室曰止止齋。自號鷃游子。先生讀書。務明理以致用。不苟事言説爲名高。弱冠游錢唐。與浦城楊載鄘州劉汶友善。挾所爲文。登諸大老之門。最爲隆山牟先生永康二胡先生趙文敏公鄧文肅公所賞識云。黄文獻集。

教諭樂先生良別見靜清學案補遺。

宋元學案補遺卷五十九目録

宋元學案補遺卷五十九

後學 鄞 王梓材 慈谿馮雲濠 同輯

清江學案補遺

清江先緒

劉先生敠

劉敠字思父。與原父貢父兄弟也。官至太中大夫。少嘗令桐廬。元豐庚申復守睦。歲久事逸。而邦人猶能頌其清白。董氏圖經實載之。周益公集。

補 劉先生滁

劉滁字□□。江南人。子和子澄之父。而原父貢父之再從孫也。以通直郎致仕。官稍不遂。然亦好學修飭。能守其家。朱子文集。

梓材謹案。厚齋尚書爲廣平書院記云。墨莊劉氏忠厚雍睦之風不墜。朱子次其家傳可爲士族。即朱子文集劉子和傳所云。五世祖式仕太宗朝。夫人陳氏有賢行遠識。子孫多爲聞人。海陵胡瑗先生所爲紀墨莊者也。互見廬陵學案補遺。

朱張同調

補 教授劉孝敬先生靖之

附録

周益公送劉子和教授赴贛州詩曰。伊昔青衿地。于今絳帳師。家聲傳叔贛。官學類先之。久已鴞音革。居然鱣服宜。誰開丞相閣。此士獨非奇。

朱子曰。自周之衰。司徒樂正之官廢。爲士者未嘗知有學也。士未嘗學而强使教焉。則其所以教者可知已。予亦不及識子和。而識其弟。且得贛諸生所記讀之。觀其所以修于身行于家者。而知其所以教于學者有餘矣。

孝敬家學

補 知州劉靜春先生清之

梓材謹案。解大紳爲周處士墓志言。吉之人士云。劉靜春晚居螺江之上。若胡澹菴。周平園。楊誠齋。李復齋。王三松。皆朱子之同志云。

附録

先生與人交。推誠懇惻。語約理盡。見有親者必勉之以孝敬。見有子者必勉之以教子爲急務。見爲仕者必勉之以事君澤民爲志。

或言公在衡州。立望祀山川壇。晦翁曰。而今有司只合奉行朝廷制度。士大夫自去創立。亦自不便。張欽夫亦好如此。恐非中庸不敢作禮樂之意。

族人自遠來。館留之。不忍使之遽去。嘗序范文正公義莊規矩。勸大家族衆者隨力行之。本之家法。參取先儒禮書。定爲祭祀行之。

作諭民書。首言畏天積善。勤力務本。農工商賈莫不有勸。教以事親睦族。教子祀先。謹身節用。利物濟人。婚姻以時。喪葬以禮。詞意質直。簡而易從。

每因月講。具酒殽以燕諸生。相與輪情論學。設爲疑問。以觀其所嚮。然後從容示以先後本末之序。其所講。先正經。次訓詁音釋。次疏先儒議論。次述今所紬繹之說。然後各稽其所宜用。人君治天下。諸侯治一國。學者治心治身治家治人。確然皆有可舉而措之之實。

南康別朱先生詩曰。巖巖康廬。滔滔彭蠡。雲煙葱蒨。風日清美。昔予懷思。夢寐千里。云何今□。登臨乃爾。康廬巖巖。彭蠡滔滔。今窺其逝。而仰其高。周旋是閒。神歡意消。云胡不歸。勞心忉忉。有翩其羽。載飛載下。暮棲于林。朝集于渚。既安其止。亦獲其所。伊余云遠。曾不遑處。匪水何觀。匪山曷遊。徂年邁邁。逝不我留。欣懷幾何。如彼隱憂。動樂靜壽。舍是焉求。

趙章泉寄劉子澄先生詩曰。春雨寒猶積。春園木又榮。武昌聞別駕。生米見題名。安否逢人問。書題闕使行。周園懷細履。陶酒憶徐傾。會合知何日。羈棲尚此生。向來猶楚越。今日遂蠻荆。妻子饑寒累。交朋時世情。未應終薄禄。當復事深耕。

朱子答其書曰。小學書曾爲整頓否。幸早爲之。昨來奉報。只欲如此閒所編者。今細思之。不若來教規矩之善。但今所編。皆法制之語。若語更添嘉言嘉行兩類。卽兩類之中自須兼取經史子集之言。其説乃備。但須約取。勿令太汎。乃佳。

又曰。向讀女戒。見其言有未備及鄙淺處。伯恭亦嘗病之。閒嘗欲別集古語。如小學之狀爲數篇。其目曰正靜。曰卑弱。曰孝愛。曰和睦。曰勤謹。曰儉質。曰寬惠。曰講學。班氏書可取者亦删取之。如正靜篇。卽如杜子美秉心忡忡防身如律之語亦可入。凡守身事夫之事皆是也。和睦謂宜其家人。寬惠謂逮下無嫉妒。凡御下之事。病倦不能檢閱。幸更爲詳此目有無漏落。有卽補之。而輯成一書。了一事也。向見所編家訓。其中似已該備。只就彼采擇。更益以經史子集中事。以經爲先。不必太多。精擇而審取之。尤佳也。

又祭之曰。子澄以樂易之姿。躬篤行之行。立志高雅。信道深堅。處家庭則孝弟達聞。交朋友則信義昭著。居閒則其講道著書有以樂衆人之所不樂。從官則其養民善俗獨能憂衆人之所不憂。至于收恤宗黨。而接引後來。蓋孜孜焉無所不用其至。若其樂人之善。而矜人之惡。又汲汲焉唯恐不盡其誠。故賢者與之遊。則常幸其有思齊聞過之益。不賢者與之處。則常病其有明污招過之羞。然世之賢者少而不賢者多。是以子澄之得譽寡而蒙毁衆。道不得行于一州。而遂齎志以没地也。是豈不可爲之深悲而痛恨也耶。

又語類曰。劉子澄言。本朝只有四篇文字好。太極圖。西銘。易傳序。春秋傳序。

黄勉齋祭之曰。吁嗟先生。天資絶人。心平氣和。志篤行醇。博極羣書。該貫一理。尊敬師儒。考訂非是。闔門雍雍。兄弟怡怡。憂國以誠。撫民以慈。篤學力行。後進是式。推己愛人。尤極懇惻。人之有善。稱道揄揚。不責其備。而取其長。人之有過。箴規訓誨。不顧其違。而冀其悔。先生此心。可謂至仁。芝菌鸞鶚。同然一卷。

魏鶴山跋先生帖曰。劉氏世載令德。爲國朝文章家。逮公尤孜孜以人才爲己任。是歲石林李公年二十。悦齋李公年十有八。而静春以二公屬宣公已。曰。異日與川中作師表。非小補也。而數十年後。悉如其言。

羅大經鶴林玉露曰。静春先生劉子澄。朱文公高第也。病革。周益公推之曰。子澄澄其慮。静春開目微視曰。無慮何澄。

梓材謹案。此以静春爲朱門弟子。謝山所不取。

黄東發讀晦庵文集曰。書曾子後。世傳曾子書。獨取大戴禮十篇充之。劉子澄集其言行雜見語孟他書者。爲曾子七篇。

虞道園序戒子通録曰。昔静春先生輯凡爲人父者之戒其子言載書傳者。以爲戒子通録。意其所以謂之通録者。豈不以天下之爲人父者。各以其愛子之心而爲之戒。天下之爲人子。皆可因其所戒而省念之。如聞其父之命。親在。求諸容色辭氣之接而不能盡也。即此書以充其所未達。親歿。思其精神志意之微而有不及聞也。卽此書以徵其所欲知。一語默動息無非受命于其親者矣。天理寧有間斷乎。

梓材謹案。四庫全書本永樂大典著録先生戒子通録八卷。提要云。其書博採經史羣籍。凡有關庭訓者。皆節録其大要。至于母訓閫教亦備録。

靜春講友

文公朱晦菴先生熹詳晦翁學案。

成公吕東萊先生祖謙詳東萊學案。

郭先生份附門人李伯賢。

郭份字仲質。其先自吉徙新淦。先生幼沈敏。能自力學問。甫冠中進士第。官至知岳州。轉朝散郎。卒年五十七。性純儉。被服如寒儒。居官斂晦。不爲赫赫之名。嘗因講治道。以義役節目授其門人李伯賢。令推行之。自其鄉始。江西諸郡義役。先生實發之。嘗謂門人曰。九重有規恢之志。而文武士不任其責。寬恤令屢下。而百姓無固結之心。北軍就食東南。布滿州縣。無以善其後。是三患也。在長沙善張侍講敬夫。敬夫稱其靖端有守。居鄉厚劉常州子澄。子弟皆從之學。有立志云。朱子文集。

靜春門人

補文節趙章泉先生蕃

梓材謹案。先生淳熙稿有寄劉子澄先生詩。又有寄誠齋先生詩。蓋先生筮仕之初。已有山林之思。在官清苦。惟以賦詠自娱。以是受知于誠齋。固以誠齋爲鄉先生也。又有寄呈壽岡先生二首。又投介廬先生并寄廬陵周侍郎二首。壽岡寄致政大夫先生詩云。誰人要半道。願與一門生。蓋寄向大夫涪。是則私淑向氏也。又介廬未知何人。

附録

理宗卽位。以太社令與劉漫堂宰同召。不拜。漫堂之言曰。文獻之家。典刑之彥。巋然獨存。猶有以繫學者之望者。昌父一人而已。

先生示兒詩曰。我昔讀書夜達晨。膏燭且盡繼以薪。年來漸知得力處。簞瓢陋巷忘其貧。爾曹有身須自立。幸遭薪水供朝夕。不于文學自勤苦。長大始悔終何益。

朱子語類。昌父云。某平生自覺血氣弱。日用工夫多只揀易底事做。或尚論人物。亦只取其與己力量相近者學之。自覺難處進步不得也。曰。便當因這易處而益求其所謂難。因這近處而益求其所謂遠。不可只守這箇而不求進步。縱自家力量到那難處不得。然不可不勉慕而求之。今人都是未到那做不得處。便先自懶怯了。雖是怯弱。然豈可不向前求其難者遠者。但求之。無有不得。若眞箇著力求而不得。則無如之何也。趙曰。某幸聞諸老先生之緒言。粗知謹守。而不敢失墜爾。曰。固是好。但終非活法爾。

劉漫堂爲先生墓表曰。比年天不憖遺。諸老淪謝。文獻之家。典刑之彦。巋然獨存。猶有以繫學者之望者。章泉先生一人而已。故先生雖退然不敢以師道自任。而天下學者。凡有一介之善。片文隻字之長。皆裹糧負笈。就正函丈。其限以地。屈于力。而不能至者。詩筒書函。左右旁午。往往以一酬酢爲樂。及先生之殁。而文獻典刑盡矣。後生晚進。欲求師友之益。而倀倀然無所之矣。可不爲大哀乎。

眞西山因明堂赦薦之曰。竊見文林郎監潭州南嶽廟趙蕃。元祐故家。學有源委。識慮深遠。節操清高。早歲得官。臨事有立。年逾四十。即上祠請。隱居求志。垂三十載矣。安貧處約。泊然無營。少工詩。晚益平澹。身雖閒退。而愛君憂國之念未嘗少忘。其在州里。誘掖後進。一以孝悌忠信爲本。蕃雖名革吏部。然其行誼學識。素爲鄉曲所推。不求聞達。正應詔旨。

劉雲莊爲賦魚計亭曰。玉溪先生結廬章泉之上垂七十年。無軒冕之累己。有簞瓢之樂天。揭魚計以名亭。紹□祖[一]于圃田。君一日飯客于斯亭之上。超徜徉以自得。顧萬象之皆妍。時也日將夕而紅酣。沼無風而綠淨。炯遊魚之成羣。闖寒波而游泳。若空行而無依。涵天水之一鏡。俄初月之沈鈎。候深潛乎翠荇。其浮游也。似無心而時出。其遠逝也。似見幾而知警。先生忻然。

[一]「□祖」當爲「祖風」。

心曠神怡。諷小宇之雄篇。哦稼軒之英詞。客有起而問曰。魚本無情。何計之爲。子固非魚。奚魚之知。先生笑而應曰。謂魚有計耶。子將詆予之欺。謂魚無計耶。吾亦笑子之癡。盍以兩忘而俱適可也。抑嘗卽莊生之言而試思乎。粤自太古。邈淳風離。勇者角力以倖勝。巧者矜能而衒奇。苟一餉之可樂。快性命而爭之。謂謀身之允臧。卒反蹈乎危機。偉南華之著論。將警愚而覺迷。富貴人所嗜。則媲之腐鼠。紛華人所羨。則況之文犧。爲利而鬬。則爭地之蝸。逞智而死。則刳腸之龜。獨魚之自適其適。若忘情于得喪。故大則述鯤化于天池。小則玩儵遊于濠上。蓋其爲物也。從容夷猶。逍遙閒放。靜則以蘋藻爲室廬。動則視江湖爲尋丈。不借潤于嘘濡。而適情于沆漭。任公何所投其轄。豫且何所施其網。此其所以爲得也。彼區區之蝨蟻。利暫安于鼓鬣。饕微腥于砧几。又烏可同域而議哉。嗟利欲之誘人。甚香鈎之餌魚。彼潛鱗之何知。甘顚冥于畏途。此纍棋危橦之喻宇。子所以慨然而長吁也。睠我生之無庸。幸脱世之羈罿。付萬事于浮雲。獨觀魚以終日。誠作計之甚左。嗟身閒而心逸。于是客憮然自笑曰。先生之言達矣。僕何足以闚其萬一。乃相與釃飲浩歌。不知烏輪之東出。

劉後村哭章泉詩曰。自有簞瓢樂。那須璧帛迎。後凋仁者壽。獨往聖之清。古不稱千駟。今猶重兩生。吾衰久無淚。一慟爲耆英。

補 知州韓貫道先生冠卿

附録

魏鶴山題楊慈湖所書先生墓誌後曰。予不及與貫道接。而敬仲所稱許若此。且跡其所受知者。則劉共父。韓無咎。劉子澄。林和叔。徐子宜。王元石也。是可以知貫道矣。

補隱君韓葳山先生度

附録

杜清獻跋韓仲和尊人墓銘曰。韓氏世載忠烈。今之居會稽者。尤以清德著。葳山隱居不仕。而好修義以教養其族。仲和。仲容。其從弟也。事之如父師。會守宛陵。仲和以王事留者閲歲。暇時從容道其所學。與其平生立作大概。既又出先大夫銘文示余。蓋慈湖楊公之文之筆也。且言曰。先君子受教于靜春劉先生。得實之一字爲終身受用。葳山弘之以行于家。而吾兄弟得以謹守勿墜。余聞之。肅然起敬。嗚呼。天道流行。物與无妄。人之生。天之實也。棄其所以生。而憑虛以欺世。飾假以幸功。其不致喪德敗事者幾希。余于仲和之言。固知韓氏之昌未艾也。

謝山鮚埼亭詩集。山陰求韓葳山家傳不得詩。魏王好孫枝。葉葉長儒林。如何喬木盡。世本都消湛。猶餘帶草緑。喟然傷我心。

又將赴蕺山講席。杭之同社諸君集餞南香草堂。得東字詩。安陽世學山齋重。五百年餘屬起東。試向清江覓寒火。更參新會遡流風。日來帖括司儒苑。誠是眞師震瞽曚。珍重諸公尊酒別。何時蘭上共詩筒。自注云。韓貫道父子五世講學山中。清江劉子澄高第也。而近人無知者。專屬之念臺先生。

補 庶官韓澗泉先生淲

雲濠謹案。宋潛溪靈洞題名後記云。仲止文學。追亞其父。父號南澗。人因稱其爲澗泉也。

補 郡守宋先生之源

附録

朱子答先生書曰。進學有日新之功。尤以忻沃經史諸説。足見玩理修辭之意。可爲後世讀書之法。三聖相授。允執厥中。與孟子所論子莫執中者文同而意異。由三聖以爲中則其中活。由子莫以爲中則其中死。中之活者。不待權而無不中。中之死者。則非學乎聖人之學。不能有以權之。而常適于中也。孔孟言性之異。夫子雜乎氣質而言之。孟子乃專言其性之理也。但此理在人有難以指言者。故孟子之告公都子。但以其才與情者明之。譬如欲觀水之必清。而其源不可到。則亦觀諸流之未遠者。而源之必清可知矣。

又曰。近年學者多不讀書。見昆仲篤志如此。甚不易得。然講學貴于實見義理。要在熟讀精思。潛心玩味。不可貪多務得。搜獵敷衍。便爲究竟也。

又曰。大學是聖門最初用功處。格物又是大學最初用功處。

又曰。示喻知止之説。足見留意。然所謂止。乃萬物各有定理之謂。要在格物窮理乃可知之。知之不疑。然後此心有定。而可以應物。非强遏而力制之也。

又曰。孔子曰。古之學者爲己。今之學者爲人。程先生曰。爲己者欲得之于己也。爲人者欲見知于人也。

又曰。女爲君子儒。無爲小人儒。程先生曰。君子儒爲己。小人儒爲人。此是古今學者君子小人之分。差之毫釐。謬以千里處。切宜審之。

特奏劉先生黼 補

梓材謹案。周益公再題劉子澄聳寒圖二絶句云。子澄門人劉黻季章。自廬陵送子澄遺集來。二詩在焉。以劉黼爲劉黻。是傳寫之誤。

附録

朱子與劉子澄書曰。季章甚不易。比來作何功夫。須切己用力。乃有實頭進步處耳。

又曰。季章蓋所謂爲切問近思之學者。眞不易得。但似有迫切狹吝之意。見得道理到處十分到。不到處亦十分不到。想見都不讀書理會文義。雖理會亦是先將己意向前攙斷。扭捏主張。所以有來喻云云之病。

雲濠謹案。朱子又一書云。此書附廬陵葉尉。渠此中人時有往來之便。有疑可講云。

文懿李雁湖先生壁詳見嶽麓諸儒學案。

郭先生蒙

郭蒙字□□。新淦人。岳州使君份之子。嘗從學于劉子澄。爲迪功郎瑞金東尉。朱子文集。

解先生齊賢

解齊賢字□□。吉水人。生春龍翔從兄也。嘗受業于劉靜春。靜春當寧宗之末。卜居螺岡。先生卒。諸士人世家實經紀之。所傳性命義理微言之書。皆靜春手筆。先生没。傳龍翔。龍翔傳夢斗。學士縉高大父也。解春雨集。

李先生師愈

李師愈字好古。高安人。博學多聞。從劉子澄講學廬山。朱文公高第李埜嘗訪先生。有詩稱之。乾道間領鄉薦。漕使芮煜舉應制科。未召而卒。姓譜。

雲濠謹案。宋史儒林劉子澄本傳。言先生以族人有以財爲訟。見清之豫章。清之爲説訟家人二卦。先生愓然。遽舍所訟。市程氏易以歸。卒爲善士云。

縣官朱先生魯叔

朱魯叔。仙遊人。劉子澄之徒也。子澄嘗與之書。言當看切己文字。分別義利之間。而朱子跋之曰。亡友子澄所以期吾魯叔者爲不淺矣。魯叔尚勉旃哉。朱子文集。

雲濠謹案。儒林宗派列先生于朱子之門。

梓材謹案。朱子跋王端明奏稿云。僊遊朱魯叔游宦衡陽。得此遺墨于其家而寶藏之。是則先生嘗官衡陽矣。

唐先生徹

唐徹字子卓。零陵人。謁劉靜春。授近思録。學益進。歷官廉慎。弟復受學于東萊。楚紀。

季章講友

王先生峴

王峴字晉輔。劉季章之友也。朱子嘗答其書云。季章耿介。于人有責善之益。重九後若未來。可力致之。逸居獨學。無師友之益。不知不覺。過失日滋。功夫無由長進。不可忽也。朱子文集。

附録

朱子答劉季章書曰。晉輔亦開敏有志趣。不易得。但涉學尚淺。志氣輕率。須痛與切磨爲佳耳。

梓材謹案。朱子答季章又一書云。近得益公書。聞且寓晉輔家。甚善。是先生已力致季章矣。

郭氏家學

郭先生蒙見上靜春門人。

章泉家學

補趙野塘先生遂

附録

先生少傳家學。負笈千里南嶽麓東麗澤。以尋張吕之緒。從岷隱戴公受春秋。晚益殫洽。尊聞行知。非若世儒書癡傳癖而已。

章泉高節聞天下。春秋高。堅臥不出。然四方之士從者如雲。先生左右承迎。凡以娯親享賓者。傾家無吝色。章泉寢疾。先生已華皓。嘗藥舉扶。執喪送終。哀動行路。骨見衣表。即所居之側。綿蕝數椽。扁曰野塘書院。又爲小圃。扁曰東囿。李秀巖榜其堂曰企疏。謂其父子不減二疏也。

章泉門人

謝先生應琇

謝應琇。弋陽人。疊山先生之父也。潯州僉判。謝疊山集附録。

梓材謹案。疊山與劉秀巖論詩云。先人受教章泉先生趙公。澗泉先生韓公。皆中原文獻。説詩甚有道。是可知先生學問淵源矣。

謝僉判語

武王太公周公一聞扣馬之諫。既殺紂。心焦然不寧。君臣合謀。惟有興滅繼絶。以謝天下。以服人心。故立武庚爲殷王。盡有商畿内之地。姑命三叔以監之。其王者位號尚如故。與周並立。至三監挾淮夷叛。始殺武庚。始降王爲公。黜殷命。而封微子于宋。故周書曰。周告商王。孔子序書曰。成王既黜殷命。殺武庚。命微子啓代殷後。可見前此殷命未絶。殷王如故。伯夷雖采薇西山。見周家尚能悔過遷善。雖死無怨。并薇蕨不食而死之。故孔子曰。求仁而得仁。又何怨。

梓材謹案。此條本于疊山文集和遊古意韻。自注前云余幼受教先人。後云先君子云云。此説聞之韓澗泉解論語。

澗泉門人

謝先生應琇見上章泉門人。

解氏家學

漕貢解生春先生谷

解谷號生春。吉水人。學士縉之六世祖也。傳劉靜春之學。篤行而惡近名。嘗曰。近世聚徒著書者多禍。道學之名召之也。由是及門講學者皆能篤信終身。未嘗有叛去者。淳祐己酉。舉江西漕司。明年。南省試及等。當廷對。以病免歸。與弟龍翔子孔暘及羣從子姓。杜門讀書。講學爲樂。累世丞相文公大書生春翰墨之□㊀六大字揭其齋。而且以生春爲先生號。謂當不忘靜春之意。先生曰。吾志也。遂書生春。而文公爲之記。解春雨集。

梓材謹案。春雨表周尚志墓云。予六世祖生春龍翔兄弟。皆受業東山楊長孺之門。

縣尉解寶章先生龍翔

解龍翔。生春弟。號寶章。寶祐丙辰進士。官道州江華尉。善書能畫。歿于王事。妻江氏能復其仇。解春雨集。

梓材謹案。先生與兄生春。皆受業楊東山長孺。而從兄齊賢又傳以靜春手筆。詳見解學士周處士墓表。

㊀「□」當作「隙」。

靜春私淑

周磻洲先生澤之

周澤之字□□。吉水人。擢宏詞科。號磻洲先生。當時之稱大儒。若郭湜溪羅澗谷。皆門人也。年八十餘迺卒。趙文敏公以道學稱之。春雨堂集。

楊先生叔方

楊叔方。吉水人。博通經史。天文曆數尤極研精。著五經辨。曆法五行論。在太學與諸生上書斥賈似道之奸。四方學者爭造其門。以經學授清江范德機。以曆法授同邑習吉翁。吉安府志。

梓材謹案。解春雨學士南麓齋記述楊季深之言曰。先高祖學睡翁。少傳劉靜春之學。通詩書易春秋。天文曆數靡不研精。在宋太學。與諸生上書斥賈似道之奸。已而歎曰。水火怒。文明將食。此天道人事將代易。時也。盍歸乎哉。鄧中齋文信國皆爲詩贈之。故曰學睡者。寓迹陳圖南之意。時皆稱學睡先生。

周氏先緒

周先生天和附弟天成。子冕。從子浩。

周天和。廬陵人。與弟天成。皆以通經爲人師。有不遠千里而就學者。子冕。蚤以推擇爲郡曹掾。遷海北憲史。有廉直聲。豫章學師鼎。其子也。天成子浩。能讀父書。尚書禹貢洪範。嘗重正其譌舛。其于春秋。則盡黜三傳。而獨遡求孔子之旨。人尊之。稱爲鐵石先生。宋文憲集。

謝氏家學

文節謝疊山先生枋得詳見存齋晦靜息庵學案。

許氏續傳

許先生嗣翁

許嗣翁。廬陵人。家四壁。容闔扉。右侯門。左賈區。陋如連棲。隟居附隅。而求劉辰翁大書泉山。揭焉曰。吾泉人也。不可以不識也。辰翁記之曰。許氏祖子春者。事晦翁。從益公徙廬陵。晦翁派新安生延平徙建陽。而號精舍紫陽者。記鄉關也。今人每以己鄉名其居者。學晦翁也。劉須溪集。

解氏續傳

進士解莊山先生夢斗

解夢斗字昭子。太學進士。以賦斥賈似道。擯處于家。宋亡。以憂憤卒。學者稱莊山先生。子應辰。應申。春雨堂集。

梓材謹案。吴草廬表其墓。以爲字孔陽。一字星瑞。弱冠喪父。事母事兄稱孝友。咸淳喪母。不復至太學。教授于家。據此則先生卽孔陽也。

磻洲門人

郭湜溪先生正表

郭正表。

羅澗谷先生□

羅□。

楊氏家學

楊先生伯允附門人黎應物。劉粹中。楊撝謙。

楊伯允。學睡之子也。號文川。與虞文靖揭文安歐陽文公申齋桂隱二劉交。而卒業于范文白。文白贈之詩曰。始我南山居。與子共朝夕。服事子尊君。恩義藹夙昔。而文安稱之曰。范公之詩。清江傅若金得其神。廬陵楊伯允得其骨。天下以爲確論。而先生不自以爲至。退居南麓。弟子彌進。若渝川黎應物。廬陵劉粹中。里族楊撝謙。皆知名。解春雨集。

楊氏門人

經歷范文白先生椁

范椁字亨父。一字德機。雲濠案。先生號文白先生。清江人。與虞伯生集交遊尤厚。先生家貧早孤。

母熊氏守志不他適。長而教之。年三十六始客京師。中丞董士選延之家塾。以朝臣薦。累授湖南嶺北道廉訪使司經歷。以養親辭。先生持身廉正。居官不可干以私。吴草廬以道學自任。少許可。嘗曰。若亨父。可謂特立獨行之士矣。元史。

梓材謹案。解學士西游集序。范德機受學于楊學畦。學畦之子又從師德機。草廬誌其墓。其詩文有燕然稿。東方稿。海康稿。孫致稿。拔官稿。江夏稿。百文稿。總十二卷。

習先生吉翁

鍾先生朗合傳。

習吉翁。寧都人。楊學畦以經學授范太史文白。以曆法授先生。又以天文數學授臨川鍾朗。而南麓之學行天下。解春雨集。

文白同調

僉事趙先生珍

趙珍。□□人。爲海北海南廉訪僉事。平反訟獄。民無冤滯。與照磨范德機改剏學宫。政有可述焉。廣東黄志。

莊山家學

解辰峯先生應辰

解應辰字辰叟。時稱辰峯先生。太學夢斗子也。元搬試貢士。永豐教諭。臨川學正。瑞州路儒學教授。永豐縣簿。致仕。春雨堂集。

解浩軒先生應申

解應申。夢斗子。搬試貢士。萬安學正。

莊山門人

胡先生揚附子士會。

胡揚字□□。□□人。從莊山學。文行皆醇。莊山以其子妻之。授建康路儒學教授。子士會。號小山先生。又學于解氏。解春雨集。

蕺山續傳

補教授韓五雲先生諤附子師可。

韓諤字致用。曾祖將仕郎桂甫。祖義行先生亢。與其從弟莊節先生性自相師友。父耘之。亦以文學書翰著名。先生力學制行。嘗薦補太平路儒學正不就。後擢温州路儒學教授。永嘉學者聞君至。曰。是爲義行先生之孫。莊節先生之從孫。必能以經術淑吾黨。先生既至。首延明經士分經以教。而己坐講堂。辨析經史疑義以牖導之。調建寧路録事兼防禦事。移病不赴。自號五雲。先生以從兄謂之子師可爲後。師可亦嗜學。克世其家云。徐始豐稿。

雲濠謹案。謝山學案底本。于義行先生韓亢。以爲學者私謚。與是傳合。當是。相韓舊塾記以爲。伉字義行。蓋由傳刻之譌。

附録

楊鐵崖送先生還會稽序曰。安陽韓氏某。不特以世家稱于人。元以好古博雅稱。以清修敏學稱。其燕居之室曰讀易齋云。入其室。不問可知其爲文獻故家子姓也。迺隱居西湖之上。與伯雨張公爲師友。學益進。行益修。重爲之喜而畏焉。

王忠文序先生畫贊曰。惟君生于名閥。克有淑質。其于學問。殆若夙成。出入玄微。上下古今。所謂明體適用。有本有文者也。

湜溪門人

周先生鼎附子愷。

周鼎字仲恒。其先自安成徙廬陵。至先生益自奮勵。以場屋之業不足爲。去從湜溪郭氏游。

湜溪名正表。得靜春劉氏之傳。實考亭之學也。因與聞伊洛微旨。四方質正者踵至。年踰四十。出遊江漢。禮聘交贄。皆辭不受。著詩文曰貞一稿。其孟子管子商鞅諸論爲最偉云。子愷字子諒。洪武初進士。宋學士集。

文白門人

楊先生伯允見上楊氏家學。

傅先生若金

傅若金。新喻人。少貧。刻勵于學。能文章。嘗游京師。虞文靖揭文安並稱之。姓譜。

承旨危雲林先生素詳見靜明寶峯學案。

解先生觀詳見草廬學案。

解先生蒙別見草廬學案補遺。

莊山續傳

解淵靜先生子玉

解子玉字成我。小字泰。吴文正公更字之曰季通。晚號鑑湖老樗。少沈靜少言。勤學不怠。

年十三。理家事如成人。居喪無闕禮。肆力于古學。文正招與共學。不往。虞文靖公歸自翰林。或勸挾所作往見。可借助聲名。不從。齋居玩心。人莫窺其際。來學者亦弗拒。教授桐江之上垂三十年。中更亂離。與人言惓惓忠義。多所變化。人比之王烈王通云。春雨堂集。

附録

楊東里題季通易義曰。元盛時。吉水解氏治易有名江鄉閒。而觀我求我最著。季通。其兄弟也。此編平正典實。惜多闕文。

解竹梧先生子元

解子元字眞我。吉水人。延祐進士。官校書郎。至正閒。兵亂。募衆保障。爲寇所圍。與義士羅啓南姜天祐力戰。同日死。吉水正氣録。

梓材謹案。春雨集云。大父號竹梧。至正乙酉進士。仕至東莞縣尹。又送劉孝章序云。余少時。先君子進而語諸道德。輒舉所聞于大父竹梧翁。而泝其源于劉靜春楊伯子。以達于關閩濂洛。未嘗爲之臆説也。

竹梧家學

教諭解筠澗先生開

別見北山四先生學案補遺。

解先生闓

解闓字恭先。竹梧次子。與兄開業胄監者十餘年。後官刑部。解春雨集。

竹梧門人

劉先生本立附師張道益。

劉本立字子源。其先金陵人。自高祖堯夫知吉水。家焉。先生少穎悟。事親交友甚得聲譽。進于州學。時吉水知州事馬稱德。以禮聘鄉先生張道益解竹梧涖教事。先生事之甚謹。亂離親喪無遺禮。治家嚴而有恩。冠婚喪祭參取温公朱子禮。絶不用浮屠法。其學不及卒業。而所以端其趨向啓其支解者自異云。解春雨集。

高先生錠

高錠字汝楫。號楫齋。吉水人。解竹梧張道益典教于邑學。先生與竹梧子開元同受業。相得甚。解春雨集。

刑部門人

廖先生欽附師羅如篪。

廖先生敬存合傳。

廖欽字敬先。吉水人。少從解刑部學易。弟敬存。亦從學競爽先生。又從羅如篪受詩經。召試優等。歷官翰林檢討。解春雨集。

宋元學案補遺卷六十目録

宋元學案補遺卷六十

後學 鄞 王梓材 慈谿馮雲濠 同輯

說齋學案補遺

說齋先緒

補 唐先生堯封

唐堯封。金華人。說齋之父也。紹興二年進士。孝廟時。以禮部侍郎大司成除殿中侍御史。有直聲。初。先生入臺時。錢端禮迎問第一人。答以方思之。歸語說齋。說齋曰。大人失言。當云此行正爲公來也。尋左遷小龍場。及去國。同朝送之。館學爲空。孝宗知之。歎曰。遂爲唐氏百年口實。周氏癸辛雜志別集。

附錄

時久不置相。參知政事錢端禮覬相位甚急。皇長子鄧王夫人。端禮女也。先生論端禮帝姻。不可任執政。不報。坐遷太常少卿。

家居貧甚。卒之日。至無以爲葬。王魯齋稱其清德勁操爲吾鄉典型。

永嘉同調

補提刑唐説齋先生仲友

雲濠謹案。葉水心志吴監局墓云。郭氏父子興于學。同時吴君文炳學尤壯。蘭溪徐叔範。莫有知者。吴君獨備禮請主學。趣諸子敬事。金華唐與正。博學宏詞。吴君亦盡禮請。一旦絜生員百餘應聘至。遠近驚愕。不意其爲吴君屈也。又云。君之父智能知徐。力能致唐。宜銘也。是可見説齋之不易致矣。

九經發題

古者採詩以達下情。豈不紀所爲作者之意。至于雅頌。乃祭祀燕饗所奏樂章。安得不明著其義。子夏毛衛之傳。蓋有所授之矣。舍序義而言詩。猶適千里而無鄉導也。詩。

春秋紀事。事實而後書法明。三傳釋經。借曰未可執一論。至于載事。左氏爲實。魯史。齊人家人之與鄰里。其見聞固異也。春秋所書。或事之本。而其驗在數十百年之後。或本末具。而閱前後數公之事。若不通春秋之意。首尾互見。則執一語而斷以王法。法則嚴矣。其如春秋何。春秋之意。三傳或未之知。況啖趙乎。片言隻字必繩以王法。其説甚善。而聖人之意未必如是。僅如酷吏之用法。無一毫之貸而已。夫意之忠厚莫如詩。詩亡而春秋作。則春秋之意固可知矣。以王法言春秋。始類乎操切繩墨者。春秋無義戰。彼善于此則有之矣。此善言春秋之意者也。春秋之稱微而顯。志而晦。婉而成章。盡而不汙。懲惡而勸善。此善言春秋之法者也。屬詞比事。

此善言春秋之體者也。左氏載事得實。春秋之案牘也。譬諸用法。後人莫得其意。得案牘而考之。猶庶幾焉。舍案牘而臆測之。豈無偶合于用法之意。而其事已不可考。是則公穀而已矣。公穀猶爾。況啖趙乎。況後之諸儒乎。據左氏以觀春秋。若胥命于蒲者。尚不知其始也。其書事之本。而其效見于春秋之後。若晉三卿。齊陳氏。左氏猶得而載焉。公穀蔑如也。其本末皆在春秋。若蕭叔朝公。終于楚子滅蕭。作邱甲。繼之以作三軍。舍中軍。而季文子三思乃爲擅魯之計者。悉據左氏。而可見公穀舛矣。守二傳者。如荀揚之言性。摭删三家者。三品之説也。謂左氏不得聖人之意。吾無憾焉。舍左氏而觀春秋。毋乃不知而作乎。春秋。

先王太平之典。僅存者周官五篇而已。熙寧閒。王安石作周官新義。多用字説。破碎經義。又因國服爲息下青苗之令。諸儒非之。于是併疑周官。于義理名物稍有不合。不加思慮考證。遽以非聖人全書藉口。不知古文質略。有互見。有省文。官有不常設。禄有不兩受。能加考究。觸類而長。無不通者。至如考工明堂之説。通諸經傳。無不合者。先儒不通互見之義。自枝其説。至今聚訟。是可歎也。名物度數不比文義可誕説相高。若言封建井田使之分畫。言軍法乘馬使之計算。言寢廟明堂使之營繕。自當汗顔束手。豈得抵掌高談。未嘗窺豹。謂南山之霧無文蔚之隱。不亦誣乎。周禮。

禮記四十九篇。鄭康成爲之注。與周禮儀禮通爲三禮。本朝胡翼之程頤吕大臨楊時專以大學中庸二篇傳授。謂之精義。而制度文爲之學寖以微絶。不知禮記雜出諸儒。師傳或異。故有兩存之說。如吕不韋月令。漢博士王制。又皆剌經而作。兼有時王之制。學者參其說。閒與周官抵牾。不思秦漢諸儒采古參今。未嘗施用。乃持其說以相折難。此聚訟所由起也。然先王之制頗在于是。至曲禮少儀内則玉藻之屬。曲折細微。皆道所寓。未可以洒掃應對進退廢也。中庸大學誠爲入道之門。此外四十七篇之書孰非道者。視爲土苴緒餘。則學者將蕩而無守。删摭詆呰。苛碎刻裂。其弊至于夏休碎禮記。此如子孫不聞前古之事。而臆祖父之傳爲非是。謂吾獨見聖人之心。是聖人所謂不知而作者。非吾所敢聞也。禮記。

司馬公言經猶的也。一人射之。不若衆人射之中之爲多也。然則羿能百發百中。而不能禁他人之中。何者。的不獨爲羿設也。道未始私于聖人。聖人未始私于後學。則凡中乎的者。不必皆后羿之矢也。傳論語者。漢儒數十家。大抵訓詁通而已。以爲聖道深遠。未易以言語發明。略著大義。使學者自求而自得之。近世釋者。各以己意爲說。以爲聖人之道盡在是。他所説者皆非。則過矣。論語。

帝王經世圖譜

河圖洛書。易範兼取之矣。河圖之數四十五。四象也。四象奠方。八卦成列。而居中以貫之者。五也。洛書之數五十五。五行也。以奇生者以耦成。以耦生者以奇成。而得位以合之者。亦五也。參伍以變。錯綜其數者。易之取河圖也。五位相得而各有合。易之取洛書也。總其凡。則自一至九。其數四十五。範之取河圖也。總其目。則自行至極。其數四十有九㊀。範之取洛書也。易之中爻。範之皇極。則貫象數而通之者。中而已。河圖。象也。天五錯綜。而地十之數隱于錯綜之閒。洛書。數也。天五有合。而地十之數顯于有合之際。隱顯不同。而土之爲十五者常自若也。然則大衍之數五十者何也。會隱顯而通象數者也。圖顯其十。書隱其五。參天兩地。隱于衍數之外。而顯于生文㊁之中。聖人所以則圖書而妙象數也。圖書卦章經緯表裏圖說。

黄瑞節曰。楊鼎卿彙六經爲圖。唐仲友輯經世圖譜。並守劉牧之說。拘者謂聖人用力焉。穿鑿以求象。如北辰不動。陰不兼陽之類是也。蕩者謂聖人無力焉。汗漫以爲說。衍天地之數。所賴者五十之類是也。過猶不及。皆非易之本旨。大衍揲蓍之圖說。

六十四卦。彖象之中發明往來最爲明白。故易不可以例推。而可以變觀也。大易闔闢往來之圖說。

復如大病之初愈。一君子之初進。乃陽氣潛萌于黄泉。雷在地中。復之時當靜養。以俟其朋來。若遽欲用之。則如大病初愈而勞之。君子初進。而與小人爭。未有不死傷者也。若雷在窮冬。遽出于地。微陽發洩。則涸陰沍寒必有甚于前日者矣。

泰不拔茅。則君子无繼。无以保泰。否不拔茅。則君子將盡。于小人无以傾。否拔茅于初九。

㊀「四十有九」當爲「五十有五」。

㊁「文」當爲「爻」。

引其類而有爲。故曰志在外也。拔茅于初六。愛其身以有待。故曰志在君也。復欲朋來。慮其无助也。泰欲朋亡。慮其絶物也。朋來所以爲泰。朋亡所以保泰。以上易陰陽消長之圖説。

舜之執中。湯之建中。文王之克宅厥心。建極也。舜之敷奏。湯之德官功賞。文王之遐不作人。作極也。舜之出納朕命。湯之播告之修。文王之發號施令。敷言也。古之聖人。未有偏廢于此者。而夫子亦然。無行而不與二三子者。顔淵知之。由求不與焉。兼人故退。退故進。由求知之。樊遲不與焉。無違之告未喻。而何謂之問繼發。夫子誨之亦諄諄焉。故唐虞之民。比屋可封。三代之民。直道而行。夫子之門。小以成小。大以成大。皆建用皇極之功也。皇極建用之圖説。

徂征之衆方合。而干羽已舞于兩階。血流之戰方勝。而散財發粟式閭表墓已見于未及下車之際。由之瑟方見斥于丘門。而遽繼以升堂之許。不忮不求方以稱由之緼袍。而何足以臧又以進其所未至。聖人之于剛柔。如天之爲天。其晦明之變在于頃刻。豈可常哉。三德會極之圖説。

皇極者。九疇之主。三德五事以協于五行。而休咎福極特爲其效也。漢儒之病。以皇極列于五事以爲六。其于六極則偶合矣。于五行庶徵既闕其一。則增益而離析之。益霿于咎。益陰于罰。析魚于龍蛇。至于歆向父子而有異同之説。宜乎後儒厭之。欲舉而棄之也。近世諸儒以皇極統五事。庶徵合福極。以應休咎。固不易之説也。至謂皇極建則五事皆得。休徵五福應之。皇極不建則五事皆失。咎徵六極應之。則未可也。自堯舜以來。雖大聖人之世。或未能使皆休而無咎。皆福而無極。至于三代中材之主。與後世之賢君。其于建用皇極。殆未盡也。而于五事。固未至于皆失也。故離之而拘牽。合之而混并者。皆非箕子之本意也。五行五事庶徵配合之圖説。

堯典一篇。最詳者授時成歲之事。舜之受終。最急者璿璣齊政之法。考績之典。叢脞之戒。則于分職亦云謹矣。禹授㈠堯舜之傳。箕子發圖書之經緯。其能不謹于五紀之協用耶。周官之列職。深切著明矣。周衰官廢。而天人之道晦。授時之不謹。至于再失閏。不告朔。察變之不詳。至于官失其日。用牲伐鼓之非禮。春秋既皆譏之矣。當時君子尚能占象推驗若符節之合。則先王之遺法尚有存者。至秦滅學。而先王之道埽地。後世曆象僅能立法倚數以成一家。凡先王授時之政。一切無有。而作訛成易析因夷隩之事。一聽之自趨而已。至于象數變見視爲偶然者㈡。而視左氏所記爲淫巫瞽史之説而不加省。亦可悲夫。五紀旁通諸圖説。

九官之命。詳于養民。而兵刑合一官。六卿分職。則本末該矣。食貨教合于一官。因與創之異也。兵與刑分爲二職。業鉅事叢也。七月公劉太王之詩不及乎刑者。非無刑也。無俟乎刑也。刑非所以美也。或以無訟。或因事而言。或思古而作。則有之矣。八政之中。教爲極功。四者教

㈠「授」當爲「受」。
㈡「者」衍。

之本。三者教之餘也。治道之缺自教始。其復也亦難。宣王之中興。所以未至乎極功也。教不至則刑有所不行。民之訛莫懲也。教之未至也。故規之。雖然猶未離乎忠厚也。春秋大壞矣。聖人作春秋。所以繼詩之美刺。而存其忠厚也。庶矣加富。富矣加教。聖人不得自行其道。足食足兵民信之矣。弟子尚以不得已而去爲問。春秋得無作乎。孟子之言于齊梁滕者。王道之本也。故不及乎司寇賓師之事。不忍其罔無恒產之民陷溺而糜爛之也。始乎食。終乎兵。參之以信。八政該而存矣。孔子爲羣弟子言。萬世之論也。始乎食。終乎教。孟子爲時君言。救民之術也。所謂不得已而去兵者。如是而已。八政旁通諸圖說。

虞書巡守修五禮。皋陶謨言自我五禮。至命官則曰有能典朕三禮。蓋兼神人。三禮則事神之禮也。人明而神幽。幽足以事神。則明而治人優爲矣。故宗伯先言建邦之天神人鬼地示之禮。則所謂典三禮也。次之以吉凶軍賓嘉。則五禮也。夙夜惟寅。直哉惟清。則與鬼神合德。推而治五禮。夫豈難哉。此舜命官之意。而成周所以祖述也。五禮之制掌于宗伯。而其教掌于司徒。教萬民。養國子。五禮在六藝之首。又曰。以五禮防萬民之僞而教之中。則無一民不在乎禮者。夫子所謂齊之以禮也。三禮五禮名數之圖說。

先王之祀。上下達禮。未有如社稷者也。耕耨斂藏。人力所可勉。旱乾水溢。則係乎神祇。故凡先王神祇之事。皆爲民祈報也。天尊地親。故事之不同。噫嘻。事之以誠載芟。事之以力載芟。良耜人事盡矣。不敢謂人事之盡而忽于神也。故祈焉。不敢謂人事之盡而忘于神也。故報焉。

祈非吾過求也。振古如玆矣。報非止于今也。欲其有繼焉。所謂以似以續。續古之人者。涖卜來歲之稼之意也。建置社稷諸譜説。

周禮有明水而無玄酒。則明水卽玄酒也。加于齊則謂之明水。加于酒則謂之玄酒。且玉藻曰。凡尊必尚玄酒。不曰尚明水。則明水之與玄酒。決非二物。周禮祭祀彝尊之譜説。

謂明堂獨祀五人帝而不及天。不知我將之詩者也。謂明堂祀五帝而不及昊天。不知孝經者也。詩言天。孝經言上帝。則祀昊天上帝明矣。謂五室各設于明堂。不知祀昊天上帝者也。五帝各居其方。則昊天祀于何室。昊天祭于太室。則黄帝與配坐必非二筵之所兼容。況夏室度以步耶。故爲之重屋。以設昊天配帝之位于其上。所以尊天異于五方之饗也。奠方而五。通數而九。室有户牖而無三面之壁者。所以容五帝之座。而便于周旋執事者。明堂五室諸圖説。

聖人。天地也。天地猶以久成。況聖人乎。一念之中。萬物無不包覆者。理也。一氣不頓進。一形不頓虧者。理之寓于勢也。文王之化。自始至終難以一毫殊觀。而感文王之化。以爲詩之風者。固自有次第也。

其風肆好。穆如清風。大雅亦有風。雖則如燬。父母孔邇。周南已有雅。有匪君子。終不可諼兮。變風猶有頌。采蘩。賦之屬也。螽斯。比之屬也。關雎。興之屬也。如燬如玉。比之屬也。有賦比興以爲風。亦有以爲雅頌。一篇而一義者有之。鶴鳴專于興也。其意達于風矣。有一句而二意者。王室如燬。比而雅者也。

周之興也。由召南而周南。由周南而雅。由雅而頌。其衰也。頌息于南征之後。雅變于監謗之際。風降于東遷之餘。道之汙隆。可具見矣。羣叔之流言。風猶將變。而況于雅乎。洛邑之遷。頌未可遽復。風猶可正而進于雅也。雅存則春秋可以無作。奈何其變而遂至于亡也。以上六義四始之圖說。

諸儒言星土者。或以州。或以郡國。自虞夏以來。國邑郡縣廢置不同。度數因以舛錯。惟一行據山河分畫。參以漢郡古國。最爲詳盡。正義引春秋緯北斗分星之說。後人參差不齊。亦當以一行爲正。周保章九州分星之譜說。

今夫顓臾。昔者先王以爲東蒙主。且在邦域之中矣。此附庸在封疆之證也。居常與許。復周公之宇。此土田在封疆之證也。奄有龜蒙。遂荒大東。奄有鳧繹。遂荒徐宅。此山川在封疆之證也。封疆之内。附庸山川土田皆在焉。而皆非出軍制賦之壤。武成分土諸圖說。

夏曰貢。商曰助。周曰徹者。通貢助之法而用之。夏啓戰甘之野乃召六卿。則六卿治鄉足軍自禹貢如此。非周公創意。鄉遂用貢具六軍。都鄙用助通王畿出賦萬乘。周禮。井田之大經。不其昭乎。費誓曰。魯人三郊三遂。所謂成國半天子之軍。而宣公税畝。成公作邱甲。則魯郊遂之外。用助與商同。邱乘與周同。孟子告滕文公。請野九一。國中什一。亦欲復周之徹耳。言井田者通乎鄉遂都鄙貢賦軍賦之異制。則舉而措之天下無難矣。五溝五涂異同之譜說。

鄉大夫言國中鄉也。言野遂也。因鄉而及遂。見鄉輕而遂重也。小司徒以上地中地下地任民。

鄉法也。遂人以下劑致甿。遂法也。合而觀之。見鄉重而遂輕也。都鄙用井田。五百畝十六家而出兵百人。則較鄉遂五倍。其數若重矣。然鄉遂賦出于公。都鄙賦出于民。則實均耳。先王之微意。强幹而弱枝。重内而輕外。鄉欲兵衆而强。遂欲足以爲鄉三之二。鄙則助鄉遂而已。休遂之羨卒減于鄉三之二。都鄙之兵不當遂五之一。鄉晚役而早休。遂早役而晚休。則鄉兵實强。遂兵弱于鄉矣。至于以豐年中年無年爲役之多寡有無。以龍見日至爲力役之始終。貴賢能。服公事。老疾之皆舍。則無閒乎鄉遂都鄙。同于一而已。當異而異。當同而同。終歸于大均。此類族辨物所以爲同人。裒多益寡所以稱物平施。容民畜衆所以爲師也。九夫爲井諸圖説。

夫乾。天下之至健也。德行恒易以知險。夫坤。天下之至順也。德行恒簡以知阻。坎之象曰。水洊至習坎。君子以常德行。習教事。天下若是其廣。人民若是其衆。少多死生出入往來日異而月不同。何啻于水之習坎險阻而難知。而先王必有以周知之。蓋不獨周知其地。而又周知其人。不獨知其人。而畜財器械亦不得而隱。至公至均之法。由此可得而施。果何道以知之。皆得乎乾坤與坎之時義而已。井田出車諸講説。

先儒謂萬民有九職之貢。又有九賦。以口率出泉。非也。先王之取民不過什一。既貢又賦。不幾二乎。況古之爲賦。各供其有。泉非民所有者。惟市與閒民則輸之。豈以口率若後世之法哉。蓋先儒見大府既言九賦。又言萬民諸侯之貢。遂以九職九賦九貢裂而爲三。九職既貢其物。不得不以九賦爲出泉。又見司會言致邦國之財用。令田野之財用。令民職之財用。亦析以爲三。益信其說。蓋曾未深考之耳。大府言九賦。以頒財言之。言萬民之貢以充府庫。以受財言之。既使之貢。又賦之也。閭師任民止于國中四郊。而甸稍縣都不與焉。縣師徵野之賦貢。而四郊國中不與焉。載師任地。又在鄉遂井牧之外者。故司會互見以相備。于九功曰民職。于九賦曰田野云耳。關市山澤邦中之賦皆在九賦。豈田野所該。而甸稍縣都豈無民職之財用。九賦出于九職。九職輸爲九賦。豈有賦而復貢者哉。太宰九賦九職九式九貢斂財制用之譜說。

八統詔王與八柄同。而所以詔王之意與八柄異。柄以執言。操乎此而加乎彼。福威惟辟之意也。柄在于上。而臣之進退遲速唯吾之聽。如六轡之于馬也。故曰馭羣臣。雖然八柄未離乎法也。法加于其所及。而不加于其所不及。故足以馭羣臣。而未足以馭萬民。于是有八統焉。統之爲言貫也。率于上而從于下。上行之而下效之。有諸己而后求諸人。無諸己而后非諸人。茲其所以爲統也。周禮八統旁通諸圖說。

孔子告冉有。既庶加富加教。牧民而三者具。則王道成矣。曰兩。曰保息。曰本俗。所以庶之者至矣。則有職事荒政土會土宜土均之法以富之。既富矣。則有八統三物十二教五禮六樂以教之。教之既至。猶有不率者。然後待之以刑。鄉八刑是也。伯夷降典。折民惟刑。卽此刑也。在我者既極其至。然後責其在彼。故教刑而刑不犯。堯之命三后。舜之敘九功。孟子所以告齊梁之君者。皆周公之法。孔子之意也。至于皋陶之刑。不在三后之列。乃周司寇所掌。非司徒之教刑也。以弼五教而已。後世先王之典廢。獨其刑法存耳。望民之富庶而不犯于有司。難哉。周禮庶富加教之譜說。

人之情。富不可以不教。不富不可以教。先王之于民。養之閭井。而教之學校。先後有序。終始相成。慮其救死不贍。奚暇治禮義哉。慮其飽食煖衣逸居而無教。則近于禽獸也。學校因閭井而興。閭井因學校而睦。法是用久。法是用行。學之時義大矣哉。周禮學校總括諸譜說。

觀。下觀而化也。其象曰。先王以省方觀民設教。井。養而不窮者也。其象曰。君子以勞民勸相。繼觀者噬嗑。其象曰。先王以明罰勑法。繼噬嗑者賁。其象曰。君子以明庶政。無敢折獄。以勸蠶事。蓋取諸觀取諸井乎。又獻種而耕于孟春。省斂于秋。薦衣而蠶于季春。獻繭于夏。絲繼井者革。其象曰。君子以治曆明時。先王之勸農桑兼有之矣。王親耕。后親蠶。大徇者三省婦事畢而麻事起。其取諸革乎。巡狩以闢荒爲慶。責里布屋粟。無盛不帛不衰以罰其惰。其取諸噬嗑乎。三推三盆手而下。降殺有等。自農師至于王。先後有序。玄紞至于衣。其夫尊卑有倫。其取諸賁乎。不特此耳。祈而後耕。薦而後蠶。天人因成之理也。后獻種而王耕。天子薦衣而後蠶。陰陽之義也。上之愛民若此。民其忍不從乎。上之率民若此。民其能不從乎。上之防民若此。民其敢不從乎。籍田勸課諸譜說。

荒政之目不一。大抵損上益下。上以厚下。安宅而已。委積以待。既濟之思患預防也。平頒興積。移民通財。謙之裒多益寡。稱物平施也。緩刑。解之赦過宥罪也。眚禮。蕃樂。節之制數度議德行也。除盜賊。噬嗑之明罰勑法也。遊而以休。豫而以助。豫之順以動也。索鬼神。困之利用祭祀也。一物而衆善之。其委積補助荒政之法歟。然梁王移粟。自謂盡心。而孟子以爲五十步笑百步。何也。蓋先王以井地爲常法。以荒政爲非常之備。委積補助。荒政之條目。皆助常法之所不及。廢其常法而恃其助。非益之有乎惠心也。坎而習。是謂重險。君子觀斯象。則亦常德行習教事而已。果能此道。彼雖重險。其能陷我乎。太平之書而預爲凶荒之備。分職聯事詳密委曲如此。天能使之貧乎。補助荒政委積之譜說。

兵。至險也。習之四時則無不教棄民之患。兵。毒民也。寓之廬井則無久蓄不用之憂。兵。勞而犯難也。習之田獵有説之義焉。比鄰鄉井。出入相友。得講習之義焉。農隙講事諸譜說。

春秋書云。如齊觀社。三傳之説皆不得其本意。古者之于社。簡其車賦。合其卒伍。君親誓之。以習軍旅。齊始變周之制。作内政。寄軍令。則于社有變更矣。齊寄軍令。本欲速得志于諸侯。魯。鄰國。聞其更張。託于觀社以察其軍政。春秋書之。記齊之變禮。而魯公棄其社而觀人之社也。魯。周公之後。國有常典。修而不廢。齊雖寓政。其若我何。親棄其社而觀人之社。是舍己之田而芸人之田。魯軍政之壞可知。

周之爲保伍也。惟恐民之不安。故比長曰。徙于國中及郊。則從而授之。若徙于他。則爲之旌節而行之。齊之爲保伍也。惟恐兵之不强。故卒伍整于里。軍旅整于郊。内教既成。令勿遷徙。然則王者之教順民。霸者之政强民。順民者久而安之。上畏民而自反。强民者久而怨之。下抗法而姦生。孔子所謂道德齊禮。有耻且格。道政齊刑。免而無耻。自此分矣。然則齊之變周。非在變法。變其道也。以上齊内政寄軍令變周之譜說。

梓材謹案。四庫全書著録帝王經世圖譜十六卷。提要云。是書原本十卷。永樂大典所載。以圖譜數繁。析爲一十五卷。然但均其篇頁。而不復分別其門目。割裂舛混。原次遂不可尋。今詳爲釐正。依類排比。分爲一十六卷云。又稱其書分類纂言。大要以周禮爲綱。而諸經史傳以類相附。于先聖大經大法。咸縱横貫串。曲暢旁通。故以帝王經世爲目。其所繪畫。州居部分。經緯詳明。具有條理。其所辨訂。不甚主注疏舊説。而引據博贍。亦非杜撰空談。蓋考證之學。議論易而圖譜難。圖譜之學。陰陽奇偶推無形之理易。名物制度考有據之典難。仲友此篇。可徵其學有根柢矣。蓋所分十六卷。圖書卦章經緯表裏圖。大衍揲蓍之圖。大易闔闢往來之圖爲卷一。易陰陽消長之圖。乾坤寒暑消長之圖。八卦配象之圖。六十四卦配象之圖。易乾卦四德之圖。四德旁通之譜。易六畫六位六龍之圖。坤卦履霜之圖。稽疑卜筮之圖。卜筮旁通諸譜爲卷二。皇極通用之圖。三德會極之圖。五行五事庶徵配合之譜。五紀庶徵貫通之譜爲卷三。五紀旁通之譜。曆象授時之圖。春秋左傳五紀旁通之譜。八政旁通之圖。八政時令之圖。周政廢興之圖。刑罰世輕世重圖爲卷四。三禮五禮名數之圖。周禮祀天之譜。周禮祀天旁通之譜。周禮祭地之譜。地示異名之譜。祭地旁通之譜。建置社稷譜。祭社稷譜。祭社稷旁通之譜。周禮祭祀彝尊之譜爲卷五。明堂五室之圖。月令明堂之圖。明堂諸侯朝會之圖。九采之圖。新定明堂制度圖。新定明堂制度圖法。廟室昭穆禘祫諸圖。六義四始之圖。五聲配合之譜。七音清濁之次。七音配合之譜。十二律旁通配合之譜。十二律得數多寡損益相生之譜。七音相生十二律還相生之譜。十二管還相爲宫之譜。十二律合聲之譜。十二律推變增衍之譜。三宫六變之譜。律度量衡相通之譜爲卷六。禹迹九州之圖。舜肇十有二州之圖。禹貢九州山川之圖。禹貢九州譜。周職方辨九州之圖。職方九州山川之圖。職方九州譜。周禮土會之譜。九等異同之譜。十二土壤之譜。土宜教稼穡之譜。周保章九州分星之譜。唐一行山河分野圖。魏陳卓十二次分野圖。世紀十一次配合譜。世紀㊀九州分星旁通譜。六家分星異同之譜。三家分星異同譜爲卷

㊀「世紀」衍。

七。司馬九畿之圖。司徒建王國之圖。王畿提封之圖。武成分土之圖。司徒建邦國之圖。職方封國設法之圖。成王廣魯之圖。令㊀定分土惟三之圖。五溝五涂異同之譜。九夫爲井之圖。四邱爲甸之圖。四縣爲都之圖爲卷八。千里爲畿之圖。王畿任地之圖。九等通率之圖。一廛授地之圖。鄉遂都鄙授地任民出賦之譜。鄉遂都鄙出兵之譜。鄉遂居民設官之譜。保伍居民出軍之譜。井田出車之譜。周知民數之譜。力政異同之譜。九職十二職異同之譜。大宰九賦九職九式九貢斂財制用之譜爲卷九。周禮八統旁通之圖。周道八統廢興之圖。周禮庶富加教之譜上下。周禮學校總括之譜。鄉學異同之譜。周五學圖。魯泮宮圖。教官施教書攷之圖。鄉遂賓興之圖。王制升選之圖。周禮糾戒誅罰防救之圖㊁。王制簡不帥教之譜。視學養老飲食㊂名數之譜爲卷十。籍田勸課之譜。親蠶勸課之譜。農㊃賞罰之譜。農事祈報異同之譜。補助荒政委積之譜爲卷十一。農隙講事之譜。講事異同參合之譜。兵車攻守之譜。齊内政寄軍令變周之譜爲卷十二。春秋年表一二三四爲卷十三十四十五十六。但周益公原序云十卷。故謝山作傳亦云十卷。似當以原本十卷爲是。

說齋文集

越淮而戰。最上策也。雖然。天下未有無其本而有其末。無其事而有其功者。使吾兵强而衆。將智而勇。羅落周密。財力充裕。中原有響應之誠。狂寇有必敗之勢。長驅而前。一戰而定。忠

㊀「令」當爲「今」。
㊁「圖」當爲「譜」。
㊂「食」當爲「射」。
㊃「農」下脱「事」。

臣義士。孰不願之。今乃不然。將不撫士。不足恃也。士輕新虯。未可用也。長淮以南。鞠爲邱墟。而無藩籬之固也。鬻爵度僧。盡用弊法。而無歲月之儲也。向義之民。懲陳蔡之禍。有狐疑之心也。新立之寇。襲累世之業。未見可取之形也。

兵之爲道。誠多變矣。其大要不過天時地利人和而已。今之所謂天時。雖不論可也。所急者。地利耳。所賴者。人和耳。以上上張相公書。

當今之急務。無問和之與守。皆當深知而熟察之者。其患有四。眩于虛數。以兵爲足用。惑于閒言。以敵爲無能。財力屈而妄費。官爵濫而輕與。此皆已失之于前。當察之于今者也。國之所恃在兵。而寡固不可以敵衆。古之以少勝衆者。非巧拙之甚相遠。則一時之僥倖也。學者徒見孟荀不取强兵之說。遂以爲强兵非王者事。殊不知三代之時。兵民未分。民衆則兵强矣。孟子欲得民。而荀卿欲附民。是不務强兵之末。而深得强兵之本者也。今吾則異是。不教之民既不可驅而强。則所恃者。素養之兵耳。上四府書。

夫孝。百行之本。學者所當先。聖人之言。簡嚴易直而天人備。固非一家所能究其說。故拾諸儒遺意。相與講貫。務通理而不飾文。學者以筌蹄觀之。庶不悖先聖人之意云爾。孝經解序。

夫静而能謀。柔而有守。學不爲空文而貴實用。言不阿時好而有憂國愛民之誠心。若此者。可以爲天子近臣矣。送同官黄教授序。

古之學者兼于藝。後之學者恥于藝。禮樂不素習。曰吾將求其義。射御不屑爲。曰吾將專于文。書數不求精。曰吾將志其大。見簠簋籩豆牲牢珪幣之陳。曰彼有司存焉。睹鐘鼓管磬干戚羽旄之設。曰彼太師掌之。夫周公。大聖人也。而曰多材多藝。孔子。大聖人也。而曰執射執御。況下于周孔者。學者猥曰。德成而上。藝成而下。行成而先。事成而後。吾將學德行而已。是特知聖人之言。未知其所以言也。道藝論。

古之學者。用心貴乎至誠。不以好高自欺。操行貴乎篤實。不以立異駭俗。造道貴乎力行。不以空言惑衆。爲文貴乎濟用。不以華藻相尚。用其長。不強其所劣。得于此。不慕其在彼。終其身而不倦。世其業而不易。是以學必可用。用則有功。後之學者。其材未必如古人也。而欲爲古人不可到之事。凡世所謂可貴可尚者。必欲兼取而盡爲之。其學荒唐而無統。其言誇誕而無當。其行詭譎而不誠。其心矯僞而不慤。平居聽其議論。若無所不能。及措諸事業。每每不及古人萬分之一。此患起于好名而不專也。學論。

易以元亨利貞爲乾之四德。文言釋之曰。利者義之和也。義利豈可以相無哉。至孟子遊于戰國。始專以義爲言。凡及于利者。必深詆之。非惡于利而好爲甚高之論也。因時救弊。不得不然也。昔者堯不以天下利丹朱。而以舜利天下。舜不以天下利商均。而以禹利天下。當時信之。後世仰之。灼知堯舜以天下之大義。興天下之大利也。故義利之説並立而不害。不辨而自明。至于禹之傳子。非以爲利也。將以息天下之爭也。後世已疑其衰。湯之放桀。非以爲利也。將以除天下之虐也。後世果以爲口實。禹湯皆聖人也。時非唐虞。不得已而爲夏商。天下之君子固知其心。

而衆人或未之知也。于是義利之説始交相勝而不明矣。武王之克商。無以異乎湯。伯夷叔齊餓于首陽之下。則義士固非周矣。商民之心亦不能無疑。于是周公作書。諄複語之。若曰。非我小國敢弋爾命。又曰。非我一人奉德不康寧。時惟天命。又曰。非予罪。時惟天命。其言武王則曰。不敢替厥義德。其命康叔則曰。用其義刑義殺。深欲天下知周之伐紂。非利而爲之。皆義而已矣。至于周衰。王者不作。齊桓晉文始假義以濟其利。伐楚以責貢。納王以示民。夫豈出于誠心哉。吾夫子蓋愍之。乃判爲義利之説曰。君子喻于義。小人喻于利。又曰。放于利而行多怨。門弟子知之。故曰子罕言利。夫子之言。已有心于救世矣。逮至戰國。先王之道喪。天下始專于趨利。而不知有義。爲君者好利而忘其民。爲臣者見利而遺其上。游説之士。朝縱而暮横。捭闔之徒。俯賀而仰弔。若孫吴申商蘇張公孫衍之屬。既甘心于爲利。楊墨之説。又乘閒而入之。楊子取爲我。拔一毛而利天下不爲也。是賊義以利其身也。墨子兼愛。摩頂放踵。利天下爲之。是賊仁以利于人也。孟子以一身扶持王道。倘不深斥爲利之説。以專明吾義。不幾于推波助瀾。抱薪救火乎。是故答梁王則曰。王何必曰利。闢宋牼則曰。何必曰利。不從陳代枉尺直尋之請。力辨萬章割烹食牛之問。鄙儀衍以妾婦之道。斥楊墨于禽獸之域。至于湯武放弑之事。往復論之。尤爲詳明。夫豈好辨哉。將以存吾義也。雖時君謂之迂闊。終莫能聽。然使萬世之下。知有仁義之説不相胥而爲夷狄者。孟子之力居多也。世之議者。謂夫子以周爲至德。言武爲未盡善。而孟子告諸侯以王。于夫子之意不合。殊不知春秋之際。諸侯猶有畏義之心。而王室之衰微。未若戰國之甚。

故夫子不忍言湯武之事。而每有爲東周之心。至于孟子之世。天下合爲六。皆國富兵强。侈然有闢土地。朝秦楚。涖中國而撫四夷之志。故孟子每言湯武。而要之仁義。使諸侯知有仁義之説。則征伐之事敢輕爲之乎。是乃孟子所以存周也。然則義利之道得堯舜而行。義利之説得孔孟而明。聖人之有功于後世。豈不大哉。孟子論。

天下事。其成有所歸。其來有所因。所歸易見。所因難知。復齊之功。人皆曰田單。太史公以爲是獨功之所歸。乃若所因。則單之勝以有王。王之立以有蠋之死也。書王蠋事後。

説齋遺説

三分有二而猶事商。在衆人必以爲失時。三后協心而後道洽。在常情必以爲無功。二聖人信之篤。守之固。至誠惻怛之心。寬厚和平之政。浹于斯民。固結而不可解。此豈矯拂而僞爲。亦出于自然而已。彼太史公曾不知此。乃曰。周西伯昌囚羑里。歸與吕尚陰謀修德。以傾商政。又曰。周公聞伯禽報政遲。乃歎曰。魯後世其北面事齊矣。此特戰國變詐之謀。後世苟簡之説。殆非文王之事。周公之言也。遷不能辨其是否。又從而筆之于書。使後人懷欲得之心。務速成之功者。藉此以爲口實。其害豈小哉。

諸侯棄甲兵之讐。爲盟會之禮。乃于登壇之後。奮匕首而劫國君。賊天下之禮者。非沫乎。君臣之義。有死無殞。專諸感公子光之豢養。而親揕刃于王僚。賊天下之義者。非諸乎。父母全而生之。子全而歸之。政纔終老母之年。遂殺身以爲仲子。賊天下之仁者。非政乎。樊將軍以困窮歸燕丹。軻説取其首以濟入秦之詐。賊天下之信者。非軻乎。以賊禮賊義賊仁賊信之人。並列于傳。又從而嗟歎其志。不亦繆哉。豫子以不忘舊君。殺身而不悔。抗節致忠。行出乎列士。乃引而寘諸四子之閒。不亦薰蕕之共器乎。

民心思漢。王朗假之而有餘。民心去漢。孔明扶之而不足。

附録

判建康府上書略曰。方今天下有四患。兵力眩于虛數。一患也。敵情惑于閒言。二患也。財力屈而妄費。三患也。官爵濫而輕與。四患也。蓋天下惟厚德君子能不輕從人。而乘隙抵巇者莫甚于功利之士。獻議則誕蔓于咫尺之書。進圖則欺罔于一幅之上。奏功則曰前此未有。言敗則曰兵家常勢。遂使將帥屢犯所短。迄無寸效。反有前之四患。愚以爲塞其弊源。亦在朝廷深謀遠慮。匪棘其欲而已。

乾道八年上書論時政。其一言。成治功在善風俗。善風俗在行直道。行直道在去私心。其二言。爲治以治安爲本。富强爲末。用心于其本。則所進皆仁義道德之士。所行皆保民治世之術。其始若無可喜之迹。其終乃有不可勝計之功。用心于其末。則所任皆權謀功利之臣。所謀皆攻戰聚斂之事。其初似有目前之利。其終乃有不可勝救之弊。其三言。崇儒納諫。人主之大利。而小人之所甚不利也。故必煽爲邪説。以上惑主聽。下沮清議。儒者必談王道。其論似迂闊。諫者必進苦言。其迹似矯激。小人欲塗人主之聰明。蹙國家之根本。未有不以此爲藉口者。臣每聆縉紳之論。咸曰。毋談王道。時將以汝爲迂闊。毋進苦言。時將以汝爲矯激。聖明之時。安得斯言。至士大夫之閒。安知不有眞儒忠諫。聞風而退藏。非朝廷之福也。乞數御經筵而精其選。優容臺諫而聽其言。誠意既孚。羣疑自判。其四言。國家之益莫大于益民。國家之利莫大于利民。蓋益民乃所以自益。利民乃所以自利也。臣觀比年建議興事之臣。鮮經久遠大之謀。易言輕舉。數爲變更。發運則無益于財而害民。屯田則無益于食而害兵。見增租之小利則根括沙田。見商賈之小利則議變鹽法。此四者。未睹一毫之利。而有不可勝言之害。其他若淮之鐵錢。處之銅冶。諸郡之甲冑。版槽之楮幣。徒作而無益。利小而害大。求益謀利而不本于民。此所以害有益而妨大事也。臣愚竊以爲。勸農治兵。具有成憲。生聚教訓。本無奇策。若謹守成法。雖不多爲紛更。日積月累。爲益甚大。如百姓滋殖。則無求不獲。無爲不成。較之輕爲數變。卒無所利。得失甚明。上納其言。

主管建寧武夷山沖道觀。開席授徒。學者雲集。

周益公曰。與政于書無不觀。于理無不究。凡天文地志禮樂刑政陰陽度數兵農王霸。皆本之經典。兼采傳注。類聚羣分。旁通午貫。使事時相參。形聲相配。或推消長之象。或列休咎之徵。而于郊廟學校畿疆井野尤致詳焉。

又曰。夫水之流東。惟海是歸。車之指南。其塗不迷。今是書折衷于聖人。示適治之路。故名曰帝王經世圖譜。非其他類書比也。昔漢儒專通一經。局守師説。居家用以修身。莅官取以決事。況乎六經旨趣。百世軌範。皆聚于此。學者能因之廣記備言。精思博考。守以卓約。則見諸行事。豈不要而有功也歟。

王深寧困學紀聞曰。班孟堅兩都賦序。迂齋謂唐説齋中興賦序得此意。按中興賦序云。雖詞有工拙。學有博陋。氣有强弱。思有淺深。要皆變化馳騖。不失古人之法度。蓋用道有夷隆。學有粗密之意。然所取乃律賦。非兩都比也。

謝山箋曰。迂齋特取其序爾。非謂其賦與兩京比也。

袁清容曰。婺女史學之盛有三家焉。東萊之學。據今以考同異。而書事之法。得于夫子之義例。以褒貶而言者。非夫子旨矣。龍川急于當時之利害。召人心。感上意。激頑警媮。深心爲世道標準。志不成而年逝。識者悲其不遇焉。説齋搜集精要。綱絜領正。俾君臣得以有考禮樂天人圖書之會粹。力返于古。是則論史者無遺藴矣。

王忠文送胡仲申序曰。尚論吾婺學術之懿。宋南渡以還。東萊吕成公。龍川陳文毅公。説齋大著唐公。同時並興。吕公以聖賢之學自任。上繼道統之重。唐公之學。蓋深究帝王經世之大誼。而陳公復明乎皇帝王霸之略。而有志于事功者也。卽其所自立者觀之。雖不苟同。然其爲道皆著于文也。其文皆所以載道也。文義道學曷有異乎哉。

宋濳溪曰。説齋先生天分絶人。書經目輒成誦。遂以學行名天下。

朱右題先生補傳曰。於乎。世有誑人以理之所有。君子或昧焉。語曰。不逆詐。不億。不信。予讀唐仲友補傳而竊有感焉。仲友以乾道七年守台時。朱子提舉浙東常平。仲友發粟賑饑。抑奸拊弱。刜中澤浮梁以濟艱涉。民至令賴之。永康陳亮以縱横之術與仲友不相能。非眞能悦程朱之學。而乘閒述仲友後言。朱子信之。時高文虎爲通判。復以舊怨傾之。高文虎與其子似孫。皆以文學名。然酷好佛。仲友闢佛甚嚴。或以此不合乎。嫉惡之心。君子爲多。于是朱子力排仲友。至六上章。廷議終不決。元修宋史。謂仲友爲朱子所斥。乃不載之簡册。是或非朱子意歟。春秋據事直書。美惡自見。今史臣宋濂爲補此傳。有旨哉。

蘇平仲曰。説齋不惟史學絶精。而尤邃于諸經。天文地理王霸兵農禮樂刑政陰陽術數郊廟學校井野畿甸。莫不窮探力索于遺編之中。而會通其故。不啻若身親見之。上下古今。和齊斟酌之。以綜世數。精麤本末。兼該並舉。其所造何如。使得志而大行焉。舉帝王之大經大法于千載之後。輔成一王之治。俾天下之人復覩唐虞三代之盛。夫何難之有。然天性廉直。利不能回。勢不能撓。忤物既多。謗讟攸歸。仕未通顯。而遽自引退。其欲發而措諸事業者。僅推而託之論述。此君子之所以追恨而深惜者也。

戚氏雄曰。説齋讀經。于詩最有發明。如以碩鼠爲愛君之至。眞有精思卓識。

黎洲學禮質疑序曰。宋儒欲以精微之理。該禮之粗末。三代之彌文縟典。皆以爲有司之事矣。朱子亦常修儀禮經傳。不過章句是正。于其異同淆亂。固未彈駁而使之歸于一也。其時唐説齋創爲經濟之學。繭絲牛毛。舉三代已委之芻狗。以求文武周公成康之心。而欲推行之于當世。薛士龍陳君舉和齊斟酌之爲説。不皆與唐氏合。其源流則同也。

説齋講友

劉先生嶠

劉嶠字子淵。婺州人。事親極孝。家雖貧。力學聚徒以養。非道義。錙銖不取。蓽門土銼。怡愉如也。老于場屋。一試主簿而隱。唐説齋父子王莊敏公師心尤敬慕之。淳熙初。韓南澗守婺。訪之于隱所。愛其林壑幽清而汲甚遠。爲鑿井竹間。名之曰君子泉。宋文憲集。

吳氏先緒

吳先生文炳

吳文炳字元質。東陽人。淳熙元年。爲義學名東塾。以教宗姻子弟。一時耆英多往來其閒。徐畸爲作義塾記。隆慶東陽志。

説齋門人

補 傅杏溪先生寅

雲濠謹案。金華徵獻略云。學者以其所居杏村。皆稱之曰杏村先生。與本傳異。又云。四方來學。恒以百數。

梓材謹案。經義考載先生禹貢集解二卷。存。四庫書目本永樂大典著録禹貢説斷四卷。提要云。書中博引衆説。斷以己意。具有特解。不肯蹈襲前人。其論孟子決汝漢排淮泗而注之江。爲古溝洫之法。尤爲諸儒所未及。洵卓然能自抒所見者。又言。其山川總會及九河三江九江四圖。通志堂經解俱誤編入程大昌禹貢論中。而永樂大典獨繫之説斷篇内云。

附録

葉水心曰。同叔博通古書。特有隱處。

柳待制曰。其學必由夫近小。以馴致于遠大。謂制度文爲之粗。有廣大精微之妙。故承其講肄者。皆體驗切實。可以措諸其用。

黄文獻記先生祠堂曰。程子謂。君子教人有序。非先傳以近者小者。而後不教以遠者大者。先生之所以教。皆程子之遺意也。

補 正言金先生式

梓材謹案。周益公序帝王經世圖譜云。每一篇成。門人金氏輒繕寫藏弆。積百二十有二篇。又得與政猶子別本相與校讐。釐爲十卷。以類相從。此可見先生從説齋之大略。至説齋猶子。又可見説齋家學。惜未得其名字爾。

王先生弈

王弈字宗甫。東陽人。明敏好學。能文章。工詩賦。數從陳同甫唐説齋遊。爲時器異。所著有臥雲堂集。東陽縣志。

總幹徐先生□

梓材謹案。先生官總幹而佚其名。著有易傳燈四卷。四庫書目提要云。諸家書目俱不著録。永樂大典散見于各卦之中。題其官曰徐總幹。載其子子東序。謂其父嘗師事吕東萊唐説齋。考宋史。徐僑嘗受業于東萊。著讀易記尚書括旨等書。東萊門人又有徐侃徐倬。序無明文。不能定其爲誰也。傳燈本釋氏之語。乃取之以名經解。殊爲乖剌。其八卦總論十六篇。參互以求。頗能得易之類例。

徐總幹易論

大壯大有夬乾。乾在乾兌離震之下者也。乾九三曰君子。而餘卦九三皆有君子小人之詞。以君子在重剛中。君子則吉。小人則凶。故分别言之也。其處于巽坎艮坤之下者。曰小畜大畜需泰。凡九三上遇陰爻。皆有畏敬之義。又易之取象。該三代制度。如比九五言王用三驅。見王田不合圍三面而驅之禮。巽九二言史巫紛若。見古有太史男巫女巫之制。

杏溪講友

進士馬茂陵先生之純別見嶽麓諸儒學案補遺。

孫畸庵先生礿

孫礿字居敬。東陽人。淳熙十四年進士第三人。累官太學正。遷博士。進監丞。時京尹辱武學生不以其道。先生抗疏爭之。不報。遂請外。知漢陽軍。六館之士悉出餞。尋知黃州。憲湖南。所至皆有善政。嘗書眞實心地簡徑法門八字于座。仕至兵部郎中。所著有畸庵集。兩浙名賢録。

雲濠謹案。先生所著。又有大學講義及詩十卷。見隆慶東陽志。

提舉黃西坡先生灝詳見滄洲諸儒學案。

杏溪家學

補傅先生大原

附録

試漕闈爲本經第一。慈湖亟稱之。

補傅先生定

附録

朱子答黃直卿書曰。書院中。只古田林子武。婺州傅君定。在此讀書頗有緒。傅尤刻苦。前此亦多讀書。但未有端的用心處。近方令其專一。漸次讀書。覺得卻有立作。將來或可望也。

杏溪門人

補 進士傅先生芷

雲濠謹案。經義考引應廷育説。以先生爲仙居尉。

總幹黃先生栝 別見滄洲諸儒學案補遺。

孫氏家學

孫東白德之

孫德之字道子。號東白山人。東陽人。居敬子。博學贍文章。登嘉熙二年進士第。又中宏詞科。爲國子博士。出倅建寧。擢祕書監丞。有續東萊大事記。東陽縣志。

梓材謹案。東白嘗爲東萊私淑。本名道子。嘗爲賈涉客。以涉子似道避而改名。且嘗讀蔣沐于似道。殊爲瑕瑜不掩者矣。

唐氏續傳

學録唐存齋先生懷德詳見北山四先生學案。

傅氏續傳

傅先生似別見北山四先生學案補遺。

宋元學案補遺卷六十一目録

宋元學案補遺卷六十一

後學 鄞 王梓材 慈谿馮雲濠 同輯

徐陳諸儒學案補遺

錢氏先緒

處士錢先生朝彦

錢朝彦字用明。永嘉人。文子之父也。廉退和易。少從孝廉舉用。官業成。身隱。晚喜道家説。自號沖虚居士。雖督諸子以學。每曰。教之在我。其成有命。王參事十朋稱其不羨不矜。心休休然。鄉評以爲知言。周益公集。

陳氏師承

補 魏先生益之

雲濠謹案。陳止齋序松風軒分韻送王德修詩十四家。其二爲魏謙光字益之。是可知先生之名矣。

陳陸同調

補 忠文徐宏父先生誼

附録

教授池州。後進負擔來學。宰相曰。當爲太學得師。除博士。遷樞密院編修官。太常丞。

孝宗臨御久。事皆上決。執政惟奉旨而行。羣下多恐懼顧望。先生諫曰。若是則人主日聖。人臣日愚。陛下誰與共功名乎。及論樂制。對以宫亂則荒。其君驕。商亂則陂。其臣壞。上改容曰。卿可謂不以官自惰矣。

知嚴州。光宗内禪。公奏三代聖王有至誠而無權術。至誠不息。可以達天德矣。願陛下守而勿失。宰相邀公留。公謝曰。某方欲勸公去。奈何。

葉水心銘其墓曰。古之聞道。以身爲言。開乾闔坤。圓方各旋。後之聞道。以言爲身。因其已行。筆舌之陳。人實不宏。狹而易安。公胡早悟。嬰此百難。生不求榮。死不求謚。人臣之義。惟以自致。

楊慈湖祭之曰。子先我覺。導我使復親象山以學。某即從教。自是亦小覺。虚明靜莫變化之㊀爲不可射度。知及仁守。聖訓具在。某尚欲與子宜共講仁守之力。道阻且長。而遽永寂。

黄勉齋祭之曰定大策于甲寅之初。公同其憂。而不同其樂。排大難于甲寅之後。公與其危。

㊀「之」當爲「云」。

而不與其安。此當世所以爲公歎也。利不私于身。而忠存于國。身不享于今。而名顯于後。則公亦何所憾耶。和好方通。流庸未復。人情易變。正論難伸。公于此時。奄然而逝。公則無憾。國其謂何。

丁氏先緒

補 丁先生泰亨

丁泰亨字巖老。石埭人。幼而明悟。日記二千言。時版本文字尚少。經傳史漢書皆晝鈔夜誦。漢晉以來詩文亦手自編粹。善古文。于詩尤長。以餘力爲舉子業。率先諸子鳴。遠近爭辟塾延之。其後疾不能出者十年。皆負笈踵門。諸從子亦從受業。徐子宜爲郡教授。先生挈其子黼往從之。子宜雅敬先生。留與共學。參授後進焉。魏鶴山集。

永嘉同調

補 少卿錢白石先生文子

雲濠謹案。陳直齋書録解題言。先生所居白石巖。因以爲號。又案。温州舊志載先生原名宏。字文子。以字行。更字文季。

梓材謹案。東陽石洞遺芳載先生主石洞師席。又與諸葛千能並主郭氏高塘庵師席。講明洛學。後宰醴陵。因屬葉味道續主其教云。

錢判官語

以仁而施于父子。宜相親愛。以義而施于君臣。宜相契合。吾既有禮矣。而賓主之際。必然見答。吾既有智矣。則賢者之交。必然見知。以至德爲聖人。則保佑眷顧之休。亦天道之所宜昭格者也。而事乃有大不然者。姑舉聖人之于天道言之。堯湯之水旱。孔孟之困窮是也。夫是以謂之命。然其在吾性所當盡者。初不可以自已。如父雖不慈。子不可以不孝之類。故曰。有性焉。君子不謂命也。

吴伯豐曰。如此解後聖人于天道一句。與上四句頗順。朱子曰。所謂命有内外之不同。智之于賢者若如此解。卽語勢倒而不順。須如横渠之説乃佳。

附録

魏鶴山序白石詩傳曰。極于近世。吕成公集衆善存異本。朱文公復古經主叶韻。然後興觀羣怨之旨可以吟詠體習。庶幾其無遺憾矣。永嘉錢公又併去講師增益之説。惟存序首一言。約文述指。篇爲一贊。凡舊説之涉乎矜己訕上傷俗害倫者。皆在所不取。題曰錢氏集傳。又別爲詁釋如爾雅類例者。使人便于習讀。

王深寧困學紀聞曰。錢文季維摩庵記云。維摩詰非有位者也。而能視人之病爲己之病。今吾徒奉君命。食君禄。乃不能以民病爲己責。是詰之罪人也。

錢氏學侶

胡先生宗別見止齋學案補遺。

鄭氏師承

奉議許先生中應

許中應字成甫。東陽人。登淳熙十一年進士。官至奉議郎。終光州定城縣。操履純正。爲鄉模範。隆慶東陽志。

梓材謹案。先生嘗官鄂州州學教授。新其學之大門。因建閣于其上。櫝藏紹興石經。兩朝宸翰。以爲寶鎮。又取板本九經諸史百氏之書列寘其旁。不足則使人以幣請于京師之學官。使其學者討論誦説云。

附録

朱子答其書曰。左右以應舉覓官美名好事之學爲不足學。而欲講乎義理。以求修己治人之方。固已不繆于所趨矣。夫道之體用盈于天地之間。古先聖人既深得之。而慮後世之不能以達此。于是立言垂教。自本至末。所以提撕誨飭于後人者。無所不備。學者正當熟讀其書。將求其義。考之吾心。以求其實。參之事物。以驗其歸。則日用之間。諷誦思存。應務接物。無一事之不切于己矣。來諭乃謂讀書逐于文義。玩索墮于意見。而非所以爲切己之實。則愚有所不知其説也。

又爲記鄂州稽古閣曰。雅聞許君之學。蓋有志于爲己。而意其所以爲學者。亦曰取足于心而已矣。今以是舉觀之。則見其所以誨人者甚平且實。然後知其所以自爲者。不以泯心思滅聞見爲極摯之歸也。

金溪同調

補縣令陳叔向先生葵

附録

朱子答先生書曰。示喻學者不能身踐。而騖于空言。此誠今世莫大之患。然亦不善讀書者之咎耳。書之設。豈端使然哉。大抵聖賢之教。無一言一句不是入德門户。如所謂禮樂不可斯須去身者。尤爲深切。直當佩服存省。以終其身。不但後學也。但道體無盡。人見易偏。内外本末又不可不兼舉。此亦所當知耳。

梓材謹案。朱子答劉子澄書有云。到泉南。宗司教官有陳葵者。處州人甚進其學。似陸子靜而温厚簡直過之。但亦傷不讀書。講學不免有杜撰處。又自信甚篤。不可回耳。與此可相參。

黄東發曰。魏益之教叔向以獨立于物之初。忽大悟。遂以師道歸益之。水心辨以一造而盡獲莊佛氏之妄也。語簡而精。然猶委曲其文。愚謂待其憤而後啓之。待其悱而後發之。舉一反三。使以類推。此孔子欲學者自盡其力。而不徒師之恃耳。非悟也。充其四端。至于能保四海。此修身以至平天下。堯舜三代已試之效具在。皆實理也。非悟也。

徐氏門人

補 少保趙時隱先生希錧

雲濠謹案。先生舊名希喆。及登第賜名。見宋史。

附録

少扶父喪歸。道遇寇。左右駭散。公拊棺慟哭不懾。寇義而去。

補 修撰黄先生中

梓材謹案。温州府志載先生學以關洛爲宗。又言其舉進士第三人。越三十載。居官僅十年。故得肆力于學云。兩浙名賢録云。錢文子一見。期以國士。

陳先生巖 別見止齋學案補遺。

白石門人

補 文恭曹東畝先生豳

梓材謹案。温州府志載先生所著有玉泉集二十卷。見周南林類書纂要。其號東畝。劉後村集作東甽。嘗爲東甽集序。

附録

劉後村爲神道碑曰。余嘗謂本朝名爭臣多矣。惟天聖之孔范。慶曆之歐蔡。熙寧之吕劉。建中之鄭陳。至今猶有生氣。非以其能言也。以其能言人所不能言也。由端嘉至淳祐。如洪舜俞王去非杜成己徐直翁李元善方德潤唐伯玉及公。此八君子言論風光暴白于世。豈非以江表之玉振。續中朝之金聲歟。

鄭東巖先生良朋

鄭良朋字少宏。東陽人。多從乾淳諸老游。而定城令許中應。宗卿錢文子。則專師也。内表正節李敬之友也。正節學出東萊吕成公。先生涵濡薰染。行端方。學刻苦。自稱東巖老人。袁蒙齋甫爲志其墓。袁蒙齋集。

陳先生元粹

陳元粹。錢白石門人。官奉議郎知瑞昌縣。主勸農營田公事。兼買納茶場。嘗註白石補漢兵志而序之云。漢兵志。永嘉白石先生往爲大都授時所著。予少小執經師從曾備討閲。因獲聞纂集之大旨云。補漢兵志序。

王先生大昌

王大昌。池陽人。奉議郎權淮南路轉運判官兼淮南東路提點刑獄公事。嘗從白石遊。見補漢兵志。卽手鈔爲家藏。且以訓族里云。補漢兵志跋。

曹氏同調

忠惠王先生萬

王萬字處一。定遠人。少居濠梁學舍。慨然有求道之志。熟讀論語。忽覺有得。登甲科。授知州教授。歷知台州。嘉熙二年。乞宫觀。又辭召命。居常熟。復入爲屯田員外郎。積官至太常少卿知寧國府。再赴行在奏事。除直寶章閣福建提刑。直煥章閣四川宣諭使參謀官。並辭不受。家居累年。凝塵滿席。淡如也。淳祐三年卒。年四十八。謚忠惠。先生聞道甚早。其學由于自得。談經不涉支離。不爲崖岸之行。藴蓄深厚。人莫窺察。每書事天二字以自警。在朝與曹豳郭磊卿徐清叟俱負直聲。號嘉熙四諫。有文集時習編書志編若干卷。姑蘇志。

梓材謹案。金華志以先生爲浦江人。

黄氏家學

員外黄先生棨父瀚。

黄棨字肅甫。平陽人。修撰中之孫。父瀚。司農卿。先生嘉泰二年進士。爲靖州倅。州學旁建作新書院。政暇授徒講學其中。多所成就。官至工部員外郎。姓譜。

宋元學案補遺卷六十二目録

宋元學案補遺卷六十二

後學 鄞 王梓材 慈谿馮雲濠 同輯

西山蔡氏學案補遺

西山先緒

國録蔡首陽先生諒

蔡諒字守信。建陽人。號首陽居士。紹聖四年鄉貢。入官太學。以文行名。是生牧堂先生。蔡氏九儒書總述。

梓材謹案。詹太常爲牧堂墓表云。承父國録君嚴訓。何屏臺爲潭陽文獻蔡氏卷引稱其由太學授國諭。當以國録爲是。

補 蔡先生發

蔡發字神與。建陽人。博學强記。高簡廓落。不與世俗相俯仰。因去遊四方。聞見益廣。邃于易象天文地理三者之説。無所不通。而皆能訂其得失。杜門掃軌。專以讀書教子爲事。朱文公嘗稱所以教子者不于利禄。而開之以聖賢之學。其志識高遠。非世人所及。姓譜。

梓材謹案。先生之字。蔡氏㊀儒書作神與。是書纂自蔡氏後人。當是也。

㊀「氏」下脱「九」。

天文星象發微

自昔天地混茫未開。象固渾然而莫窺。迄夫闔闢既定。則有燦然而可考。人居其中。苟委之秘密而不求。將何以參三才而靈萬物哉。故曰。天之高也。星辰之遠也。苟求其故。千歲之日至可坐而致也。因不揣愚昧。博稽羣書。附以己意。著是論以發其微。

天至大而無所不包。其形如彈丸。朝夕運轉。中有南北兩端。後高前下。乃樞紐不動之處。其運轉者亦無形質。但如勁風之旋。當晝則自左旋而右向。值夕則自前降而之後。當夜則自右轉而復左。將旦則自後升而趨前。旋轉不窮。升降不息。是爲天體。而地則氣之查滓聚成形質。其來如勁風旋轉方中。故得以兀然浮空甚久而不墜。本義云。乾一而實。故以質言而曰大。坤一而虛。故以量言而曰廣。又云。以形言之。則天包地外。地在天中。所以說天之質大。以理言之。天之氣卻盡在地之中。地盡承受得那天之氣。所以說地之量廣。胡安定曰。天者乾之形。乾者天之用。天形蒼然。南極入地下三十六度。北極出地上三十六度。狀如倚杵。其用則一晝一夜行九十餘萬里。人一呼一吸爲一息。一息之間。天已行八千餘里。人一晝一夜有一萬三千六百餘息。故天行九十餘萬里。天之行健可知。其體周圍三百六十五度四分度之一。徑一百二十一度四分度之三。凡一度爲一百分四分度之一。卽一百分中二十五分也。四分度之三。卽一百分中七十五分也。地體徑二十四度。其厚半之。勢傾東南。西北之高不過一度。邵康節先生謂。水火土石凝而爲地。今所謂徑二十四度者。乃土石之體耳。土石之外而接于天皆包于地。地體之徑亦得一百二十一度四分度之三也。周禮以土圭一寸折一千里。天地四遊升降不過三萬里。土圭之影尺有五寸。折一萬五千里。以其在地之中。故東西南北相去各三萬里。春遊過東三萬里。夏遊過南三萬里。秋遊過西三萬里。冬遊過北三萬里。今曆家算數以土圭測之皆合。横渠先生云。天與日月皆是左旋。天行甚健。東出地上。西入地下。動而不息。一晝一夜周三百六十五度四分度之一。又過一度。日行平健。次于天。一晝一夜恰好周天三百六十五度四分度之一。而毫無所過。無所減。只是被天進了一度。日卻成退減一度。二日天進二度。日卻成退了二度。積至三百六十五日四分度之一。則天所進過之度又恰周得本數。而日所退之度亦恰退盡本數。遂與天會而成一年。月行遲。每一晝夜不及天十三度十分度之七。則不及日十二度十分度之七矣。積二十九日有餘。便退盡周天度數。而與日會。卻成一月。故曰一月一周天也。一年凡十二會。故有十二月。若天地之中。日月交會並無變異。則時和年豐。天下太平。萬一彗孛竟天。災沴流行。卽以所臨之次占之。或吉或凶。分毫不爽。太陽篇曰一日行一度。太陰篇曰一日行十三度者。皆以退度作進度言。故于天曰左旋。于日月曰右轉。其實天與日月皆有進而無退。皆左行而無右行也。其行謂之有過不及則可。若謂之有左右有進退則不可。曰過者。指天每日過一度也。曰不及者。指月每日不及十三度也。獨日之行。適均起于此度。亦止于此度。日日皆然。無過不及。曰左旋者。行由西而東也。曰右轉。則行由東而西矣。世上豈有西出東没之日月乎。謂之皆進無退可信。蓋退則必右轉耳。

總論。日者。太陽之精。人君之象。父之所配。有生育大恩德。衆星爲之輔助。在地爲火。在天爲日。方圓八百六十里。內有金烏。從東出而西没。漢官儀云。太山東南。名曰日觀。雞一鳴時。見日出長三丈許。東邊日出扶桑國。有百萬四千里。須閉無人煙也。去地没于西。在崑崙山之後。屈子曰。折若木以拂日兮。蓋灰野之山有樹。青葉赤華。名曰若木。淮南子曰。日出陽谷。落咸池。拂于扶桑。是謂晨明。登于霄漢。爰始將行。是謂朏明。至于曲阿。是謂旦明。至于會桑。是謂早食。至于桑野。是謂晏食。至于衡陽。是謂禺中。至于昆吾。是謂正中。至于鳥次。是謂小昃。至于悲谷。是謂晡時。至于悲泉。爰息其馬。是謂懸車。泊于虞淵。是謂黄昏。淪于濛谷。是謂定昏。日行九州七舍。有五億萬七千三百九里零。淮南子又云。日入崦嵫。經細柳。垂影在桑榆。皆言其所入處也。曰體徑一度半。自西而東。一日行一度。一歲一周天。以分算。周天三百六十五度四分度之一。合該有三十四萬三千三百三十五分。日行一度。該有九百四十分也。史家所謂天有黄赤二道。所行之路謂之黄道。與赤道相交。半出赤道外。半入赤道內。冬至之日。黄道出赤道外二十四度。去北極最遠。日出辰時一刻。日入申時七刻。故時寒。晝短而夜長。夏至之日。黄道入赤道內二十四度。去北極最近。日出寅地七刻。日入戌時一刻。故時暑。晝長而夜短。春分秋分。黄道與赤道相交。當兩極之中。日出卯。日入酉。故時和而晝夜均。太陽篇。

月者。太陰之精。人臣之象。母之所配。己身從其所生。列宿以之旋繞。凡二十九日有餘與日交會。一月終而一周天。在天爲月。在地爲水。方圓八百八十里。内有白玉兔。從東出而西没。月御曰望舒。亦曰纖阿。晦而見西方。謂之朓。朝而見東方。謂之朒。其體徑一度半。一日行十三度。以分算。有一萬二千二百二十分也。一百分度之三十七。以分算。三百四十八分也。合十三度。共該有一萬二千五百六十八分也。所行之路。謂之白道。與黄道相交。半出黄道外。半入黄道内。出入不過六度。如黄道出入赤道二十四度也。月有九行。黑道二。出黄道北。赤道二。出黄道南。白道二。出黄道西。青道二。出黄道東。併黄道而爲九。如月行春東從青道。行夏南從赤道。行秋西從白道。行冬北從黑道。陽精猶火。陰精猶水。火則有光。水則會影。故月光生于日之所照。魄生于日之所不照。當日則光明。遠日則光盡。揚子曰。月未望則載魄于西。既望則終魄于東。其朔則日月之交乎。月與日同度謂之朔。月行潛乎日下與日會也。

邇一遐三謂之弦。分天體于四分曰朔望弦晦。謂初八日上弦。二十三日下弦。月行近日一分謂之邇一。遠日三分謂之遐三。邇日一分。受日光之半。故半明半融。如弓張弦。上弦昏見故光在西。下弦旦見故光在東也。衡分中天謂之望。謂十五之夜。日入酉。月出卯。東西相望而魄死也。光體伏謂之晦。謂三十日之夜。月行近于日。不受日光。無對照處而爲暗也。以上太陰篇。

星辰者。少陽少陰之象。在地爲土石。在天爲星辰。星辰惟北辰爲最尊。若中界皇王爲天下主也。北辰之上有三台。若中界宰相是也。其星並躔于雙目。叠爲三級。以覆半魁。是名天階。若人見之。一生無刑囚。

北辰爲其旋運則北斗七星。一樞。二旋。三璣。四權。五玉衡。六開陽。七瑤光。瑤光之外。又有九星爲輔弼。而天皇上尊。豈卽北辰之星常隱不見。玉樞經所謂復有尊帝二星。大如車輪。若人見之。留形住世。長生是也。

又曰斗爲天樞。中有天罡。在内爲廉貞。在外爲破軍。雷神十二門。並隨天罡之所指。罡星指丑。其身在未。所指者吉。所在者凶。餘位皆然。若人見之。壽可千歲。斗柄開陽旁一小星名輔星。所以佐北斗成功。明則有罪必赦之矣。

北斗在紫微宫太微垣北。又曰帝車。亦曰七政。所以斟酌天之元氣。人心有七竅。綜理一身之事。應其七宿。凡人作事不言。而心之所主。或公私順逆。難逃其洞察矣。兩極者。南北上下之樞是也。北高而南下。自地上觀之。北極出地三十五度有餘。南極亦入地三十五度有餘。兩極之中。皆去九十一度三分度之一。謂之赤道。行路之腹。以紀二十八宿。相距之度。大抵兩極正居南北之中。蓋爲天心。中氣存焉。其動有常。不疾不徐。晝夜循環。斡旋天運。自東而西。分爲四時。寒暑所以平。陰陽所以和。此後天之太極也。先天之太極。造天地于無形。後天之太極。運天地于有形。三才妙用。秘密在是也。參商二星。參居卯地。水星也。商居酉地。火星也。一出一没。朝夕不相見。昔帝嚳氏有不才子。長曰閼伯。次曰實沈。居于曠野。不容相見。見則執戈相戰。堯帝惡之。遷閼伯于商邱。主祀商星。在東方卯位。遷實沈于大夏。主祀參星。在西方申位。今人久不相見。亦曰參商。載此二星。使後世孝子慈孫。觀此當警戒。夫天乙紫氣。續木之餘氣。吉祥之耀。性清高慈善。拯危救災。主緇道技術之流。若人生時臨照。主富貴長壽。所至之宫得福。遇凶亦不成災。其行凡二十六年一周天。太乙月孛。本水之餘氣。暗昧不明。興危亡不測之災。遇吉星則吉。遇凶星則凶。凡九年一周天。羅睺爲天首星。續火之行。性急躁深刻。區怨仇讐。不能興善致祥。但作妖孽血火。傷破斬截。時招寒熱瘴氣。逆行于天。隱而不見日月。凡十八年一周天。計都者。爲天尾星。續土之行。常與羅睺相對。故曰首尾星也。含蓄毒惡。主風勞血氣。生命遇此。必有災咎。逆行于天。逢日月則食。凡十八年一周天。欲識太陰行度。時正月之節起于危。三日出行十三度。五日兩宫次第移。二奎三胃四從畢。五井六柳張居七。八月翼宿以爲初。龍角季秋任遊歷。十月房宿作元辰。逢子箕星細尋覓。日月牽牛切要知。周天之度無差忒。此是太陰行度方。人命身宫從此得。此太陰星行法如此。十三角當首。亢九度光輝。十六氐相宜。房心各五度。十九尾南飛。箕十度光照。二十四斗求。牽牛七夕過。十一度女娘。虚來正十度。危逢十八當。十七正相室。二五乃居壁。十五半奎旋。十三婁下覓。胃言十四半。十一昴全算。二八畢如花。一觜河邊歎。參九在其方。三十遇井郎。一增雙是鬼。二七柳花芳。七星夜半走。張翼各十九。軫宿十八半。此乃二十八宿度數如此。惟天之鶉火。加于地之午位。乃與地合。而得天運之正耳。渾天中外宫星計二百四十六名。一千二百八十一星。大象是上星。方圓一百二十里。中象是中星。方圓八十里。小象是下星。方圓六十里。皆守常位。分布四方。周遍天體。其懸也固非綴屬而存。其運也亦非推輓而行。但當其氣之盛處。精神光輝。自然發越。

各有次第。而不可僭矣。惟南極入地。常隱不見。

紫微宫常見。餘星近日而伏。遠日而明。四時互見。周天三百六十五度四分度之一。一度二千九百三十二里有奇。以六百弓爲一里算。該有一百七十尺一寸二釐四毫有剩。大抵十七分里有奇之一也。

二十八宿分爲十二辰。次十二分野。一次三十度三十二分度之十四。周天積一百單七萬九百一十三里。徑三十五萬六千九百七十一里。一日一夜而天運一周也。天行一日一夜而一周。日月背天而左旋。二十八宿及餘星皆順天而西轉。故日月東行。天行速。實牽之而西没。故天之行則有晝夜而已。列子云。天乃積氣耳。日月星辰亦積氣中之光耀者。譬之蟻行磨石之上。磨左旋而蟻右轉。磨疾而左回。東行者逆。故十二辰一周。西轉者順。故十二時一周也。經星者。三垣二十八舍。中外宫星是也。帝座常在紫微者。據北極七十二度常見不隱之中。故有北辰之號。常居其所不動。而衆星四面旋繞歸向之也。天行運轉。晝夜不息。而此爲之樞。如輪之轂。如磑之臍。欲動而不可得也。若太微之在翼。天帝之在尾。攝提之在亢。南距赤道皆近。北距天極皆遠。固不容于不動。不免與二十八宿同其運行。東西隱見。各有度數。仰而觀之。無晷刻或停。二十八宿爲經星。金木水火土爲緯星。三垣者。一曰紫微。十五星。在天乙之中。二曰太微。十星。在翼軫之北。三曰天市。二十二星。在房心之東北。此所謂三垣也。

二十八舍者。東方蒼龍。角至箕。其形如龍。故曰蒼龍。南方朱雀。井至軫。其形如鶉鳥。

故曰朱雀。西方咸池。奎至參。其形如虎。故曰白虎。北方玄武。斗至壁。其形如龜蛇。故曰玄武也。

中外宫星。在朝象官。如三台諸侯九卿驃宫羽林之類是也。在野象物。如雞狗豺狼龜魚狐兔之類是也。在天象事。如離宫閣道華蓋五車之類是也。其餘因義制名。觀其象可知其義。説者有云。房心爲明堂。危虚爲宗廟。又曰。翼星明則禮樂興隆。亢星明則大臣納忠。氐星明則大臣奉度。昴星明則獄訟平。柳星明則國安。室星明則天道昌。百穀登。婁星明則天下和平。四夷效順。洪範曰。箕主風。畢主雨。故箕畢見而風雨大作。若畢宿躔于太陰之分。月内霖雨不止。所謂風伯雨師是也。外有進賢星。在角躔左下。主卿相進逸才之象。若成湯得伊尹。高宗得傅説。文王得太公。宣王得吉甫。先主得孔明。太宗得房杜是也。

緯星。五行之精。木曰歲星。火曰熒惑。土曰鎮星。金曰太白。水曰辰星。漢高帝元年。此五星貫索連珠。聚于東井。蓋井乃金星。直秦分雍州之域。斯時聚乎其次。乃沛公興王之兆。因是以義取天下。傳四百餘年之久者。豈無所自耶。宋乾德五年。又聚于奎。固太平之象。實重啓斯文之兆。文治精華已露于立國之初。道學盛行。德政兼備。正在此五星之聚乎。併日月而言。謂之七政。皆麗乎天。天行速。七政行遲。遲爲速所滯。故與天俱東出西入也。

五星出入無常。則有變異。如史誌所載。熒惑入于匏瓜。一夕不見。匏瓜在黄道北三十餘度。或曰白日而行。光芒震耀。如五行志太白忽犯狼星。亦有變異。狼星在黄道南四十餘度。或晝見經天。與日爭明。主不臣兵起。甚者變爲妖星。歲星之精變爲欃槍。熒惑之精變爲蚩尤旗。鎭星之精變爲天賊。太白之精變爲天狗。辰星之精變爲枉矢之類。如日之精變爲孛。月之精變爲彗。皆有所因而致然也。宋端拱二年七月。彗出于東井。蓋東井乃經星。在秦分。彗乃妖星。見于其分。光芒偏指如彗。所以除舊布新。其色有五。色蒼則王侯破。天子將卒勞于遠行。赤則賊兵隨起。彊國恣横。黄則貪溺女色。權奪后妃。白則將軍造逆。二年兵大作。黑則水精賊起。江河決裂。處處人民不安。象若竹彗木條。長短無常。長大見久則災深。短小不久則災狹。王者誠能惕然驚懼。修德行政。知稼穡之艱難。審刑罰之得失。答天譴。謝天戒。則壽命延長。福祿駢臻。永享太平之治。爲政者尤當謹焉。然星三色者。别三家之異。魏天申石氏以赤紀。齊甘德以黑紀。商巫咸以黄紀。紫宫星亦同出三家。中外宫總三百八十三名。一千四百六十四星。前志所載。纔一百一十八名。積數至七百八十三星。體生于地。積成于天。列居錯峙。各有攸屬。范史註常著明者一百二十四星。可名者三百二十星。共算有三千五百。海人占之。不與此數。微星之數萬有一千五百二十。至晉武帝時。太史令陳卓總三家所著。方具上數。至今不改。惟林邑國北極高十七度。安南都護府北極高二十一度六分。至海中南望老人星下衆星燦然。皆古以來所未名者也。夫星占起自黄帝命車區。在唐則羲和降察。在夏則昆吾演奥。巫咸甘石之經尚在人間。學者當考而詳之也。雲漢之説著于詩。曰。倬彼雲漢。爲章于天。又曰。倬彼雲漢。昭回于天。大抵雲漢者。四瀆之精也。又曰地中兩河所映也。起于鶉火。經西方之宿。而過北方。至于箕尾而入地下。

若晴則明。雨則昏。旁星現則水蓄聚。沈則盈滿泛濫。奔騰澎湃而不可禦也。所謂十二辰者。乃十二月斗綱所指之次也。斗綱所指。如正月建寅。二月建卯。三月建辰之類。謂之月建。天之元氣。無形可見。觀北斗魁杓三星之所指。如建寅之月。元氣在寅。他月倣此。所謂十二次者。乃日月所會之處也。

日月一歲十二會。故有十二次。如建寅之月次名析木。建卯之月次名大火。建辰之月次名壽星。建巳之月次名鶉尾。建午之月次名鶉火。建未之月次名鶉首。建申之月次名實沈。建酉之月次名大梁。建戌之月次名降婁。建亥之月次名娵訾。建子之月次名元枵。建丑之月次名星紀之類是也。

十二分野。卽列宿辰次所臨之地也。天有十二次。地有十二位。如辰壽星乃角亢。屬兗州。爲鄭分野。位在秤宮。卯大火乃氐房心。屬豫州。爲宋分野。位在天蝎。寅析木乃箕尾。屬幽州。爲燕分野。位在人馬。丑星紀乃斗牛。屬揚州。爲吴越分野。位在磨蝎。子玄枵乃女虚危。屬青州。爲齊分野。位在寶瓶。亥娵訾乃室壁。屬并州。爲衛分野。位在雙魚。戌降婁乃奎婁。屬徐州。爲魯分野。位在白羊。酉大梁乃胃昴畢。屬冀州。爲趙分野。位在金牛。申實沈乃觜參。屬梁州。爲魏分野。位在陰陽。未鶉首乃井鬼。屬雍州。爲秦分野。位在巨蟹。午鶉火乃柳星張。屬三河。爲周分野。位在獅子。巳鶉尾乃翼軫。屬荆州。爲楚分野。位在雙女。故遇日月之交會。星辰之變異。卽以所臨之次占之。或吉或凶。當有知之者矣。以上星辰篇。

地理發微

易曰。立地之道曰柔與剛。邵氏曰。立地之道。剛柔盡之矣。

朱子曰。天之大。陰陽盡之矣。是以氣言。地之大。剛柔盡之矣。是以質言。陰陽以氣言。剛柔則有形質可見矣。

故地理之要。莫尚于剛柔。剛柔者。言乎其體質也。天地之初。固若漾沙之勢。未有山川之可言也。既而風氣相摩。水土相盪。則剛者屹而獨存。柔者淘而漸去。于是乎山川形焉。

朱子曰。天運不息。地在中間。使天有一息之停。地須陷下。天之運急。故凝結得許多查滓在中間。所以天地位然後山川之形著焉。

凡山皆祖崑崙。分支分脈愈繁愈細。此一本而萬殊也。

朱子曰。冀都是正天地中。好箇風水山脈從雲中發出。雲中正高脊處。自脊以西之水則西流入于龍門西河。自脊以東之水則東流入於海。前面一條黄河環繞。右畔是華山聳立爲虎。自華來至中爲嵩山。是爲前案。遂過去爲泰山聳于左。是爲龍。淮南諸山是第二重案。江南諸山及五嶺又爲第三四重案。

又曰。太行山一千里。其山極高。上黨在山脊。河東河北諸州在山支。又關中之山皆自蜀漢而來。至長安而盡。關中一支生下函谷。以至嵩少。東盡泰山。又自嶓冢漢水之北生下一支至揚州。江南諸山皆祖于岷。江出岷山。岷山夾江兩岸而行。那邊一支去爲江北許多去處。這邊一支分散爲湖南閩廣。盡于兩浙建康。其一支爲衡山。而盡于洞庭九江之西。其一支度桂嶺。則包湘源。而北經袁筠之地。以盡于廬阜。其一支自南而東。則包彭蠡之原。度歙黄山。以盡于建康。又天目山分一支以盡于浙。江西之山皆自五嶺贛上來。自南而北。閩廣之山自北而南。其一支則又包浙江之原。北首以盡會稽。南尾以盡閩粤。此中原祖宗支派之大綱也。

九峯曰。河北諸山根本脊脈。皆自代北寰武嵐憲諸州乘高而來。其脊以西之水。則西流入龍門西河之上流。其脊以東之水。則東流而爲桑乾幽冀以入于海。其西一支爲壺口泰嶽。次一支包汾晉之源。而南出以爲析城王屋。而又西折以爲雷首。又次一支乃爲太行山。又次一支乃爲恒山。此大同北境之山也。其江漢南境之山則岷山之脈。其北一支爲衡山。而盡于洞庭之西。其南一支度桂嶺。北經袁筠之地。至德安之敷淺原。二支之間。湘水間斷。衡山在湘水西南。敷淺原在湘水東北。

凡水皆宗大海。異派同流。愈合愈廣。此萬殊而一本也。

朱子曰。佛經説崑崙山頂有阿耨太池。水流四面出。東南流入中國者爲黄河。其三分流者爲弱水黑水之類。今中國有三處大水。曰黄河。曰長江。曰鴨綠。鴨綠江起于女眞。水性皆下者。故東南爲大海。西北次之。

又曰。自古無人窮至北海。然北海挨著天殼邊過。緣北海地長。其勢高。北海不甚濶。地之下與地之四邊皆海水周流。地浮水上。水與天接。天之形狀如卵。地居其中。故天包水與地。外猶殼之裏黄。形體渾。故曰渾天。今中原之水。隨地而見。如松江澶河唐淮孟濟起于西北。聚于東南。異派同流。愈合愈廣。皆宗于大海也。

朱子曰。一陰一陽交而天道盡之矣。一剛一柔交而地理盡之矣。知陰陽消長之道。故能上識天時。知剛柔夷險之義。故能下識地理。陰陽消長而有寒暑之時。剛柔交錯而有險夷之勢。山險峻而卻平夷。或平夷而復險峻。水澄凝而流湍激。或湍激而復澄凝。是謂剛中有柔。山體剛而用柔。故高聳而凝定。水體柔而用剛。故卑下而流行。此又剛中有柔。柔中有剛也。柔中有剛。剛柔相濟。變化無窮也。

邵氏以水爲太柔。火爲太剛。土爲少柔。石爲少剛。所謂地之四象也。

朱子曰。水者。天下至柔之物也。其性在下。故太柔。在天爲太陰爲月。火者。天下至剛之物也。其性炎烈。故爲太剛。在天爲太陽爲日。土之爲物亦柔也。其性輭緩。故爲少柔。在天爲少陰爲辰。石亦剛物也。其性剛硬。故爲少剛。在天爲少陽爲星。水則人身之血。故爲太柔。火則人身之氣。故爲太剛。土則人身之肉。故爲少柔。石則人身之骨。故爲少剛。合水火土石而爲地。猶血氣骨肉而爲人。近取諸身。遠取諸物。無二理也。

朱子曰。太極混成。一體初判。謂之兩儀。又判而爲陰陽剛柔。謂之四象。又判而爲太陽太陰少陽少陰太剛太柔少剛少柔。而成八卦。四象于天而爲日月星辰。四象于地而成水火土石。八者具備。然後天地之體備矣。天地之體備。萬物由是而生。所謂象見乎天。體應乎地。猶形影之相應。蓋日月星辰猶人之有耳目鼻口。水火土石猶人之有血氣骨肉。故謂之天地之體。陰陽剛柔猶人之有精神。而所以主耳目鼻口血氣骨肉者也。故謂之天地之用。是知太極者。有物之先。本已混成。有物之後。未嘗虧損。自古及今。無時不在。萬物無所不稟則謂之曰命。萬物無所不本則謂之曰性。人之與物。本乎天地之一氣。同乎天地之一體。體本無體。惟化是體。用本無用。惟變是用。體用變化。天地之至妙者。

若細推之。凡涸燥者皆剛。夷坦者皆柔。然涸燥之中有坦夷。坦夷之中有涸燥。則是剛中有柔。柔中有剛也。凡强急者皆剛。緩弱者皆柔。然强急之中有緩弱。緩弱之中有强急。則是柔中有剛。剛中有柔也。自此以往。儘推無窮。知者觀之。思過半矣。以上剛柔篇。

其次莫若明動靜。動靜者。言乎其變通也。大槩天下之理。欲向動中求靜。靜中求動。不欲靜愈靜。動愈動。

朱子曰。太極之有動靜。是天命之有流行。天圓主動。地方主靜。動之始則陽生。動之極則陰生。靜之始則柔生。靜之極則剛生。太極。理也。動靜。氣也。理有動靜。故氣有動靜。若理無動靜。則氣何自而有動靜乎。氣行則理行。二者相須。循環之無端。而天地之造化無窮矣。

古語云。水本動。欲其靜。山本靜。欲其動。此達理之言也。夫山以靜爲常。是謂無動。動則成龍矣。水以動爲常。是謂無靜。靜則結地矣。故成龍之山。必踴躍翔舞。結地之水。必灣環悠洋。若其偃蹶側勒。衝激牽射。則動不離動。靜不離靜。山水之不融結者也。然一動一靜。互相循環。山亦有動極而靜。水亦有靜極而動。不可執一以論。又在人融化之爲妙也。以上動靜篇。

朱子曰。天地間。只有動靜兩端循環不已。言其體則山靜而水動。言其用則山水各有動靜。靜極復動。動極復靜。一動一靜。互爲其根。此章論動靜二字相爲對待。乃天理之自然。又在人融化之爲妙也。

其次莫若觀聚散。聚散者。言乎其大勢也。夫山川融結。自有天造地設。障空補缺。不陷不跌。故小聚則地小成。大聚則地大成。散而不聚。不可以言地矣。何謂聚。山之所交。水之所會。風氣之限藏也。何謂散。山之所去。水之所離。風氣之澆漓也。今之言地理者。往往多論地形之巧拙。而不明聚散。大勢若聚。則奇形怪穴而愈眞正。大勢若散。則巧穴天然而反虛假。歷觀古人之葬。大抵穴多奇怪。非好怪也。良由得山水之正。則怪穴所爲常也。今人于大聚之中。或乃拘于形穴而不葬者。陋矣。然有大勢之聚散。有穴中之聚散。大勢之聚散見乎遠。穴中之聚散見乎近。是二者有相須之道焉。聚散篇。

其次莫若審向背。向背者。言乎其性情也。

朱子曰。性者。理之形體。情者。性之發動。人心動靜。性情具焉。

夫地理與人事不遠。人之性情不一。而向背之道可見。其向我者必有周旋相與之意。其背我者必有厭棄不顧之狀。雖或暫焉矯飾。而眞態自然不可掩也。地理亦然。

朱子曰。心之未發爲性。已發爲情。發于性則見于情。發于情則見于色。木性愛金順義。金情戀木慈仁。二性相須。兩情相戀。則周旋相與之意尤甚也。夫人事以心爲主。心好惡則人之情性見焉。地理以氣爲主。氣聚散則山川之情性見焉。觀其體態。則向背之眞情自然不可揜也。

故觀地者必觀其情之向背。向者不難見。則相對如君臣。相待如賓主。相親相愛如兄弟骨肉。此皆向之情也。背者亦不難見。凡相視如仇敵。相拋如路人。相忌如嫉冤逆寇。此皆背之情也。

朱子曰。心實身之主。其體則有仁義禮智之性。其用則有惻隱羞惡之情。性公而明。情偏而暗。其情性有偏正之不一。故人事有向背之不同。是以觀人事之情性與察地理之情性何異哉。

觀形貌者得其僞。觀性情者得其眞。向背之理明。而吉凶禍福之機燭然。故嘗謂地理之要。不過山水向背而已矣。以上向背篇。

其次又當看雌雄。雌雄者。言乎其配合也。夫孤陰不生。獨陽不成。天地之物。莫不要相配對。地理家以雌雄言之。大概不過相對待之理。何以言之。山屬陰。水屬陽。故山水相對有雌雄。而山之與水。各有雌雄。

朱子曰。陰陽無處無之。横觀則左陽而右陰。竪看則上陽而下陰。仰陽覆陰。向陽背陰。無物不有陰陽也。

陽龍取陰穴。陰龍取陽穴。此龍穴相對有雌雄。陽山取陰爲對。陰山取陽爲對。此主客相對有雌雄也。其地融結。則雌雄必合。龍穴砂。水左右。主客必相登對。若單雌單雄。不相登對。雖或結地。必非眞造化也。經曰。雌雄相喜。天地多通。又曰。雌雄不顧不勞看。古人多以此爲要妙。然亦天地自然之理也。以上雌雄篇。

其次又當辨强弱。强弱者。言乎其稟氣也。

朱子曰。天地之大。陰陽剛柔盡之矣。萬物稟氣而生。稟氣之正爲中和。稟氣之偏爲强弱。則有剛柔精粗之辨。

夫天下之理。中而已矣。太剛則折。故須濟之以柔。太柔則弱。故須濟之以剛。剛柔相濟。中道得矣。

朱子曰。中爲天下之大本。和爲天下之達道。凡所以位天地。育萬物。何莫不由斯道也。蓋天地萬物本同一體。渾然于中。無偏無倚。此無極而太極。虛極化神。神變生氣。氣聚有形。一分而爲二。所以有陰有陽。有動有靜。而能極其中。則吾之心正。而天地之心亦正。三辰不至失行。山川不至崩竭。天地于此乎位矣。動而能極其和。則吾之氣順。而天地之氣亦順。人得所以爲人。物得所以爲物。而萬物于此乎育矣。觀其動靜之名。察其陰陽之實。而無有過不及之説。稟偏太剛。濟之以柔。稟偏太柔。濟之以剛。剛柔相濟。則中和之道得矣。

論地理者。必須論其稟氣。稟偏于柔。故其性緩。稟偏于剛。故其性急。稟剛性急。此宜穴于緩處。若復穴于强急之處。則必有絶宗之禍。稟柔性緩。此宜穴于急處。若竟穴于弱緩之處。則必有冷退之患。强來强下則傷龍。弱來弱下則脱脈。故立穴之法。大概欲得酌中恰好底道理。不得倚于一偏。纔偏便生病出來。然非權衡有定。則亦未易語也。以上强弱篇。

其次又當分順逆。順逆者。言乎其來去也。其來者何。水之所發。山之所起是也。其去者何。水之所趨。山之所止是也。知來去而知順逆者有矣。不知來去而知順逆者未之有也。

朱子曰。先天開物之初。無一不有往來順逆道理。如暑往寒來。歲之道也。日往月來。氣之道也。古往今來。世之道也。今以地理言之。山之所起。則水隨之而發。山之所止。則水隨之而會。原其形質起止則知來去。辨其互相交錯則知順逆。知來往順逆之道。則能盡天下無窮之理也。

夫順逆二路。如盲如聾。自非灼然有見。鮮不以逆爲順。以順爲逆者矣。要知順山順水者順也。所謂來處來者是也。逆山逆水者逆也。所謂去處去者是也。

吴草廬曰。學者讀經史子集之餘。必繼之以周易參同契地理葬書。何者。蓋參同契攝生之一術。葬書則送死之一事。儒者不可不知也。然此二事同歸而殊途。若修養家之丹法。地理家之葬書。皆可一言以蔽之。蓋生氣徧周乎大地。浸灌乎一身。其來不能無自。其止不能無所。故善攝生者識生氣逆凝于一身之中。猶善葬者識生氣逆聚于一穴之内。雖未免竊取生化之機。亦自然而然之理。非耳提面命深造于妙者。烏能知之。

立穴之法。要逆中取順。順中取逆。此一定之理。不可改易。若又推而廣之。則脈有順逆。龍有順逆。順龍之結穴必逆。逆龍之結穴必順。此亦山川自然之勢也。大抵論逆順者。要知山川之大勢。默定于數里之外。而後能辨順逆于咫尺微茫之間。否則黑白混淆。以逆爲順。以順爲逆者多矣。以上順逆篇。

其次又當識生死。生死者。言乎其取舍也。夫千里來龍。不過一席之地。倘非以生死別之。則何所抉擇哉。生死之説非一端。大概有氣者爲生。無氣者爲死。脈活動者爲生。粗硬者爲死。龍勢推左則左爲生。右爲死。龍勢推右則右爲生。左爲死。又有瘦中取肉則瘦處死。而肉處生。飽中取饑則饑處生。而飽處死。如此之類。在人細推之。生則在所取。死則在所舍。取舍明而後穴法定。穴法定而後禍福應。若生死難辨。取舍何當。則非眞造化矣。生死篇。

其次又當察微著。微著者。言乎其氣脈也。

朱子曰。天地之大。陰陽之微。非可一言而盡也。以清濁言。則陽清而陰濁。以動靜言。則陽動而陰靜。以升降言。則陽升而陰降。以奇偶言。則陽奇而陰偶。以剛柔言。則陽剛而陰柔。以微著言。則陽微而陰著。以順逆言。則陽順而陰逆。以雌雄言。則陽雄而陰雌。以向背言。則陽向而陰背。以浮沈言。則陽浮而陰沈。以生死言。則陽生而陰死。以强弱言。

則陽强而陰弱。靡物不爾。無物不然。有理斯有氣。氣著而理微。有氣斯有形。形著而氣微。人能知此。動靜可求其端。陰陽可求其始。天地可求其初。萬物可求其紀。分于至微。等于至著。而陰陽之理已具其中矣。

夫氣。無形者也。屬乎陽。脈。有形者也。屬乎陰。陽清陰濁。故氣微而脈著。然氣不自成。必依脈而立。脈不自爲。必因氣而成 蓋有脈而無氣者有矣。未有無脈而有氣者也。經曰。氣乘風散。脈遇水止。無脈無氣者。水害之也。有脈無氣者。風乘之也。善觀氣脈者。以有形察無形。不善觀者。以無形蔽有形。蓋無形只在有形之内。但知者所見實。故于粗淺而得其精微。愚者所見昏。故于慌忽茫昧而不曉。豈知四水交流則有脈。八風不動則有氣。此有目者所共見。有心者所共知。而術之至要。初不外是也。以上微著篇。

其次又當究分合。分合者。言乎其出没也。夫脈之爲脈。非陡然而生。頓然而有。其出也必有自然之來。則有分水以導之。其没也必有所止。則有合水以界之。郭氏曰。地有吉氣。隨土而起。支有止氣。隨水而比。又曰。支之所起。氣隨而始。支之所終。氣隨而鍾。此古人論氣脈之源流也。氣隨土而起。故脈行必有脊。氣隨水而比。故送脈必有水。氣起于支之始。故上有分。脈鍾于支之終。故下有合。有合無分。則其來不眞。爲其内無生氣之可接也。有分無合。則其止不明。爲其外無堂氣之可受也。有分有合。則有來有止。有出有没。則龍穴融結。的定無疑。然後爲全氣之地。然有大分合。小分合。其地融結則有三分三合。穴前後一分合。起主至龍虎所交二分合。祖龍至。山水大會。三分合也。小合則爲小明堂。大合則爲大明堂。合于龍虎內則爲內明堂。合于龍虎外則爲外明堂。一一不相亂如此。是又不可不知也。以上分合篇。

其次又當別浮沈。浮沈者。言乎其表裏也。夫脈有陰陽。故有浮沈。陰脈常見乎表。所謂浮也。陽脈常見乎裏。所謂沈也。大抵地理家察脈與醫家察脈無異。善醫者。察脈之陰陽而用藥。善地理者。察脈之浮沈而定穴。其理一也。夫三陰從天生。以其陰根于陽也。故陰脈必上小而下大。其出口也必尖。三陽從地出。以其陽根于陰也。故陽脈必上大而下小。其出口也必圓。後之觀脈者。不必問其如何。但見口尖者皆陰。其脈浮于表。口圓者皆陽。其脈沈于裏。此一定不易之法。若又推而廣之。則凸者脈浮。凹者脈沈。微細者脈浮。粗重者脈沈。衆高一低者脈浮。衆低一高者脈沈。以此相乘除。則陰陽之理得矣。浮沈篇。

其次又當定淺深。淺深者。言乎其準的也。夫淺深得乘。風水自成。故卜地者必以淺深爲準的。宜淺而深則氣從上過。宜深而淺則氣從下過。雖得吉地而效不應者。爲此故也。吾嘗以八卦定淺深。頗得其要。大概先觀來脈之陰陽。次看四山之從佐。且如來脈入骨强。作穴凹。出口圓。此皆脈浮而穴陽。以乾卦當之。來脈入骨弱。作穴凸。出口尖。此皆脈沈而穴陰。以坤卦當之。乾。純陽也。取陰爲穴。故立穴以兌☱離☲巽☴三陰也。凡脈陽。四山高于本身。兌之象也。上畫爲陰。穴宜淺。四山與本身齊。離之象也。中畫爲陰。穴宜不淺不深。四山低于本身。巽之象也。下畫爲陰。穴宜深。坤。純陰也。取陽爲穴。故立穴以艮☶坎☵震☳三陽也。凡脈陰。四山高于本身。艮之象也。上畫爲陽。穴宜淺。四山與本身齊。坎之象也。中畫爲陽。穴宜不淺不深。四山低于本身。震之象也。下畫爲陽。穴宜深。概而言之。陰脈浮當淺。陽脈沈當深。詳而言之。陰脈中有淺深。陽脈中亦有淺深。以四山從佐不同。則陰有時而變陽。陽有時而變陰。斯言也。惟通變者可以論此。可不審哉。深淺篇。

其次又當正饒減。饒減者。言乎其消長也。夫龍虎左右各有饒減。然饒減龍虎者何哉。此消長陰陽之義也。饒減之法。大概以先到爲主。龍山先到。則減龍而饒虎。其穴必居左。虎山先到。則減虎而饒龍。其穴必居右。蓋山川關鎖。必須交固。然後氣全。穴左則取左山爲關鎖。右邊水過宫。鎖斷。所謂陰鎖陽關也。穴右則取右山爲關鎖。左邊水過宫。鎖斷。所謂陽鎖陰關也。惟有朝山朝水。則順關順鎖不妨。若横水過宫。則逆關逆鎖方善。斷不可改易也。毫釐差繆。禍福大遠。可不審哉。饒減篇。

其次又當詳趨避。趨避者。言乎其决擇也。夫天下之道二。吉凶善惡常相半。不能皆吉也而必有凶。不能皆善也而必有惡。故人之所遭有不齊也。既所遭之不齊。則必有以處之。趨吉避凶。去惡從善是也。地理亦然。

朱子曰。天道流行。發生萬物。其所以爲造化者。陰陽五行而已。人物之生。稟氣之不齊。有善惡之各異。得其精英者爲人。得其查滓者爲物。得其精英中又精英者爲聖爲賢。得其查滓中又查滓者爲愚不肖。得其氣清而正者爲善人君子。得氣之濁而偏者爲凶惡小人。君子可親。小人可避。地理與人事何異哉。

夫山川之所鍾不能皆全。純粹之氣不能無所駁雜。既不能無所駁雜。則妍媸醜好。紛然前陳。亦其宜矣。然而山川之變態不一。咫尺之移轉頓殊。或低視而醜。或高視而好。或左視而妍。或右視而媸。或秀氣聚下而高則否。或情意偏右而左則虧。如此者。可不知所決擇。知所決擇。庶得趨避之道矣。以上趨避篇。

其次又當知裁成。裁成者。言乎其人事也。

朱子曰。化而裁之存乎變。推而行之存乎通。無入而不自得便是通。只就化處裁截便是變。裁是裁截之義。若不裁截。鮮有定體。事無定體。安不裁截。故天下之物。自然而然者。生成也。人力而爲者。裁成也。

夫天不人不因。人不天不成。自有宇宙。卽有山川。數不加多。用不加少。必天生自然而後定。則天地之造化亦有限矣。是故山川之融結在天。而山水之裁成在人。或過焉。吾則裁其過。使適于中。或不及焉。吾則益其不及。使適于中。截長補短。損高益下。莫不有當然之理。其始也。不過目力之巧。工力之具。其終也。奪神工。改天命。而人與天無間矣。故善者盡其當然。而不害其爲自然。不善者泥乎自然。而卒不知其所當然。所以道不虛行。存乎其人也。以上裁成篇。

其次又當原感應。感應者。言乎其天道也。夫天道不言而善應。福善禍淫皆是物也。諺云。陰地好不如心地好。此善言感應之理也。是故求地者必以積德爲本。若其德果厚。天必以吉地應之。是所以福其子孫者。心也。而地之吉亦將以符之也。其惡果盈。天必以凶地應之。是所以禍其子孫者。亦本于心也。而地之凶亦將以符之也。蓋心者氣之主。氣者德之符。天未嘗有心于人。而人之一心一氣感應自相符合耳。郭氏云。吉氣感應。鬼福及人。人之于先骸。固不可不擇其所而安厝之。然不修其本。惟末是圖。則不累祖宗者寡矣。況欲有以福其子孫哉。地理之微。吾既發明之。故述此于篇終。以明天道之不可誣。人心之所當謹。噫。觀是書者。其知所戒哉。感應篇。

附録

朱子跋先生絶筆曰。死生之際。人之所不容僞。而誠之積者。未有不顯于後者也。蔡公平生所以教其子者。不于利禄。而開之以聖賢之學。則其志識之高遠。固已非世人所及矣。及其委衾屬纊之餘。而其所託。猶不異于平日。且其字畫壯偉。意氣閒暇。又能無怛于始終之變如此。是豈可以勉强而僞爲哉。

眞西山表九峯墓曰。蔡氏自首陽以文行顯。牧堂以道學名。西山益振大之。君與二昆又相闡明之。然皆隱遁山林。湮淪弗偶。或以爲蔡氏恨。予曰。是不足恨也。昔魯之曾氏。自皙以後。未嘗仕。而聖師與其志。道統得其傳。至西猶羞比管仲。是其所得者多矣。漢陳仲弓之子孫相繼隆貴。然公慚卿。卿慚長。位高而名益下。君子病之。若君承家學。淵源河洛。羽翼魯鄒。由祖曁孫。先後一轍。言學之有本者必推焉。此其可貴。豈區區人爵比乎。

楊應詔書牧堂縣聖賢遺像後曰。按牧堂這一節。亦是古人胎教之法。其授元定以程張邵三書。又眞得古人蒙養大竅會也。

晦翁門人

補文節蔡西山先生元定

梓材謹案。眞西山爲九峯墓表言。先生嘗特召堅辭不起。世謂之聘君云。宋史本傳則云。學者尊之曰西山先生。梓材又案。鄭雪巖薦蔡久軒章。稱其祖文定乃先儒朱文公之友。直不以爲朱子門人矣。又案。先生謫死道州。歸葬建陽。傅竹隱伯成雪其冤于朝。贈以初品官。見劉後村所作竹隱行狀。雲濠謹案。先生爲九峯先生之父。明嘉靖九年從祀崇聖祠。國朝雍正二年復祀。

經世書纂圖指要説

大傳曰。易有太極。是生兩儀。兩儀生四象。四象生八卦。八卦定吉凶。吉凶生大業。其法自一而二。自二而四。自四而八。實則太極判而爲陰陽。陰陽之中又有陰陽。出于自然。不待智營而力索也。其敘首乾而尾坤者。以陰陽先後爲數也。伏羲始畫八卦圖。

大傳曰。天地定位。山澤通氣。雷風相薄。水火不相射。八卦相錯。數往者順。知來者逆。是故易逆數也。其法自子中至午中爲陽。初四爻皆陽。中前二爻皆陰。後二爻皆陽。上一爻爲陰。二爻爲陽。三爻爲陰。四爻爲陽。自午中至子中爲陰。初四爻皆陰。中前二爻爲陽。後二爻爲陰。

上一爻爲陽。二爻爲陰。三爻爲陽。四爻爲陰。在陽中上二爻則先陰而後陽。陽生于陰也。在陰中上二爻則先陽而後陰。陰生于陽也。其敍始震終坤者。以陰陽消息爲數也。八卦正位圖。

八卦重而爲六十四卦。一卦之上。各有八卦重。則自八而十六。自十六而三十二。自三十二而六十四也。大傳曰。因而重之。爻在其中矣者是也。此陰陽流行之數。前三十二卦爲陽。後三十二卦爲陰。古往今來者也。八卦重爲六十四卦圖。

六十四卦圓布者。乾盡午中。坤盡子中。離盡卯中。坎盡酉中。陽生于子中。極于午中。陰生于午中。極于子中。其陽在南。其陰在北。方布者。乾始于西北。坤盡于東南。其陽在北。其陰在南。此二者。陰陽對待之數。圓于外者爲陽。方于中者爲陰。圓者動而爲天。方者靜而爲地者也。六十四卦方圓圖。

梓材謹案。經世天地始終之圖説前。有經世衍易圖。經世天地四象圖。二説已載百源學案。

天地之數窮于八八。故元會運世歲月日辰之數極于六十四也。陽數以三十起者。一月有三十日。一世有三十年也。陰數以十二起者。一日有十二辰。一歲有十二月也。天地之數至于八八而遂窮乎。曰。窮則變。變則生。蓋生生而不窮者也。元運會㊀世卽歲月日辰。日月星辰卽水火土石。猶形影聲響也。故經世舉元會運世而不及歲月日辰。舉日月星辰而不及水火土石也。經世天地始

㊀「運會」當爲「會運」。

終之數圖。

八卦之數。乾一。兌二。離三。震四。巽五。坎六。艮七。坤八。先天之序也。一一爲乾。以至八八爲坤。參伍錯綜。無不備也。圓者爲天。方者爲地。一二三四爲陽。五六七八爲陰。卽先天圖也。一一起于南。八八終于北者。以少爲息。多爲消也。經世六十四卦數圖。

一元之數。卽一歲之數也。一元有十二會。三百六十運。四千三百二十世。猶一歲十二月。三百六十日。四千三百二十辰也。前六會爲息。後六會爲消。卽一歲之自子至巳爲息。自午至亥爲消。開物于星之七十六。猶歲之驚蟄也。閉物于三百一十五。猶歲之立冬也。一元有十二萬九千六百歲。一會有十二萬九千六百月。一運有十二萬九千六百日。一世有十二萬九千六百辰。皆自然之數。非有所牽合也。或曰。氣盈于三百六十六。朔虚于三百五十四。今經世之數。概以三百六十爲準。何也。曰。所以藏諸用也。消息盈虚之法在其間矣。唐堯始于星之癸一百八十辰之二千一百五十七。何也。曰。以今日天地之運。日月五星之行。推而上之。因以得之也。嗟夫。皇極一元之運始于日甲月子星甲辰子者。豈特曆數之用而已哉。一陽初動。萬物未生。是聖人所以見天地之心。又以範圍天地。曲成萬物者也。非元氣之會。聰明過人者。其孰與此。豈特曆數之用而已哉。經世一元消長之數圖一。

元會運世之數大而不可見。分釐絲毫之數小而不可察。所可得而數者。卽歲月日辰而知之也。一世有三十歲。一月有三十日。故歲與日之數三十。一歲有十二月。一日有十二辰。故月與辰之數十二。自歲月日辰之數。推而上之。得元會運世之數。推而下之。得分釐絲毫之數。三十與十二反覆相乘爲三百六十。故元會運世歲月日辰八者之數皆三百六十。以三百六十乘三百六十爲十二萬九千六百。故元有十二萬九千六百歲。會有十二萬九千六百月。運有十二萬九千六百日。世有十二萬九千六百辰。歲有十二萬九千六百分。辰有十二萬九千六百毫。月有十二萬九千六百釐。日有十二萬九千六百絲。皆天地之自然。非假智營力索。而天地之運。日月之行。氣朔之盈虛。五星之伏見。朓朒屈伸。交食淺深之數。莫不由此。由漢以來。以曆數名家者。惟太初太衍耳。太初以四千六百一十七歲爲元。以八十一爲分。太衍之曆乃以一百六十三億七千四百五十九萬五千二百爲元。三千四十爲分。皆附會牽合。以此求天地之數。安得無差。經世一元消長之數圖二。

朱子曰。康節之曆固自是好。而季通推得來又甚縝密。若見于用。不知果如何。恐當絕勝諸家也。

凡太陽太剛少陽少剛之體數皆十。康節曰。陽數一衍之爲十。又日月星辰四象相因而爲十六。以十因十六爲一百六十。凡太陰太柔少陰少柔之體數皆十二。康節曰。陰數二衍之爲十二。又水火土石四象相因亦爲十六。以十二因十六爲一百九十二。爲日月星辰水火土石之體。以一百六十因一百九十二。得三萬七百二十爲動。以一百九十二因一百六十。亦得三萬七百二十爲植。是爲動植之全數。于一百六十中去太陰少陰太柔少柔之體數四十八。得一百一十二。爲日月星辰之用數。于一百九十二中去太陽少陽太剛少剛之體數。得一百五十二。爲水火土石之用數。以一百一十二因一百五十二。得一萬七千二十四。爲動物之用數。一百五十二因一百一十二。亦得一萬七千二十四。爲植物之用數。又以一萬七千二十四乘一萬七千二十四。得二萬八千九百八十一萬六千五百七十六。爲動植通數。凡日月星辰。暑寒晝夜。性情形體。耳目口鼻。元會運世。皇帝王伯之數。皆百六十。水火土石。風雨露雷。走飛草木。色聲氣味。歲月日辰。易書詩春秋之數。皆一百九十二。其去體得用。宛轉相因。同一法也。特有色聲氣味。唯聲爲盛。且可以書別。故以正聲之平上去入。正音之開發收閉。列而爲圖。以見聲音之全數。其○。有其聲而無其字者也。其□。有其音而無其字者也。但以上下聲音調之。則自可通。其●。卽所去之四十八。其■。卽所去之四十也。陽數用十。陰數用十二者。卽易數之陽數用九。陰數用六也。經世四象體用之數圖。

陽九陰六用數圖

老陽用九數。

老陰用六數。

四因九得三十有六。是爲老陽之數。

四因六得二十有四。是爲老陰之數。

六因三十有六得二百一十有六。是爲乾卦之數。

六因二十有四得一百四十有四。是爲坤卦之數。

以二百一十有六。合一百四十有四。得三百六十爲一朞之數。
日月時同。
陽爻一百九十二。以三十二因二百一十有六。得六千九百一十有二之數。
陰爻一百九十二。以三十二因一百四十有四。得四千六百有八之數。六十四卦中。三百八十四爻。陰陽各居其半。故用三十二因之。
以六千九百一十有二合四千六百有八。得萬有一千五百二十。是爲萬物之數。
少陽數七。
少陰數八。
四因七得二十有八。是爲少陽之數。
四因八得三十有二。是爲少陰之數。
六因二十有八得一百六十有八。是爲乾卦之數。
六因三十有二得一百九十有二。是爲坤卦之數。
以一百六十有八合一百九十有二。亦得三百六十。是爲一朞之數。
陽爻一百九十二。以三十二因一百六十有八。得五千三百七十有六之數。
陰爻一百九十二。以三十二因一百九十有二。得六千一百四十有四之數。
以五千三百七十有六合六千一百四十有四。亦得萬有一千五百二十。是爲萬物之數。聖人所以不書者。以周易用九六。而不用七八也。

朱子曰。二篇之策當萬物之數者。不是萬物盡于此數。只是取象自一而萬。以萬數求當萬物之數耳。

季通語

地上便是天。

西山遺文

龍馬負圖。伏羲因之以畫八卦。重之爲六十四卦。初未有文字。但陽奇陰偶。卦畫次序而已。今世所傳伏羲八卦圖。以圓函方者是也。康節曰。上古聖人皆有易。但作用不同。今之易。文王之易也。故謂之周易。若然則所謂三易者。皆本于伏羲之圖。而取象繫辭以定吉凶者各不同耳。連山首艮。歸藏首坤。周易首乾。連山歸藏雖不傳。意其作用必與周易大異。然作用雖異。其爲道則同一太極也。皇極經世之書。命數定象自爲一家。古所未有。學者所未見。然亦皆出于伏羲卦畫奇偶之序。其爲道則亦同一太極也。今以伏羲卦圖列之于前。而以皇極經世疏之于後。則大略可見矣。皇極經世指要序。

孟子之意。專指其發于性者言之。故以爲才無不善。程子兼指其稟于氣者言之。則人之才固有昏明强弱之不同矣。卽張子所謂氣質之性是也。答朱子書。

感歎近日朋友躬行不力。教之豈可循常。大抵立教當以性與天道爲先。自本而支。自源而流。使人心有定見。則邪説莫能移。

天下道理若蠶絲牛尾。彼日月至焉者。固難望其有成也。苟工夫無間。温繹及時。不使之淫于佛老。則可以漸造聖賢之極致矣。與因循歲月者自不同也。以上與朱子書。

蓋數卽理。理卽數。在天爲五行。在地爲五形。在人爲五常。錯綜參伍。卽天地變化之數。若混而無别。乃是佛老異端之學。伏羲之畫。自一而二。自二而四。自四而八。自八而十六。自十六而三十二。自三十二而六十四。然後能畢天下之能事。不然。天生河圖。特一技術之末耳。答江德功書。

世道一變。流風餘韻鮮由舊者。顧瞻中心怛兮。此生此膝誓不能如羝之就乳矣。與劉聖功辨跪禮。

古今傳記。自孔安國劉向父子班固。皆以爲河圖授羲。洛書錫禹。關子明邵康節皆以十爲河圖。九爲洛書。蓋大傳既陳天地五十有五之數。洪範又明言天乃錫禹洪範九疇。而九宫之數。戴九履一。左三右七。二四爲肩。六八爲足。正龜背之象也。惟劉牧臆見。以九爲河圖。十爲洛書。託言出于希夷。既與諸儒舊説不合。又引大傳。以爲二者皆出于伏羲之世。其易置圖書。並無明驗。但謂伏羲兼取圖書。則易範之數誠相表裏爲可疑耳。其實天地之理一而已矣。雖時有古今先後之不同。而其理則不容于有二也。故伏羲但據河圖以作易。則不必豫見洛書而已逆與天合矣。

大禹但據洛書以作範。則亦不必追考河圖而已暗與之符矣。其所以然者何哉。誠以此理之外。無復他理故也。大傳所謂河出圖。洛出書。聖人則之者。亦汎言聖人作易作範。其原皆出于天之意。如言以卜筮者尚其占。與莫大乎蓍龜之類。易之書豈有龜與卜之法乎。亦言其理無二而已爾。河圖洛書說。

世有族譜之傳。猶樹之有根。水之有源。如人之有祖宗及耳目也。至于金銀珠玉。李白言千金散盡還復來。若族譜。子孫不珍藏愛護。如有損失。不可復得矣。戒子孫珍藏族譜題辭。

睡側而屈。睡正而伸。勿想雜念。早晚以時。後睡眼。先睡心。睡訣銘。

朱子曰。此語可謂名言。

謫春陵別諸友詩

天道固溟漠。世路尤崄巇。吾生本自浮。與物多瑕疵。此去知何事。生死不可期。執手笑相別。無爲兒女悲。輕醇壯行色。扶搖動征衣。斷不負所學。此心天所知。

附録

母詹氏。先生在娠。牧堂以聖賢遺像設别室。使詹氏日瞻仰焉。

先生天資高。聞道早。于書無所不讀。于事無所不講。明陰陽消長之運。達古今盛衰之理。

上稽天時。下考人事。皆有明證。若禮樂兵刑制度術數。皆正其流而會于一。方技曲學。異端邪説。悉拔其根而辨其非。

尤延之薦之曰。建陽布衣蔡某。資稟穎異。充養完善。守分安貧。不求聞達。有經世濟物之才。有制禮作樂之具。早從朱熹學。熹尊爲老友。則其才德必有過人者。隱賁西山。户屨常滿。則其學識非人所能及者。誠聖世之眞儒。後學之師表也。

楊誠齋薦之曰。建陽處士蔡某。性質稟邁。器識宏深。道德文章足以儀刑于當時。著書立言足以垂範于後世。今之賢士大夫皆仰其道德之光。成人小子俱蒙其造就之力。嘗與朱熹疏釋六經語孟學庸之書。每有洞明自得之妙。又且深通兵法。精曉律曆。有益于當時之實用。殆非時賢者之所及也。

嘗次晦翁韻曰。屈指摳衣十七年。自憐鬚鬢已皤然。久知軒冕眞無分。但覺溪山若有緣。下學工夫慚未到。先天事業敢輕傳。衹今已飽煙霞癖。更乞清溪理釣船。

嘗言。文公教人。以訓詁文義爲先。下學上達。固是常事。然世衰道微。邪説交作。學者未知本原。未必不惑于異端之説也。故文公晚年接引後學亦無隱焉。

至道州。來學者漸衆。先生憂之。曰。神人惡衆。吾殆不免也。

朱子疏釋四書。及爲易詩傳通鑑綱目。皆與季通往復參訂。啓蒙一書。則屬季通起稿。

朱子曰。季通理會樂律。大段有心力。看得許多書。也是見成文字。如史記律曆書。自無人看到這裏。他近日又成一律。要盡古法。

朱子答林正卿書曰。季通謫居。卻能自適。亦甚不易。歸期正不須問。旬呈亦不必求免。如陳了翁曾作諫官。及被謫。猶著白布衫。繫麻鞋。赴旬呈。朝廷行遣罪人。正欲以此困辱之。若必求免。是不受君命也。不受君命。不受天命也。而可乎。

朱子答劉韜仲書曰。季通思索甚精。但恐有太過處。

朱子序律呂新書曰。季通更欲均調節族。被之筦絃。别爲樂書。以究其業。而又以其餘力。發揮武侯六十四陣之圖。緒正邵氏皇極經世之曆。以大備乎一家之言。其用意亦健矣。

雲濠謹案。四庫全書著録先生律呂新書二卷。提要言。朱子稱其律書法度甚精。近世諸儒皆莫能及。蓋是書實朱蔡師弟子相與共成之者。故獨見許如此。書分二卷。一爲律呂本原。凡十三篇。其一卷爲律呂辨證。凡十篇。造律第一。律長短圍徑之數第二。黄鍾之實第三。三分損益上下相生第四。和聲第五。五聲大小之次第第六。變宫變徵第七。六十調第八。候氣第九。度量權衡第十云。

朱子語類曰。曆法。蔡季通説。當先論天行。次及七政。此亦未善。要當先論太虛。以見三百六十五度四分度之一。一一定位。然後論天行以見天度。加損虛度之歲分。歲分既定。然後七政乃可齊耳。

樓攻媿序先生燕樂本原辨證曰。樂之失久矣。本朝諸鉅公逢時遇主不可謂不行所學。而終無定論。今之君子學此者益寡。季通久從晦庵游。學問該洽。持論皆有信據。一見而及此。因得叩請。曰。大樂之書。卷帙繁重。不能自隨。出所著一編。曰燕樂本原辨證。謂雅鄭固已遼絶。而燕樂尤爲淫靡。然推其所自。實出于雅。唐志論雅俗之别。謂俗樂有與律吕同名而聲不近雅者。其宫調乃應夾鍾之律。季通謂。度律量衡。言蓋有敘。若以尺寸求之。則是律生于度。若以累黍爲之。則是律生于量。皆非也。故自爲律以吹之而得其聲。每疑今之樂以夾鍾爲黄鍾。得唐史之言而信。故爲圖爲説。而又列律本正律俗名三者。使人知今之俗樂雖非古。而其本則不能外此也。則又歎曰。爲此俗樂者。不知其何人。使後世耽玩。而人心日漓。風俗日薄。不能自還于雅正。其亦不仁也矣。然名宫與調。猶曰黄鍾中吕南吕以紀律本。意謂聲雖變而名尚存。不没其本。以待後之知者。其用心又何其仁也。故欲民之歸于厚。當先正樂。欲樂之正。不可不先求俗樂之原。

劉雲莊志其墓曰。先生乾道間見文公于崇安。遂師事焉。凡文公敘次伊洛諸儒遺言。先生之言爲多。

趙章泉哭西山詩曰。鵲噪春林辱贈詩。雁回秋色忽聞悲。蘭枯蕙死迷三楚。雨暗雲昏礙九疑。早歲力辭公府辟。暮年名與黨人碑。嗚呼季子延陵墓。不待鐫辭行可知。

曾雲巢挽先生詩曰。四海朱夫子。微君獨典刑。青雲伯夷傳。白首太玄經。有客憐孤憤。無人問獨醒。瑤琴空寶匣。絃斷不堪聽。

劉礪挽詩曰。念昔摳衣日。寧知輩行殊。師才驚宇宙。鄙學困蟲魚。紀曆深皇極。談兵淺律書。傷心濂水别。有惑更誰祛。

翁粹翁書蔡氏諸儒行實曰。晦庵疏釋四書。因先生論辨有所啓發者非一。如觀過知仁章則曰。若執觀太重則專。有心觀過。無復操存涵養之功。論知二知十之章則曰。一者數之始。十者數之終。二者一之對也。論費隱之義則曰。費。用之廣也。隱。體之微也。以體用分費隱。甚合書旨。論已發未發之旨。以爲人自嬰兒至老。雖語默動靜之不同。然大體莫非已發。先生不以爲是。謂喜怒哀樂未發之時。要涵養一節工夫。惟程子敬而無失。則謂之中和。二年。晦庵復與先生辨論。始悟其説而悉反之。由是益奇先生。論性氣則以孟夫子專指其發于性者言之。故以爲才無不善。程夫子則兼指其稟于氣者言之。則人之才固有昏明强弱之不同矣。卽張子所謂氣質之性是也。此易在左右親見其書往來問答者也。

趙汝楳曰。蔡季通筮法。初掛一不用。止用四十八蓍。于四十八別取一蓍掛于指間。三變凡三掛。餘一益二餘二益一爲少。餘三益四餘四益三爲多。爲九爲六者各八。爲七爲八者各二十四。推此法以四十八策揲之。則有四八而無五九矣。

嘉定三年。贈先生迪功郎。制曰。士之遇不遇。天也。其或擯斥于生前。而獲伸于死後。天理昭昭。未有久而不定者。爾學問有源。操履無玷。杜門著書。初無與于世者。不幸見誣。亦遭遠謫。今是非已定。爾則殂矣。守臣以狀來上。朕甚憫之。其贈爾官。慰爾泉下。死雖莫贖。尚知享哉。

靜軒參同契論曰。或問于權曰。汝祖季通與朱晦庵註參同契。以黨異端乎。抑爲佛老二氏養生益壽之資乎。予曰。生可養。壽不可益。或又曰。生既可養。壽不可益。子之言何相悖也。權曰。生可衛養差無病。壽之修短係于天。孰能違天而益之。不過以子時爲一陽之生。當得調氣之法。彼佛氏之明心見性。似吾儒之盡心知性。其修心煉性。似吾儒之存心養性。而實相去不啻千里。向特相與辨明。以斥二氏之非。豈註之以黨異端乎。

黄東發讀晦庵文集曰。答蔡季通書。論及鍾律星經易圖陣法琴説卦氣等。而譏林黄中袁機仲妄非邵氏。蓋季通實晦庵博古之友也。

梓材謹案。朱子全集與先生書最多。蓋中庸詩傳。孟子啓蒙。河洛九疇。律吕新書。禮書。琴史。樂説。曆議。律書。步天歌。通書。西銘。綱目。祭禮。無不商榷云。

文文山謁祠祭之曰。周衰道喪。千有餘年。周程崛起。道統勃興。天生朱子。正學大明。天生先生。羽翼厥成。紹程繼朱。集註諸書。六經垂訓。萬世作程。揭示迷途。啓迪後人。西山隱賁。潛德弗形。擬諸伊洛。爲世儀型。祥早師訓。勤讀宦成。修身絜矩。未之能信。躬赴國難。備香伸敬。先生如存。儼然居歆。

虞道園跋晦庵與蔡季通書曰。文公先生之于蔡季通氏。情義均骨肉。學問則師友。其事蹟見乎當時。講明傳乎後世。炳如也。其大者。如河圖洪範之説。太極經世之旨。所以輔益于朱子者不少。名物若律曆。支餘若相地。亦非淺學後生所盡知也。此帖于出處隨時之義藹然情至。猶可想見。蓋成德君子。造次所發。無一豪無可徵者如此。

余載贊其像曰。幼懷貞敏。夙學天成。親炙庭訓。講學明經。道承孔孟。衣冠朱程。上稽天運。下達人情。微詞奥旨。惟一惟精。道德潤身。顯親揚名。

王忠文公河圖辨曰。新安羅端良嘗以河圖示人。謂建安蔡季通得于蜀隱者。其體如車輪。白黑交錯。而八分之以爲八卦。純白者純陽而爲乾。純黑者純陰而爲坤。黑白以漸殺之而爲餘卦。

蔡松莊曰。周濂溪先生出而道學盛。則生一邵子而知數學。朱晦庵先生出而理學明。則生一季通而知數學。

西山講友

正字周山房先生南

詳見水心學案。

西山學侶

忠定邱先生崈

詳邱劉諸儒學案。

吴悦齋先生楫

別見晦翁學案補遺。

西山同調

惠正謝先生深甫

謝深甫字子肅。臨海人。刻志爲學。乾道進士。累官簽書樞密院事。後拜右丞相。封魯國公。先生爲相。守法度。惜名器。能扶持朱晦庵蔡西山正學。寧宗時。以少傅致仕。其後孫女爲理宗后。追封信王。謚惠正。姓譜。

附録

少穎悟。篤志力學。夜不寐。每置瓶水。加足其上。以警困怠。遷工部侍郎兼吏部侍郎及詳定勑令官。上疏勸光宗朝重華宫。且言父子至親。天理昭然。太上愛陛下。猶陛下愛嘉王。帝感悟。

余嚞上書。乞斬朱某。絶僞學。且指西山爲僞黨。先生擲其書。語同列曰。朱元晦蔡季通不過自相與講明其學耳。果何罪乎。

西山家學

補 隱君蔡節齋先生淵

節齋易説

直者。發于内而無私曲之謂。方者。止于外而有定則之謂。内直外方。其德乃大。

屯利建侯。謂建己爲侯。蓋主初九。以貴下賤之得民。初九爲卦之主。而建侯者。又初九之爻辭也。

求而往。待初之求而後往。

刑人。治之也。説桎梏。改而止也。

兑有虎象。三爲兑終。故曰虎尾。

用馮河。勇者亦用也。

臨二以剛中得時行道。有從道不從君之事。

觀盥而不薦。有孚顒若。天下潔手起敬。正如承祭之時。但不薦耳。恐下之人非無因而孚耳。

彖曰。下觀而化。

出入无疾。出由剥出而爲坤也。入由坤入而爲復也。

商旅至賤也。后至貴也。上自后。下至商旅。皆以安静爲事。

六五之吉。離王公也。柔居尊位。故爲離之王公。

獲匪其醜。獲非其類者而已。

大壯六五喪羊于易。羊。自謂也。易者。寬閒無拒之謂。爲剛所決。故曰喪羊。

五與初無相遇之道。猶以高大之杞。包在地之瓜。惟當自蓄其德以待之。其隕墜。乃出于天。非人所能爲也。

未孚而用禴。有簡薄之嫌。必待其交孚而後用。

十干自甲至己爲陽。陽主生。于時爲春。自庚至癸爲陰。陰主成。于時爲秋。

先庚三日丁也。丁者丁寧之義。後庚三日癸也。癸者揆度之義。開而當名。辨物正言。斷辭則備矣。開爲事物萬殊。開而當名也。乾馬坤牛之類。辨物也。利貞之類。正言也。吉凶之類。斷辭也。易書備于此也。

因貳以濟民行。以明失得之報。因民疑貳未決而易人之時。以濟其善行。明著其失得之報。失得謂吉凶也。

其出入以度。出謂爻自内而往。入謂爻自外而來。以度謂出入皆有節度。外内使知懼。如夬之變乾出外而知懼也。如剥之變復入内而知懼也。

離物撰德。離陰陽二物以爲德也。辨是與非。辨其德之是非也。得位則吉。失位則凶。要之以此則可知其是與非也。

神明蓋渾然未形者。聖人幽而贊之。則知有粲然之理。故大衍之蓍所由以生。參天兩地而倚數。倚。依也。數依乎天地。

太極圖解

易有太極。易。變易也。夫子所謂無體之易也。太極。至極也。言變易無體而有至極之理也。故太極圖特以無極而太極發明易有太極之旨。其所謂無極而太極者。蓋亦言其無體之易而有至極之理也。是其無極之説。實有得于太極之一言。或以爲周子妄加者。繆也。

或問。夫子何爲而主易。周子何爲而主太極。曰。夫子贊易則當主易。周子作太極圖則當主太極。又何疑焉。而其動而生陽。動極而靜。靜而生陰。靜極復動。一動一靜。互爲其根。命之所以流行而不已也。分陰分陽。兩儀立焉。分之所以一定而不移也。一陰一陽之謂道。陰陽。氣也。而所以陰陽者。道也。道也者。陰陽之理也。氣行而理亦行。二者常相依。而未嘗相離也。故人物之生。必得是理然後可以爲健順。仁義禮智之性。必得是氣然後可爲魂魄。五臟之身。周子所謂二五之精妙合而凝者。正謂是也。太極。形而上之道。陰陽。形而下之器。此所謂分道器也。動靜不同時。陰陽不同位。而太極無不在焉。此所謂氣卽道也。沖漠無朕。而動靜陰陽之理已具乎其中。此所謂道卽器也。形而上者。無形無影是理。形而下者。有形有狀是器。不分上下。恐人惟以可見爲始。不合道器。恐陷老氏精粗之説。程子所謂無截然爲陰爲陽之理。卽周子互爲其根也。程子所謂升降生殺之大分。卽周子所謂分陰分陽也。二夫子所言如□〔一〕。苟以太極卽在陰陽中。則器亦道一句已足。又何必重復耶。

主太極而言。則太極在陰陽之先。主陰陽而言。則太極在陰陽之内。蓋自陰陽未生而言。則所謂太極者。必當先有。自陰陽既生而言。則所謂太極者。卽在乎陰陽之中也。謂陰陽之上别有太極常爲陰陽主者。固陷于列子不生不化之謬。獨執乎太極只在陰陽之中之説者。又失其樞紐根

〔一〕「□」當作「此」。

柢之爲。而大本有不識耳。

圖說皆本于易生陰陽。則兩儀之謂也。五行之用。卽天地數五之義也。二氣之化。萬物之生。聖人六合之事。三才之道之數。始終死生之說。無非深通于易者。而人所當用力以求之也。但學者以氣質有蔽之心。接乎萬物無窮之變。目欲色。耳欲聲。口欲味。鼻欲臭。四肢欲安佚。所以害乎其德者深固蔽塞。而此德之本明者日益昏昧。而此心之虛靈知覺閉于情竇。所知不過利害情欲之私而已。誠能闡發精微。工夫無間。反復玩味。而使自得焉。則美大聖神之地亦可至矣。尚何是德有不明。是理有不通哉。是皆陰陽動靜爲太極生生之節也。

河圖洛書說

河圖數偶。偶者靜。靜以動爲用。故河圖之行合皆奇。一合六。二合七。三合八。四合九。五合十。是故易之吉凶生乎動。蓋靜者必動而後生也。

洛書數奇。奇者動。動以靜爲用。故洛書之位合皆偶。一合九。二合八。三合七。四合六。是故範之吉凶見乎靜。蓋動者必靜而後成也。

□□□[一]曰。先生嘗謂。周子無極而太極之說。得于易有太極之一言。易者。變易無體。卽

[一]「□□□」當作「李清馥」。

無極之義。眞西山謂。其學能言朱子所未言。

伯靜語

山本同而末異。水本異而末同。

附録

先生兄弟三人。皆躬耕不仕。卓然自立。邦之人士莫能與比。而人亦莫知所藴也。

西山謫春陵時。奉母家居。備極誠孝。

嘗題張生所畫文公像曰。文公先生教人有曰。于靜中體認大本未發時氣象分明。即處事應物自然中節。材叔父子來往先生之門久矣。熟識先生靜坐時氣象。故所傳像不特工于形肖之間。而得其所存之妙焉。凡學可以言傳者。先生之書盡矣。惟此有非言之所能到。志先生之學。而欲深造先生之道。必于此而求之。毋忽。

朱子答伯靜書曰。天經之説。今日所論乃中其病。然亦未盡彼論之失。正坐以天形爲可低昂反覆耳。不知天形一定。其間隨人所望。固有少不同處。而其南北高下自有定位。政使人能入于彈圓之下以望之。南極雖高。而北極之在北方。只有更高于南極。決不至反入地下而移過南方也。但入彈圓下者自不看見耳。蓋圖雖古所創。然終不似天體。孰若一圓象鑽穴爲星。而虚其當隱之規以爲甕口。乃設短軸于北極之外以綴而運之。又設短極于南極之北以承甕口。遂自甕口設四柱小梯以入其中。而于梯末架空北入以爲地平。使可仰窺而不失渾體耶。

王實齋誌其墓曰。其生也聰明。其質也純粹。氣和而勁。辭簡而嚴。窮天地之理。盡人物之性。博通五經。遍覽子史。幼遵西山之訓。長遊文公之門。凡義理之大原。經史之要領。諸説之異同。皆咨于父師而講明焉。

又曰。文公高弟黄榦。廖德明。張洽。萬人傑。輔廣。陳孔碩。既折年輩以從之遊。學徒包揚。陳文蔚。潘栢。楊復。李燔。林夔孫。李同祖。李方子。葉采。沈僩。戴蒙。劉彌邵。皆執經抱疑以質其學。眞德秀。陳宓。陳韡。黄自然。王埜。莫不曲巷過門以問出處之實。理亂之由。

又曰。西山留意宗法。先生繹先志而修明之。建祠堂。立儀約。整整有條。内外有序。男女有班。各供其職。其謹于禮有如此者。

又曰。惟先生之學見本源。故一事之問必有其理。一言之發必得其當。先生之教。知行不偏。敬義兼備。致知自上而下。力行自下而上。先觀天地之始以不疑其所入。次觀人道之終以不失其所存。内主于敬。而發之以直。行之以恕。言之有常。而動之可則。嘗曰。屋漏不愧。暗室不欺。獨行不愧影。獨寢不媿衾。皆先世之訓。服而行之。雖妻孥之言。未有不可告人者。亦未有不可告于天者。

九峯序先生周易經傳訓解後曰。其言平易而精深。簡潔而該貫。夫深莫深于象數。而象數于是而益明。微莫微于義理。而義理于是而益著。鉤深闡微。誠若極思而後得者。自然至于聖人無思之妙。至于易有太極之説。知至知終之義。正直義方之語。皆義理之大原。爲後學之至要。實發前賢之所未發者。

陳北溪曰。蔡伯靜易解大概訓詁依本義。而逐字分析覺太細碎。

又曰。節齋易解雖訓詁紬繹詳于本義。而義理要歸未能遠脱王韓老莊之見。

雲濠謹案。四庫書目著録先生易象意言一卷。提要云。是書闡發名理。多本師傳。然兼數而言。則又西山之家學也。其中惟不廢互體。與朱子之説頗異。考互體之法。見于左傳莊公二十二年。陳侯筮。遇觀之否曰。風爲天于土上山也。杜預注曰。自二至四有艮象。艮爲山也。是周官太卜舊有是法矣。顧炎武日知録曰。朱子本義不取互體之説。惟大壯六五云。卦體似兑。有羊象焉。不言互而言似。此又𠡠先儒所未有。不如言互體矣。然則朱子特不以互體爲主。亦未嘗竟謂無是理也。淵于師説。可謂通其變而酌其平矣。又著録周易經傳訓解二卷。

宋惠父慈贊其像曰。天挺英材。識達廣博。克紹厥先。洞明聖學。道探先天。學開後覺。不干利禄。韜光林壑。月盛日新。榮膺天爵。教育賢才。君子三樂。

補運幹蔡復齋先生沆

梓材謹案。先生所著春秋大義二十二卷。春秋衍義三卷。眞西山序之。其稱虞君知方。即先生之更名也。又先生春秋五論五卷。經義考云存。先生自序五論云。使後世學者之讀麟經。曉然知春秋大義所在。而是非曲直有不可掩者。以繼先人之緒耳。是五論即大義之指要。且自序本武夷胡先生而言。蓋亦私淑武夷者矣。又案。吕先生大圭亦有春秋五論。

講明敬義大旨篇

沆聞之先師曰。敬者。一心之主宰。萬事之根柢。義者。一心之裁制。萬事之準則也。敬則涵養本原。天君常存。義則裁度事宜。天則不亂。全是二者。然後爲體用之學。苟無是敬以涵養之于先。無是義以體察之于後。方其平居。夜氣不存。放心外馳。良心善性昏于物欲。及其遇事。利害計較。是非顛倒。裁制無法。而醉生夢死皆是矣。尚何望其有正本澄源之道。開物成務之方。立天下之大本。制天下之要法哉。故必闡明爲學之要。使有體而可推之用。有用而不遺乎體。斂之退藏于密。放之彌滿六合。其用無窮。皆實學也。舍敬義何以哉。坤之六二。夫子釋之曰。直其正也。方其義也。君子敬以直内。義以方外。今析而言之。則内而立心必貴乎直。直則昭靈洞徹。不偏不倚。惟敬乃能直之。外而制事必貴乎方。方則泛應曲當。各得其宜。惟義乃能方之。今合而言之。敬雖主乎一心。而其體虛靈。則管攝乎萬事之義。是義乃敬之流行也。義雖形于萬端。而其用微妙。實不外乎一心之敬。是敬乃義之根本也。不然。昏昧雜擾。無以直内。而何以爲方外之妙用。偏狹固滯。無以方外。而何以盡直内之全體。析之而知其異。合之而知其同。此内外交相養之道。有不可以偏廢者。自二句推之。必敬以直内而後能義以方外。上句爲體。下句爲用。自四字推之。必敬也而後發之直。必義也而後止之方。是敬與義爲體。直與方爲用。而一句之間。又各自有體用也。體用夾持。循環無窮。然後衆物之表裏精粗無不到。而吾心之全體大用無不明矣。和靖所謂更無計較者。其效固應爾也。或者于敬以直内則疑吾夫子之言。何以不謂之正而謂之敬。殊不知以敬易正者。正指卦德而言也。敬則不失正。指人心而言也。正其體段。敬則有用力之要。正但指其地位。敬則有主一之功。至于義以方外。則爲告子義外之説。殊不知敬之持之。初非二事。譬如一鏡。瑩然者是敬。其能照妍醜即是義。又如兩足立定者是敬。其能行者卽是義。故程子曰。義形于外者。非在外也。然則二者用力之地若何。是説也。先師嘗言之矣。以中庸之戒謹恐懼爲主敬之本。以大學之格物致知爲集義之端。學者知有主敬之本。而存之于端莊靜一之中。則主一無適。整齊嚴肅。其心收斂。不容一物。所以涵養于其靜也。無不至矣。學者知有集義之端。而窮之于學問思辨之際。則析之有以極其精而不亂。合之有以盡其大而無餘。所以體察于其動也無不周矣。異時眞積力久。豈惟敬義之説吾無間然。推而極之。至于大學之家齊國治而天下平。中庸之天地位。萬物育。何莫而不由斯道也。子思子曰。喜怒哀樂未發謂之中。此敬以直内。而喜怒哀樂無所偏倚。所以致乎中也。發而皆中節謂之和。此義以方外。而喜怒哀樂各中其節。所以致乎和也。惟其如是。所以寂然不動。本體卓然。感而遂通。無所間斷。其寂然者無時而不感。其通者無時而不寂。以敬義相涵。所以有得于太極一動一靜之妙也。明道曰。釋氏于敬以直内則有之。于義以方外則未有之也。今和靖專于敬以直内。且謂伊川教人。專令敬以直内。若用此理。則百不敢輕爲。不敢妄作。不愧屋漏矣。少異明道之説。是不然。敬之一字。通貫動靜。方其未發也渾然。是敬之體。及其既發也。則隨事省察。而敬之用行焉。非其體之素立。則省察之功無自而施也。有此敬卽有此義。有此義卽有此敬。體用相涵。非可歧而二之也。釋氏之學所以異于吾儒者。有體而無用。然其體亦不同也。吾觀儒釋之異。吾儒心與理一。彼心與理二。彼其常惺惺。則坐禪入定。萬理俱空。吾之常惺惺。則知止有定。萬理俱燦。彼其常惺惺。則息緣無端而歸于寂滅。吾之常惺惺。則沖漠無朕而大用流行。明道懼學者不得于言。又從而釋之曰。釋氏之直内。要之其本亦不是。此皆伊洛大儒發明之要旨。至先師之説而益明。敬齋箴曰。動静無違。表裏交正。白鹿洞賦曰。明誠其兩進。敬義其偕立。有志于學者。當加察也。若夫諷誦膚淺之時文。掇拾塵腐之常語。至于涵養理義之大原。培植事業之實用。漫不加意。聞見既陋。氣識益卑。烏在其爲遠大之業也。況時文與義理之學何殊哉。論語孟子無非教人以存養省切之功。大學中庸無非教人以致知力行之實。程朱諸儒之議論。無非啓其虚靈眞静之體。經綸錯綜之用。小得之小有受用。大得之大有受用。豈但增益其器識而已。愚謂爲學之序。當取四書集註潛心玩味。先大學論語。次孟子中庸。博取伊洛諸儒之言。近思録或問精義之書。參考而熟復之。體驗而力行之。上中二旬。當課之日。將所習摘爲問目。互相切磋。至于所答之辭。不過以諸儒之論援引于前。以己見推明于後。末旬仍以時文爲課。如此則本末俱舉。體用兼該。聞見卓偉。氣質益宏。發而爲文。意味深長。議論精確。他日任重道遠。上足以續濂洛之正脈。次足以爲當時之實用。遠大之業。未易量也。昔先師應試策。考官得之。驚曰。三篇皆欲爲國家措置人事。他日必非常人。其涵養器識爲何如哉。

推詳復卦大要篇

端平丙甲[一]冬至日。門徒有以至日閉關爲問者。卽講明大意以示之。沆以爲。一陽之復。乃學者遷善改過之機。在四時則爲一元初發之仁。所謂玄酒味方淡。太音聲正希者。此時也。所謂寒威閉九野。陽德昭窮泉者。此時也。所謂幾微諒難忍。善端本綿延者。此時也。學者于此時將觀造化之復乎。抑將體造化以求吾心之復乎。程子曰。一陽復于下。乃天地生物之心。所謂靜見天地之心。殊不知動之端乃天地生物之心。先師亦曰。積陰之下。一陽復生。天地生物之心幾于滅息。至此復見。在人則爲靜極而動。惡極而善。本心幾息而復見之端也。又曰。太和保合。善端無窮。非追夫已放之心而還之。録夫已棄之善而復之。亦曰不肆焉以騁于外。則本心全體卽此而存。固然之善自不能已。學而反求諸心于復之動。而求其至之端可也。陽至于下。其始甚微。養以安靜。然後能長。聖人作易。教人以存養之道。必欲出入無疾。而養之勿害也。必欲朋來無咎。而養之有助也。必欲反復其道。而養之有漸也。必欲至日閉關。而養之以凝定之功。必欲復以自知。而養之于謹獨之微。于復之靜而養其至善之端。復之初爻。一陽來復。復之最先也。驗之于心。遷善之最速也。近則復。遠則不復。正則復。偏則不復。必如初之不遠復而元吉也。必如二之體復

[一]「甲」當爲「申」。

而爲仁也。必如四之獨復以從道也。必如五之敦復而自考也。不爲三之頻復而厲也。不爲上之迷復而凶也。學者反求諸心。必盡乎復之義。而充其至善之全。可也。于寂然至善之中。而有一念之動。此動靜之復也。吾察焉。終日營營。與物並馳。惻隱羞惡之呈露。辭讓是非之發見。此善惡之復也。吾察之焉。程子謂。元者物之始。則指元爲復也。周子謂。利貞者誠之復。則指利貞爲復也。吾皆察焉。諸友于今日之復。一皆體聖賢之所謂復。則天地之造化亦復也。沆嘗論之。聖人無所謂復。希聖而下。方有所謂復。有陰而見陽之復。有惡而見善之復。聖人之德。其動以天。盈虛消息。與時偕行。猶太極之妙于陰陽。誠之無爲不麗于善惡。豈有復乎。顏子至剛至明。去聖一間。有不善未嘗不知。知之未嘗復行。此不遠復也。諸子之日月至焉。則幾于休復獨復敦復頻復者矣。夜氣之復。萌蘖之生。不能保養。旦旦而伐。不足以存。又幾于迷復。學者亦惟學顏子之不遠復。與夫克己以復乎禮而已。哲人知幾。誠之于思。此言知之復也。志士厲行。守之于爲。此言行之復也。善乎先師之言曰。非至明不能察其幾。以四非字言。此知之復也。非至健不能致其決。以四勿字言。此行之復也。所以喫緊。後學已深切著明矣。諸友于今日陽剛之復。亦惟反之吾身于四者之非。精以察之于四者之勿。勇以決之。日用之間。隨事省察。纔覺有非。卽加克治。毋不敬以操存。于未發之初思無邪。以戒謹于將發之際。知之愈明。則行之愈至。省察之功精。克治之力至。省察克治之行交盡。所謂克己復禮。天下歸仁。日用之間。莫非天理之流行矣。雖然天理之微難明。人欲之私易熾。誠思一日存天理者幾何。而汩没于利欲者至不可計。

況夫諷誦膚淺之時文。掇拾塵腐之糟粕。聖賢藴奥日微。義理玄妙日薄。貧賤富貴得失利害之私又交怵乎其外。求其至理之不微。不可得矣。是必灼然有見夫天理人欲之界限。而自拔于利欲昏塞之中。然後禮可復而仁可存耳。沆望諸友因此陽剛之復。體之于身。省察克治。以同歸于一復也。沆嘗聞先師文公朱先生之言曰。求仁者。克去己私。以還天理。至于一旦欲淨理純。視天下無一物不在吾生物氣象中矣。旨哉斯言也。其復之初用乎。然則學者欲樂此不遠復者。可不潛心熟察而詳記是也。

春秋五論

或問。春秋之作。何爲乎。曰。春秋者。扶天理遏人欲之書也。春秋。魯史爾。聖人從而修之。則其所謂扶天理遏人欲者何在。曰。惟皇上帝。降衷于下民。若有恒性。而綏猷之責。后實任之。堯舜禹湯文武達而在上。所以植立人極。維持世道。使太極之體常運而不息。天地生生之理常發達而不可壅者。爲其能明天理以正人心也。周轍東。王迹熄。政教失。風俗壞。天命之性率性之道。修道之教不立。幾若與之俱泯滅而不存焉。君臣之道不明也。上下之分不辨也。義利之無别也。眞僞之溷淆也。諸侯僭天子。大夫僭諸侯。世莫知其非也。臣弑君。子弑父。强并弱。下篡上。而世莫知其亂也。其所爲之事盡反王制而失人道之正。世莫知其不然也。孰能撥亂而振起之。幸而孔子至聖。不得其位。心雖切于救世。而綏猷之責不在。何補于世之治亂耶。若六經之書。易以道陰陽。詩以理性情。書以道政事。禮以謹節文。樂以宣和暢。春秋尤以謹嚴爲先。以爲載之空言。不若見諸行事之深切著明。故魯史之所書。聖人亦書之。其事則同。其義則異。魯史書其君臣之義或未明也。而吾聖人則明之以君臣之義。魯史書其上下之分或未正也。而吾聖人則正之以上下之分。兄弟之倫未立。長幼之序不存。而吾聖人則立之存之。以至辨別是非。予奪可否。使大義不至于溷淆也。其大要則主于扶天理于將微。遏人欲于已肆。故曰。禹抑洪水而天下平。周公膺戎狄驅猛獸而百姓寧。孔子成春秋而亂臣賊子懼。

或者謂。春秋不過空言爾。而其功配于抑洪水。膺戎狄。豈非以作春秋之心。尤有大于放龍蛇驅虎豹之功者乎。故曰。春秋。天子之事也。是以人心之動。始于惻隱。而終于是非。惻隱發于吾心。而是非公乎天下。世之盛也。天理素明。人心素正。則天下之人以是非爲榮辱。世之衰也。天理不明。人心不正。則天下之人以榮辱爲是非。所謂亂臣賊子恣睢蕩跌。放人欲以滅天理者。豈其悉無是非之心哉。故雖肆意所爲。莫之或制。而其心實未嘗不知其非。而惡夫人之議己。此其一髮未亡之天理。不足以勝其浸淫日滋之人欲。是以迷而不復。爲而不厭。而其所謂自知其非者。終自若也。則其心未嘗不欲變亂天下之是非。以託己于莫我議之地。既上幸無明君之正法以定其罪。而又幸世教不明。人心不正。習熟見聞。以爲當然。曾莫有議其非者。則爲亂臣賊子者。又何幸以逃其罪耶。故唐虞三代之上。天理素明。人心素正。是非善惡之論素定。則人爲不善者。有不待刀鋸臨。刑罰加。自幾若無託身于天地間矣。時至春秋。周室大亂而世衰。聖王不作而道微。天理不明。人心不正。是非善惡之論幾于廢置。然後亂臣賊子始得以自容其姦。不特禮樂法度之拘而已也。孔子作春秋也。要亦明是非之理。以詔天下與來世也。是以人心之公理。聖人因而明之。所謂筆則筆。削則削。亂臣賊子聞之。固將不懼于身而懼天下後世之議。不懼刀鋸斧鉞之臨而懼倏然有能正其罪者。以人欲日滋之際。而懼天理一髮未忘之時。孔子作春秋之功。顧不大乎。孟子斷然以孔子成春秋而亂臣賊子懼。使先王之紀綱法度超然復振于世。而人心天理之尚存。不然顛倒錯亂。貿貿不明。三極果何恃而立乎。此孔子作春秋所以有功于萬世也歟。

自世儒不明乎孟子之説。以春秋之作。乃賞善罰惡之書。所謂天子之事者。謂其能制賞罰之權而已。夫謂天子之事止于制賞罰之權。而綏猷修道之責乃不暇問。則是劉漢以後之天子。而非唐虞三代之天子矣。爲是説者。不惟不知春秋。抑亦不知所謂天子之事也。彼徒見春秋一書。或書名。或書字。或書人。或書爵。或書氏。或不書氏。于是爲之説曰。書字書爵書氏者。褒之也。其書人書名不書氏者。貶之也。褒之故予之。貶之故奪之。予之所以代天子之賞。奪之所以代天子之罰。賞罰之權。天王不能自執。而聖人執之也。所謂章有德。討有罪。聖人以自任也。夫春秋。魯史也。夫子。匹夫也。以魯國而欲僭天王之權。以匹夫而欲操天王之柄。借曰道之所在。獨不曰位之所不可得乎。夫子本惡天下諸侯之僭天子。大夫之僭諸侯。下之僭上。卑之僭尊。于是作春秋。正名分而已。自蹈之。將何以律天下之不法者。聖人宜不如是也。蓋是非人心之公。不以有位無位而去取之也。故夫子得以魯史明是非賞罰也。天王之柄。非得以自執也。得以假魯史以寓是非賞罰之道也。賞罰之道。人心之公所在。而豈位之所在乎。或曰。夫子之爲是也。非以魯之重信義。崇禮教。可以變而至道也。是以託諸魯史。以寓賞罰之權也。故其賞之也。非曰吾賞之。魯賞之也。其罰之也。非曰吾罰之。魯罰之也。魯。周公之後。聖人之祚嗣也。以是非賞罰之權而予之于魯。魯亦不敢肆意而任之。則魯乃周公之後。故予之也。以周公之後而行周公之典禮。以周公之典禮而欲行之諸侯大夫。或者其庶幾乎。此聖人意也。聖人以匹夫之微。不得擅天王之賞罰。魯以諸侯之國。其可以擅天王之賞罰乎。魯不可以擅天王之賞罰。夫子乃推而予之。則是夫子爲其實。魯獨受其名。吾知夫子必不敢以自僭也。

大抵學者之患。往往在于尊聖人太過。而不明乎義理之當然。意欲尊聖人。而實非所以尊之也。夫子告顔淵以四代之制不見諸用。而寓其説于春秋。此皆一切謬妄之論。其大要皆主于以禮樂賞罰之權爲聖人自私之具矣。夫子之所以告顔氏者。亦謂其得志行道則當如是。豈有德無位。而修當時之史。乃遽正之以四代之制乎。夫子。魯人也。所修者。魯史。其時。周也。所用者。尊時王之制。此則聖人之大法也。謂其修春秋之時。竊禮樂賞罰之權以自任。變時王之法。兼四代之制。不幾于誣聖人乎。學以知道爲本。學不知道。妄相傳襲。害義傷教。于是爲甚。後之觀春秋者。必知夫子未嘗以禮樂賞罰之權自任。而後可以破諸儒之説。諸儒之説破。而後夫子之所修春秋者可知矣。孟子所謂天子之事者從可識矣。庸非後世所當法乎。以上其一。

或問六經之説。諸儒穿鑿害之也。而春秋爲尤甚。前公穀左氏。後之諸儒。又從而羽翼之。

橫生意見。各立一説。夫彼此一事。彼以爲是。此以爲非。彼此互相矛盾。前後一人。前以爲褒。後以爲貶。前後自相抵牾。然其大端不過有二。一以日月爲褒貶。二以爵號爲褒貶。以日月爲褒貶之説。彼徒見夫盟一也。有日者。有月者。盟宜書日。而或書時。入宜書日。而或書月。若是其不同也。以爵號爲褒貶之説。又見夫國君一也。而或書字書侯。或書名書字。或書州書國書人。一人而前氏後名。又若是其不同也。愚請得而析之。蔑之盟不日。則曰其盟渝也。柯之盟不日。則曰信之也。將以渝之者爲是乎。信之者爲是乎。柯之盟不日。而葵邱之盟則日。書之或曰危之也。或曰美之也。將以危之者爲是乎。美之者爲是乎。公子益師卒不日。左氏曰。公不與小斂也。然公孫敖卒于外而公在內。叔孫婼卒于內而公在外。其不與小斂明矣。又何以書日乎。公羊曰。公子益師不日。遠也。然公子軀遠矣。又何以日乎。穀梁曰。不日。惡也。然公子牙公孫意如亦惡矣。又何以日乎。葬必書月日。而有不書月日者。則曰不及時日而得葬也。不及時而不日。正也。過時而日。危不得葬也。然過時而日。直指齊桓公言。當是時。諸公子爭國。危之。隱可也。衛穆公宋文公無齊桓公之才。無爭國之患。過時而日。有何可隱之乎。宋繆公之自葬。又何危乎。凡此者。疑誤而難通也。孰謂春秋必以日月爲褒貶乎。至于來歸仲子之賵而宰書名。則曰貶之也。使榮叔歸成風之含賵而王不稱天。亦曰貶之也。豈歸仲子之賵。罪在冢宰。而不在天王乎。歸成風之含賵。罪在天王。而不在榮叔乎。春秋書王。本以正名分也。若歸賵含賵而稱王。將以爲正名分。可乎。穀伯鄧侯稱名。説者以爲朝弑君之賊而名之。滕子紀侯獨非朝弑逆之人乎。滕薛稱爵。說者以爲能修朝禮而與之朝。隱公有何可褒而褒之乎。若以滕薛稱爵而與之朝。是亦繆妄之甚者也。或曰。滕本侯爵也。朝弑君之賊而黜稱子。以滕有可貶也。終春秋之世不復侯。豈皆有可貶之罪而黜之乎。或曰。爲時王之所黜。使時王而能黜諸侯。則紀綱法度之施。禮樂賞罰之權。天王能執之矣。安得謂春秋爲天子之事乎。荆書楚。已而書楚子。說者曰。進夷狄也。夫中國而夷狄則夷狄之可也。夷狄而中國則亦中國之乎。聖人作經。本以辨夷夏之分。顧乃進夷狄而退中國乎。若此之類。不可以一二數。要皆可疑而難通者也。孰謂春秋以名稱爵號爲褒貶乎。

大抵春秋以事繫日。以日繫月。以月繫時。事成于日者書日。事成于月者書月。事成于時者書時。若夫水旱雨雹霜雪日食星變山崩地震火災螽螟彗孛之類。凡若此者。皆以日成也。其朝覲蒐狩會遇平和來至侵伐圍取遷戍襲奔城築作毁。凡若此者。皆以月成也。崩薨卒葬弑逆叛放敗入滅獲擒斬。凡若此者。皆以時成也。或宜日而不日。宜月而不月。皆史之所載者失之也。假如其事當書月而魯史但書時。其事當書日而魯史但書月。則聖人安得虚增甲子乎。是春秋不以日月爲例也。春秋據事直書。而善惡自見。名稱爵號從其名稱爵號。而是非善惡則繫乎其文。非書名者皆貶。而書字者皆褒也。某與某在所褒。而舊史只著其名。某與某在所貶。而舊史只著其字。則聖人之褒貶。豈在求其名與字而筆之于經乎。是春秋不以名字爲褒貶也。若夫因其所書日月之前後而知其是非。因其所書爵次之名字而知其優劣。則有之矣。非聖人故以是而爲褒貶也。

莊公春築臺于郎。夏築臺于薛。秋又築臺于秦。是閲三時而土功屢興。國政荒廢也。宣十五年。秋螽。冬蝝生。而下民怨咨。是歷二時而五穀不登。饑饉薦臻也。莊公八年。春。師次于郎。夏。師及齊師圍郕。冬。師始還也。是閱三時之久。勞民動衆以傷匱財穀。邦國其不受害乎。若此之類。蓋于書時見之。桓二年。秋七月。杞侯來朝。九月。入杞。見其于來朝之國未幾。遂興師以入之也。不以交鄰爲重。而以利欲爲心。是以强大侵侮乎弱小也。昭七年。三月。公如楚。九月。公至自楚。見其朝夷狄之國。不能自强于政治。受制于人。閱七月之久。往來跋涉而勞于行也。僖公二年。冬。十月。不雨。三年。春。王正月。不雨。夏。四月。不雨。六月。乃雨。見其閱年而後雨。則萬物焦枯而饑饉交至。道殣相望也。若此之類。蓋于書月見之。癸酉。大雨。震電。庚辰。大雨雪。其于八日之中再見天變也。辛未。取郜。辛巳。取防。于旬之日間而取二邑。以瘠人肥己。是其人欲一動。不明乎天理之可否。視諸王制百里之封。在所益乎。在所損乎。壬申。御廩災。乙亥。嘗。又災。見嘗于天變。無恐懼修省之意。于災沴之不敬也。乙丑。葬敬嬴。庚寅。乃克葬。延二日之久。見不能事亡如事存。葬禮之無備也。丙午。及荀庚盟。丁未。及孫良夫盟。有以見魯先晉而後衛也。己未。同盟于雞澤。戊寅。及陳袁僑盟。見晉人先盟諸侯而後及大夫也。若此之類。蓋於書日見之。以是爲聖人日月之書不書。寓乎褒貶。則誤也。

若夫名稱爵號之異同。政事之大小。辭目之詳畧。有蒙上文而殺其辭者。固難一一盡也。時變之升降。世道之盛衰。亦有因之以見者。楚。一也。始書荆。再書楚。已而書楚子。吴。一也。始書人。再書吴。已而書吴子。于以見夷狄之勢浸盛而難制。魯以大夫而會諸侯。大夫猶不氏。

于後則大夫無有不氏者。諸侯大夫而弑君者皆名之。于後雖弑君之賊亦有書氏者。小國大夫皆以名與人也。曹莒無大夫。于後則曹莒皆有大夫矣。此見大夫皆爲政而犯分也。始也。吴楚君大夫皆書人。終也。吴楚君大夫皆以爵氏。以見夷狄之大夫皆往來于中國。而無夷夏之别矣。列國諸侯之子皆稱世子而預會預伐者。于以見居喪而稱子也。入春秋以來。薛侯。爵也。而書伯。滕侯。爵也。而書子。于以見諸侯之爵次皆以大小爲差等。會于曹則蔡先衛。得其少長之序。而天秩不亂也。蔡乃武王之所封。而伐乎鄭則衛先蔡。失乎名分之宜。而天敍無守也。衛其成王之所封乎。是爵次之先後皆以目前强弱爲崇卑。而不復用周制爲品第也。淮之會。許以男而先邢侯。是幾微弗謹。而上下之位失。戚之會。邾以子而先曹伯。是大小無序。而尊卑之次紊。蕭魚之會。以世子而先邾莒之君。于以見霸者之爲政。皆以私意爲輕重。無復以禮文爲儀則也。垂隴之盟。内之則公孫敖會諸侯召陵侵楚之師。外之則齊桓主盟于中夏。于以見大夫敵于諸侯。而莫知其非也。凡若此者。名稱從其名稱。爵號從其爵號。而是非善惡乃因之而見。初非聖人特以是爲褒貶也。學者必欲于名稱爵號之間。而求明聖人褒貶之意。窒碍而不通矣。況于名數務于新奇。恐非聖人明白正大之心爾。學者之觀春秋。必先破春秋以日月爲例之説。與夫以名稱爵號爲褒貶之説。而後春秋之旨可得而論矣。以上其二。

或曰。子謂春秋不以日月名稱爵號爲褒貶。信然矣。若是則春秋所書皆據舊史爾。門人高弟不能贊一辭。其義安在。曰。有春秋之達例。有聖人之特筆。有日則書日。有月則書月。名稱從其名稱。爵號從其爵號。與夫盟則書盟。會則書會。卒葬則書卒葬。戰伐則書戰伐。弑殺則書弑殺。一因魯史舊文而書之焉。此達例也。或史之所無而筆之以示義。或史之所有而削之以示戒。此特筆也。元年。春。王正月。此史之所無也。而書王。是聖人筆之也。中國之諸侯有葬楚君者。此史之所有也。不書葬。是聖人削之也。晉侯召王。明見于傳。則書曰天王狩于河陽。所以存天下之防。立萬世君臣之大義也。甯殖出其君。名在諸侯之策。則書曰衛侯出奔。所以示人君之戒。爲後代臣民之龜鑑也。不但曰仲子。而曰惠公仲子。不但曰成風。而曰僖公成風。不曰陳黄。而曰陳侯之弟黄。不曰衛縶。而曰衛侯之兄縶。陽虎陪臣書之曰盜。吴楚僭號書曰吴楚。糾不稱公子小白書齊。突不書鄭而忽書鄭。立晉而衛書人。立子朝而尹子書氏。凡此皆聖人之特筆也。故曰。其事則齊桓晉文。其文則史。其義則某竊取之矣。蓋用達例而無有加損。聖人之公心。有特筆而明其是非。聖人之精義。達例所書。非必聖人而後能。雖門人高弟預之可也。精義所在。門人高弟豈能措其辭哉。蓋非聖人不能與也。學者之觀春秋。必知孰爲春秋之達例。孰爲聖人之特筆。而後可觀春秋矣。

沆嘗推春秋之義。竊以爲其大旨有三。一曰明分義。二曰正名實。三曰著幾微。所謂明分義者。何也。每月書正。以明正朔之所自出。王人雖微。必序諸侯之上。皆以正君臣之大分。内齊而外楚。内晉而外吴。始書荆而後書楚。始書吴而後書子。皆所以別夷夏之大防。書晉申生許止明父子之恩。陳黄衛縶明兄弟之義。曹羈鄭忽長幼之序正。成風仲子嫡庶之別植。凡此之類。皆所以明分義也。所謂正名實者。何也。傳稱隱爲攝。而聖人書之曰公。則非攝矣。傳稱許止不嘗藥。聖人書之曰弑。則非不嘗藥矣。卓之立未踰年。聖人正其名曰君。則里克之罪不能逃。夷皋之弑歸罪于穿。聖人書之曰盾。則趙盾之誅不能掩。齊無知陳佗踰年而書之曰殺。正君臣之大分也。陽虎陪臣而書之曰盜。律討賊之至公也。凡此數者。皆所以正名實也。所謂著幾微者。何也。鄭伯使宛來歸祊。而繼書入祊。著其不當受之辭。宋人以郜鼎賂我。聖人書之。取郜大鼎于宋。納于太廟。示其所可卻之義也。今其不卻不辭者。欲心眩迷而天理晦蝕也。天王狩于河陽。壬申。公朝于王所。以明因狩而後朝王也。公如京師。遂會宋公衛侯鄭伯曹侯邾人滕人伐秦。明如京師而後伐秦也。公子結媵陳人之婦于鄄。遂及齊侯宋公盟。著其所以失己失人也。隱公齊侯鄭伯在中邱。公子翬帥師會齊人陳人伐宋。公子翬無君之心著矣。葵邱之會。周公與焉。已而書曰。戊辰。諸侯盟于葵邱。以周公與會而不與盟也。雖然諸侯咸集。無敢異志。齊桓尊周之義見矣。邢邱之會。改命朝聘之數。怠其政而使大夫聽命。曾不思邦交玉帛非臣下所得專。晉悼乃不自爲政。而委之大夫。是之謂倒持太阿而授之柄也。及溴梁而大夫獨盟。威福之權操于下。而君上失政。其萌寧不兆于邢邱之會乎。盟宋之役。倡爲弭兵之名。合諸侯而使晉楚交見。曾不思戎狄豺狼。非中國所可通。趙武乃徇其邪說。而與之交禮。是之謂自撤藩籬以媚夫盜也。及于申。而蠻夷望風。簒弑之賊無忌憚。而夷狄强横。其事豈不自夫有宋之盟來耶。凡此之類。皆所以著幾微也。其他書法。不一而足。然其大者則不出于三者之外矣。聖人之筆。如化工隨物賦形。洪纖高下各得其所。而生生之意常流行于其間。雖其所紀事實不出于魯史之舊。而其精神風采則異矣。學者之觀春秋。知有春秋之達例。則日月名稱如後世諸儒之穿鑿者不用也。知有聖人之特筆。則夫分義名實幾微之辨有關于義理之大原者。不可不深察也。若曰春秋但約魯史之文。使其文簡事該。則夫人皆能之矣。何以爲春秋乎。以上其三。

讀春秋者。先明大義。次觀世變。所謂世變者。何也。春秋之始。是世道之一變。春秋之終。是世道之一變。劉知幾有云。孔子述史。始于堯典。終于獲麟。蓋書之終。春秋之始。孔子述書至文侯之命而終。文侯之命。平王之初年也。隱公之初。平王之末年也。平王之始。申侯與犬戎共攻宗周而弑幽王。則申侯者。王法必誅。不赦之賊。平王與其臣。不共戴天之讐也。今平王知有母而不知有父。知其立己爲有德。而不知其弑父爲可怨。至使復讐討賊之師。反爲報施酬恩之舉。則其忘親逆理而得罪于天亦已甚矣。其命文侯之辭曰。汝多修整我干戈。捍我于艱。患已弭矣。用賚爾秬鬯一卣。功已報矣。其歸視師。寧爾邦國。無復事矣。卽此一篇而觀之。已無興復之望。然其意尤有所望也。蓋遲四十九年之久。無復一髮振起之意。聖人于刑賞之權。不復望于有周也。決然矣。由是而下。則爲春秋之始。獨非世道一變之會歟。王道衰微。霸不復振。春秋之終。夷狄强横。然世猶有勝負也。至于荆楚横衡。已爲中國之害。甚至斷髮文身之俗。偃然與晉侯爲兩霸矣。入春秋以來。諸侯大夫各有定位也。至獲麟之歲。齊陳恒執齊國之柄。而弑簡公之兆已萌矣。魯自季孫逐君之後。魯國政柄盡在三家。而陪臣執國命之漸已著矣。晉自趙鞅入國之後。晉國政權盡在六卿。則韓趙魏爲諸侯之漸。不于是而見乎。向也夷狄交于中國。莫有如楚之暴逆。厥後秉禮之魯。奔走于偏方下國之越。以求一朝之安。此夷狄强横之甚。而中國不能制也。今伯主不競。而諸侯之爭城爭地者。干戈擾攘。而無一息之寧矣。獲麟之前。世變爲春秋。獲麟之後。世變爲戰國。庸非世道一變之會耶。是春秋之所以終也。

然不特此也。合春秋一經而觀之。有所謂隱桓莊閔之春秋。有所謂僖文宣成之春秋。有所謂襄昭定哀之春秋。霸主未盛之時也。莊之十三年會于北杏。二十七年而同盟于幽。于是合天下而聽命于一邦也。合天下而聽命于一邦。古無有也。僖之元年而齊遷邢。二年而城邢。四年而伐楚。五年而會王世子。九年盟于葵邱。安中夏攘夷狄之權。皆在霸主之未興。諸侯無所統。而天下猶知有王政。故隱桓之春秋多書王。霸主之既興。諸侯有所統。而天下始不知有天王。故僖文以後之春秋書王極寡。伯主之興。固世道之一幸。而王迹之熄。獨非世道之衰耶。僖之十七年而小白卒。小白卒而楚始横。中國無伯十餘年。二十八年而有城濮之戰。則中國之霸在齊桓者。今得而歸晉文矣。晉襄繼之。猶能嗣文公之業。靈成景厲不足以紹先緒。悼公再霸。而得鄭楚。尚庶幾焉。自是而後。晉伯不復振。至于晉平。能明義以馭夷。則區區一楚。將屏伏退聽之不暇。安能逞其强如此之甚哉。昭之元年。于虢之會。中國分爲晉楚之從矣。四年。楚靈大會于申。實用齊桓召陵之禮。舉六王二公之事。堂堂華夏之區。咸聽命于夷狄矣。十年。平邱之盟。雖曰再主夏盟。而晉之德則不競。天下之諸侯參盟見矣。參盟見而諸侯無主盟者。則天下無所統一也。無所統一。則天下之無霸也。無霸則春秋終矣。天下無王。春秋固已傷王迹之熄。天下無霸。此尤世道之大不幸。其他如荆人來聘。夷狄之臣未有名氏也。屈完來盟。稱字著于經矣。無駭俠卒。諸侯之大夫始而書名。未有書氏者。今則有生而氏者矣。始也諸侯盟諸侯。于後則大夫盟諸侯矣。始也諸侯自相盟。于後則大夫自相盟矣。始也諸侯僭天子。今則大夫僭諸侯矣。始也大夫竊諸侯之柄。于後則陪臣據大夫之邑矣。合春秋一經觀之。愈趨愈下。愈久愈薄。逆之而上。則文武成康之盛。可以接堯舜之傳。所以昭文德也。沿之而下。則七雄分裂。吞併于秦。不至于極不止也。無以威不軌也。後之作通鑑編年者。託始韓趙魏之爲諸侯。亦所以繼春秋之後歟。學春秋者。既能先明大義。以究道理之精微。又能歷觀時變。以稽時事之得失。則春秋一經。亦思過半矣。以上其四。

學春秋者。舍三傳無以考其成。而士有志者。類欲盡束三傳。獨抱遺經。豈非以其互相抵牾而不一其説乎。竊常思之。左氏熟于事。而公穀深于理。蓋左氏曾見國史。而公穀乃經生也。惟其曾見國史。故雖熟于事而理不明。惟其出于經生所傳。故雖深于理而事多繆妄。二者合而觀之可也。左氏雖曰備事。而其間有不得其事之實。公穀雖曰言理。而其間有害于理之正。此又學者不可不知也。左氏每述一事。必究其事之所由。深于情僞。熟于時世。往往論其成敗而不論其是非。習于時世之情僞。而不明其義之所在。周鄭交質。而曰信不由中。質無益也。宋宣立穆。而曰可謂知人矣。鬻拳諫楚子臨之以兵。而曰愛君之至也。趙盾殺君。出不越境。返不討賊。而曰惜也越境乃免。此皆知其事而昧于理者尤多。楚自得志漢東。駸駸然荐食于中國。齊桓既攘之。晉文又攘之。其功偉矣。此正孟子所謂彼善于此則有之矣。齊桓晉文豈能驟舉而攘之哉。必先翦其手足。使無所助。而爲掎角之勢。是故桓公將攘楚。必先有事于蔡。文公將攘楚。必先有事于曹衛。此事實也。而左氏不達其故。于侵曹伐衛之書。則曰重耳出奔。曹衛皆不禮焉。推量事由。毛舉細故。而二公攘夷安夏之義不明。而功罔昭矣。其他紀事。往往類此。然則左氏之紀事固不可廢。而未可盡以爲據也。宗左氏者。以爲邱明受經于仲尼。所謂好惡與聖人同矣。然左氏大旨多與經戾。安得以爲好惡與聖人同乎。觀孔子所謂左邱明恥之。丘亦恥之。乃竊比老彭之意。則其人當在孔子之前。左氏傳春秋。其事終于智伯。乃在孔子之後。説者以爲。與聖人同者爲左邱明。而傳春秋者爲左氏。蓋有其證。或以爲六國時人。楚左史倚相之後。所以載虞不臘等語。秦嘗以十二月爲臘月。而左氏所述楚事極詳。蓋有無經之傳。而未有無傳之經。亦一證也。若夫公穀二氏。固非親受經者。其述事皆得之傳聞。又未曾見國史。故其事多繆誤。畧其事而觀其理。其間固有精粗之不同。然害于理者亦甚衆。此欲致知者之所宜明白而深辨之也。公羊論隱桓之貴賤。而曰子以母貴。妾母以子貴。夫謂子以母貴。可也。謂母以子貴。可乎。推此言也。所以長後世妾母凌僭之失。未必非此言基之也。穀梁論世子蒯聵之事則曰。信父而辭王父。則是不尊王父也。夫尊王父命不可。而曰信父。可乎。推此言也。所以啓後世父子爭奪之禍。將以此爲藉口也。趙鞅入于晉陽以叛。及後歸于晉國。則是以臣而叛君也。而曰以地正國。可乎。後之臣子有據邑以叛主君。稱兵向闕以誅君側之惡人爲辭者。未必不由此言階之也。公子滕陳人之婦。子鄄遂及齊侯宋公盟。公羊曰。大夫受命不受辭。出境有可以安國家利社稷。則專之可也。後之人臣。有生事于境外。私相交誓。而以其國自委者矣。紀侯大去其國。聖人蓋與之。則曰爲襄公諱也。襄公復九世之讐。春秋大之。後世蓋有窮兵黷武而報復之無已者取法焉。祭仲執而鄭忽出。其罪在祭仲。公羊則曰。祭仲貶損。反經之權。後世蓋有廢置其君如弈棋者矣。其視君臣之倫何如也。聖人作經。本以明理也。自傳者學不知道。妄爲之説。而是非易位。義利無别。其極于下之僭上。卑之陵尊。父子相夷。兄弟爲仇。爲臣而稱兵以向闕。出境而矯詔以行事。國家易姓。而其大臣者。反以盛德自居。而不知愧矣。君如武帝。臣如不疑。皆以春秋定國論而不知其非。此其爲害。豈不甚于敘事失實之罪哉。

愚嘗以公穀左氏三傳要皆有失。而失之多者莫如公羊。何范杜三家各自爲説。而説之繆者莫如何休。公羊之失既已畧舉其一二。而何休之繆爲尤甚。元年。春。王正月。公羊不過曰。君之始年爾。而何休則曰。春秋記新王。受命于魯。滕侯卒。公羊不過曰。滕微國而侯。不過嫌也。而何休則曰。春秋主魯。記隱公以爲始受命于王。滕子先朝。故褒之。黜周王魯。公羊未有明文也。而何休乃倡之。其誣聖人也甚矣。公羊曰。母弟稱弟。母兄稱兄。則其言已有失矣。何休又爲之説曰。春秋變周之文。從夏商之質。明當親厚乎兄弟也。使後世有親厚于同母之兄弟。而薄于父之枝葉。非斯語壞之乎。公羊曰。立嫡以長不以賢。立子以貴不以長。其言已有失矣。何休爲之説曰。嫡子有孫而死則立孫。明當立子以貴也。兄死而不立孫。使世有憾于質文之異。而紊嫡庶之分。昧立子之義。非斯語禍之乎。其釋會戎之義則曰。夷狄之慕中國。來者勿拒。去者勿追也。春秋之作。本以正夷狄也。來勿拒。去勿追。可乎。其釋天王使來歸之義則曰。王俱南面而治。有不絶臣之禮。春秋之作。本以尊天王也。謂之有不絶臣之禮。可乎。隱三年。春。王三月。己巳。日有食之。公羊不過曰。記異也。何休則曰。是後衛州吁弑其君完之變。諸侯初僭。元年。秋。大水。公羊不過曰。記災也。何休則曰。先是。桓篡隱與專易朝宿之地。陰逆怨氣所致也。凡地震山崩星電雨雹螽螟彗孛之類。莫不推尋其致變之由。考驗其爲異之應。其不合者。必强爲之説。春秋記異。而其説不書。曾若是瑣碎磔裂乎。若此之類。不一而足。此皆何休之妄也。觀夫三子之釋傳。惟范寧之過少。于公穀之義有未安者。輒曰寧未詳。蓋譏之也。何休則曲爲之説。適增公羊之過爾。故曰。范寧。公穀之忠臣。何休。公羊之罪人。沆嘗謂。罪人者。固難逃後世之公議。而忠臣之名。固後學所當景仰而企及者也。吁。揖遜之高風既未泯于後世。去就之有禮又無忝于前哲。使世人而皆賢。則世濟其美。又何不可追先聖之芳蹤。而標準乎萬世哉。誠不敢僭言以斷諸儒之是非。特辨正之。以開後學之迷惑。俾世之讀麟經者。曉然知先聖夫子作春秋大義。在于抑邪説。正人心。扶三綱。植五常。内中國。外夷狄。尊三五之盛德。賤五霸之假借。以拯三極之道矣乎。以上其五。

附録

西山使長子淵紹其易學。季子沈紹其書學。而以所發明春秋屬先生。

承父春秋之屬。未得要領。偶讀易。豁然曰。易之一卦一爻。爲義各異。而謂春秋以一例該衆事。可乎。學者以義求經。而不以例求經。庶幾得聖人之意矣。久之讀書。又豁然有悟曰。道心者。義理之正也。人心者。血氣之私也。正者易晦。而私者易流。大舜所以有危微之戒也。春秋二百四十餘年間。諸侯大夫行事。其發于道心者無幾。故經于賵仲子。納郜鼎。皆據大義以止私欲之流。一書綱領。大率在此。吾聖人之心。卽舜之心也。

朱子爲作復齋記曰。吾友蔡君復之以復名齋。而謁于予曰。願得吾子之言以書于壁。庶乎其有以自任之而不忘也。予不敢辭。而請其所以名之意。復之則語予曰。吾之幼而學也。家公授以程氏之書。讀之而有不同于其説者。則以告而願請益焉。公曰。思之。又問。則曰。反諸爾之身以求焉。可也。自吾之得是言也。居處必恭。執事必敬。其與人也必忠。如是以求之。三年而後有得也。然其存之也未熟。是以克之不周。往者不循其本。顧欲雜乎事物之間以求之。或乃反牽于外而益眩于其内。今也既掃一室于家庭之側。揭以是名而日居之。蓋將悉其溫凊定省之餘力。以從事于舊學。庶乎眞積力久。而于動靜語默之間有以貫乎一。而不爲内外之分焉。然猶懼其怠而不能以自力。是以願吾子之相之也。

父師既没。先生以屢世家傳心學。鄉鄰質疑者亹亹不倦。嘗與學者講明王道所由廢。與霸權所自起。使萬世人主知履霜堅冰之戒。以格物致知爲進道之門。誠意正心爲入德之方。授諸子姪。又以中庸三達德爲入道之門。涵泳反復。辨論明白。自可至大舜之知。顏子之仁。子路之勇耳。墓誌。

眞西山跋虞復之春秋大義曰。復之雖出後虞氏。而其學固蔡氏之學也。

熊勿軒爲蔡氏春秋後序曰。先生師事文公。及受家庭父兄之教。隱于西山前湖書堂。聚徒談道相樂。自號一庵居士。復齋先生。其學者之所尊云。

余用賓跋先生春秋五論曰。復齋文學精。義學博。而要本之以天命。敘之以民彝。達之以時中。斷之以通義。眞得聖人作經之大旨。顧學者疏陋。未有深究其説者。吕氏則有或問五卷。實與此書相爲經緯。然五論。綱領也。或問。條目也。欲觀或問。必自五論始。

蔡先生沆

蔡沆。西山季子也。與諸兄能卒西山之業。杜清獻集。

梓材謹案。劉雲莊爲西山墓志云。男四人。長淵。次知方。次沈。次沆早亡。蓋先西山而卒。而清獻云。爾則亦嘗講學者矣。

教授蔡覺軒先生模詳見九峯學案。

蔡素軒先生格見下節齋家學。

節齋講友

黄勉齋先生榦詳勉齋學案。

輔先生廣詳潛庵學案。

廖横溪先生德明

張主一先生洽

陳先生孔碩

萬先生人傑並詳滄洲諸儒學案。

節齋學侶

李先生燔

李先生方子

陳先生文蔚

潘先生柄

楊先生復

林先生夔孫

李先生閎祖

沈先生僩

戴先生蒙並詳滄洲諸儒學案。

包先生揚詳見槐堂諸儒學案。

葉先生采詳見北溪學案。

節齋同調

眞西山㊀德秀詳西山眞氏學案。

陳先生宓詳見滄洲諸儒學案。

陳先生韡詳見水心學案。

㊀「山」下脱「先生」。

黄先生自然別見西山眞氏學案補遺。

王先生埜詳見西山眞氏學案。

復齋同調

吕先生大圭詳見北溪學案。

西山門人

邱先生崇

邱崇字子陵。蔡西山弟子也。西山臨終别文公書稱。邱子陵才學優長。相隨至此。辛勤不懈其志。朋友十分難得。他日必有用于世云。蔡氏九儒書。

梓材謹案。蔡氏書載邱崈敘西山先生行實畧云。崈蒙教育。侍左右。未嘗見其有喜慍之至。又云。崈隨至春陵。居二年。辭歸省侍。先生曰。少待。九嶷可登。以觀濂溪之遺風。帝舜之陵墓。非徒游觀而已。考邱忠定公名崈。卒于嘉定戊辰之元。而此畧作于嘉定辛未。其非忠定明矣。尋樂子跋西山推衍後世作咎云。何八公賃屋事。與歐陽春雇僕夫事。詳見邱子陵敘西山先生行實中。忠定字宗卿。與字子陵者逈别。葢子陵名崇。故傳寫誤作崈爾。特爲正之。

毛先生壽朋

毛壽朋。蔡西山之徒也。朱子嘗答其書云。向見季通説甚俊敏。更能勉力操修。以世家學爲佳耳。朱子續集。

翁竹林先生易別見滄洲諸儒學案補遺。

農卿邱先生壽邁別見邱劉諸儒學案補遺。

吴先生雅

吴雅。西山之徒也。西山卒。挽之以詩曰。天乎不可問。吾道是耶非。國論成貝錦。臺評及布衣。乾坤豈終否。泉壤再生輝。遺恨春陵路。生存不見歸。蔡氏九儒書。

梓材謹案。先生蓋卽吴公濟楫之子。公濟嘗與邱宗卿密請西山正席臯比。

參軍王先生域

王域。官參軍。博學有政才。每傲睨絶物。非笑諸人。蔡西山至春陵。先生一日邂逅西山之子。與語。遂歎相見之晚。卽拜謁。執弟子禮甚恭。時有語曰。初不敬。今納命。蔡氏九儒書總述。

翁先生陞

翁陞。西山之徒。其挽西山曰。傷哉道學不容時。力抵先生蹈至危。槐棘僉謀雖曰僞。草茅公論實難欺。蒼梧千里地雖遠。白首一心天自知。借問西山近何似。白雲長護紫陽碑。蔡氏九儒書。

西山所傳

彭先生□

梓材謹案。袁清容序學三圖云。建安之易爲彭翁。彭翁之傳爲武夷君。而莫知所據。又云。或言洛學之傳。文公不得而見。今蔡氏所傳書。訖不著圖藏。其孫杭秘不復出。又云。季通家武夷。今彭翁所圖。疑出蔡氏。蓋以武夷君爲西山蔡氏。而建安之學則謂謝叠山仲直也。

節齋家學

蔡素軒先生格

蔡格字伯至。節齋先生長子。西山先生長孫也。號素軒。學者稱曰素軒先生。先生行高而德厚。學足而望隆。性質沖澹。持身謹恪。教諸子姪。必遵先世義方之訓。與從弟覺軒久軒靜軒等自相師友。由始至終。未嘗少懈。時有以佛老之教惑亂衆聽者。先生與學者講明孟子盡心章以力詆之。作至書以警之。又著廣仁說以自勵。其衛道何其嚴哉。蔡氏九儒書。

至書序

至書者。言乎理之至極者也。天下之理中而已。人之學亦允執厥中而已。堯舜禹湯文武之相授。孔顔曾孟之相傳。歷數千百年而其書若出于一者。天之降衷。民之受中。理無二本。言無二致也。然而理有體有用。靜而無所偏倚者體也。動而無過不及者用也。體則虛明而無一善之不備。用則該貫而無一事之不周。聖人相承。其發明有如此。或有議論詳畧之不同。稱述名義之不一。若夫根源之發。旨趣之歸。所以相與講明乎此理者。則固同一體也。三代之前。上之所以爲教。下之所以爲學。小而從事于洒掃應對進退之節。禮樂射御書數之文。若夫司徒之職。典樂之官。不過使之由夫日用之常而已。夫禮儀三百。威儀三千。而精微之論不過數語。當是時也。人心正。風俗淳。本源不差。故士亦積學而造于自得。自孔孟既没。聖人之道不傳。學者專記誦之文。溺詞章之技。博而寡要。勞而無功。于是異端邪説得以乘間投隙。談道德。論心性。舍實取虛。棄有語無。蓋邪説易以惑人。是以天下靡然景從。其信之與之者固入于佛老。其疑之攻之者亦入于佛老。天下林林總總。以至于今。天理民彝。幾何其不至于淪喪也哉。嗟夫。人惟無得乎此也。是以有慕乎彼。切念古先聖賢之書。所以提絜綱維。闡究精微。非不明著其是非。使人易曉。而其散逸于簡册。讀者不能融會而一之。是以窒碍而難通。徒苦而無得。予深懼邪説之横流。人心之陷溺。因遠取堯舜禹湯文武孔顔曾孟之書。近述周程張朱祖父之論。名之曰至書。使世之人曉然知父子之當親。君臣之當義。夫婦之當别。長幼朋友之當序當信。藹然而和。惠然而順。聖人所謂常典者。固可勉而至矣。佛老所謂虛寂者。不待辨而明矣。昔者格見先公與先師文公書曰。世道既降。邪説交作。人心昏晦也久矣。苟不先示以本源。學者鮮不惑異端之説者幾希。故此書之輯。皆極至之理。所謂先示之以本源者不少讓焉。但格不敏。擇之未精。録之未備。願與同志共損益之。若夫力行之序。則自下學始。日用常行之間。卽道體精微之所在。學者可不勉乎。

廣仁説

格嘗誦先師文公之言曰。仁之爲道。其大也已。維天之命。於穆不已。道之理也。春生夏長。秋成冬藏。運用乎四時。流行乎天地。育萬物而妙無窮。其德莫大焉。惟皇上帝。降衷下民。命之性也。惻隱辭遜。羞惡是非。發乎情耳。擴而充之。足以保四海。萬善之綱領。萬事之節目。莫不咸在也。人莫不具乎天地之性。性卽理也。情卽氣也。天人合一之妙也。德于天謂之元。德于人謂之仁。仁者。人心之全德。人道之極致也。偏言則一端。生之始也。善之長也。仁之理所以名也。發之用所由立也。專言仁則義禮智無不貫焉。禮者仁之序也。義者仁之宜也。智者仁之知也。萬物非仁不育。萬事非仁不成。君子去仁。惡乎成名。故君子之學。莫先乎仁。孝弟。所以爲仁也。復禮。所以爲仁也。居處恭。執事敬。所以求仁也。出門如見大賓。使民如承大祭。所以求仁也。仁遠乎哉。我欲仁。斯仁至矣。爲仁由己。求在我者也。有能一日用其力乎。仁卽隨焉。孝乎親。斯仁矣。義于君。斯仁矣。復乎禮。斯仁矣。達于智。斯仁矣。能愛人者仁也。能惡人者非歟。全其體者仁也。殺其身者非歟。以己及人者仁也。棄國而逃者非歟。行不必同也。事不必異也。發乎中心之誠。達乎天理之正。仁矣哉。故日月至焉。暫乎仁者也。三月不違。時乎仁者也。純亦不已。久乎仁者也。久則一。一則天。天則動靜語默無適而非是理之流行矣。或曰。仁誠天下之全德。學者所當必爲。不可畏難而苟安。宜乎子之厚望乎人也。敢問用力之序何如。曰。切問而近思。先難而後獲。循理而無違。勉勉而不已。仁道雖大。其孰能禦之。過此幾非在我者。曰。子之言仁與道。其無異乎。曰。道者天也。仁者元也。元統乎天也。仁統乎道也。曰。然則子之言與朱子之説其有異乎。曰。朱子之言至矣。夫仁之爲道也。語其妙則至微而難名。語其用則至費而難盡。原其心之生理。以明夫仁之妙用者。朱子之言仁也。原其心之全體。以盡夫仁之功用者。愚之廣仁説也。是皆夫人之所已言也。何敢異乎。因書以自警。世之求仁者。尚當用力于論語之書。將孔門諸子問仁處。及夫子所答處。反復玩味。以求通焉。則仁道庶幾其有自得之趣矣。

蔡先生柄

蔡柄。節齋次子。與兄格承節齋之訓。爲當時學者。蔡氏九儒書。

教授蔡覺軒先生模詳見九峯學案。

節齋門人

補朝奉陳先生光祖

附録

嘗督修内府及造御創萬盈倉。例賞三官。皆不陳乞。官終梅陽守。

補翁思齋先生泳

思齋注釋河洛講義

先天河圖運行之次。自北而東而西而南而復于北。五行相生之序。自水生木。木生火。火生土。土生金。左旋一周。金復生水。如環無端。圖以左旋順生爲主。然對待之位相克者。已寓于相生之中也。

後天洛書運行之次。自北而西而南而東而中而復于北。五行相克之次。自水克火。火克金。金克木。木克土。右旋一周。土復克水。如環無端。書以右旋逆克爲主。然對待之位相生者。已寓于相克之中也。

梓材謹案。是條或引作思齋董氏與節齋蔡氏玉齋胡氏並述之。蓋誤以翁爲董耳。

補教授熊古溪先生剛大

梓材謹案。閩書載先生少穎敏。從蔡淵黄榦遊。問學精專。操行篤至。是先生又爲勉齋門人。

雲濠謹案。先生嘗註熊端操節所編性理羣書。四庫提要稱其嘉定中登進士。自稱覺軒門人。掌建安書院。朱文公諸賢從祀祠。其仕履則不可考。注中稱。邇年皇上親洒白鹿洞規以賜南康。則理宗時人也。據其自稱覺軒門人。是先生再及蔡氏之門矣。其序牧堂地理發微有云。余初授業于覺軒先生之門。于風水之學尤所酷嗜云云。

詹敬齋先生樞別見滄洲諸儒學案補遺。

劉習靜先生彌邵詳見艾軒學案。

梓材謹案。萬姓統譜言先生問易于蔡節齋。

安撫宋先生慈別見西山眞氏學案補遺。

復齋家學

蔡先生楠

蔡先生欄合傳。

蔡楠。蔡欄。復齋嗣子。俱克肖以遵復齋之訓。蔡氏九儒書。

素軒門人

湯先生潛

祝先生煒合傳。

湯潛。祝煒。安仁人。素軒之徒也。時以素軒累世家傳道學。來遊門下。以識心見性一超頓悟之説爲問。素軒曰。此異端惑衆之道。乃爲拔本塞源之論。歷講孟子盡心知性以辨明之。蔡氏九儒書。

西山私淑

黄先生瑞節

劉先生瑾並見晦翁學案補遺。

節齋私淑

胡玉齋先生方平詳見介軒學案。

蔡氏續傳

蔡先生積中附門人張肩吾。危孝先。趙仲通。

蔡積中。臨海人。西山先生裔孫也。少孤貧。養祖父母以孝聞。通易詩書。會科舉廢。遂授教于家。其弟子張肩吾危孝先趙仲通輩。多以文行名于時。台州府志。

宋元學案補遺卷六十三目録

宋元學案補遺卷六十三

後學 鄞 王梓材 慈谿馮雲濠 同輯

勉齋學案補遺

勉齋先緒

補 黄先生瑀

黄瑀字德藻。閩縣人。紹興八年進士。知永春縣。大治學館。作亭其前。而刻詞以厲學者。語意甚偉。士子上謁者。接之于學。講學之外。一豪之私不敢及也。權華亭縣事。歲惡民饑。食活萬計。吏部侍郎汪公應辰。侍御史汪公澈。交章薦之。除御史臺檢法官。未幾。擢監察御史。請外。除江南東路提刑。未行。徙轉運使。改知漳州。丁内艱。免喪。請就閒養疾。得以朝散郎主管台州崇道觀。卒年六十。子五人。勉齋。其第四子也。朱子文集。

朱劉門人

補 文肅黄勉齋先生榦

雲濠謹案。先生國朝雍正二年從祀孔子廟庭。

勉齋文集

博文易而約禮難。後來學者專務其所易。而常憚其所難。人藏其心。不可測度。欲一以窮之。捨禮。何以哉。詞氣容止之閒。應事接物之際。察其中理不中理。十得其七八矣。與李敬子司直。

黄東發曰。此本爲琢磨朋友而發。然後學可用以自治。

榦嘗謂天地之閒。無獨必有對。以天言之。則貧對富。貴對賤。窮對通。泰對否。以人言之。則出對處。進對退。隱對見。仕對止。古之人惟義所在。隨遇而安。未嘗有所擇也。比年以來。士大夫風俗。只揀一邊好底。都不要一邊不好底。于己則利矣。其如義何。此風一長。望其舍生取義。殺身成仁。決無此理。與潘謙之。

五行有生數。有行數。榦嘗疑其只是一樣。天得奇爲水。故曰一生水。一之極而爲三。故曰三生木。地得耦而爲火。故曰二生火。二之極而爲四。故曰四生金。水者初生之陽。木者極盛之陽。火者初生之陰。金者極盛之陰。水木火金土。五行之序也。水火木金土。分其奇耦初盛而言也。去私兄以爲火能尅金。不應生金。何故夏之後便爲秋耶。借曰中央有戊己土。不知何月何日屬戊己耶。土旺四季。則何物非土所生。豈特金耶。金本土也。以秋燥熱而生金。謂之火生金。何不可也。火能尅金。惟其能生。所以能尅。又何疑焉。榦欲作三句以斷之曰。論得數奇耦多寡則曰水火木金土。論始生之序則曰水木火金土。論相生之序則曰木火土金水。如此其庶幾乎。若謂先有水火。後有木金。則不成道理。亦不成造化矣。復甘吉甫。

黄東發曰。勉齋此説。與其師晦庵不同。然晦庵論生之序。似推測造化之初開闢而言。謂天地尚混。水始生而蕩滌其閒。是爲天開。其極則降而爲山川。水極生火而炎燥其閒。是爲地闢。其極則升而爲日星。于是陰陽又相摩盪其閒。而五行備。人物生矣。今勉齋則主天地閒造化運行而言。意恐各有在也。

勉齋講義

論語一書。未嘗以仁義對言。而孟子言仁義者不一而足。聖賢之教。宜無異指。而若是不同。何也。仁義。性所有也。夫子言性不可得聞。而孟子道性善者。夫子教人無非仁義之道。使人油然入于仁義而不自知也。孟子憫斯世之迷惑。故開闢啓鑰直指人心而明告之也。五常百行皆性所有。而獨言仁義。又何也。仁蓋總其名。而五常百行其支派也。孟子提綱挈領。使人由是而推之。無往而非仁義也。孟子之言仁義。其强爲是名耶。抑亦有自來也。且何以知其爲性所有。而五常百行之總名也。夫子固嘗言之矣。立天之道曰陰與陽。立地之道曰柔與剛。立人之道曰仁與義。三才之道一而已。陰陽以氣言。剛柔以資㊀言。仁義以理言也。人受氣于天。賦形于地。稟陰陽

㊀「資」當爲「質」。

剛柔氣質以爲體。則具仁義之理以爲性。此豈人之所能强名。而五常百行孰有出于仁義之外哉。新淦縣學。

古昔聖賢所以教謹于君子小人之辨者至矣。毋乃太刻切而少寬裕耶。蓋善惡兩塗判然如薰蕕冰炭之不相入。剖析而言之。所以使人去惡而全善也。其曰君子喻于義。小人喻于利。君子求諸己。小人求諸人。君子上達。小人下達。此以其趨向之相遠者而言也。其曰君子周而不比。小人比而不周。君子和而不同。小人同而不和。君子泰而不驕。小人驕而不泰。此以其趨向之相近者而言也。言其相遠。所以決取舍之機。言其相近。所以審毫釐之辨。聖賢立言所以諄諄而不能自已也。然卽數章而觀之。雖其言各有所稱。總其要而論之。則循天理者爲君子。徇人欲者爲小人也。所喻者利。所求者人。所達者下。曰同。曰比。曰驕。皆徇乎人欲者也。所喻者義。所求者己。所達者上。曰和。曰同。曰泰。皆循乎天理者也。天理人欲之間。而君子小人之分定矣。新淦縣學。

聖人作易。于乾坤二爻首言學問之事以誨人。其旨深矣。乾之九三。以陽居剛。得乾之正。而當下卦之上。坤之六二以陰居柔。得坤之正。而居下卦之中。以其居中得正而復在下。故卽二爻以明問學之道也。乾。天道也。至健而動。故曰君子終日乾乾。夕惕若厲。以言其自强而不息。故雖憂危而實无咎也。坤。地道也。至順而靜。故曰直方。以言其守正而不撓。故所畜者大而不習無不利也。人能自强如乾。守正如坤。學問之道無復加矣。不能自强則怠惰乘之。不能守正則放僻乘之。尚何學問之有哉。爻詞之義亦已備矣。聖人慮夫天下後世未明夫所以自强者何事。所以守正者何道也。故爲文言以廣之曰。所以自强者。内以進其德。外以修其業。皆當終日乾乾而不息也。所以守正者。内以存吾敬。外以行吾義。敬立則内直矣。義形則外方矣。秉五行之秀以生。而具仁義禮智信之理者。德也。充是德而見之應事接物者。業也。德不充之以業則不進。業不本之以德則不修。學者所志。孰有先于此者乎。主一無適。而虚明不昧者。敬也。窮理度宜。而品節不差者。義也。不敬則所主紛擾矣。不義則所行悖繆矣。學者所務。又孰有急于此者乎。知所以進德修業。又知所以居敬集義。則乾之自强。坤之守正。學問之道無餘藴矣。又嘗因其義而推之。乾言德業。坤言敬義。雖若不同。而實相爲經緯也。欲進乾之德。必本之以坤之敬。欲修乾之業。必制之以坤之義。非敬則内不直。德何由而進。非義則外不方。業何由而修。終日乾乾。雖進修夫德業。而所以進修者。乃用力于敬義。固可以至于大。而所謂大者。乃德之日新。而業之富有也。即是而思之。則知二爻之詞。文言之旨。誨人之意愈明。而所謂學問不待他求而得之。夫易之爲義廣矣。大矣。乾坤二卦。又諸卦之首也。乃拳拳以學問爲言。而提綱挈領。反復詳盡又如此。有志于學者。不於此而加意焉。則亦無所用力矣。白鹿書院。

古之言性者多矣。何其紛紛而不一耶。在商書則言常性。在周書則言節性。在孔子則言性相近。在孟子則言性善。聖賢立論。固已不同。下至諸子。則荀子言性惡。揚子言善惡混。韓子言三品。佛氏則又以知覺言性。然則後世將何所折衷耶。蓋嘗即數説而考之。性即理也。理無不善。

氣質之稟不能皆同。則所受之理亦隨以異。此善不善之所由分也。商書之言常性。孟子之言性善。此指理而言也。周書之言節性。孔子之言相近。此指氣而言也。所指雖異。亦何害其爲同哉。苟揚佛氏。則敢爲異論而不顧者也。謂之惡則性無善矣。謂之混則善惡相對而生也。此豈理之本然者哉。知覺者。人之精神。而又非所以言性也。惟韓愈生于數子之後。獨有得于聖賢之意。其曰性之品有三。則孔相近之謂也。所以爲性者五。則孟子性善之謂也。故其自視以爲。世無孔子。不當在弟子之列。而每以孟子自比者。夫豈無所見而然歟。愈之言則善矣。然性之品有三。亦未知其所以然也。迨我本朝關洛之學。發明孔孟不傳之遺旨。曰。性卽理也。天下之理。原其所自。未有不善。又曰。人生氣稟。理有善惡。又曰。形而後有氣質之性。善反之則天地之性存焉。然後聖賢之意坦然明白。而諸子異端始無所容其喙矣。學者知理之無不善。則當加存養之功。知氣質之有善不善。則當施矯揉之力。務本之學。未有急于此者。漢陽軍學。

敬說

古人論爲學之方多矣。自程子始專以敬爲言。近世朱張二先生復申其說。至于爲箴以自警。朱先生于大學之書。首言小學之學惟敬足以補其缺。裒集程門之語。如所謂主一無適。常惺惺法。整齊嚴肅。收斂身心。不容一物者以明之。其說詳且密矣。然爲學而必主于敬。與主敬之必有其義。諸說既各不同。而其說亦未易曉。是以學者雖知主敬之切于爲學。而莫有能用功于敬者。則亦其説之有未明也。人稟陰陽五行之氣以生。其爲是氣也。莫不爲有是理。人得是氣以爲體。則亦具是理以爲性。又必有虛靈知覺者存乎其閒以爲心。事物未接。思慮未萌。虛靈知覺者感而遂通。一寂一感。而是理亦爲之寂感焉。使夫虛靈知覺者常肅然而不亂。烱然而不昏。則寂而理之體無不存。感而理之。用無不行矣。惟夫虛靈知覺旣不能不囿于氣。而又不能不動于欲也。則將爲氣所昏。爲欲所亂。而理之體用亦隨之而昏且亂矣。此敬之説所由以立也。虛靈知覺。我所有也。吾惟慢怠而無以檢之。則爲氣所昏。爲欲所亂矣。愓然悚然。常若鬼神師父之臨其上。常若深淵薄冰之處其下。則虛靈知覺者自不容于昏且亂矣。故嘗聞之先師曰。敬字之説。惟畏爲近之。誠能以所謂畏者臨之。則不昏不亂可見矣。曰。然則諸説之不同。何也。曰。惺惺者。不昏之謂也。主于一而不容一物撓亂之謂也。整齊嚴肅。則制于外以養其中也。是皆可以體夫敬之意矣。然而不昏不亂者。必先敬而能如此。制于外以養其中者。必如此而後能敬。以之體敬之義。必欲眞見夫所謂敬者。惟畏爲近之也。蓋畏卽敬也。能畏則能整齊嚴肅。整齊嚴肅則能敬。能敬則不昏不亂矣。此朱先生不得不取夫諸説以明夫敬。而又以畏字爲最近也。

易説

雲上于天。需待之象。今而曰。雲上于天。無所復爲。則是兼取于飲食燕樂之義。雲上于天。自爲需待之義。飲食燕樂。則君子處需而得其道耳。九五一爻盡之。非爲無所復爲。取飲食燕樂之義也。

師取畜衆之義。則兵師師衆一也。今曰水不外于地。兵不外于民。則似以兵師師衆爲二義。師卦皆主兵師而言。非兵師師衆本亦一義。旅師亦然。師之爲言衆也。在軍則有師之名。

困言致命。謂委致于天命耳。本義云。猶持以與人而不之有。未明致有二義。有以此召彼之來。兵法致人是也。有自此推之于彼。事君致身是也。大學致知亦然。二義雖不同。或移彼至此。或推此至彼。其義一也。若謂委之命。則非至字之義。故命只爲吾身性命。而致爲推以與人也。

喪禮説

降正義服之中。其取義又有不同者。有從服。有加服。有名服。有報服。

案司服。凡凶事。服弁服。注云。其服斬衰齊衰。疏云。天子諸侯絶旁期。正統之期猶不降。故兼云齊衰。其正服大功亦未降也。大功章曰適婦。既無所指斥。明關之天子諸侯也。如是則爲適孫之婦又當小功也。

衰長六寸博四寸。據注謂孝子哀感之心無所不在。則此衰負版左右辟領四者。惟子爲父母用之。旁親皆不用與。

案記云。婦祔于祖姑。祖姑有三人則祔于親者。祖姑有三人皆得祔于廟。則其中必有再娶者。則再娶之妻自可祔廟。程子張子特考之不詳耳。朱先生所辨。正合禮經也。

至親以期斷。父母加隆三年。祖父母以尊加期。期上殺應曾祖父母大功。高祖父母小功。而俱齊衰三月。傳曰。重其衰。尊之也。減其月。恩殺也。不敢以大功小功之服加至尊也。日月未竟而哀先殺。則是不能終其喪也。內除外除。皆言日月已竟。服重者。則外雖除而內未除。服輕者。則不惟外除而內亦除也。注説失之。

父方持服在家未出而從吉之時。其子或輕而先除。或親盡而無服。以其父方在喪服。哀感未終。不可與于樂也。亦如從父諱于先祖之禮也。次云母有服。妻有服。亦謂方在服制之中。亦隨其降殺。非謂命士而上異宮。父有喪服。子可觀聽音樂者也。

喪禮義但有死三日而斂。若併死日而數。則三日而斂。恐指大斂而不及小斂。惟白虎通義云。天子諸侯三日小斂。大夫士二日小斂。天子諸侯殯葬月日與士不同。則斂日亦當不同。

日記

聖賢之教曰。博學于文。約之以禮。又曰。日知其所亡。月無忘其所能。此録之所以作也。自旦至暮。自少至老。置之坐右。書以識之。文行相須。新故相尋。德進業廣矣。

日記式

一記年月日。　歲次。一行。

一記氣節寒暑雨暘之變。　天運。一行。
一記所寓之地。　所寓。一行。
一記所習經子史集四書多少。　隨力所及。讀書起止。四行。
一記所出入及所爲大事。　出入動作。三行。
一記所聞善言。所見善行。　善言善行。三行。
一記所見賓友。　賓友。三行。

附録

清江劉氏奇之曰。子乃遠器。時學非所以處子也。命受業朱子。先生家法嚴重。乃以白母。即日行。時大雪既至。而朱子他出。因留客邸。臥起一榻。不解衣者二月。而朱子始歸。所至以重庠序先教養。其在漢陽。即郡治後鳳棲山爲屋。館四方士。立周程游朱四先生祠。丁母憂。學者從之講學于墓廬甚衆。朱子作竹林精舍成。遺直卿書。有他時便可請直卿代即講席之語。

直卿後入廬山。講乾坤二卦于白鹿書院。山南北之士羣集聽焉。

先生繼朱子之志。輯六經論孟之言孝者爲一書。釐爲二十四篇。名爲孝經本旨。

先生孟子講義自述曰。幹蒙恩假守漢陽。每念此郡士風簡質渾厚。可與適道。輒誦所聞以與士友講説。爲孟子講義二十章。衰晚愚昧。廢學日久。不足以發明聖賢之藴奥。然孟子之書。明白切至。誦其本文。亦足以使人興起。于此二十章之中玩味而有得焉。則七篇之指可以類推。聖賢之道可以馴致。惟諸友勉之。庶幾異日漢水之濱。將有聖道爲諸儒倡者矣。

朱子語類。直卿告先生以趙友裕復有相招之意。先生曰。看今世務。已自没可奈何。只得隨處與人説得識道理人多。亦是幸事。

又曰。黄直卿會看文字。只是氣象小。間或又有看得不好處。

楊信齋序先生續儀禮經傳通解曰。禮莫重于喪祭。文公以二書屬之先生。其責任至不輕也。先生于二書也。推明文王周公之典。辨正諸儒異同之論。掊擊後世蠹壞人心之邪説。以示天下後世。其正人心扶世教之功至遠也。而喪服圖式。祭禮遺稿。尚有未及訂定之遺恨。後之君子有能繼先生之志者。出而成之。是先生之所望也。抑又聞之先生曰。始余創二禮粗就。奉而質之先師。喜謂余曰。君所立喪祭禮規模甚善。他日取吾所論家鄉邦國王朝禮。其悉用此規模更定之。嗚呼。是又文公拳拳之意。先生欲任斯責而卒不果也。豈不痛哉。

又曰。勉齋先生所修祭禮。本經則特牲少牢有司徹。大戴則釁廟。所補者則自天神地祇百神宗廟以至國事。而祭者如建國遷都巡守師田行役祈禳及祭服祭器。事序始終。其綱目尤爲詳備。

梓材謹案。四庫全書提要于續經傳通解言。黄氏僅修喪禮十五卷。成于嘉定己卯。其祭禮尚未訂定而没。越四年壬午。張虙刊之南康。亦未完本也。

眞西山勉齋祝文曰。惟公之在考亭。猶顔曾之在洙泗。發幽闡微既有補于學者。繼志嗣事又有功于師門。采諸衆言。奉以侑食。英靈未泯。必樂于斯。

袁清容曰。文肅。文公之忠臣也。疑者補之。異者同之。不以一時之辨事而立其黨與見于成書。故其匡輔之功。若文公之于程子。

勉齋學侶

蔡節齋先生淵

詳見西山蔡氏學案。

勉齋同調

應先生抑之

應抑之。臨川人。著天文圖。勉齋宰臨川時刊之。圖有匏瓜星。其下註云。論語吾豈匏瓜也哉。焉能繫而不食。正指星而言。蓋星有匏瓜之名。徒繫于天而不可食。正與維南有箕。不可簸揚。維北有斗。不可挹酒漿同義。黃氏日鈔。

勉齋家學

補黄先生輅

附録

魏鶴山答先生書曰。陳司理欲得極高明三字。但聖賢不説一偏話。極高明必道中庸。惟上蔡在程門中。終是升高上達之意多。

勉齋門人

補 劉先生子玠

雲濠謹案。道南源委以先生爲礪子。名玠。謂其見義必爲有人所難者。

補 侍郎黄先生師雍

附録

爲楚州官屬李全反狀露。先生密結忠義軍别部都統時青圖之。謀泄。青被殺。先生不爲動。全亦不加害。秩滿。朝議褒異。先生恥出史彌遠之門。不往見。史嵩之不終喪。李節章琰及先生共論列之。理宗感悟。勒嵩之致仕。

補 鄉貢黄先生振龍

附録

樂于爲善。聞不善則毅然惟恐浼己。其勇有不可及者。歲大比。眞西山見其文。奇之。擢之前列。自是切磋往復。遂爲深交。嘗曰。三山士友篤實不相負者。吾仲玉也。深悼少年不及親師取友。益加人一己百之功。聞四方賢者。必使其子學焉。聚伊洛諸書。課其子以講習。

補 曾先生成叔

梓材謹案。勉齋狀其行如此。顧未言其從學。惟眞西山所撰墓誌言之。

附録

勉齋答曾伯玉詩曰。白露下百草。迅商薄修林。幽人起長懷。感此節物深。攬衣自徘徊。撫劍還悲聲。丈夫各有志。莫作兒曹心。涉遠當疾趨。畏景須就陰。願言理輕車。去上南山岑。

梓材謹案。此詩選入濂洛風雅。伯玉當卽先生之字。蓋取玉汝于成之理耳。

補 通判鄭先生鼎新

附録

知晉江縣。建問政堂。輯論語書言政治者題于壁。建縣學。孔子廟闢尊道堂。眞西山守泉殊敬重之。

補 提舉李先生鑑

監行藏東庫。遷國子書庫。授都大提管。卒。遺命治喪一以儀禮從事。

附録

居官平易近民。尤曉兵事。嘗督捕贛寇。提兵深入梅州。擒殺陳羅二賊。後梅寇猖獗。授以州符。賊憚其威名遁去。

補 堂長葉淡軒先生士龍

附録

劉後村跋勉齋書卷後曰。初。勉齋名重一世。門人高弟甚衆。既歿。篤守師説不畔者。士大夫中惟陳漳州趙荆門。士人中惟雲叟一二人耳。然則雲叟尤可重也。

補陳先生倫

附録

勉齋答先生書曰。夫學之有志。猶三軍之有帥也。約束既明。申令既審。鼓行而前。有進無退。磨礲乎理義之刃。而斬刈乎利欲之場。先登乎道德之郛。而策動乎聖賢之府。非有志而能若是乎。巽懦怯懾。背公營私。鼓之以仁義。則氣索而不進。脅之以利害。則手戰而情降。氣馬逸而不可收。心地蹙而不可復。非器不利。帥之罪也。然則爲學之方。捨此宜無急者矣。足下居長溪之西偏。裹糧而趨。不五日而至武夷夫子之舍。望洋向若。以觀世之大勇者焉。毋徒下睨污瀆之中。而覬吞舟之獲也。

補李先生武伯

附録

勉齋與李敬子書曰。昨得李武伯在此講切。武伯去。蜀人家本仲來。又得一月相聚。

補葉先生眞

梓材謹案。先生嘗爲學録。林畊叟序其祖拙齋尚書集解後自云。暫攝鄉校。學録葉君。眞里之耆儒。嘗從勉齋遊。其先世亦從拙齋學。與東萊同時。出家藏寫本林李二先生書解及詩説相示。則先生蓋亦三山人也。

楊信齋先生復

直閣陳復齋先生宓

潘瓜山先生柄並詳滄洲諸儒學案。

梓材謹案。劉後村誌黄德遠墓云。中年還里。聞復齋陳公宓。瓜山潘公柄。方興洛學。二公師勉齋者。勉齋師文公者。德遠遂北面執贄于二公。據此則二先生又爲勉齋弟子。

林先生學聚詳見滄洲諸儒學案。

貢士鄭先生文遹別見滄洲諸儒學案補遺。

雲濠謹案。先生與林先生學聚。儒林宗派並列于勉齋門人。

鄭先生适

鄭适字周父。成叔季弟也。慶元己未。成叔遣先生從勉齋學。勉齋與成叔書曰。如昆仲眞讀本分書。實可爲後世法也。勉齋文集。

鄭存齋先生思孟別見滄洲諸儒學案補遺。

堂長黄先生義勇詳見滄洲諸儒學案。

黄做齋先生義明

黄義明字景亮。臨川人。白鹿洞堂長去私之弟也。師勉齋。孝友慈祥。待人如一。自號儆齋。有詩文講義。人物志。

學正曾先生守約

曾守約字維魯。大庾人。慶元鄉薦。慕濂洛開統于郡。師事黄勉齋。以居敬爲本。窮理爲要。充本軍學正。文行著稱。人物志。

曾先生兼善附子天騏。孫順。曾孫魯。順師胡端一。

曾兼善。新淦人。曾子四十七世孫也。能傳黄文肅公之學。爲時名儒。子天騏。軍器監簿。倜儻有大志。常居文信公幕府。又從賈丞相餘慶等奉使于元。全節而歸。天騏子順。字至順。幼與信公從子陞共學。其師胡端一目之爲二俊。元至正中。以茂才舉。歷授饒州路儒學教授。未上。吏部已別選。遂上。時吴文正虞文靖皆稱其賢。順季子魯。字得之。承事郎。祠部主事。博極羣書。而文辭麗蔚。學者師之。尤愛吴文正之書。文正著書滿家。無大無小。一一訪獲之。玩繹未嘗釋手。官至禮部侍郎。其讀書之室曰守約齋。學者稱爲守約先生。宋文憲集。

隱君黄澗西先生崇義

黄崇義字澗西。樂安人。師事黄勉齋。深造自得。聘主汝水書院。兵亂隱居。著周易集説。

理學要語。及澗西文集。人物志。

劉白石先生養浩附子安國。

劉養浩。廣信人。勉齋嘗曰。吾于江東之友得三人焉。曰李敬子。胡伯量。蔡元思。時先生獲得其門。朝夕習益。悉以勉齋之指授者爲標準。寶慶元年。入太學舍法成。淳祐七年。授寧國府教授。後進之士。從之者無虛日。相地于白石山。爲精舍以處學者。祥刑使者建安蔡抗扁之曰白石書院。從學者悉稱爲白石先生。及元。先生子安國緝其齋廡。曰。先君之承先師。曷敢墜替誦聲。履武益廣其舊。後爲湖廣儒學副提舉以卒。清容居士集。

雲濠謹案。先生之名。人物志作養拙。云。受學黃勉齋。得居敬窮理之要。稱其又建義塾。置義山。以贍鄉子弟之來學者云。

梓材謹案。吳文正爲劉編修墓誌云。考諱安國。其仕南雄洛㊀儒學正。既滿。遊□㊁翰林承旨姚公之門。

隱君韓先生永附師鄭集。

韓永字昭父。懷安人。幼刻苦。受業于鄉先生宏齋鄭集。後從勉齋游。其學貫通九流百家。而折衷于經。其文掃去六代五季而欲反之古。開門授徒。師道尤嚴。所知有仕長沙口與同載者。

㊀「洛」當爲「路」。

㊁「□」當作「前」。

先生曰。賈馬皆嘗涉湘。吾將游焉。卒年六十。所著有易説。詩精義。又書釋疑。史斷未脱稿。劉後村集。

雲濠謹案。先生號玉陽。後村又爲宴雲寺玉陽先生韓公祠堂記。

馬先生宗諒附子洪。

馬宗諒。新定人。禮部尚書大同之徒孫也。受業黄文肅之門。修定禮書。親承講貫。子洪。號容堂先生。守牧高其行。以處士之禮禮之。柳待制集。

梓材謹案。先生名一作友諒。迪功郎。見其孫元椿傳。

安撫宋先生慈別見西山眞氏學案補遺。

林先生庚

林先生武合傳。

林庚。林武。□□人。仲則之二子也。從學勉齋于箕山。勉齋爲之改名。名庚以學之字伯明父。名武以行之字仲强父。而爲之序。黄勉齋集。

教授熊古溪先生剛大詳見西山蔡氏學案。

董深山先生鼎詳見介軒學案。

梓材謹案。明一統志言。先生受業于黄榦。得其波緒。

吴準軒先生中詳見雙峯學案。

林先生子牧

林先生子敭合傳。

林子牧。子敭。懷安人。兄弟嘗以父端仲之志從學勉齋。勉齋文集。

曾先生文仲

曾先生魯仲合傳。

曾文仲。魯仲。閩縣人。其父隱君。兄弟相敬如父子。相歡如朋友。先生兄弟刻意問學。而樂從勉齋兄弟遊。其相愛之情猶二父也。勉齋爲賦凡今之人莫如兄弟詩。勉齋文集。

附録

勉齋與二先生書曰。山居閒靜。若不至大段窘束。且宜閉門讀書。縱未能忘應舉。亦宜以一經窮研。少讀精思。博諸説以求其當。其中自有會于吾心。可以受用處。不但徒鑽故紙。涉獵浮泛。卒無所有也。

朱先生鉅

朱先生鈞 並見晦翁學案補遺。

監税楊得庵先生炟㊀ 附師楊溥。

楊炟字□□。長溪人。悦堂先生吏部楫從子也。父迪功郎梓。與吏部同大父。先生幼聞吏部緒言。内以族老畏齋溥。外以黄勉齋爲師。淹貫羣書。于通鑑尤精熟。俯就右選。監漳州税務。俸外一錢不取。遂歸不復出。朔望帥族子弟聽畏齋講四書。仲春祀晦庵勉齋悦堂三先生于家。徹俎行鄉飲禮。著有得庵集五卷。卒年五十八。劉後村集。

梓材謹案。益齋字德淵。勉齋嘗與書言。國博孫不服嫁母之喪之非。見勉齋集。國博卽悦堂吏部也。

李先生修

李修。

周繹堂先生□

周繹堂。佚其名。臨海人。周本心弟子。周潤祖之大父也。嘗師事晦庵高弟黄直卿。潤祖承其家學。後師本心云。台州府志。

㊀「炟」目録作「灼」，劉後村集闕。

王先生□

王□。

儆齋門人

御史饒先生應子

饒應子字定夫。崇仁人。紹定進士。官至監察御史兼崇政殿説書。時江西湖南北皆受兵。詔外兵赴援。先生上疏淮不可弛備。又言洪天錫有犯無隱。監學小臣如徐庚金輩叩閽去國。宜旌異之。累疏丁大全及董宋臣罪。姓譜。

雲濠謹案。劉後村大全集秘書少監饒公墓誌云。公初受業于黄公義明。黄伯仲皆考亭門人。學文于章公節夫。章得之于陳公剛。陳得之于止齋水心。據是。先生之學問淵源可見。

附録

公學以考亭爲師。故正大而該體用。更以止齋水心爲法。故麗密而有風致。與朋友論文析理。滚滚不竭。人人心滿意足。田夫野老亦與之班荆分席。從之遊者。記其言行。自少至老不改度。

勉齋私淑

車玉峯先生若水詳見南湖學案。

陳石堂先生普詳見潛庵學案。

文清袁清容先生桷詳見深寧學案。

教授程林隱先生復心别見潛庵學案補遺。

劉氏續傳

編修劉泉山先生光

劉光字自謙。上饒人。延祐進士。授翰林編修。少承家學。一時名士爭與之游。稱之曰泉山先生。祖養拙受學黄勉齋。得居敬窮理之要。號白石先生。光因創白石書院。祀朱文公。而配以勉齋。又建義塾。置義山。以贍鄉子弟之來學者。朝廷嘉其行誼。旌表其門。人物志。

馬氏續傳

山長馬先生元椿附弟元壽。子泰之。申之。

馬元椿字景莊。建德人。迪功郎友諒之孫。處士洪長子也。年三十。郡太守察其孝廉。舉之外。宰相以爲丹陽書院山長。君不忍違去處士左右。不就辟。後廿年。使者行部至郡。聞馬氏故國世家。有賢父子。將就見。而處士年已八十餘。遂以賓禮見先生。薦用之。先生曰。向也吾且不可。今可一日去而從政乎。使者高其節。不敢强。舉其子泰之茂材。先生有弟元壽。爲桐川校官。以卒。處士哀之。至累日不食。先生委曲寬譬。卒爲之開釋。樂其養焉。後三年。處士卒。又七年。而先生卒。年六十一。子泰之。武昌路儒學教授。申之。信州路弋陽縣儒學教諭。道園學古録。

王氏續傳

王先生肖翁

王肖翁。金華人。教授南康。實通攝白鹿洞書院之事。能親行田。視其肥磽。去取之。故所得皆上壤。其大父師勉齋黄氏。道園學古録。

周氏續傳

隱君周紫巖先生潤祖詳見北山四先生學案。

宋元學案補遺卷六十四目録

宋元學案補遺卷六十四

後學 鄞 王梓材 慈谿馮雲濠 同輯

潛庵學案補遺

朱呂門人

補 朝奉輔傳貽先生廣

潛庵詩説

哀樂。情之發也。心不宰焉。則流于傷與淫而不自知矣。關雎之詩。感于性。發于情。而宰于心者也。其形于聲詩。播諸音樂。皆得其和且正焉。

薄污薄澣者。不爲甚飾之辭。害澣害否者。又見其不苟之意。勤儉孝敬。固婦人之懿德。又能不以勢之貴富。時之久遠。而有所變遷焉。則尤見其德厚有常。而人所難及也。

樛木三章。皆有淺深。其美也無夸辭。其禱也無侈説。此又可見衆妾性情之正也。文王之時。固多賢者。兔罝特言武夫者。見其無所不備也。

未見君子。惄如調飢。思望之情也。既見君子。不我遐棄。喜幸之意也。雖則如燬。父母孔邇。慰勉之詞也。未見而思。既見而喜。發乎情也。終勉之以正。止乎禮義也。此可見其情性之正矣。

專靜純一。婦人之庸德也。后妃惟有幽閒貞靜之德。故既得之也。則琴瑟鐘鼓以樂之。夫人惟有專靜純一之德。故其未歸也。則百兩之車以迎之。此詩之意。如周南之有關雎者。説得最好。便見周公當時集此二南詩意。蓋欲人知夫治國平天下之道自脩身齊家始也。

采蘩以供祭。未齊以前事也。

采蘋所用有常器。每事必躬親。先後有次序。皆嚴敬老之所爲也。嚴敬則自然整飭如此。前章室家不足。責之以禮也。此章亦不女從。斷之以義也。貞女之志。守禮執義如此。則被化而成德者深矣。

不我以。不我與。不我過者。欲也。其後也悔。其後也處。其嘯也歌者。理也。從欲者躁急而褊狹。復禮者安舒而和樂。從欲而悔。循理而樂。則得其性情之正矣。

蒐田乃有國之常禮。南國諸侯舉行其禮。而詩人述其事以美之。夫草木之茂。禽獸之多。蓋必時和歲豐封植蕃育之所致。且壹發而已。行其禮而不逞其欲。此詩人所以詠歎其仁也。夫物生茂盛。而諸侯于田獵之際。又能體文王之德。眞若騶虞自然之仁焉。則周家之王道。豈不成全于此哉。

乎哉。

莊姜始則思法古人。以求無過。既又因古人之事。而知其先得我心之所同然者。可不謂之賢

泉水四章。思歸寧者。思之正也。謀及姪娣。謀之正也。恐害義理。而卒于不歸。事之正也。始終一出于正。雖賢士且難之。况婦人乎。

道卽是理。理卽是命。以道制欲則能順命。去其人欲則能循乎天理矣。

谷風與氓。二詩皆怨。然谷風雖怨而責之。其辭直。蓋其初以正也。氓之詩則怨而悔之耳。其辭隱。蓋其初之不正也。嘗謂二詩皆出于衛之婦人。其文詞序次雖後世工文之士所不能及。然攷其行則一賢一否。如是之不同。所謂有言者不必有德。豈不信哉。

讀詩者可以怨。則詩人固無忿懟過甚之詞。然予讀王風。則見其怨詩尤爲平和。此可見周人之風俗也。雞鳴前兩章。但述賢妃儆畏之誠。至末章。方極其情意以致戒。詩人其亦善于形容諷諫者哉。非誠意有以感之于先。則亦豈能使其君聽信之也。

厭小而務大。田甫田者也。妄作者之所爲也。忽近而圖遠。思遠人者也。妄想者之所冀也。妄作則事不遂。妄想則心徒勞。

葛生前三章。人情之常也。後二章。唐風之厚也。大序所謂發乎情。民之性也。止乎禮義也者。是詩可以當之矣。

心無二用。志于大者必遺于小。溺于小者則亦無暇于大矣。檜君方冥行而不覺。而詩人則爲

之憂勞傷悼。若不能以一朝居。夫人之心。其初本同。而末流之弊。相去如此遼絶。豈不哀哉。

人之有知。所以爲萬物之靈也。有家有室。所以異于物也。今也政煩賦重。不堪其苦。反歎不如物之無知無家焉。則不樂其生甚矣。何爲使之至此極。爲人上者。宜所覺矣。

七月一詩。不惟見當時風俗之厚也。夫后稷先公之世。去周公亦遠矣。而能體其民如此。則當時之民痒疴疾痛。周公又豈有不體之者乎。所謂惟君子爲能通天下之志。而聖人之心能合天下爲一體。通古今爲一息者。周公之謂矣。

成王之疑不釋。則周之爲周未可知也。此詩詞哀意切。至爲禽鳥之語以感動之。不啻如慈母之誥教子弟而蘄其悔悟。仁之至。義之盡也。

東山之詩。周公能得歸士之心也。破斧之詩。歸士能得周公之心也。所謂上下交而其志同者也。我心傷悲。既述其私恩之不能忘。不遑啓處。又述其公義之不可已也。此所謂天理人情之至也。

行師之道。始出則尚嚴肅。既歸則尚和樂。故出則有誓。而歸曰凱還。出車前三章則如秋霜之肅。後三章則如春風之和。如此然後謂之王者之師。

言。心聲也。言出于心。則有根源。合義理。今言之好醜皆不出于心。而但出于口。則其爲害豈有既哉。

直道而盡言者。則得罪于其君。巧言以徇人者。則見怨于其友。蓋朋友以相切磋爲道。若枉道以從君。則朋友必見棄絶矣。

酗酒者必昏肆。惟肅敬通明之人。則雖醉而能温恭自持以勝彼。昏不知正與通明者相反也。昏亂于酒。則自喪其威儀。故相戒各自敬謹。我身之威儀。天命不又。蓋言不可恃天命之常如此。會有禍亂生也。人能敬我身之威儀。則能敬天矣。天豈在外哉。此義精矣。

容則德之符也。言則德之發也。都人士容言如是。則其德可知。

微賤之臣。奔走行役。道遠而勞。甚至爲鳥言以自比。而求所託焉。固仁人君子所宜動心也。世之治也。行者之勞未嘗自言。而上之人則汲汲然以言其勞之可念。世之亂也。上之人未嘗念其勞而言之。而行者則自言其勞苦而不置焉。夫使勞者自言。而上之人不加恤焉。烏在其爲民之父母也。

敬之一字。聖學之所以爲始終者。又可見于文王之詩。二程先生挈出此一字以教後學。其有功于聖學多矣。學者舍是。無以爲進德之階也。

大難之來。雖聖人有所不能免。特處之有道耳。故言其大難。雖不能殄絶之而使無。而在我光大之德終無瑕玷焉。此樂天之事。非聖人不能也。

人心一有畔援歆羨。則流于私欲。凡所云爲。必不能先知先覺。又焉能有所濟乎。況于用兵行師之際。情欲易縱之時。而二病不去。幾何而不流于窮黷也哉。

兄弟親戚。恩意本厚。其所以至于薄者。只緣相遠而相疏故耳。若常使相近相見。情意浹洽。

則相親相敬。相與燕樂。其于肆筵授几之事。自然有不容已者矣。德與威儀。内外之符也。哲與愚。德性之反也。觀賓之初筵之詩。則當時習俗都無威儀可知矣。此所以有靡哲不愚之歎也。

人心操則存。舍則亡。天理存亡。只在敬肆之閒。須當于暗室屋漏之中。不睹不聞之際。常若十手所指。十目所視。兢兢業業之心。不可有一息之閒斷方可。所以如此者。蓋鬼神體物而不遺。洋洋乎如在其上。如在其左右。其至也尚不可測度。況可厭射之乎。惟不敢有所厭射。則此心自無閒斷。

衛武公可謂老而好學不厭者也。其所以至于睿聖者。蓋本于此。詳詠武公之事。又知人心之危。一或懈怠。則非心邪念將乘閒抵巇而入之矣。其所以戰兢自持者。蓋不可一息有所閒斷也。一詩之中。曲折次第。惟篤志力行者當自知之。

順理之君。民尊鄉之。以其能用賢也。蓋操持其心。而不爲私意所乘。廣詢博訪。必盡衆人之見。重加攷擇。而謹愼以用之。獨言相者。舉重者言也。能擇一相。則所用無不賢矣。用賢則民皆有定志。用不肖則民皆眩惑狂亂奔競以圖進矣。

大抵君子之所爲必光明。小人之所爲必隱暗。君子之所行必高潔。小人之所行必污穢。光明高潔卽所謂善道也。

威儀者。君德之符。文武者。君德之備。

不敢康。戒謹恐懼也。不宏則體不盡。不深則見不徹。不靜則不能到沖漠無朕處。不密則不能到萬象森具處。宏深。陽之德也。靜密。陰之德也。合是二德。則能承藉乎天之命我者矣。夙夜無閒斷也。能夙夜基命宥密。則能繼續光明文武之業而盡其心。才有閒斷。則文武之業便有蔽昧處。而己之心亦不能盡矣。天命也。文武之業也。己之心也。天下之安也。皆是一統底事。

不聰。知有所不及之事。不敬。行有所未至之事。成王自知其知與行皆有所未至。故日就月將。學有緝熙于光明。所以自責于己。佛時仔肩。示我顯德行。所以外資于人。責于己者盡。資于人者廣。則大學明明德以至于平天下之事。庶乎其可及矣。故先生嘗語學者曰。詩中說得學有緝熙于光明。此句最好。蓋心地本自光明。只被利欲昏了。今所以爲學者。要令其光明處轉光明。所以下緝熙緝如緝麻之緝。連緝不已之意。熙則訓明字。心地光明。則此事有此理。此物有此理。自然見得。且如人心何嘗不光明。只是才明便昏了。

潛庵禮記說

脩者。周人繼三代之禮。而兼取其善者。以爲一王之禮也。王制。

父没母存。食則獨矣。恐母心之傷也。故冢子御食焉。

井滆一定。故言不共。寢席衣衾可移易。故言不通。無燭則止。自防者至矣。

子曰。愛之能勿勞乎。勤勞之事。若遽止之。是姑息之愛也。子婦未孝未敬。勿庸疾怨。敷教在寬也。子婦放逐。不得已也。不表禮焉。是猶有不忍之心也。舅没則姑老。有婦可以傳家事矣。然祭祀賓客。禮之大者。亦必請命于姑。然後從事。夫然後婦姑各得其宜。介婦不敢敵耦于冢婦。必如是而後冢婦之志行而家事宜。不以貴富入宗子家。此不專爲宗子。于父兄宗族皆不可也。醴士而不及射人。士。負我者也。射人。我所使也。固不可同矣。諸母則擇之。乳母則卜之者。豈非性情之發。尚猶可見。而氣血之相宜。有不可知者耶。妾生子。而禮之如始入室。特餕以寵之。然其分不可得而易也。襦袴下服。不用帛。然則上服猶用帛也。禮帥初者。前已教之遜讓。禮之端也。朝夕學幼儀者。則至是不容有暇也。有暇則又請習簡諒矣。博學不教。内而不出。獨善而已。博學無方。孫友視志。則善足以及人矣。以上内則。于其疏者。苟不及焉。則其餘不足觀矣。親亡而澤猶存。惟篤于孝者覺之。上爲疏節。而此爲至性也。玉藻。

親親。仁也。逆而上之則漸輕。故至于祖名曰輕。尊尊。義也。順而下之則漸重。故至于禰名曰重。輕則緦麻三月。梓材案。當作齊衰三月。重則斬衰三年。一輕一重。非人之所能爲也。君有合族之道。親親。仁也。族人不得以其戚戚君位。尊之義也。上所行者仁。下所守者義。以上大傳。

教之樂。所以養其德也。而曰能從樂人之事者。謹辭也。教所以正之也。猶言能受教于樂人。未能受教于樂人也。且示不敢忘教。

交際以禮相示。故以容貌之恭爲主。祭祀以誠感格。故以內心之敬爲主。行軍之道。以臨事而懼。好謀而成爲上。思險。謂臨事而懼。慮敗不慮勝也。隱情以虞。謂好謀而成。且兵事露則不神也。以上少儀。

示敬道。所以使之立爲學之誠。官其始。所以使之知教者之意。學者之誠立。教者之意明。然後可以教。故孫其業。使之有受道之質。然又慮其怠也。則又收其威。使之有勉强之意。又慮教者之亟。而不俟夫學者之自得也。故又五年一視學。使學者之志優游而無迫急之患。時觀而弗語。使學者之心常存而有憤悱之誠。上無迫切之教。下有憤悱之誠。則不患乎人之不自得已。夫教者固不可亟。而學者亦不可以有亟心也。故又終之以學不躐等焉。此其倫序也。七者皆所以正士之志。士而正其志。則官而能其事矣。學記。

形于天地則先禮而後樂。蓋有序而後和生焉。形于四時則又先樂而後禮。蓋氣和而後樂成焉。

鄭氏以爲。舜歌父母之德如南風。家語所載之辭。則以爲解民愠。阜民財。疑家語所載必有所據。南風長養萬物。猶人君長養萬民。舜爲天子而歌此以爲樂。則諸侯之君民者。亦當法舜之德。體南風之意。以長養其民。故夔因其歌而寫之于金石絲竹。當時諸侯有養民之德者。則以樂賞之也。

人生而靜。天之性也。感于物而動。性之術也。咨嗟咏歌。手舞足蹈。性術之變也。過此則淫放。故曰盡于此矣。形而不爲道。則鄭衛之樂是也。道謂宣其和樂之意。中聲之所止。故足樂而不流。君子于是語。于是道古。則文足論也。不息謂意味深遠。言之不能盡也。樂易失之放。有放心則邪氣應焉。以上樂記。

以一祭言之。則始爲來而終爲往。以一歲言之。則陽爲來而陰爲往。

存雖若存于内。著雖若著于外。然誠不可以内外言。故終之以著存不忘于心。

一息不敬則絶于理。絶于理則辱其親。志有所至。謂思念于親必極其至。

德與天同。然後能饗帝。心與親一。然後能饗親。内直之謂敬。盡己之謂忠。内直則外自齊。盡己則盡人無不順。立以身言。故曰詘。進以貌言。故曰愉。薦以心言。故曰欲。退而立。如將受命。誠敬屬屬乎進退之閒也。已徹而退。有敬齊之色。誠敬屬屬乎終始之際也。色非可以僞爲也。以上祭義。

養在事。孝在心。

必受其福。以理必之。世所謂福。則不可必也。名猶名言之名。猶言備者百順之謂而已。内盡于己。外順于道。則仰不愧天。俯不愧人。内不愧心。心安體胖。是賢者之所謂福也。

依于道。志以道寧也。依于禮。非禮不動也。精明。我之神明也。神明。我之精明也。極其致。則我與神非貳也。故曰微之顯。誠之不可揜如此夫。以上祭統。

冕而親迎。躬親之也。躬親之者。所以致其親愛之意也。是興敬所以爲親也。彼以褻爲親者。未要其終也。唯敬以爲親。則愛得其正。故能愛興敬。則夫婦別。父子親。君臣嚴矣。而大昏又其總也。哀公問。

行禮雖在人。而所謂人者。必興于詩。成于樂。厚于德。然後可。不然。非所謂人也。仲尼燕居。

仁者。禮樂之本原也。此非至仁而以天下萬物爲一體者不能。惟仁故可以作民父母。不違。持其志無暴其氣。既得則志帥氣而氣充乎體。既從則養而無害矣。以上孔子閒居。

上酌民言則上敬其下。下天上施則下尊其上。古人惟民是畏。信則使民之可行。讓則制行不以己。故民尊君如天。盡敬事之誠。

養而不敬者有之矣。未有敬而不養者也。以上坊記。

輔漢卿語

灑然冰解凍釋。是功夫到後。疑情剥落。知無不至處。知至則意誠。而自無私欲之萌。不但無形顯之過而已。若只是用意持守。著力遏捺。苟免顯然悔尤。則隱微之中何事不有。然亦豈能持久哉。意懈力弛。則横放四出矣。今曰學者須常令胸中通透灑落。恐非延平先生本意。

梓材謹案。此輔先生論胡季隨湖南答問語。朱子以爲此説甚善。

附録

朱子答先生書曰。漢卿身在都城俗學聲利場中。而能閉門自守。味衆人之所不味。雖向來金華同門之士。亦鮮有見其比者。區區之心。實相愛重。但恨前日相見不款。今又相去之遠。無由面講以盡鄙意。更幾勉力。卒究大業。

朱子答吕子約書曰。風色愈勁。精舍諸生方幸各散去。今日輔漢卿忽來。甚不易。渠能自拔。向在臨安相聚。見伯恭舊徒無及之者。説話儘有頭緒好商量。非德章諸人之比也。

朱子語類曰。先生謂廣看文字傷太快。恐不子細。雖是理會得底。更須將來看此不厭熟。熟後更看。方始滋味出。

又曰。先生又謂廣見得義理雖稍快。但言動之閒。覺得輕率處多。子曰。仁者其言也訒。仁者之言。自不恁地容易。謝氏曰。視聽言動不可易。易則多非禮。須時時自省覺。自收斂。稍縱則失之矣。

又曰。先生多有不可爲之歎。漢卿曰。前年侍坐。聞先生云。天下無不可爲之事。兵隨將轉。將逐符行。今乃謂不可爲。曰。便是這符不在自家手裏。或謂漢卿教訓似主靜坐澄靜之語。漢卿云。味道煞篤實云云。先生曰。靜坐自是好。近得子約書云。須是識得喜怒哀樂未發之本體。此語儘好。漢卿又問。前年侍坐所聞。似與今別。前年云。近方看得這道理透。若以前死卻。亦是枉死了。今先生忽發歎。以爲只如此不覺老了。還當以前是就道理説。今就勳業説。先生曰。不如此自是覺得無甚長進。于上面猶覺得隔一膜。

黄勉齋復先生書曰。昨所喻性無善惡。心有善惡。榦以爲性亦可謂之有惡者。蓋因明道惡亦不可不謂之性而發。蓋天地之閒。只是箇陰陽五行。其理則爲健順五常。貫徹古今。充塞宇宙。捨此之外。別無一物。亦無一物不是此理。以人心言之。未發則無不善。已發則善惡形焉。然原其所以爲惡者。亦自此理而發。非是別有箇惡與理不相干也。若別有箇善惡與理不相干。又卻是有性外之物也。易以陰陽分君子小人。周子謂。性者剛柔善惡。君子小人不同而不出于陰陽。善惡不同而不出于剛柔。蓋天下未有性外之物也。人性本善。氣質之稟。一昏一明。一偏一正。故有善惡之不同。其明而正者。則發無不善。昏而偏者。則發有善惡。故其所以爲惡者。亦自此理而發也。故曰惡亦不可不謂之性也。然人性本善。若自一條直路而發則無不善。故孟子不但言性善。雖才與情亦皆只謂之善。及其已發而有善有惡者。氣稟不同耳。然其所以爲惡者。亦自此理而發。故惡亦不可不謂之性。孟子所謂莫非命也。程子所謂思慮動作皆天也。張子所謂莫非天也。陽明勝則德性周。陰濁勝則物欲行。亦是此意。張子曰。論氣不論性不明。論性不論氣不備。故知性之本善。又知善惡皆性。然後明且備也。

眞西山跋先生家藏朱文公帖曰。嘉定初年。識公都城。容止氣象不類東南人物。話言所及皆諸老先生典刑。私竊起敬。當時達官貴人有知公者。舉措少不合物情。公輒盡言規戒。會中執法新受命。遂劾公。然在朝時未知所坐果何事。後二十餘年。乃見公上政府書一通。其論是非成敗。至今亡一語弗驗。嗚呼賢哉。宜其爲文公所重也。

袁清容總序先生語孟答問曰。梅幼承父師。獨取黄輔二先生之書而讀之。黄公之書嘗輔翼其未備。若可疑者。則以昔之所聞于先師而申明之。至于輔公。則直彰其義。衍者隱之。幽者暢之。文理炳著。不別爲標的。以盡夫事師之道。微文小義簡焉。以釋經爲急。而其知行體用之説。不蘄合而有合矣。

朱明所公遷自序詩傳疏義曰。諸家自立異者不論。惟輔氏羽翼傳説。條理通暢。甚有賴焉。而多冗長不修。亦時時有相矛盾者。且或傳之。約者與之俱約。微者與之俱微。猶若未能盡也。小子魯鈍膚末。何足與言。間因輔氏説而擴充之。剖析傳文。以達經旨。而于未發者。必究其藴。已發者。不羨其辭。庶幾乎微顯闡幽之意。而因傳求經不難也。

王華川曰。輔氏童子問。其説多補朱傳之未備。

雲濠謹案。四庫全書著録先生詩童子問十卷。提要云。是編大旨主于羽翼詩集傳。以述平日聞于朱子之説。故曰童子問。其説多掊擊詩序。頗爲過當。又云。陳啓源毛詩稽古編。糾其註周頌潛篇不知季春薦鮪爲月令之文。誤以爲序説而辨之。誠爲疏舛。蓋義理之學與考證之學分途久矣。輔氏作是書。意自有在。固不以引經據古爲長也。經義考載是書二十卷。蓋與集傳合編云。

潛庵學侶

蔡節齋先生淵詳見西山蔡氏學案。

潛庵家學

輔先生季章

輔季章。潛庵子。嘗刻潛庵論語答問于武岡。袁清容集。

雲濠謹案。眞西山跋輔漢卿家藏朱文公帖云。其子文甫。來官于閩。以考亭書帖見示云云。則文甫其字也。

潛庵門人

補文清董槃堂先生槐

附録

黄東發讀禮記大學曰。大學自二程先生更定。至晦庵先生章句益精矣。獨所謂傳之四章。自聽訟吾猶人以下。釋本末云。下有闕文。傳之五章。釋致知云。上有闕文。是以功夫次第大備之閒。猶有文字闕失未滿之恨也。辛酉歲。見董丞相槐行實載此章。謂經本無闕文。此特錯簡之釐正未盡者耳。首章明德新民至善三句綱領之下。卽繼以欲明明德以下條目八事之詳。此經也。自知止而后有定。定而后能靜。靜而后能安。安而后能慮。慮而后能得。物有本末。事有終始。知所先後。則近道矣。此謂知本。子曰。聽訟。吾猶人也。必也使無訟乎。無情者不得盡其辭。大畏民志。此謂知本。此謂知之至也。古正係釋致知在格物。不待別補。今錯在首章三句之下耳。

端明鄭先生寀父□。

鄭寀字載伯。福安人。父□。學博文高。爲鄉先生。先生登紹定進士。官至端明殿學士同簽書樞密院事。弱冠時。聞嘉興有輔先生者。爲朱門高第。負笈往見。盡以所聞于文公者傳焉。又謁陳先生于北溪。多所論質。僑浙右三十餘年。與蔣重珍善。袁蒙齋甫。陳和仲塤。皆雅重焉。故理學尤粹密。每于諫書講卷發之。著有北山遺稿。劉後村集。

附録

歷殿中侍御史。奏劾王瓚龔贊先胡清獻。鐫秩罷祠。皆從之。

遷侍御史。疏言。比年以來。舊章寖廢。名器之輕。莫此爲甚。蓋事變無窮。而名器有限。使名器常重于上。斯人心不敢輕視于下。非才而罔功者。不得覬幸于其閒。則負慷慨之氣。懷功名之願者。陛下始可得而鼓舞之矣。

輔氏續傳

輔先生政附子友仁。

輔政。潛庵先生從孫也。與其子華亭丞友仁相與謀曰。遺書不傳。吾輔氏子孫責曷敢緩。遂刻先生之書于家塾。袁清容集。

文清門人

趙先生時錡

趙時錡字元鼎。宣祖十世孫。居于莆田。少工聲律。擢淳祐辛丑第。歷象州法曹。容州判官。廣東提刑司檢法官。仕所至有聲。尤爲榘堂董公所知。改宣教郎知閩縣卒。劉後村集。

文清所舉

劉先生元剛

劉元剛字南夫。一字南强。號容齋。吉水人。治毛氏詩。早爲鄉校知名士。嘉定十六年。登進士第。調静江軍節度推官。丁外艱。服除。差江州教授兼濂溪書院山長。自董丞相槐江丞相萬里以下。舉親民五員。淳祐五年。班見。以通直郎知崇仁。縣政以理。十年。通判鄂州。董丞相當國。入爲左藏東庫。時將薦先生試館職。會丞相去。不果。出爲泰州添差通判。景定元年。差知昭州。二年卒。平生居官。所至清謹。家無餘貲。蕭然環堵。四方學者。執經問字。相繼于門。先生誘掖懇懇。不啻父兄之遇子弟。登第垂五十年。郡縣官吏知敬先生。不見其可畏。出入不設車。徒聞步行井陌中。不以爲苦。甘心屢空以至死而不悔。著有詩書孝經論語孟子演義。詞科類稿。容齋雜著。家庭漫録若干卷。文文山集。

附録

官昭州守。眞西山見其文。亟稱之。

理宗嘗立貪廉二碑。先生居廉碑第四。

侍郎孫先生夢觀附兄因。

孫夢觀字守叔。慈溪人。寶慶三年進士。歷武學諭。知學國府。董丞相槐召還。帝問江東廉史。首以先生對。乃遷司農少卿兼資善堂贊讀。有爲公論所指目者。除職予郡。先生奏謂。王安石欲去熙寧之君子則名以流俗。京卞欲去元祐之君子則名爲邪黨。秦檜欲去紹興之君子則名以異議。李沐陳賈欲去慶元之君子則名以僞學。當今復唱虛議。欲盡去更化以來所收召之君子。非所以爲世道計。累遷國子祭酒。權吏部侍郎。奏事抗論益切。以集賢修撰知建寧府。郡人徐清叟蔡抗以爲有循吏風。兄因。與先生同登進士。有文學。仕至朝請大夫。慈溪縣志。

余氏門人

補 宗學王先生文貫

王貫道春秋説

周凡三求。求賻以平王崩。求車以桓王將崩。求金以襄王崩。皆以喪事之有闕。賻賵之不供也。魯不盡臣子之職。致周王下求。謂魯秉禮。可乎。隱三年秋。武氏子來求賻。

許田。魯朝宿之邑。近許而鄰于鄭。有滎洛汝潁浸灌之利。鄭莊久欲得之。故以祊歸之。取宋之郜防以予之。得許而讓。凡皆以報隱公之欲。而冀許田之得也。隱公雖受祊取防郜而辭許。鄭無得而强之。隱没而桓以簒立。急于結援自固。故許田卒爲鄭所得。桓元年。鄭伯以璧假許田。

郜鼎。郜以祭其祖之器也。宋不可取之郜。魯不可取之宋。桓二年。夏四月。取郜大鼎于宋。

桓公重于治楚。若狄患止于河北。不過應之。未嘗動大衆。此管仲所以請之而後救。閔元年。齊人救邢。

桓公倡伯。徐亦取舒以叛楚。使齊有以保全之。遠近懷服。楚何能爲。惜乎婁林之不救。僖三年。徐人取舒。

桓公怒蔡。因以爲名爾。且蔡不與中國盟會已二十餘年。亦罪矣。因諸侯之師。震而潰之。

遂事伐楚。如破竹然。不與楚角力。而示之以形勢。以全取勝。桓之功偉矣。僖四年。王正月。公會齊侯宋公陳侯衛侯鄭伯許男曹伯侵蔡。蔡潰。遂伐楚。次于陘。

來盟于師。楚有盟心。退盟召陵。齊有盟禮。從容不迫。春秋之盟。未有懿于此者。楚屈完來盟于師。盟于召陵。

首止之盟。齊侯從義不從會也。逃歸。鄭伯從會不從義也。僖五年。秋八月。諸侯盟于首止。鄭伯逃歸不盟。

遂救許則許國解。安得面縛見楚之事哉。左史楚人。辭多右楚。失之誣爾。僖六年。秋。楚人圍許。諸侯遂救許。

前所圍鄭新城。卽齊賜申侯之虎牢。僖八年。盟于洮。鄭伯乞盟。

哀姜之惡。僖公不敢致其主于廟。遲之八年。大舉禘祭。因而致焉。秋七月。禘于太廟。用致夫人。

宰孔先歸。諸侯自盟。尊冢宰也。僖九年。諸侯盟于葵邱。

杞病于夷。雖賴齊桓城之。僅安。然幾于非國。故降伯而以子自貶。僖二十三年。冬十有一月。杞子卒。

釁自秦啓。曲不在晉。使襄公懷先世之恩。反拘尋常。則晉不可繼霸。而秦橫矣。僖三十三年。晉人及姜戎敗秦師于殽。

鼷鼠。甘口鼠也。噬人畜不知痛。成七年鼷鼠食郊牛角。

三國成師以出。不以伐而以侵者。正避鄭之喪也。晉悼公豈伐喪者哉。襄二年。晉師宋師衛甯殖侵鄭。

楚取彭城。欲以梗晉。晉滅偪陽。則楚不得而問彭城。偪陽歸宋。故楚連鄭師以伐宋。去年秋。秦嘗乞楚兵以侵晉。而楚爲之援。今晉師伐秦。亦悼公制楚之規模也。襄十年。楚公子貞鄭公孫輒帥師伐宋。晉師伐秦。

城虎牢不繫之鄭者。時鄭從楚。中國取其虎牢而城之。爲中國守險以制鄭。非爲鄭而城之也。戍虎牢而繫之鄭者。時鄭已從晉。中國恐楚伐鄭。故置兵守衛以拒楚。是爲鄭而戍之也。戍鄭虎牢。

孛非星名。沴氣所發孛孛然。大辰非火。蓋角宿正屬辰。天道起東方。角宿尊。故曰大辰。辰爲鄭。旁及卯。卯爲宋。餘氣及漢爲陳衛。故四國當之。昭十七年。冬。有星孛于大辰。

昭子之卒。則曰天之棄魯。叔詣之卒。又曰無公天命也。季氏之無君無天。于斯爲甚。昭二十九年。夏四月庚子。叔詣卒。

齊取鄆居公。鄆畏齊。不敢叛。既舍齊而之晉。故鄆亦叛之。自此一邑亦無有而終于乾侯矣。悲夫。冬十月。鄆潰。

以小事大。謂之畏天。胡以小犯大。而反諉存亡于命。是紂謂我生不有命在天也。紂且不免。況胡乎。定十五年。楚子滅胡。以胡子豹歸。

宋景伐曹。執小邾。欲圖伯也。齊景伐宋。欲抑宋而代晉爲伯也。然齊景髦矣。妄圖何能爲。哀五年。夏。齊侯伐宋。

魯爲吴伐。盟于城下。今又會吴伐齊。是不能令而受命也。僖與宣嘗用楚伐齊。今哀又會吴伐齊。用楚伐齊。猶借之以釋憾。今會吴伐齊。直爲吴之役而已。助夷賊夏。魯周公伯禽之風于是掃地。哀十年。公會吴伐齊。

梓材謹案。先生春秋傳。經義考云佚。此則録之黄氏日鈔者。

附録

黄東發讀論語曰。震自幼蒙先父之教。常讀晦庵論語。長師宗諭王貫道先生。見其朝夕議論。常不出晦庵論語。謂晦庵讀盡古今注解。自音而訓。自訓而義。自一字而一句。自一句而一章。以至言外之意。透徹無碍。瑩然在心。如琉璃然。方敢下筆。一字未透。卽云未詳。震自此益信受。誦讀但知喜悦。而不能宣諸口。

薛先生與之附子璡。

薛與之。鄞人。衡州使君□□諸孫也。爲余訥庵壻。訥庵之女年二十五始嫁。嫁二年卽寡。立志守。誓弗去。訥庵門人有擢第求婚者。則曰。孀居。命也。否者吾夫不死矣。有勸者曰。今嫁。嫁官人。非前比也。則曰。不得爲官人妻。亦命也。否者吾夫當擢第矣。教子讀書。井井就條。有男子所不及。子璡。進義校尉許浦都總司計議官。號漫翁。黄東發文集。

輔氏所傳

補寺簿韓恂齋先生翼甫

雲濠謹案。道南源委云。韓學出輔廣。廣。朱門高第也。又案。先生之號。黄文獻爲安陽墓誌作詢齋。

陳先生著詳見東發學案。

莊節師承

徐先生天祐

徐天祐字受之。□□人。穎悟夙成。以父任爲將仕郎。銓試爲詞賦第一。注歸安尉。中進士第時。年尚英妙。爲大州教授。日與諸生講經義。聽者感發。德祐二年。以文林郎國子監書庫召。不赴。退歸城南。杜門讀書。與人交。終不變。四方學者至越。必進謁。先生高冠大帶。議論卓卓。見者咸以爲儀刑。姓譜。

梓材謹案。先生爲韓莊節婦翁。黄文獻誌莊節墓言。先生號賢有德。與莊節自爲師友。不敢待以尋常子壻之禮云。

王氏門人

補知軍汪先生元春

雲濠謹案。東發文集有先生行狀云。公少穎悟好學。受詩于太學余先生正君及宗學諭王先生貫道。二先生四明詩學淵源所自。從之遊者常餘百人。公獨每爲稱首。是先生早從余氏遊。行狀又言。震于公。里下士也。亦登宗諭王先生之門。而公先一行。不同時。是文潔之從王氏。後于先生。而同在王門。狀尾自署曰門生。蓋言同門生也。

附録

公英爽不羣。剛正而能濟之以和。少刻苦自立。終身無所附麗。而人有片善寸長。推轂恐後。爲人謀忠。而委曲繾綣有情味。故時譽多歸之。除諸王宫大小學教授。咸淳元年。輪對言。先皇帝四十餘年憂勤。僅收一戰之功。遺大投艱。正在今日。願思天命之難諶。願思人心之難保。願思直言之難能。願思財計之難裕。願思綱紀之難正。願法藝祖以共濟艱難。

卒于郡。甫三日。而衆爲之立廟已。屹若化城。靈輀之方歸也。衆哀其貧。助之費。其弟與子相持而泣曰。吾兄吾父廉生死矣。死可反貨取以汙之乎。辭不受。衆義之。不忍復取其已助之金也。則以之入郡學。刻凡所哭公之文。成二巨編。名之曰遺愛録。

劉後村祭汪守文曰。凡今仕者。非貪則酷。公清如水。有散無蓄。豈不疾惡。見于筆戮。肅殺之中。常寓生育。何志之遠。何運之促。

黄東發祭之曰。惟公資禀純乎天地之剛。發施出于義理之淵。至誠未有不動。所至卓有可傳。

又狀其行曰。爲相數月而卒。舉四方之内哭之者。古今惟一司馬公。爲郡兩月而卒。舉千里之内哭之者。古今惟一汪公。位不同而事同。皆發人心之天而不可强者。此非卓絶過人之事而何。豈由大中至正而行者。其效自有不可及耶。嗚呼。向使司馬公而不遇。亦不過鄉曲一常人耳。此豈可以聲音笑貌爲哉。

恂齋家學

補莊節韓先生性

梓材謹案。紹興府志云。賜謚莊節先生。與元史合。本傳云。私謚壯節。蓋傳寫之譌。

附録

先生天資警敏。七歲讀書。數行俱下。日記萬言。九歲通小戴禮。作大義。操筆立就。文意蒼古。老生宿學皆稱異焉。

科舉事廢。先生周旋家庭閒。益得肆其力于爲己之學。永康胡仍仲穆仲汲仲。並以學行相高。于先生爲内兄事而齒差長。閒以微辭奥義相叩擊。三人咸自以爲他日當有所不及。

暮年愈自韜晦。然未嘗忘情于斯。其郡之良二千石。政事有所未達。輒往咨訪。先生從容開導。洞中肯綮。裨益者多。

黄晉卿誌其墓曰。宋三百年。故宰相家克世其道德。未有如吕氏韓氏久而益振者也。吕氏自許公八世。而東萊先生出于中興盛世。韓氏自魏王八世。乃得先生于運去物改之後。故家喬木不與海桑俱化。而文獻所存有足徵者。豈偶然哉。

胡一中自序定正洪範集説曰。嘗謂圖書之疑。因漢儒洛書止以作範一言之誤。而啓千載之惑。越上韓明善先生性。深以此言爲然。

恂齋門人

補 徵君陳石堂先生普

梓材謹案。經義考。陳氏尚德四書集解未見。黄虞稷云。寧德人。號懼齋。隱居不仕。案。石堂陳氏字尚德。亦寧德人。不聞其號懼齋。或别是一人。然古今之號。更易非一。安知先生之不又號懼齋也。

梓材又案。道南源委云。出其門者。如韓信同。楊琬。余載。黄裳輩。並以正學爲時所宗。著四書句解鈐鍵。學庸指要。孟子纂圖。周易解註。尚書補微。四書六經講義。渾天儀論。天象賦。凡數百卷。字義一卷。

雲濠謹案。辟疆園宋文選載先生所著。有四書句解鈐鍵。學庸旨要。孟子圖纂。周易解。尚書補微。四書六經講義。渾天儀論。天象賦。詠史。詩斷。其著述之富如此。

陳石堂語

五經四書。無一句一字無義理。

五經傳註豈可無。視其是與非足矣。豈宜一切屏之。

石堂文集

心者。際天極地而一者也。易六十四卦。喫緊言心者二。坎之行有尚。中孚之吾與爾靡。喫緊言心者也。外卦坎中實。心之象也。心者。帝降之衷也。帝至公無私。至一無二。所降之衷。天地間無不得。故行必有尚。尚。合也。行必有合。無在不在故也。孔子所以浮于海也。中孚誠心也。無閒于天地人物者也。全體中虛。二體中實。皆無閒無雜之誠心也。故爲好爵。好爵之縻。繫而不能釋也。吾與爾縻。彼此人己。親疏遠近。交繫之不能釋。而莫知其所以然也。是皆天命之不能已。孟子所謂道性善也。許魯齋大學要略直説序。

孟子七篇之書。其大原大本皆從性善流出。臨機應物。縱横出没。雖千變萬化。而脈絡貫通。條理分明。曾不離乎一本之妙。戰國之時。人欲横流。異端交亂。壞人心術。孟子揭性善二字。所以開人心之蔽。塞邪説之原。其有功于聖門者不細矣。其言仁義禮智。則曰心之固有。非由外鑠。惻隱羞惡辭讓是非之性。則以爲五性之端。孩提親愛。則指其良知之發。乍見孺子入井。則明其本然之善。窮理則曰盡心知性。修身則曰存心養性。養心則曰寡欲。學問則曰求放心。不動心則曰持志養氣。天道人道則曰誠者思誠。牛山之木。山徑之蹊。夜氣之存。斧斤之伐。皆極言存心養性工夫。陳王道則以仁義。事君則曰格非心。行王政則推其不忍之心。保赤子則曰舉斯加彼。論王霸則以用心之誠僞。言桀紂則以其失民心。堯舜則曰不失其性。湯武則曰善反諸身。喪親則曰自盡。兼愛則言一本。不爲枉尺直尋。不肯背馳詭遇。安于義命。不慕乎人爵之榮。富貴利禄則曰所性不存。困窮拂鬱則曰動心忍性。知幾能權。見道不惑。長短輕重。權度不差。用心措慮。隨事制宜。其本原統會。皆自性善中來。七篇上下。若萬語千言。不出乎一心之妙用。蓋其學本子思。子思出于曾子。曾子親承一貫之旨。而學專于内。故傳之無弊。性善之旨。又自明德修道中來。故其爲言。多與中庸大學相表裏。所以繼往聖。開來學。正人心。破邪説。其功德被于無窮。教化行乎萬世。學者有見于此。而後知其性善之本。仁義禮智。不從外得。一心之中。萬理咸備。雖堯舜皆可爲。庶幾有以發憤自强。不徒自暴自棄云耳。然微程朱發明奥旨。則亦孰知斯人之爲功。而識乎性之本然也。予于習讀之暇。姑撮一二要旨。以爲蒙訓。庶幾思索而有得其意云。孟子纂要自序。

普深山狂簡。不學寡聞。年十五六。讀曲禮少儀。知愛之。而淪于時俗科舉之習。三十四十。始曉時文。而患難屢貧。東西奔走。頗聞熊去非自少用心禮樂。而貧踪賤武。合并良難。丁酉歲。受平山劉純父之招。始見去非于山中。書册塡坐。屢空晏如。覽記浩博。會欲求輔于朋友。備書册。闢講堂。廣談論。取晦翁黄楊之書。修補以示方來而未就也。顧予雖志求古。而未嘗涉晦翁黄楊之藩。輒用去非成規。更爲求要。質鬼神。告白知友。共取十七篇註疏。及晦翁所釐三十五卷。勉齋信齋喪祭二禮及圖。循去非熟路。詳加考訂。重爲比類。仍合三君子凡所經歷指摘經傳史籍開元開寶政和通典會要令律諸書。上至天子。下至庶人。家鄉邦國朝廷當行之禮。當用之器具列。大經小記。溯源循流。斟今酌古。要之不悖于性命之理。不失于先生周公之意。不背夫子春秋之旨。不孤晦翁拳拳經世之心。使其行之足以位天地。育萬物。躋盛治。致四靈。愈千載之瘻痞。定爲天地一常經。古今一通義。得爲者用之于身。行之于家。不得爲者藏之以待用。禮編自序。

混元之初。日月如合璧。五星如連珠。自此運行逮今。未嘗復會如合璧連珠者。何也。蓋七政之行。遲速不同。故其復合也甚難。日之行天也。一歲而一周。月之行天也。一月而一周。歲星之周也。常以十二年。鎮星之周也。以二十八年。熒惑之周也。以二十年。惟大白辰見。附日而行。或速則先日。或遲則後日。速以先日昏見西方。遲而後日辰見東方。要之周天僅與日同。故亦歲一周天焉。夫七政之行。不齊如此。此其所以難合也。百世之觀漢史者。見其論太初曆之密。日月如合璧。五星如連珠。而遂以謂五星會于太初之元年。殊不知此乃論太初曆之周密。推而上至于混元之初。其數之精。無有餘分。故有是焉。在太初之年。實未嘗如合璧如連珠也。

夫日舒而月速。其相會也。以速而及舒。月之會日。常以二十九日半彊而相及。蓋月行速而日行遲故也。是故一歲之周。凡十有二會焉。以其序而言之。十有一月會于星紀之次。十有二月會于玄枵。正月會娵訾。二月會降婁。三月大梁。四月實沈。五月鶉首。六月鶉火。七月鶉尾。八月壽星。九月大火。十月析木。夫會則爲晦。晦而復蘇。明于是乎生焉。是之謂朔。月之行速。

漸遠于日。以周天言之。其近日也九十二度有奇。其遠于日也二百七十四度有奇。是之謂近一遠三謂之弦。此蓋謂上弦也。其行遠而與日對。去日百八十二度六十二分有奇。是之謂相與爲衡。分天之中。謂之望。蓋日與月相望故也。其行過中。遠于日也二百七十四度有奇。其近日也九十一度有奇。亦謂近一遠三。謂之弦。此蓋下弦也。上弦在于八日。下弦在于二十二日。望在于十五日。此其常也。上弦或進則在七日。或退則在九日。下弦或進則在二十一日。或退則在二十三日。望或進則在十四日。或退則在十六日。此皆其變也。以上七政運論。

論語。夫子之教。皆所以立人也。夏時殷輅。其大體政刑。德禮。其精義也。所謂經綸天下之大經。肫肫其仁者也。道之以德一語。則淵淵其淵。以立天下之大本。蓋二帝三王之精微。萬世立人之道。莫之先焉者也。太極之分。上立天。下立地。中立人。爲三才。天地其身。而人爲之心。而人之心。又其所以爲天地心也者。心不正則人無以爲人。人不正則天地亦將無以爲天地。故君人者。其實爲甚重。其位爲大寶。非位無以正人。而其所以正之者。非苟焉忽焉。若後世之爲治者也。何者。正民者。正其心也。生民安民之具不可無。防民禁民之器亦當有。而能使之沛然革心。奮然爲善。洗滌舊惡。而皆爲善人君子之歸。則非政刑之所能也。是故德禮精而政刑粗。德禮本而政刑末。而德又精于禮而爲之本。二帝三王之所以爲天下君。孔孟之所以教天下萬世。其于此四者。未嘗不深致其意。而曲盡其至也。刑政德禮論。

案檀弓。曾子之不習于禮者五。愚竊以爲不可信也。聖門如曾子。固未可言不思而得。不勉而中者。然不知喪欲速貧。死欲速朽之非夫子之言。亦太誣矣。此二句。仲尼之門五尺童子。足知其非夫子之言矣。何必有若而後知之。有若知之。而曾子乃獨不知乎。死欲速朽。必將棄野委壑。否則裸葬乃可。豈當以此教人。識聖知言。顔子以下莫曾子若也。乃不知其非夫子之言。且復信之。以爲當然。及有若非之。復引子游證以爲實。殆若孩稚然者。要之此章多僞。蓋野人之語。善筆墨者飾之。以欺天下後世耳。疏謂夫子失魯司寇。在定十四年。之楚。在哀六年。又失司寇後。向宋衛不向楚。則所謂失魯司寇。將之荆者。不可信矣。南宫敬叔在論語。是謹言謹行。貴道德。賤勢力之人也。孔子以兄子妻之。則其人可知矣。載寶而朝。是一言而墮其素也。參也聞諸夫子。是親聞之也。參也與子游聞。是與子游共聞之也。觀子游之言。則曾子未嘗親聞。亦未嘗共聞也。與子游共聞。而子游獨知其爲南宫敬叔之貨桓司馬之靡而廢。而曾子獨不知。但聞其中間一語。不知其始之所起。末之所歸。而遂守以爲正。既不詳審于聖人之言。又復漫言以告有若。與朋友交而不信。傳而不習。曾謂曾子而至是乎。家語詩傳俱言。子夏除喪而見。夫子與之琴。衎衎而樂。閔子騫除喪而見。與之琴。切切而哀。疏謂子夏喪母。民未有聞。閔子騫素以孝稱。則家語詩傳爲是。而檀弓以爲。子夏見。與琴而哀。子張見。與琴而樂者。非實也。然則速貧速朽。安知其非他人不審之聞。而誤以爲曾子者。大概七十子喪而大義乖。天下之疑聖議賢者。既不識聖賢氣象。則于其心術言行皆莫之察。有非其言而妄傳以爲其言者。亦莫之辨。此章既誤。則餘章未必皆實。曾子之學問。豈在子游下者。檀弓歷載子游之知禮凡十餘條。未嘗或失。

惟對司士賁之請襲于牀。不以禮而以諾爲失之驕。其載闕。檀弓記曾子言。與啓手足之意同也。水漿不入口者七日。不殆于滅性乎。夫子夢奠時。曾子年二十有七。其委曲問禮。與晦翁註一貫章所謂于聖人用處。蓋已隨事精察而力行者。當在二十餘歲時。檀弓記其易簀。則其他亦宜半。在西河之後。年彌高而德彌邵而學彌深矣。反出子游有若下乎。祖者且也。且胡爲其不可以反宿也。誠非君子之言也。鄭玄不知其妄。又不爲之隱。而謂之爲給説。夫曾子豈禦人以口者乎。鄭玄目之以給。孔穎達遂謂其不顧道理。嗚呼。道之不明。諸儒不識聖賢久矣。浴不于適室。于爨室。註疏以爲。舉扶時遺言。以矯曾元不易簀之非。晏子一狐裘三十年。葬父遺車一乘。及墓而反。曾子以爲知禮。二者皆過中失正。漸入異端。且居仲尼之門而稱晏子。二者當亦非曾子事。子思學于曾子。今讀中庸。子思之學問何可當也。檀弓記子思纔四五。而其不熟于禮與曾子同者亦有二焉。嫁母之喪。柳若告以聖人之後不可以不愼也。乃誤而哭于廟。哭于廟。厚矣。復使其子不爲出母喪。事皆不可信者。學者于此。苟或不察。而信之以爲實。則于四書決未可讀。不識聖賢氣象。乃後世學者一大病。道之所以不明也。吾故表而出之。以告天下後世之讀四書者。檀弓辨。

人之一身。實與天地相通。合而爲一。天下之人往往自輕自小。不知自愛自重。細看洪範一篇可見。洪範一篇。出于箕子。今在天下二千三百年矣。學者讀誦不爲不熟。解釋不爲不盡。以今觀之。猶有當考詳者。一篇終始。列爲九類。九類之中。主以皇極。而列之中猶有精意。二之者猶有要道。何者。終始二疇。皆天之所爲。其中七疇，則括之以人之五事。而主之以皇極一。

五事者。人之貌言視聽思也。八庶徵者。其應也。庶徵雖出于天。皆人之五事之所成。箕子所陳爲可攷也。本其本者。天之五行。故一五行。而二五事。應其應者。天之五福六極。故八庶徵。而九五福。六極自一而順數之。五事居二。自九而逆數之。五事亦居二也。終始括之以天。其閒七疇。括之以人之五事。而主之以皇極。其意□可見矣。何者。人道之得失善惡。惟貌言視聽思之五事正與不正而已。皇極者。奉天之命。體天之行。自正其五事以正天下之五事。天下之五事皆正。則貌之正其應時雨。言之正其應時暘。視之正其應時燠。聽之正其應時寒。思之正其應時風。五者皆得其時。則萬人萬物皆生死于五福之中。不然。則一人之五事不先正。則天下之五事皆不得其正。天下之五事不正。則貌之不正其應恒雨。言之不正其應恒暘。視之不正其應恒燠。聽之不正其應恒寒。思之不正其應恒風。五者不得其時。則萬人萬物皆生死于六極之中。然則人道不出于五事。而皇極者。五事之主也。皇建其有極。亦惟正其五事以正天下之五事而已。人之五事正。則天地萬物無不順。然則人之爲人也。其身豈不爲至貴。君之爲君也。其責豈不爲至重。而箕子之所以爲箕子也。其行豈不爲至善哉。然則八政五紀三德稽疑之四疇將何所主。曰。四疇皆以人事之要而列也。何往而非五事之所在哉。洪範九疇講義。

大抵古今天下往往才難。知天之人。千而無一。天道微遠。數學纖悉。加以歲差之行。細入毫髮。晦朔與閏之不同。皆以此數。

羲和專官。自堯至夏。季秋月朔之失。失于歲差而已。不但荒于酒也。魯之失閏。文哀二公之世。前後凡三。周衰人亡。孔子之徒復不與其事故也。以上答閩問。

附録

先生居石堂山。淳熙間。朱子過其地。異其風土。曰。數十年後。當出儒者。能讀天下書。謂三代之治。莫善于井田。因爲作書。又精聲律天文地理算數之學。丞相劉敏中屬修黄楊二家喪祭禮。因併朱子所纂爲三十卷。至淳祐甲辰。先生生。

閔文振作傳曰。其用功本諸四書。四書通然後求之六經。不貴文辭。不急禄仕。惟眞知實踐。無媿古之聖賢。

陳石士師勉學堂記曰。宋陳石堂先生之學。由輔氏而溯于朱子。博而能約。有體有用。余讀其經義字義諸文。大抵推闡前言。考驗人事。使爲上者得以審治平之要。爲下者得以究修齊之功。蓋粹然儒者之言也。梓材案。是記下文又云。先生嘗作勉學詩以勖其邦人。蓋石士師案試福寧。以勉學顔試場之堂。至興化。復屬莆田諸生彭鳳岐書勉學詩。刻之石。以寄之。而復爲記。以勖爲宋學者云。

莊節講友

唐先生珏

唐珏字玉潛。越州人。與林景熙相善。同爲采藥之行。潛拾宋諸陵遺骸。蓋宋之遺民云。

姓譜。

附録

家貧。聚徒授經。經營滫瀡。以養其母。越有治中袁俟齋至。始下車。爲子求師。有以君薦者。一見置賓館。一日問曰。甫渡江。聞有唐氏瘞宋諸陵骨。子豈其宗耶。左右指君。此是已。袁大駭。拱手曰。君此舉。豫讓不能抗也。曳之坐北面而納拜焉。禮敬特加。情款益篤。叩知家徒四壁。惻然嗟矜。語左右曰。唐先生家甚寒。吾當料理。使有妻有田以給。左右逢迎。爰諏爰度。不數月。二事俱愜。人固奇君之節。而又奇君之遇。兩高之。曰。二公眞義士義士。

君葬骨後。又于宋常朝殿。掘冬青樹。植于所函土堆上。作冬青行二首。以上唐義士傳。

王先生易簡別見橫渠學案補遺。

呂先生同老

呂同老。濟南人。宋遺民也。南宋文範作者攷。

莊節學侶

補 山長任松鄉先生士林

雲濠謹案。元史儒學戴表元傳云。當時有四明任士林者。亦以文章知名云。故謝山以先生爲吾郡宋元五家之一。阮亭居易録載先生句章集十卷。又言其與戴帥初齊名。所作謝翱吴思齊二傳最傳。程篁墩宋逸民録載之云。

任松鄉集

聖人之教。昭在庠序。夫子之道。著在人心。不以言語文字而獨存。不以禮樂刑政而偏舉。忠恕之道。天地流行。修齊之功。國家終始。是故言政則教舉。言教則政立。夫子之道在是矣。文公之學在是矣。可不務乎。徽州路重修學記。

夫子之道。散在六經。綱領在四書。千載之下。説益支。道益遠。子朱子者出。諸儒之論始定。今天下一家。學者無科舉之累。取朱子之書而讀之。君臣父子之綱。身心家國之目。體用兼該。本末一致。其不爲世道深繫乎。余不得爲朱子徒也。余私淑諸人也。今而後獲與二三子周旋矩範之下。詎可不知其所自邪。重建文公書院記。

夫人之種于德也。以孝弟忠信爲根柢。以禮義廉恥爲芟夷。藴崇其始。枝葉庇于家。其久。連雲匝于里族。而後沃之以孔孟之道。華之以詩書之辭。于是乎世以材聞。種德堂記。

六經述作。如日星昭布。如四時錯行。渾渾乎山川之流峙也。挺挺乎草木之華滋也。何其深厚而博大。倫理而音節也。千載之下。讀之者由由然。雍熙渾灝之盛。如親見之。送鄧善之修撰序。

蓋易之爲道。遠而天下之始終。近而一日之旦夜。大而天下國家之經。小而一身之進退得失。體而用之無不在。是故舉理而言。神明通矣。而遺于末也。舉數而言。三五成矣。而離于一也。變化見。而觀象者求之。則囿于物矣。吉凶生。而尚占者玩之。則梏于徼矣。夫然則體之吾身。措之日用。而後簡易之理得。易體用序。

洞天下之物理者。形色不能移。究天下之事情者。耳目不能役。閑閑説。

萬事之理莫一乎常。萬事之適莫通乎權。趙常父字説。

附録

幼穎敏。六歲能屬文。既長喪父。廬墓讀書。亹亹不倦。

趙文敏志先生墓曰。叔實之文。沈厚正大。一以理爲主。而含蓄頓挫。使人讀之而有餘味。

王厚齋書先生賦傳二篇後曰。叔實尚友前修。鎔意鑄詞。賦傳二篇。師法孟堅。幽通昌黎。百川學海以至于海。其進也孰禦。因書卷後。以識嘗鼎一臠之味。

黄南山先賢松鄉任先生贊曰。純乎先生。炳乎文章。講道吴越。納交公卿。鬱鬱松鄉。飄飄松雪。出處雖殊。歲寒一節。

石堂講友

謝先生子祥

謝子祥。昭武人。刊儀禮本經十七篇。及信齋楊氏圖。石堂序之。稱曰。子祥之書。捄焚拯溺之功。景星慶雲之瑞也。陳石堂文集。

劉氏門人

補參軍熊勿軒先生禾

雲濠謹案。先生本名鉌。字位辛。後以禾名。登進士第。林處約爲先生傳云。志宗濂洛之學。乃訪文公之門人輔氏而從遊焉。許魯齋序先生文集遂云。師事文公高第輔氏。後元儒言行録且改其傳文云。訪朱子門人輔廣而從遊焉。攷先生生于宋理宗淳祐七年丁未。上距嘉定初潛庵上書時已四十年。雖未知潛庵卒于何年。要先生不能親受業于潛庵也。又案。淳祐丁未至皇慶壬子。凡六十有六歲。以爲六十者亦誤。

梓材謹案。蔡復齋春秋五論。先生嘗爲之序。熊氏子孫遂以五論爲先生著者。誤也。

勿軒文集

文公晚年爲經傳通解。大綱細目具載。歷門人黄勉齋楊信齋三世克成。書舊有刻本。兵燼之後。板帙散亡。兼初本所纂註疏語類傷繁。後信齋爲之圖解。又復過略。而文公初志。將欲通經及諸史志會要等書。與夫開元開寶政和禮。斟酌損益。以爲百王之大法。而志則未遂。今得考亭以來諸名儒參攷訂定。是本擬板行。以便流布。仍于所補儀禮各卷篇目之下。參以歷代沿革之别。又關洛以來諸儒折中之説。輯爲儀禮外傳。以附其後。庶可繼先儒未畢之志。儀禮外傳自序。

堯典一篇。大學孝經之祖也。自克明俊德。以至親睦九族。極而百姓之昭明。萬邦之於變。大學之序也。孝之爲道。蓋已具于親睦九族之中矣。何也。一本故也。自是舜以克孝而徽五典。禹以致孝而敘彝倫。伊尹成湯之德。一則曰立愛惟親。二則曰奉先思孝。當時人紀之修。孰大于是。文武周公。率是而行。上而宗廟之享。下而子孫之保。宗支庶蕃。道化流行且二千餘年。推其效。必至于四海之内人皆親其親。長其長。一鱗毛一牙甲之微。無不得所。而後爲孝之極致。嗚呼。二帝三王之教。可謂大矣。孝經一書。卽其遺法也。孝經大義序。

嗟夫。二千年疆理之政。一壞于戰國之慢經界。再壞于秦人之開阡陌。董仲舒限田之策。既不行于國實民富之時。簡税均田之論。又不用于土曠人稀之後。舉天下農桑大利。上不在國。下不在民。而悉歸于兼并豪强之家。奴婢厭綺紈。犬馬飫粱肉。而耕夫織婦。終歲絲絲而計。粒粒而數。有不得以遂其一日之温飽者矣。不反其本。而汲汲焉末節之是詳。不能制民之産。則雖朝講夕究。徒爲空言。月要歲成。亦無益于實政也。横渠張夫子必欲驗之一鄉。以行之天下者。夫豈無所俟哉。農桑輯要序。

嗟夫。同富貴易處也。獨患難之際。生死懾其前。利害怵其後。當此時而不動心。不易節。則可與言交矣。三代而降。朋友道缺。吾于東漢黨錮諸賢節取焉。惜不一變而至道也。宋道學大明。伊洛考亭之集盛矣。一時借譽飾虛之人。猶經爐鞴灰燼煙滅。惟同門同志之士。不以窮達。皆能信其道守其學不變。依然孔氏家法也。流風所漸。江右諸賢持節秉義。九死不衰。一時交遊氣誼皆班班可紀。宇宙閒三綱五常之道。尚有所繫而不墜者。謂非道學之效。不可也。皇極在上。師道立而教化明。友誼敦而風俗美。其效又當何如哉。跋交信録序。

附録

先生生而聰敏穎悟。垂髫卽知問學。及總角則能屬文。而悟道德仁義之説。採易之精奥。著易講義。讀書而著書説。學禮而定儀禮。闢異端而酷排緇黄之誕。鬼神之妄。以世俗葬祭爲所蠱者。皆毫分縷析。而正以聖人之道焉。

旣而曰。吾之所學。聖賢之學也。當以聖賢之心爲心。故伊尹曰。吾天民之先覺也。吾當以斯道覺斯民也。乃不吝所居。擴而充之。易爲家塾。中奉先聖。左爲文公師友之祠。右爲熊氏忠孝之祠。

先生學旣得其眞而道不雜。書旣覽之博而德宏雅。當時遠近以書厨目之。

許魯齋序先生文集曰。先生生文公考亭闕里。雖未及門受業。其眞才實學。著書立言。實有功于文公也。

勿軒講友

文節謝疊山先生枋得詳見存齋晦靜息庵學案。

胡雙湖先生一桂詳見介軒學案。

劉省軒先生應李詳見滄洲諸儒學案。

劉先生涇别見滄洲諸儒學案補遺。

詹先生君履

梓材謹案：先生蓋勿軒舊遊。其爲學正也，勿軒序以送之。又案：劉先生涇跋胡玉齋易學啓蒙通釋云：一日，約无咎詹君、退齋熊君，訪雲谷遺跡。无咎當卽先生。

潛庵私淑

教授程先生復心

程復心字子見，婺源人。自幼沈潛理學，會輔氏黄氏之説而折衷之，章爲之圖，圖爲之説。書成，名曰四書章圖總要。仕元爲徽州教授。姓譜。

梓材謹案：先生號林隱，見臧夢解所作四書章圖序。

附録

袁清容序程子見四書圖訓曰。自正心誠意之説興。茫無畔岸。朱子憂之。遂以其可據依者爲之主。而體用知行之説。實切于學者之功用。後百餘年。五經廢棄。遂復勦取其近似。端坐塗飾。而根柢源委悉不復考。禮主于敬。理主于善。一言以蔽。講學之法糜爛而不可救矣。子見取論孟中庸大學之書切于吾身者。析而爲圖。以輔翼朱子之教。抑亦使夫人知爲學之敘。非字義之可盡。條分目舉。必有能篤行而親識之者。斯足以盡夫斯道之要。其勤且備。可謂能矣。昔眞文忠公作讀書記。仁義性命之説。各以類從。先正肅公作書止之曰。使若書成。學者將得以自肆。今是書具在。視今之言理者。與古賢無異。論其所學。則又甚于朱子之憂矣。子見之圖。其必有以拯諸。

虞道園序四書章圖纂要曰。其爲書也。蓋取朱子論語孟子集註。大學中庸章句之説。有對待者。若體用知行之類。有相反者。若君子小人義利之類。有成列者。若學問辨思行之類。隨義立例。章爲之圖。以究朱子爲書之旨。其意可謂勤且切矣。

薛敬軒曰。程氏四書章圖。破碎義理。愈使學者生疑。

文清袁清容先生桷詳見深寧學案。

俞先生天民附見晦翁學案補遺。

張先生洪

齊先生凞合傳。

張洪字伯大。齊凞字充甫。皆鄱陽人。同編朱子讀書法。伯大自序。咸淳中。分教四明。充甫適客遊浙東。遂相與商搉四書而刻諸鄞泮。其書本朱子門人輔氏所輯。巴川度正嘗屬遂寧於和之校刊。鄱陽王氏復廣爲後編。伯大與充甫又因而補訂之。以輔氏原本爲上卷。而以所續增者列爲下卷。皆以文集語類排比綴緝。分門隸屬。綱目井然。于朱子一家之言。可謂覃思研究云。四庫全書提要。

程先生端禮詳見靜清學案。

程氏同調

吴先生成大

吴成大字浩然。瑞安人。登至治辛酉第。官永嘉縣丞。著有四書圖。王瓚説。

莊節家學

韓先生伯時

韓伯時。莊節諸孫。而又得卒業于其門。辟爲山陰校官。宋景濂嘗與之遊。將還山陰。景濂贈之以序。稱其人温如。其文煜如。其言論鏗如。誠無愧于家學者。宋文憲集。

韓先生本中

韓本中字致和。明善先生從孫也。爲人温粹端慤。王忠文公嘗與爲友。稱其篤于學而不自以爲足。敏于文而不自以爲能。可謂能世其道德者。其學道之館曰滄洲庵。王忠文集。

莊節門人

補郡守李先生齊

附録

論者謂大科三魁。若泰不花没海上。李黼隕九江。洎先生之死。皆不負所學云。

補參軍王先生冕

附録

著作郎李孝先欲薦之爲府史。先生曰。吾有田可耕。有書可讀。肯朝夕抱案立庭下備奴使哉。善畫梅。不減楊補之。求者肩背相望。以繒幅短長爲得米之差。人譏之。先生曰。吾藉是以養口體。豈好爲人家作畫師哉。

項先生昕附師趙穆仲。葉見山。

項昕字彦章。自東嘉居越江上。晚更自號抱一翁。自幼聰敏。好方數。外大父杜曉村世業醫。常奉父命謁受其書。稍長。學易趙穆仲葉見山。所聞越大儒韓明善爲方善。往拜之。盡得所藏方論甚富。後更詣陳白雲。受五診奇胲。會金華朱彦修來越。出金源劉河閒張戴人李東垣諸書示之。先生疑古方不可治今病之論。亟往錢塘見陸簡靜叩之。始悟古今方同一矩度也。後又往浙右見葛可久。論劉張之學。又往建業見戴同父。同父亦是郡儒者。爲譔五運六氣機要若干篇授之。太醫院使張廷玉。善撟引案摩。先生亦得見事之。盡其伎。其于爲醫。或在杭。或在鄞。或在閩。在杭爲肅政府書吏。在鄞爲帥府令史。在閩掾行中書掾行臺。一皆以醫見辟諸貴人。而非所尚也。戴九靈集。

楊先生居附師于子惠。

楊居字温如。新昌人。八歲能賦詩。聞天台于先生子惠傳伊洛性理之學。執經而受其說。融通諸家言而貫以一致。復從韓莊節游。取文章大家。日研摩之。嘗以春秋學應書鄉闈不利。遂掩關不出。下帷而講授。四方學子趨之如雲。恩義隆洽。不敢更名他師。著有愛齋稿。宋文憲集。

附録

時黄文獻以文名當代。先生撰長書爲贄。文獻讀已。揭諸座右。賓至則指以示之曰。是豈非文耶。其器重之如此。

陳先生堂

陳堂字宅之。諸曁人。師韓莊節性。黄文獻溍。學治經。爲進士業。廉訪使者舉爲稽山書院山長。辭。隱大山中。朝夕親側。不敢少離去。宋文憲集。

教官徐先生昭文

徐昭文字季章。上虞人。從韓莊節性讀尚書。試藝不售。杜門修業。後應辟爲吴淞教官。著通鑑綱目考證。行于世。上虞縣志。

中丞月魯先生不花

月魯不花。官南臺御史中丞。嘗學于韓明善性。言明善法當得謚云。元史。

李氏同調

忠介先生泰不花詳見北山四先生學案。

忠文李先生黼

李黼字子威。潁人也。工部尚書守中之子。尚書性卞急。遇諸子極嚴。每一飲酒。輒半月醉不解。先生百計承順。求寧親心。終不可得。跪而自訟。往往達旦。無幾微厭怠之意。初補國子生。泰定四年。遂以明經冠多士。授翰林修撰。明年。代祠西嶽。省臣謂先生曰。敕使每後我。今可易邪。先生曰。王人雖微。春秋序于諸侯之上。尊君也。奈何後乎。省臣不敢對。歷爲國子監丞。遷宣文閣監書博兼經筵官。數與勸講。每以聖賢心法爲帝言之。累拜禮部侍郎。已而廷議內外官通調。授先生江州路總管。行省上其禦賊功。請拜江西行省參政。已而賊勢更熾。中外援絶。先生與從子秉昭俱罵賊而死。事聞。贈上護軍。追封隴西郡公。謚忠文。詔立廟江州。賜額曰崇烈。元史。

陳氏門人

補山長韓中村先生信同

梓材謹案。先生隱居不仕。閩大紀云。會稽人。居寧德。又案。四書通義引用姓氏。有韓基號古遺。著學庸詳說。豈先生一名基耶。

附録

先生受業于石堂。究心濂洛關閩之學。石堂歎曰。吾耄矣。得斯人飲水俟命。復何悵哉。延祐四年。應江浙舉不合。歸杜門不出。弟子請教。屨滿户外。

余光生載

余載。元時人。著有中和樂經。蓋採集經典論樂語彙而爲書。經義考。

梓材謹案。儒林宗派以先生爲陳石堂門人。四庫全書本永樂大典。著録先生韶舞九成樂補一卷。提要言其始末無考。惟據其進書原序。自稱三山布衣。前福州路儒學録。又據其門人新安朱模進樂通韶舞補略序。知爲仁宗天曆中人。其字曰大車。以養親辭官。篤行授徒。自甘嘉遯而已。

任氏家學

任先生耜

任耜字子良。奉化人。松鄉先生之子也。自爲兒時如成人。讀書一過輒記不忘。既長。肆意經史。博通旁攷。務極根柢。初辟松江府史。歷陞兩浙都轉運鹽使司照磨。兼承發架閣事。至正十七年。告老歸華亭城北之别墅。明年卒。年七十有一。初松鄉没。既葬。廬墓三年。凡家之所蓄。一不經意。惟取松鄉所著句章集藏之。鋟梓行于世。貝清江集。

任氏門人

阮先生珪

阮先生璧合傳。

阮珪。阮璧。滿城人。並經曆㊀某之子。從松鄉學。松鄉字珪曰友璋。字璧曰友琮。而爲之説。任松鄉集。

任先生瑾

任瑾。□□人。學業于松鄉。松鄉嘗語以本末精粗之道。其之江陰爲馱沙巡檢也。松鄉序以送之。任松鄉集。

㊀「曆」當爲「歷」。

勿軒門人

虞先生迪父仲海。

虞迪字彦忱。□□人。從勿軒遊。勿軒爲之字説。其父仲海。言論每以剛正自持。重禮教。篤倫紀。勿軒以爲畏友。熊勿軒集。

虞先生光祖

虞光祖字善繼。□□人。熊氏弟子。儒林宗派。

梓材謹案。先生與吴淵穎友善。詳見龍川學案補遺。

李先生文

李文字士則。崇安人。熊去非弟子。儒林宗派。

夏先生思學

謝先生平叔合傳。

夏思學字□□。上饒人。與同邑謝平叔。從勿軒于鼇峯行舍。菜禮後歸江東。勿軒送之以序。熊勿軒集。

陳先生蒙正

陳蒙正。□□人。熊退齋至。先生往就學焉。退齋歸。先生作序送之。熊勿軒集附録。

王氏門人

同知黄先生里附弟亨。

黄里字德鄰。山陰人。幼從王竹齋冕遊。通春秋。尤工于詩。洪武四年。舉明經。授雲南州同知。七年。邊寇突入。欲奪其印。執弗與。遂遇害。弟亨聞之。率衆百餘與戰。賊敵不支。皆潰去。亨亦傷左目。幾死。抱先生骨。萬里歸葬。忠義萃于一門。浙江通志。

中村門人

補知誥張先生以寧

翠屏文集

春秋者。聖人之心也。聖人。天地之心也。生殺萬物。天地之心無心也。至仁焉耳矣。賞罰萬世。聖人之心無情也。至公焉耳矣。天地也。聖人也。惟聖人能知之。能言之。游夏且不能與。而謂後之人。若左氏。若公穀氏。能盡知且言之乎。後之學焉者。弗據經以説經。顧任傳而疑經。噫。其亦惑矣。大梁張氏春秋經説序。

道學至宋氏而上接孔孟之傳。何傳爾。其世異。其理同也。儒先依經而言理。有功于經甚大也。而獨于春秋之書春王正月。未能無疑之也。何疑爾。曰。夏正得天。百王所同也。是以有冬不可爲春之疑也。曰。夫子嘗以行夏之時告顔子也。是以有夏時冠周月之疑也。曰。自漢武帝之用夏時首寅月。逮于今。莫之能改也。是以傳書者有改正朔不改月數之疑。而又有春秋用夏之時夏之月之疑也。疑愈甚則説愈多。而莫之能一也。以寧蚤學是經。以叨一第。亦嘗有疑于此。而未能決也。閒讀魯論。夫子之言行夏之時。若恍然而有省也。因之歷稽經史傳記及古註疏之説同也。乃知春王正月之春爲周之時。由漢逮唐。諸儒舉無異説也。而劉向周春夏冬之説。陳寵天以爲正周以爲春之説。最其明著者也。而猶未敢信也。比觀子朱子語録。晚年之説亦同也。其門人張氏集傳之説又同也。于是涣然冰釋而無疑也。春王正月考自序。

梓材謹案。四庫全書著録先生春王正月考二卷。提要云。史稱張氏以春秋致高第。故所學尤專春秋。多所自得。撰胡傳辨疑最辨博。惟春王正月考未就。寓安南踰半載。始卒業。今胡傳辨疑已佚。惟此書存。又言。春王正月。異説紛紛。張氏獨徵引五經。參以史漢。著爲一書。決數百載之疑案。可謂卓識云。

附録

登進士第。復往淮南讀書十餘年。

宋潛溪序張侍講翠屏集曰。先生之文。非漢非秦周之書不讀。用力之久。超然有所悟入。豐腴而不流于叢冗。雄峭而不失于粗厲。清圓而不涉于浮巧。委蛇而不病于細碎。可謂一代之奇作矣。

補鄉舉林先生文珙

林文珙雲濠案。原文作珙。從學案原本與儒林宗派加文字。字仲恭。福寧人。從韓古遺信同遊。篤信力行。爲文以理勝。舉明經不受。强補本州訓導半載。以疾辭。晚年教授生徒。以開來學爲己任。道南源委。

余氏門人

朱先生模

朱模字□□。新安人。

張氏門人

石先生光霽

石光霽字仲濂。泰州人。張以學弟子。洪武十三年。以薦爲國子監學正。陞春秋博士。著有春秋書法鉤玄四卷。黄氏千頃堂書目。

梓材謹案。四庫全書著録春秋書法鉤玄。提要云。此書猶以寧之傳。大旨本張大亨吴澄之意。以春秋書法分屬五禮。凡失禮者則書之。以示褒貶。因考周禮經註。詳録吉凶軍賓嘉五禮條目。其有五禮不能盡括者。如年月日時名稱爵號之類。則别爲雜書法以冠乎首。每條書法之下。採集諸傳之辭。以切要者爲綱。發揮其義者爲目。大概以左傳公穀胡氏張氏爲主。義有未備者。亦閒採啖趙諸儒之説。而繼以己意折衷之。其所稱張氏者。即以寧也。

孫先生隆

孫隆。